21世纪高等院校教材——法学系列

环境与资源法学

（第二版）

张梓太　主　编

吴卫星　副主编

科学出版社

北京

内 容 简 介

本书根据环境资源法学最新的理论研究成果，并结合我国环境资源立法的最新进展，全面系统地阐述了环境资源法学相关理论。对近年来环境资源法学界普遍关注的一些问题，如环境问题产生的根源、环境权、公众参与等，都作了深入探讨。与传统的环境资源法学教材相比较，本书在内容上突破了过去的环境法与资源法的界限，将两方面的内容进行整合，形成有机统一的整体。

全书体系结构严谨，行文简洁易懂，是一本适合于法学、环境、资源等专业本科生、研究生的教材，并可以作为环境资源行政管理、执法及司法部门工作人员参考用书。

图书在版编目(CIP)数据

环境与资源法学/张梓太主编.—2版.—北京:科学出版社,2007

(21世纪高等院校教材·法学系列)

ISBN 978-7-03-019873-0

Ⅰ.环… Ⅱ.张… Ⅲ.①环境保护法-法的理论-中国-高等学校-教材
②自然资源保护法-法的理论-中国-高等学校-教材 Ⅳ.D922.601

中国版本图书馆 CIP 数据核字(2007)第 135842 号

责任编辑:徐蕊/责任校对:陈玉凤
责任印制:徐晓晨/封面设计:黄华赋 王浩

科 学 出 版 社 出版
北京东黄城根北街 16 号
邮政编码:100717
http://www.sciencep.com

北京教图印刷有限公司 印刷
科学出版社发行 各地新华书店经销

*

2007 年 8 月第 二 版 开本:B5 (720×1000)
2015 年 5 月第七次印刷 印张:25
字数:479 000

定价:45.00 元
(如有印装质量问题,我社负责调换)

前　言

　　随着环境问题的日益严峻、可持续发展战略在世界各国的确立，以及环境保护与国际贸易关系的复杂化，环境与资源法学在整个法学体系中的地位越来越重要。但是，环境与资源法学是一门新兴的学科，仍处在不断的变化、发展中。我国环境与资源法学的研究还比较薄弱，已出版的各种教材尚存在许多值得改进的地方。本书吸收了本学科以往的研究成果和教学改革成果，结合我国最新的有关环境资源立法，阐述环境资源法的基本原理和基本制度，并借鉴了环境哲学、环境伦理学、环境经济学、国际贸易法学等相关学科的最新研究成果，力图提升环境资源法学教材的学术品位，克服以往教材的局限。当然，我们这种尝试和努力还有许多不完善之处，敬请读者批评指正。

　　本书撰稿人（按姓氏笔划排列）：

　　吴卫星、陈玲、张庆椿、张红霄、张梓太、范俊荣、晋海、夏凌、陶蕾、韩晶、程雨燕。

编　　者

2007 年 7 月 7 日

目　　录

前言

第一章　环境保护概述 ···（ 1 ）

　第一节　环境 ···（ 1 ）

　第二节　环境问题 ···（ 3 ）

　第三节　环境保护与可持续发展 ···································（ 15 ）

第二章　环境资源法概述 ···（ 22 ）

　第一节　环境资源法的概念 ···（ 22 ）

　第二节　环境资源法的历史发展 ····································（ 28 ）

　第三节　环境资源法的本质、目的和任务 ······················（ 34 ）

　第四节　环境资源法的适用范围和作用 ··························（ 37 ）

　第五节　环境资源法律关系 ···（ 42 ）

　第六节　环境资源法的体系 ···（ 44 ）

　第七节　环境权 ··（ 52 ）

　第八节　环境资源法学 ···（ 60 ）

第三章　环境资源法的基本原则 ····································（ 62 ）

　第一节　经济建设与环境保护协调发展原则 ···················（ 62 ）

　第二节　预防为主、防治结合、综合治理原则 ················（ 64 ）

　第三节　污染者付费、开发者保护、利用者补偿的原则 ·····（ 67 ）

　第四节　公众参与原则 ···（ 70 ）

　第五节　政府对环境质量负责原则 ·································（ 73 ）

第四章　环境法律制度 ··（ 76 ）

　第一节　环境法律制度概述 ···（ 76 ）

　第二节　环境行政计划 ···（ 77 ）

　第三节　环境影响评价制度 ···（ 80 ）

　第四节　"三同时"制度 ···（ 84 ）

　第五节　排污收费制度 ···（ 86 ）

　第六节　排污申报登记制度 ···（ 92 ）

　第七节　环境保护许可证制度 ··（ 93 ）

第八节　限期治理制度 …………………………………………（ 94 ）

第九节　环境标准制度 …………………………………………（ 95 ）

第十节　环境监测制度 …………………………………………（ 98 ）

第十一节　其他环境法律制度 …………………………………（ 99 ）

第五章　环境资源法律责任 ……………………………………（105）

第一节　环境资源法律责任概述 ………………………………（105）

第二节　环境资源行政责任 ……………………………………（106）

第三节　环境资源民事责任 ……………………………………（111）

第四节　环境资源刑事责任 ……………………………………（118）

第六章　污染防治法概述 ………………………………………（126）

第一节　污染防治及公害概念 …………………………………（126）

第二节　污染防治法及其发展 …………………………………（129）

第七章　大气污染防治法 ………………………………………（141）

第一节　我国的大气污染 ………………………………………（141）

第二节　大气污染防治法立法沿革 ……………………………（144）

第三节　大气污染防治法的基本原则 …………………………（147）

第四节　大气污染防治法的基本制度 …………………………（149）

第五节　大气污染防治法的主要规定 …………………………（164）

第六节　关于大气污染防治的国际公约 ………………………（176）

第八章　海洋环境保护法 ………………………………………（181）

第一节　我国的海洋环境污染 …………………………………（181）

第二节　海洋环境保护法立法沿革 ……………………………（183）

第三节　海洋环境保护法基本原则 ……………………………（188）

第四节　海洋环境保护法基本制度 ……………………………（189）

第五节　海洋环境保护法其他主要规定 ………………………（200）

第六节　关于海洋环境保护的国际公约 ………………………（207）

第九章　水污染防治法 …………………………………………（211）

第一节　我国的水环境污染 ……………………………………（211）

第二节　水污染防治法的立法沿革 ……………………………（213）

第三节　水污染防治法基本原则 ………………………………（215）

第四节　水污染防治法基本制度 ………………………………（216）

第五节　水污染防治法的主要规定 ……………………………（221）

第十章　固体废物污染环境防治法 ……………………………（227）

第一节　我国的固体废物污染 …………………………………（227）

　　第二节　固体废物污染环境防治的立法沿革 ……………………（228）

　　第三节　固体废物污染环境防治法基本原则 ……………………（230）

　　第四节　固体废物污染环境防治法基本制度 ……………………（232）

　　第五节　固体废物污染环境防治法的主要规定 …………………（236）

　　第六节　关于固体废物污染环境防治的国际公约 ………………（240）

第十一章　环境噪声污染防治法 ………………………………………（243）

　　第一节　我国的环境噪声污染 …………………………………（243）

　　第二节　环境噪声污染防治法立法沿革 ………………………（245）

　　第三节　环境噪声污染环境防治法基本制度 …………………（247）

　　第四节　环境噪声污染环境防治法的主要规定 ………………（248）

第十二章　放射性物质污染防治法 ……………………………………（254）

　　第一节　我国的放射性物质污染 ………………………………（254）

　　第二节　放射性物质污染防治法的立法沿革 …………………（255）

　　第三节　放射性物质污染防治法基本原则 ……………………（258）

　　第四节　放射性物质污染防治法基本制度 ……………………（259）

　　第五节　放射性物质污染防治法的主要规定 …………………（262）

　　第六节　关于放射性物质污染防治的国际公约 ………………（267）

第十三章　化学品物质污染防治法 ……………………………………（272）

　　第一节　我国的化学品污染 ……………………………………（272）

　　第二节　化学品物质污染防治的立法沿革 ……………………（274）

　　第三节　危险化学品安全管理 …………………………………（275）

　　第四节　其他化学品管理 ………………………………………（278）

　　第五节　关于化学品物质污染防治的国际公约 ………………（284）

第十四章　自然资源法 …………………………………………………（288）

　　第一节　自然资源概述 …………………………………………（288）

　　第二节　自然资源法概述 ………………………………………（292）

第十五章　土地资源法 …………………………………………………（296）

　　第一节　概说 ……………………………………………………（296）

　　第二节　我国土地资源的立法沿革 ……………………………（298）

　　第三节　我国土地资源的主要法律规定 ………………………（299）

　　第四节　土地资源的国际公约或条约 …………………………（307）

第十六章　水资源法 ……………………………………………………（309）

　　第一节　概说 ……………………………………………………（309）

　　第二节　我国水资源的立法沿革 ………………………………（311）

第三节　我国水资源的主要法律规定 …………………………………（312）

第四节　水资源的国际公约或条约 …………………………………（320）

第十七章　矿产资源法 …………………………………………………（323）

第一节　概说 …………………………………………………………（323）

第二节　我国矿产资源的立法沿革 …………………………………（324）

第三节　我国矿产资源的法律规定 …………………………………（325）

第四节　矿产资源的国际公约或条约 ………………………………（333）

第十八章　森林资源法 …………………………………………………（337）

第一节　概说 …………………………………………………………（337）

第二节　我国森林资源的立法沿革 …………………………………（338）

第三节　我国森林资源的主要法律规定 ……………………………（339）

第四节　森林资源的国际公约或条约 ………………………………（345）

第十九章　草原资源法 …………………………………………………（348）

第一节　概说 …………………………………………………………（348）

第二节　我国草原资源的立法沿革 …………………………………（349）

第三节　我国草原资源的主要法律规定 ……………………………（350）

第二十章　野生动植物资源法 …………………………………………（357）

第一节　概说 …………………………………………………………（357）

第二节　我国野生动植物资源的立法沿革 …………………………（358）

第三节　野生动植物资源的主要法律规定 …………………………（359）

第四节　野生动植物资源的国际公约或条约 ………………………（371）

第二十一章　防沙治沙法 ………………………………………………（373）

第一节　概说 …………………………………………………………（373）

第二节　我国防沙治沙的主要法律规定 ……………………………（374）

第二十二章　渔业资源法 ………………………………………………（380）

第一节　概说 …………………………………………………………（380）

第二节　我国渔业资源的立法沿革 …………………………………（381）

第三节　我国渔业资源的主要法律规定 ……………………………（382）

主要参考文献 ……………………………………………………………（391）

第一章 环境保护概述

第一节 环 境

一、环境的概念

环境与环境问题是我们展开环境资源法学研究的起点和基础，关于什么是环境，不同的学科可以有不同的回答。在现代的一般社会用语中，环境有三种含义：其一是指周围的地方；其二是指环绕所管辖的地区；其三是指周围的自然条件和社会条件①。在生态学中，环境是指"某一特定生物体或生物群体以外的空间，以及直接或间接影响该生物体或生物群体生存的一切事物的总和"②。在环境科学中，环境是指"围绕着人群的空间，及其中可以直接、间接影响人类生活和发展的各种自然因素的总体。"③ 尽管对环境有不同的看法，但有几点是可以肯定的：

第一，在现代汉语中，人类所生存于其间的环境从大的范围来讲，包括社会环境与自然环境。所谓社会环境，是指人类的社会制度等上层建筑条件，包括社会的经济基础、城乡结构以及同各种社会制度相适应的政治、经济、法律、宗教、艺术、哲学的观念和机构等④。但是，环境科学和生态学中的环境仅指自然环境，不包括社会环境。

第二，环境总是相对于某一个中心事物而言的，具有相对性，中心事物不同，环境的外延也就不同。比如，在环境科学中，人类是主体，是中心，因此，环境便是围绕着人类的非人类的外部世界。而在生态学中，以生物或生物群体为中心，因此，环境便是围绕着某一生物或生物群体的外部世界。

在环境资源法学中，所谓的环境与环境科学中的环境一样，是以人类为中心的，围绕着人类，能对人类的生产或生活产生直接或间接影响的物质的自然环境。在立法中，就环境的定义，各国一般采用概括加列举的混合模式。例如，《美国国家环境政策法》第二编第 1 条规定："国家各种主要的自然环境，人为环

---

① 参见罗竹风主编：《汉语大词典》，汉语大词典出版社，1997 年版，第 2417 页。
② 李博主编：《生态学》，高等教育出版社，2000 年版，第 11 页。
③ 参见《中国大百科全书·环境科学》，中国大百科全书出版社，1983 年版，第 164 页。
④ 参见钱易、唐孝炎主编：《环境保护与可持续发展》，高等教育出版社，2000 年版，第 1 页。

境或改善过的环境的状态和情况，其中包括但不限于，空气和水——包括海域、港湾河口和淡水；陆地环境——其中包括但不限于，森林、干地、湿地、山脉、城市、郊区和农村环境。"我国《环境保护法》第二条规定，"本法所称环境，是指影响人类生存和发展的各种天然的和经过人工改造的自然因素的总体，包括大气、水、海洋、土地、矿藏、树林、草原、野生生物、自然遗迹、人文遗迹、自然保护区、风景名胜区、城市和乡村等。"对此，我们需理解的是：

第一，上述立法中的环境的外延包括了资源，因此，环境与资源这两个概念不是并列关系，而是包含关系。从这点而言，环境与环境资源这两个概念具有相同的含义。

第二，上述立法之所以采用混合模式，是由这种模式的优点所决定的。对环境概念下定义的可能的立法模式不外乎三种，即列举式、概括式和混合式（概括加列举的方式）。列举式的优点是易于理解，便于操作，但列举总是具有疏漏和不周延性。况且随着科技的进步和人类认识自然、改造自然的能力的不断加强，环境概念的外延和环境资源法所保护的自然客体会不断的扩大，列举式无法适应这种变动性。概括式的优点是克服了列举的不周延性，但由于其具有模糊性和高度的抽象性，不便于理解和操作。而概括列举的混合模式则能比较有效地克服列举式和概括式的缺点，又吸收了两者的优点。这种模式能够适应不断变化的现实生活，故不失为一种好的立法模式。

二、环境的分类

根据不同的标准，我们可以对环境进行不同的分类。

1. 根据组成环境的物质与人类活动的关系，可以将自然环境分为天然环境和人工环境。所谓天然环境，是指地球在发展演化过程中自然形成的、未受人类影响或只受人类的轻微影响尚保持自然风貌的环境，如原始山脉、原始森林等。所谓人工环境，也可称为人为环境，是指在天然环境的基础上，经过人类劳动加工过的环境，如城市、高速公路等。

2. 根据组成自然环境的各种要素的不同，可以将其分为大气环境、水环境、土壤环境、生物环境等。这种分类法具有重要意义，我国各环境资源单行法即采用环境要素分类法。所谓大气环境是指随地心引力而旋转的大气层。水环境是指地球表面的各种水体，包括海洋、河流、湖泊、沼泽以及地表以下埋藏在土壤和岩石孔隙中的地下水等。土壤环境是指地球表面能够为绿色植物提供肥力的表层。生物环境是指地球表面除人类以外的其他所有生物构成的整体。

3. 根据环境功能的不同，可以将其分为生活环境和生态环境。我国《宪法》第26条就采用这种分类法。所谓生活环境是指与人类生活密切相关的各种天然的和经过人工改造的自然因素。生态环境是指生物有机体周围的生存空间的生态条件的总和。生态环境由许多生态因子综合而成，这些生态因子包括非生物因子和生物因子两个方面。非生物因子如光、温度、水分、大气、土壤及无机盐等；生物因子包括植物、动物、微生物等。在自然界，这些生态因子相互联系、相互影响，所有生态因子的综合体即为生态环境。

4. 根据环境的范围大小的不同，可以将其分为宇宙环境、地球环境、区域环境和聚落环境等。所谓宇宙环境，是指大气层以外的宇宙空间，它是人类活动进入大气层以外的空间和地球邻近天体的过程中提出的新概念。地球环境，也有人称之为地理环境，是指大气圈中的对流层、水圈、土壤圈、岩石圈和生物圈。区域环境，是指占有某一特定地域空间的自然环境，它是由地球表面不同地区的5个自然圈层相互配合而形成的。聚落环境，是指人类聚居和生活场所的环境。

第二节　环境问题

一、环境问题的概念和分类

环境问题，是指由于自然界自身变化或人类活动而引起的生态系统的失衡和环境质量的退化，以及由此而给人类的生存和发展带来的不利影响。其中由于自然界自身变化所导致的环境问题，我们称之为"第一环境问题"或"原生环境问题"；由于人类活动而引起的环境问题，我们称之为"第二环境问题"或"次生环境问题"。作为环境资源法研究对象的环境问题，是指"第二环境问题"或"次生环境问题"，在日本和我国台湾地区，则称之为"公害"。

根据不同的标准，可以对环境问题进行不同的分类。

1. 根据人类活动对环境的危害后果的不同，我们可以把环境问题分为环境污染、环境破坏和资源短缺。我国的环境资源法学著作一般把环境问题分为环境污染和环境破坏，遗漏了资源短缺，这种分类是不严密的。所谓环境污染，是指由于人类在生产、生活中排放出的废水、废气、废渣、放射性物质等进入环境造成危害的现象。按环境要素的不同，可以将环境污染分为大气污染、水污染、土壤污染等；按污染物形态的不同，可以将其分为废气污染、废水污染、固体废物污染和放射性污染等；按污染物的性质不同，可以将其分为生物污染、物理污染和化学污染等。所谓环境破坏，是指人类不合理地开发利用自然环境，过量地向大自然索取物质和能量，超出自然生态恢复和平衡的限度，所造成的环境质量退化的现象。其表现形式主要有：水土流失、土地荒漠化、草原退化、物种灭绝等。所谓资源短缺，与环境污染和环境破坏密切相关，在此是指由于人类过量采掘使用自然资源或由于环境污染所导致自然资源的无法有效利用而形成的现象。其表现形式主要有：淡水资源的短缺、土地矿产资源的短缺和能源短缺等。

2. 按照公害（环境问题）所表现出的社会性现象形态，可以将其分为下列几种①：

（1）产业公害。是指工厂、企业、建筑工地等伴随着工矿业的作业而排放出污染物质、能源等，致使其周围的环境遭受污染以致恶化，从而使居民的生活、农林渔业遭受的损害。

（2）都市公害。是指由于都市人口密集，人们的活动排放出的大量污染物质蓄积起来，致使居民遭受的损害。

（3）设施（基地）公害。是指飞机场、铁道、垃圾处理场等作业时造成设施周边环境破坏，使附近居民遭受的损害。

（4）农业公害。指伴随着农业活动产生的生活妨碍和动植物的损害。畜牧业产生的恶臭、淀粉制造所排放的废液和养殖渔业所引起的湖泊和海面的水质污染、喷洒农药使土壤遭到污染等均属此类公害。

（5）观光公害。指风光明媚的区域被开发成观光地，游客云集，由于垃圾的聚集、大量汽车尾气的排放等，造成自然景观、名胜古迹、自然遗迹的破坏。

（6）开发公害。指由于胡乱开发山林、原野、海滨等，造成人类生活环境的恶化从而发生的损害。诸如填海造地建设工厂区，为住宅区的建造而破坏绿地等使环境失去自然景色、妨碍动植物的栖息繁衍等，均属于此类公害。

二、环境问题的产生和发展

地球迄今已有 45 亿年至 46 亿年的历史了，而人类的历史最多不会超过 200 万年到 280 万年。地球和自然界在长期的演化过程中孕育了生命，孕育了人类。"人本身是自然界的产物，是在他们的环境中并且和这个环境一起发展起来的。"② 地球是人类唯一的家园，我们应该满怀感激之情寻求一条与大自然共生的道路。在人类社会的早期，由于生产力的低下，人类对大自然怀有敬畏和崇拜之情，再加上自然资源的相对丰富和人口的稀少，所以基本上不存在环境问题。随着生产力的发展、人们改造自然的能力和自信心的增强，人类逐步走上了一条与自然相对抗的道路。由于人类的贪婪和无知，随着文明的进步，环境问题也相伴而生。

1. 农业文明时期

随着铁器的使用和生产力的提高，人类干预和改造自然的能力也逐渐增强。由于经济和人口的增长以及人口集中的城市的出现，逐步出现了环境问题，主要表现为对自然资源的破坏导致了水土流失、土地的沙漠化和盐渍化等。曾经灿烂辉煌的古代农业文明走向了衰落。美国学者 F. 卡特和汤姆·戴尔从人类与表土

①　参见〔日〕原田尚彦著：《环境法》，于敏译，法律出版社，1999 年版，第 6～8 页。
②　中共中央马克思恩格斯列宁斯大林著作编译局：《马克思恩格斯全集》第 3 卷，人民出版社，1979 年版，第 24 页。

之间的关系出发，对人类历史上 20 多个古代文明地区的兴衰过程进行了研究，从中得出了一个惊人的结论：赖以生存的自然资源，特别是表土状况的恶化是历史上大多数地区文明衰落的根本原因[①]。

2. 工业文明时期

18 世纪末叶，人类历史上开始了工业革命，生产力获得了飞速的发展。但是随着工业化和城市化的发展，环境问题也大规模地呈现。我们可以形象地把工业文明称为"黑色文明"。英国是最早开始工业化的国家，恩格斯在 1845 年出版的《英国工人阶级状况》一书中对当时环境污染，特别是工人所处的恶劣的生活环境作了细致的描写。"曼彻斯特周围的城市……是一些纯粹的工业城市……到处都弥漫着煤烟"，"波尔顿是这些城市中最坏的了……即使在天气最好的时候，这个城市也是一个阴森森的讨厌的大窟窿……一条黑水流过这个城市……把本来就很不清洁的空气弄得更加污浊不堪"[②]。由于世界人口的不断膨胀，能源和资源消耗的急剧增加，环境问题也日益严重。到了 20 世纪的中叶，终于产生了震惊世界的八大公害事件：

（1）马斯河谷烟雾事件。1936 年 12 月发生在比利时马斯河谷地区，当时有几千人发病，60 人死亡。公害的原因是：在河谷两岸有许多重工业工厂，排放出大量的烟尘和二氧化硫，在当时特定的地理（河谷盆地）、天气（逆温）条件下，污染物高度聚集，二氧化硫氧化为三氧化硫进入人体肺的深部，导致许多人咳嗽、流泪、恶心呕吐，直致死亡。

（2）多诺拉烟雾事件。1948 年 10 月发生在美国宾夕法尼亚州的一个工业小镇——多诺拉，4 天之内有 42％ 的居民生病，17 人死亡。公害原因是：多诺拉工厂多，排放出大量烟尘和二氧化硫，遇上雾天和逆温天气，二氧化硫与烟尘作用生成硫酸，被吸入人体的肺部，导致居民咳嗽、呕吐、腹泻、喉痛，直致死亡。

（3）伦敦烟雾事件。1952 年 12 月发生在英国伦敦，在 5 天内导致 4000 人死亡。原因是烟尘中的三氧化二铁使二氧化硫变成硫酸液沫附在烟尘上，进入人的肺部，致人咳嗽、呕吐、喉痛和死亡。

（4）洛杉矶光化学烟雾事件。1943 年 5 月至 10 月发生在美国的洛杉矶，使得大多数居民患病，65 岁以上的老人死亡 400 人。原因是该市有 250 多万辆汽车，每天排出近千吨碳氢化合物、氮氧化物、一氧化碳，这些气体在紫外线作用下发生化学反应，产生大量的光化学烟雾，刺激人体的眼、鼻、喉，致人生病或死亡。

---

① 转引自陈晓红、毛锐著：《失落的文明：巴比伦》，华东师范大学出版社，2001 年版，第 152 页。

② 中共中央马克思恩格斯列宁斯大林著作编译局：《马克思恩格斯全集》第 2 卷，人民出版社，1957 年版，第 323～325 页。

（5）水俣事件。1953 年发生在日本九洲南部的熊本县水俣镇，180 多人患病，50 多人死亡。原因是含有甲基汞的工业废水排入河中，居民食用了中毒的河鱼，致使口齿不清、步态不稳、面部痴呆、耳聋眼瞎、神经失常，直致死亡。

（6）富山骨痛病事件。1931 年至 1972 年发生在日本的富山县，280 人患病，34 人死亡。原因是炼锌厂未经处理的含镉废水排入河流，居民吃含镉的米、喝含镉的水而中毒，症状是关节痛、神经痛、全身骨痛、骨骼软化。

（7）四日哮喘病事件。1955 年发生在日本四日市，500 人患病，36 人死亡。原因是该市许多工厂排出大量二氧化硫和含有铝、锰、钛等有毒物质的重金属粉尘，这些有毒粉尘和二氧化硫混合气体吸入肺部，导致支气管哮喘和肺气肿。

（8）米糠油事件。1968 年发生在日本九洲爱知县等 23 个府县，5000 多人患病，死亡 16 人，实际受害者超过 10000 人。原因是一家食用油厂在生产米糠油时，因管理不善，使得有毒的多氯联苯液体进入米糠油中，人们由于食用含多氯联苯的米糠油而导致眼皮肿、全身起疙瘩、肝功能下降、肌肉痛、咳嗽不止。

继世界八大公害事件之后，在 20 世纪的七八十年代，世界上又发生了几起重大的公害事件。主要有：①意大利塞维索化学污染事故。1976 年 7 月 10 日，地处意大利北部塞维索地区的一家农药厂爆炸，导致剧毒化学品二　英的污染，使许多人中毒，附近居民被迁移，1.5 公里以内的植物均被深埋掉。②墨西哥液化气爆炸事故。1984 年 11 月 9 日，墨西哥国家石油公司所属的液化气供应中心站发生爆炸，4000 多人受伤，1000 多人死亡，3 万多人无家可归，周围 50 万居民奉命逃难。③印度博帕尔农药泄漏事故。1984 年 12 月 3 日，美国联合碳化物公司设在博帕尔市的农药厂里的剧毒化学品甲基异氰酯外泄，受害面积达 40 万平方公里，受害人数达 10 万～20 万，其中 6000 多人死亡。④前苏联切尔诺贝利核电站泄漏事故。1986 年，苏联基辅地区的切尔诺贝利核电站的四号反应堆爆炸起火，大量放射性物质外泄，使得上万人受到辐射伤害，核尘埃遍及欧洲。

三、中国的环境问题

先秦时期，我国的生态环境十分优越。到周朝的时候，黄土高原的森林覆盖率达 50% 以上，东北、四川和云南地区的森林覆盖率则高达 80%～90%。《诗经·魏风》中的《伐檀》篇记载道："坎坎伐檀兮，置之河之干兮，河水清且涟猗。"西周至春秋的魏国在今山西芮城以北，濒临黄河。这一诗篇描述了当时黄河流域一派绿树碧波的秀丽景象。

秦至西汉（公元前 3 世纪～公元 2 世纪），人口增长加快。到公元 2 年时，人口陡升至 5959 万。为了解决粮食问题，国家鼓励屯垦戍边。在秦代，曾徙民几万人到河套平原屯垦。西汉时，更是大规模地开展了军垦和民垦活动，仅汉武帝年间，为开垦黄土高原上的游牧区，就迁徙了 70 万人之多。西汉时期共垦田

827 万倾。黄河中游的剧烈开垦破坏了生态环境，直接导致了严重的水土流失，黄河泥沙含量剧增，并开始出现泛滥。唐、宋、金、元时期（公元 7～13 世纪），中国人口再度上升，农垦活动加剧，植被和生态平衡受到极大破坏。从唐代起，中国的环境质量每况愈下，唐后期黄河开始频繁泛滥，黄河泥沙含量到宋代已达50% 以上，仅宋朝 300 多年中即决口 50 次。由于生态环境的破坏，土壤逐步退化，沙漠化问题日益严重。明清以后，随着人口的继续增长和森林等植被的进一步破坏，水土流失达到空前严重的程度，黄河泥沙含量在明代达到 60%，清代则达到 70%。在明朝近 300 年中，黄河决口 127 次；在清朝 200 多年中，黄河决口 200 多次。而沙漠化灾害更趋严重，许多古城都被流沙侵吞。

新中国建立后的很长一段时间，环境问题并未受到政府重视。大跃进时期，为了实现"赶英超美"的目标，修建了炼铁、炼钢炉 60 多万个，小炉窑 59000个，小电站 4000 多个，小水泥厂 9000 多个。群众性的大炼钢铁运动，既造成了大量的资源浪费，又造成了严重的环境污染。在农业方面，片面强调"以粮为纲"，大规模地毁林开荒、围湖造田，我国的生态环境急剧恶化。虽然自 70 年代以来，政府开始有意识地进行环境保护工作，但由于我国生态环境"欠账"太多，环境问题依然十分严重。当前，我国主要存在下列一些环境问题[①]。

1. 环境污染

（1）水污染。我国的江、河、水库、湖泊和海洋都受到不同程度的污染。根据国家环境保护总局发布的《2000 年中国环境状况公报》，我国七大重点流域（指长江流域、黄河流域、珠江流域、松花江流域、淮河流域、海河流域、辽河流域和浙闽片河流）地表水有机污染普遍，各流域干流有 57.7% 的断面满足Ⅲ类水质要求。21.6% 的断面为Ⅳ类水质，6.9% 的断面属Ⅴ类水质，13.8% 的断面属劣Ⅴ类水质。主要湖泊富营养化问题突出，例如，云南滇池湖体 13 个监测点位均为劣Ⅴ类水质，草海污染突出，总氨、总磷污染仍很严重，处于重营养化状态。

2000 年，全国多数城市地下水受到一定程度的点状或面状污染，局部地区地下水水质指标超标，主要有矿化度、总硬度、硝酸盐、亚硝酸盐、氨氮、铁、锰、氯化物、硫酸盐、氟化物、pH 值等。在污染程度上，北方城市重于南方城市，尤以华北地区较突出。

我国海洋环境的污染也比较严重，海水中的主要污染物是无机氮、磷酸盐、油类以及汞、铅等。在 2000 年，我国海域共记录到赤潮 28 起，比 1999 年增加了 13 起，累计面积 1 万多平方公里。其中，东海 11 起，累计面积 7800 多平方公里；渤海 7 起，累计面积 2000 平方公里；黄海 4 起，累计面积 800 多平方公

---

① 数据资料主要来自国家环境保护总局发布的《2000 年中国环境状况公报》。

里；南海 6 起，累计近 50 平方公里。

（2）大气污染。我国的大气污染主要是煤烟型污染，2000 年，全国废气中二氧化硫排放总量 1995 万吨，其中工业来源的排放量 1612 万吨，生活来源的排放量 383 万吨；烟尘排放总量 1165 万吨，其中工业烟尘排放量 953 万吨，生活烟尘排放量 212 万吨；工业粉尘排放量 1092 万吨。我国酸雨区面积约占国土面积的 30%，主要分布在长江以南、青藏高原以东的广大地区及四川盆地。2000 年，在监测的 254 个城市中，157 个城市出现过酸雨，占 61.8%，其中 92 个城市年均 pH 值小于 5.6，占 36.2%。

（3）噪声污染。噪声污染是城市四大公害之一。在 2000 年，监测 214 个城市的道路交通噪声，8.9% 的城市污染严重，22.4% 的城市属中等污染，53.3% 的城市属轻度污染，只有 15.4% 的城市声环境质量较好。2000 年，监测 176 个城市的区域环境噪声，其中 6.2% 的城市污染较重，49.4% 的城市属中度污染，33.0% 的城市属轻度污染，只有 11.4% 的城市区域声环境质量较好。

（4）固体废物污染。随着我国工业化和城市化进程的加快，我国的固体废物污染也相当严重。2000 年，全国工业固体废物产生量为 8.2 亿吨，其中县及县以上工业固体废物产生量为 6.7 亿吨，乡镇工业的产生量为 1.5 亿吨。工业固体废物排放量为 3186 万吨，其中乡镇工业的排放量为 2146 万吨，占排放总量的 67.3%。危险废物产生量为 830 万吨，其中县及县以上工业产生量为 796 万吨，占产生总量的 95.9%。而我国的城市生活垃圾每年的产生量也达到数亿吨，绝大部分未经过无害化处理，许多城市陷入垃圾的包围之中。

2. 生态破坏

（1）耕地减少。建国 50 多年来，我国耕地面积大量减少，人均占有量较 1957 年减少了近五分之三。目前，我国耕地面积 12823.31 万公顷，人均耕地面积 0.101 公顷，不足世界人均耕地的一半。

（2）森林破坏。我国森林破坏现象也比较严重，目前我国森林覆盖率为 16.55%，约为世界平均覆盖率的一半。由于森林的破坏，导致严重的水土流失和自然灾害的加剧。

（3）草原退化。我国拥有草地近 4 亿公顷，约占国土面积的 40%，但人均占有草地仅 0.33 公顷，为世界人均草地面积的一半。而且，我国草地品质较低。目前，我国 90% 的草地不同程度地退化，其中中度退化以上草地面积已占半数。全国"三化"（指退化、沙化、碱化）草地面积已达 1.35 亿公顷，并且每年还以 200 万公顷的速度增加，草地生态环境形势十分严峻。

（4）水土流失。由于森林覆盖率的降低、土壤和草原的退化，使得我国水土流失现象相当严重。全国现有水土流失面积 367 万平方公里，约占国土面积的 38%，并且还以每年 100 万公顷的面积增加。

（5）土地荒漠化。我国目前有荒漠化土地 262.2 万平方公里，占国土面积的 27.3%，并且土地沙化每年以 2460 平方公里的速度在扩展。每年因荒漠化造成的直接经济损失高达 540 亿元。土地荒漠化的另一后果是全国范围内沙尘暴发生频率加快，仅 2000 年 3 月～5 月中旬前期的两个多月时间，我国北方地区就先后出现了 14 次较大范围的扬沙、沙尘暴或浮尘天气。沙尘天气出现的频率之高、范围之广为近十多年来所罕见。2002 年 3 月 18 日下午 5 时至 21 日上午 8 时，我国新疆、青海、甘肃、内蒙古、宁夏、陕西、山西、河北、北京、天津、辽宁、吉林、黑龙江以及山东、河南、湖北、湖南西北部、四川东部等部分地区先后出现了大范围扬沙天气，其中内蒙古、甘肃中部、宁夏北部、河北北部、北京、吉林西北部等地出现了强沙尘暴。3 月 20 日，据北京气象站测定，北京市空气中的总悬浮颗粒物达 1.1 万微克/立方米，超过正常值 100 倍。目前我国的主要沙源区是：甘肃河西走廊及内蒙古阿拉善高原区、内蒙古中部农牧交错带及草原区、南疆塔克拉玛干沙漠周边地区、蒙陕宁长城沿线旱作农业区。

3. 资源短缺

（1）水资源的短缺。我国人均水资源只相当于世界人均水资源占有量的四分之一，居世界第 110 位。在我国近 700 个城市中，有 300 多个城市缺水，100 多个严重缺水。许多城市大面积地开采地下水，黄淮海地区由于地下水开采量的不断增加和降水量的减少，近年来地下水位不断下降，地下水降落漏斗面积及漏斗中心水位埋深在不断增大；河北、河南豫北地区和山东西北地区的地下水降落漏斗已连成一片，形成包括北京和天津在内的华北平原地下水漏斗区，面积超过 4 万平方公里。

（2）矿产资源的短缺。矿产资源是推动工业经济发展的一个重要支柱，我国的矿产资源总量居世界第三位，但人均占有量只有世界平均水平的 58%，个别矿种甚至居世界百位之后。近年来，我国矿产资源的探明储量与开采量的比例在逐年下降，相当部分的矿产资源的探明储量已经或在不久的将来不能满足经济发展的需要。

（3）土地资源的短缺。由于我国水土流失和土地荒漠化的发展，导致我国的土地资源，特别是耕地资源的严重短缺。这将影响到我国的农业发展和整个可持续发展战略的实现。

四、当代环境问题的特点

与以往不同，当代环境问题展现了下列一些新的特点：

1. 环境问题的全球化

早期的环境问题，只是发生在某些国家或地区，就其性质和影响范围而言，具有点源性或区域性。而当代的环境问题已超出了特定的地区，呈现出了全球化的特点。表现在：一是所有的国家都普遍存在着环境问题，二是出现了一些关系和危害全球的环境问题，例如温室效应、臭氧层的耗损、酸雨等。

环境问题的全球化表明，世界各国的前途和命运史无前例地紧密地联系在一起，在地球这只宇宙飞船上风雨同舟。另一方面，如此严重的环境问题的有效解决有赖于世界各国政府和人民的共同努力和真诚而广泛的国际合作。

2. 环境问题的综合化

从前的环境问题大多具有单一性，提起环境问题，人们想到的往往是废气、废水、废渣等工业"三废"污染。但是，当前的环境问题已远远超出了这一范畴，已经深入影响到人类生产和生活的各个方面，涵盖了资源短缺、环境污染和环境破坏三种类型，从而呈现出了综合化的特征。

3. 环境问题的社会化

如果说以前直接与环境问题有关的，只是环境污染的受害者和医疗卫生、科学技术等一些部门和人员的话。那么，当今的环境问题已大不相同，没有人能逃脱生态危机所带来的恶果。环境问题已经成为受到各行各业普遍关注的社会问题，政府如果不能有效地解决环境问题或环境问题所带来的一系列后果，则可能会影响到社会和政治的稳定。

4. 环境问题的政治化

原先人们只是把环境问题看作是工业问题、经济问题和技术问题。后来，由于环境问题的蔓延而成为一个社会问题，而广泛的社会问题必将生成为政治问题。环境问题的政治化主要体现在两个方面：第一，许多国家诞生了以保护环境为纲要的政党组织——绿党。世界上第一个绿党是20世纪60年代末产生的新西兰的"价值党"，而最有影响的则是德国的绿党，该党已是德国的第三大政治力量。目前在欧洲有37个国家成立绿党，欧洲以外的美洲、大洋洲和亚洲等地，也有绿党的存在。第二，环境问题已是政党政策和政府间国际合作的重要议题，由于发达国家长期以来向发展中国家输出和转嫁环境问题，或者各国对国际环境问题采取的立场和对策的不同，往往导致尖锐的政治分歧和政治斗争。

5. 环境受害者与致害者的同一化[①]

从前的环境问题一般都是产业界或企业界的行为造成的，环境侵权中的加害者与受害者是泾渭分明的。但是，在当今高消费的时代，生活者，特别是城市居民，在日常生活或消费的各个侧面，往往直接或间接地引起环境问题。例如居民大量排放出的生活废水和垃圾，汽车消费者在驾驶过程中排放的汽车尾气、发出

---

① 日本学者饭岛伸子称之为"生活者的致害者化"，参见〔日〕饭岛伸子著：《环境社会学》，包智明译，社会科学文献出版社，1999年版，第24～28页。

的噪音等等。这些危害环境的行为也往往使其本人遭受环境危机所带来的不利影响。

环境受害者和致害者的同一化趋势表明，我们每一个人的行为与环境退化之间都存在着一定的因果关联性，每个人都应当为环境质量的下降负责，每一个人都有保护环境的义务。

6. 环境问题的高科技化

环境问题的高科技化表现在两个方面，第一，某些高新技术的开发、使用往往引发新的环境问题，例如，电子产品的研制和开发导致了新的污染——辐射污染，而原子弹、导弹的试验，核反应堆的使用和核电站的设置，一旦发生事故，后果将不堪设想；即使不发生事故，也会对周遭环境产生很大影响。第二，现代环境问题的有效解决，则有赖于科技的进一步发展，高新技术是解决生态危机的重要保障。

五、环境问题产生的根源

人类对环境问题产生的原因的认识，有一个逐步深化的过程。刚开始，人们认为环境问题就是由于科学技术发展的不足而引起的，倾向于仅从技术角度来研究环境问题的解决之道。但是，环境问题并没有随着科技的发展而得以解决，非但如此，反而变得更为严重。后来，人们又从经济学、伦理学等的角度来研究环境问题，环境经济学、环境哲学、环境伦理学、环境法学等新兴的科学由此而诞生。我们认为，环境问题的产生是相当复杂的，应当从多学科的、多维的视角予以研究。在当代社会，环境问题不仅仅是一个技术问题和经济问题，它还是一个哲学问题、宗教问题、伦理问题。归根结底，它是文明问题，它深刻地揭示了传统工业文明的弊端，宣告了传统工业文明必将走向终结的命运，它也预示了一个新文明——生态文明的诞生。

1. 环境问题产生的哲学根源

哲学是科学的科学，是我们时代精神的反映。环境问题的产生与西方世界"主客二分"的哲学传统有密切的关系。古希腊哲学家柏拉图开"主客二分"思想之先河，近代的伽利略、培根和笛卡尔，特别是笛卡尔，对"主客二分"式的机械论哲学的最终确立和占据统治地位，作出了最有成效的努力。在著名的笛卡尔的"心物二元论"中，他在精神和肉体之间划出了一道截然分明的界限，他"以外科手术般的精细态度，从物质本性中剔除精神的每一丝痕迹，留下一片由惰性的物质碎片杂乱堆积而成的、没有生命的疆域。"[①] 主客二分的哲学模式对

---

① 〔美〕韦斯特福尔著：《近代科学的建构——机械论与力学》，彭万华译，复旦大学出版社，2000年版，第 32 页。

于确立人的主体性和科技的发展，的确发挥了进步的历史意义。但是它忽视了大自然的整体性和价值尊严，它导致了人类对自然界盲目的肆无忌惮的征服和改造。"现在，深刻化的地球规模的环境破坏的真正原因，在于将物质与精神完全分离的心物二元论西方自然观，以及席卷整个世界的势头。"①

2. 环境问题产生的宗教根源

西方的基督教对环境问题的产生负有不可推卸的责任。传统基督教对人与自然关系的经典解释是：惟有人是按上帝的形象造的；上帝造人是要人在地上行使统治万物的权利。根据这些教义，传统基督教认为，只要为了人的利益，征服和掠夺自然是天经地义的。在《旧约全书·创世记》的第1章第28节，"上帝就赐福给他们，又对他们说，要生养众多，遍满地面，治理这地，也要管理海里的鱼、空中的鸟，和地上各样行动的活物。"在《创世记》的第9章中，"神就赐福给挪亚和他的儿子，对他们说，你们要生养众多，遍满了地。凡地上的走兽和空中的飞鸟都必惊恐，惧怕你们，连地上一切的昆虫并海里一切的鱼都交付你们的手。凡活着的动物都可以作你们的食物。"在环境危机日益严重的今日，基督教也面临着如何生态化、绿色化的问题。"当前，基督教共同面临的最大挑战是为生态保护问题肩负起伦理责任。生态不仅仅是技术问题或财政资源问题。归根结底，生态问题要求一种新的信仰角度，根据这种信仰，人类同其余被造物的关系既是领袖群伦的关系，也是合作搭档的关系，简言之，需要一种新的伦理，新的属灵式，新的宗教仪式。"②

3. 环境问题产生的伦理学根源

在传统的伦理学中，所谓伦理即是人伦之理。伦理学的研究对象，仅限于人与人之间的社会关系，而人与自然的关系则被排除于外。自然界只有工具价值，没有自身的内在价值，它的价值仅是满足人类永无止境的欲望。由于自然界没有获得"道德关怀"的资格，由于大自然没有自身的价值和尊严，人类在征服和利用大自然的过程中就缺少了必要的伦理准则的制约。

4. 环境问题产生的技术根源

一方面，很多环境问题的产生，是由于技术发展的不成熟。由于人类理性的有限性，人们对自然规律和社会规律的认识总是具有一定的片面性。一些反自然、反科学的人类行为，必然会遭到大自然的报复。另一方面，技术就像是一把高悬在人类头顶之上的达摩克利斯剑，对技术的滥用往往会使人类反受其害。例

① 〔日〕岸根卓郎著：《环境论——人类最终的选择》，何鉴译，南京大学出版社，1999年版，第199页。

② 安希孟：《自然生态学与基督教神学》，载于何光沪、许志伟主编：《对话二：儒释道与基督教》，社会科学文献出版社，2001年版，第338页。

如，对核能和生物技术的滥用，会导致不可估量的生态恶果。

5. 环境问题产生的经济根源

（1）经济行为的负外部性和共有资源的非排他性

所谓行为的负外部性，是指人们的行为对他人或社会不利的影响。在经济行为中，它既包括生产的负外部性，也包括消费的负外部性。例如，工矿企业的排放废水、废气、废渣等行为，居民在使用助力车或汽车的过程中排出的尾气，对他人和周围的环境均有负面影响。为有效减少和控制经济行为的外部负效应，就应当使得外部成本内在化。根据科斯定理，如果私人各方可以无成本地就资源配置进行协商，那么，私人市场就将总能解决外部性问题，并能有效地配置资源。但是，由于交易成本的存在和交易人数的众多等原因，使得科斯定理难以适用于现实。为此，就需要政府采取管制、征收庇古税等公共政策来应付外部性问题。然而，与"市场失灵"一样，也往往存在"政府失灵"现象，从而使得负外部性问题难以有效得以克服。

在经济学中，根据物品是否具有排他性和竞争性，可以把物品分为私人物品、公共物品、共有资源和自然垄断物品。私人物品是既有排他性又有竞争性的物品，公共物品是既无排他性又无竞争性的物品，共有资源是有竞争性而无排他性的物品，自然垄断物品是有排他性但没有竞争性的物品。清洁的空气和水、石油矿藏、野生动物等是典型的共有资源。1968 年，美国加州大学的哈丁教授就人口资源等问题撰写了一篇题为《共有地的悲剧》的论文，深刻地说明了由于外部性的存在和人们追求个人利益最大化而导致共有资源的枯竭。"共有地悲剧是一个有一般性结论的故事：当一个人用共有资源时，他减少了其他人对这种资源的使用。由于这种负外部性，共有资源往往被过度使用。"[①] 当今社会，资源的枯竭，环境质量的退化，与共有资源的非排他性和经济行为的负外部性有密切的联系。

（2）传统的生产方式和消费方式

传统的生产方式和消费方式呈现出如下形态：大量开采资源—大量生产—大量消费—大量废弃。这种模式是建立在高能耗、高物耗、高污染的基础之上的，是不可循环的因而也是不可持续的。"虽然贫困导致某些种类的环境压力，但全球环境不断退化的主要原因是非持续消费和生产模式，尤其是工业化国家的这种模式。这是一个严重的问题，它加剧了贫困和失调。"[②] 恩格斯在《家庭、私有

---

① 〔美〕曼昆著：《经济学原理》，梁小民译，生活·读书·新知三联书店、北京大学出版社，1999年版，第 237 页。

② 联合国环境与发展大会：《21 世纪议程》，国家环境保护局译，中国环境科学出版社，1993 年版，第 16 页。

制和国家的起源》中就精辟地指出："鄙俗的贪欲是文明时代从它存在的第一日起直至今日的起推动作用的灵魂；财富，财富，第三还是财富，……不是社会的财富，而是这个微不足道的单个的个人的财富，这就是文明时代惟一的、具有决定意义的目的。"[1] 他还引用摩尔根的话，说明人与自身创造的财富之间的异化现象，"自从进入文明时代以来，财富的增长是如此巨大，……，以致这种财富对人民说来已经变成了一种无法控制的力量。人类的智慧在自己的创造物面前感到迷惘而不知所措了。"[2] 美国哲学家和精神分析学家弗洛姆则从精神分析学和社会心理学的角度对资本主义社会的工业生产、高消费与人的异化作了精彩的分析，他指出："我们的社会越来越被工业官僚阶层和职业政治家所控制。人们被社会影响所左右，他们的目的是尽可能多地生产和尽可能多的消费，并把这作为自我目标。一切活动都从属于经济目标，手段变成了目标。人变成了物，成为自动机器：一个个营养充足，穿戴讲究，但对自己人性的发展和人所承担的任务却缺乏真正的和深刻的关注。……，应该使得人不再同自己的力量产生异化并且不再通过崇拜新偶像——国家、生产、消费——的方式去体验自己的力量。"[3] 我们认为，传统的生产模式和消费模式在经济上是不可持续的，从社会心理学和文化学的角度而言，则是一种病态的与人类自身异化的现象，不克服这种异化，环境问题就不会得到真正的解决。

（3）经济的贫困化

与发达国家的高消费和享乐主义不同，在广大的发展中国家特别是最不发达国家，由于发展不足而导致的经济贫困，是环境恶化的根源之一。这些国家没有建立起本国的工业体系，为了生存和偿还外债，迫使他们不断开采本国的自然资源廉价出口到发达国家。由于缺乏资金和技术，一些发展中国家无法解决因过度开采资源所导致的环境问题：土壤肥力的降低、水土流失、森林等资源的急剧减少以及由此而带来的各种自然灾害。而这些环境问题又反过来加剧了经济的贫困化。于是乎，很多国家陷入了经济贫困和环境退化的恶性循环之中。《联合国人类环境宣言》指出："在发展中国家中，环境问题大半是由于发展不足造成的。千百万人的生活仍然远远低于像样的生活所需要的最低水平。他们无法取得充足的食物和衣服、住房和教育、保健和卫生设备。因此，发展中国家必须致力于发展工作，牢记他们的优先任务和保护及改善环境的必要。"

---

① 〔德〕恩格斯著：《家庭、私有制和国家的起源》，人民出版社，1999年版，第184页。

② 〔德〕恩格斯著：《家庭、私有制和国家的起源》，人民出版社，1999年版，第185页。

③ 〔美〕弗洛姆著：《爱的艺术》，李健鸣译，商务印书馆，2000年版，第92页。关于他对资本主义社会和人的异化的病态研究，另可参见弗洛姆著：《健全的社会》，孙恺详译，贵州人民出版社，1994年版。

第三节　环境保护与可持续发展

一、环境保护

（一）环境保护的概念

环境保护作为一个较为明确和科学的概念，是在 1972 年联合国人类环境会议上提出来的。会议通过的《联合国人类环境宣言》指出："保护和改善人类环境是关系到全世界各国人民的幸福和经济发展的重要问题，也是全世界各国人民的迫切希望和各国政府的责任。""人类有权在一种能够过尊严和福利的生活的环境中，享有自由、平等和充足的生活条件的基本权利，并且负有保护和改善这一代和将来世世代代的环境的庄严责任。"从此，"环境保护"这一术语被广泛使用。

所谓环境保护，就是指采取行政的、法律的、经济的、科学技术的多方面措施，合理地利用自然资源，防止环境污染和破坏，以求保持和发展生态平衡，扩大有用自然资源的再生产，保障人类社会的发展。对这一概念，应作如下理解：

第一，环境保护是所有环境保护措施的总称，从所采取的措施的性质来看，包括技术措施、经济措施、行政措施等；从实施措施的主体来看，既包括政府通过立法、行政和司法等途径实施的环保措施，也包括公民、法人和其他组织所采取的环保措施。环境与资源法学主要研究是公权力主体所实施的环境保护措施。

第二，环境保护是一种人类活动，它区别于人类的其他活动的标志是以保护生活环境和生态环境、防治污染和其他公害为直接目的和主要特征。人类的某些活动可能客观上有利于环境，但如果并不以保护环境、防治公害为直接目的和主要特征，则不能称之为环境保护。"例如，征收消费税、采取计划生育措施等客观上有利于保护环境，但其直接目的是控制消费、控制人口增长，因此不属于环境保护的范畴。"[①]

（二）环境保护的内容

我国学者一般根据环境保护措施是针对资源短缺和环境破坏还是环境污染，把环境保护的内容概括为两个方面：一是保护和改善生活环境和生态环境，包括保护城乡环境，保持乡土景观、减少或消除有害物质进入环境，改善环境质量，维护环境的调节净化能力，确保物种多样性和基因库的持续发展，保持生态系统的良性循环。二是防治环境污染和其他公害，即防治在生产建设或者其他活动中

[①]　高家伟著：《欧洲环境法》，工商出版社，2000 年版，第 4 页。

产生的废气、废水、废渣、粉尘、恶臭气体、放射性物质以及噪声、振动、电磁辐射等对环境的污染和危害。在欧洲环境法中，则把环境保护的内容分为媒体环境保护、原因环境保护、生命环境保护和连带环境保护四种。媒体环境保护是指对环境媒体的保护，如土地、空气和水。原因环境保护针对的是特定的危险物质，如核能和放射性防治、化学物品、药品、生活用品、基因技术和垃圾等。生命环境保护是指保护人类、动植物和微生物。连带环境保护是指在执行其他任务中一并采取环境保护措施，如空间计划、城市规划中的环境保护因素等①。

（三）中国的环境保护

以 1949 年中华人民共和国的建立为分界线，我们可以将中国的环境保护分为 1949 年以前的环境保护和 1949 年以后的环境保护这两个大的阶段。

1. 1949 年以前的环境保护

总的说来，由于工业的缺乏或者不发达，1949 年以前的环境保护主要侧重于自然资源的养护。早在殷商时期我国就有环境保护的法律规定。据《韩非子·内储说（上）》记载，"殷之法，弃灰于公道者断其手。"② 公元前 11 世纪的西周颁布的《伐崇令》规定，"毋坏屋，毋填井，毋伐树木，毋动六畜，有不如令者，死无赦。"③ 后世的《秦律》、《唐律》、《明律》和《清律》也都有环境保护的法律规定。在近代的中华民国时期，也曾制定过一些保护环境的法律，如 1929 年制定的《渔业法》、1932 年制定的《森林法》、《狩猎法》、1942 年制定的《水利法》等。

2. 1949 年以后的环境保护

1949 年中华人民共和国成立之后，我国的环境保护又大致可以分为四个阶段：

（1）环境保护的起步阶段。大致的时间跨度是从 1949 年至 1971 年，这一阶段在环境立法上侧重于与经济发展密切相关的合理利用、开发和保护资源方面。1949 年的《共同纲领》规定，国家对重要的自然资源享有所有权，并且要保护森林、发展林业，保护沿海渔场，发展水产业，兴修水利，保护土地资源，防止病虫害，保护野生珍贵动植物资源等。另外，这一时期制定的法律还有：1949 年的《土地改革法》、1950 年的《关于保护古文物建筑的指示》、1953 年的《政务院关于发动群众开展造林、育林、护林工作的指示》、《国家建设征用土地办法》、1956 年的《矿产资源保护试行条例》、1963 年的《森林保护条例》等等。

---

① 参见高家伟著：《欧洲环境法》，工商出版社，2000 年版，第 5～6 页。
② 参见《韩非子集释（上）》，上海人民出版社，1974 年版，第 541 页。
③ 参见《中国大百科全书·环境科学》，中国大百科全书出版社，1983 年版，第 502 页。

（2）环境保护的初步发展阶段。该阶段是从 1972 年到 1979 年，即从 1972 年斯德哥尔摩联合国人类环境会议的召开到《环境保护法（试行）》的颁布。在这一阶段，随着工农业生产的发展，我国的环境污染和环境破坏问题越来越严重，如官厅水库、北京西郊的严重污染事件，引起有关领导的重视。1972 年国务院批转了《关于官厅水库污染情况和解决意见的报告》，对官厅水库的污染防治作出了规定。1972 年斯德哥尔摩人类环境会议的召开对我国的环境保护工作起到了很大的促进作用，我国派代表团参加了这次会议，并于次年召开了全国第一次环境保护会议，会议通过了《关于保护和改善环境的若干规定》，提出了"全面规划、合理布局、综合利用、化害为利、依靠群众、大家动手、保护环境、造福人民"的环境保护方针，规定了在环境保护方面应采取的十项措施。特别值得一提的是，1978 年的《宪法》第 11 条规定："国家保护环境和自然资源，防治污染和其他公害。"这是我国第一次把环境保护载入国家的根本大法。

（3）环境保护法律体系形成时期。该阶段是从 1979 年《环境保护法（试行）》的制定到 1989 年《环境保护法》的颁布。在这一时期，我国环境立法初步完善，环境法制逐步健全。1979 年的《环境保护法（试行）》是我国第一部环境保护综合性法律，它标志着我国环境立法开始从分散、单一立法走向综合立法。1983 年，我国召开了第二次全国环境保护会议，把环境保护确立为我国的一项基本国策。这一时期制定的法律还有：1982 年的《海洋环境保护法》和《征收排污费暂行办法》、1984 年的《水污染防治法》和《森林法》、1985 年的《草原法》、1986 年的《渔业法》、1987 年的《大气污染防治法》、1988 年的《水法》和《野生动物保护法》。1989 年，我国召开了第三次全国环境保护会议，并于同年颁布了《环境保护法》，以此取代了试行十年的《环境保护法（试行）》，这标志着我国环境保护的立法已经发展到了一个新的历史阶段，我国的环境法律体系已基本形成。

（4）环境保护法律体系的完善时期。这一时期我国环境保护工作的特点有以下三个：一是重视现有法律、法规的完善和执行工作，着手对已经颁布的有关法律、法规进行修改；二是在加强和完善中央立法的同时，广泛开展地方环境立法工作；三是广泛开展环境保护的国际交流和合作，加入了一系列的国际环境保护公约。这一时期制定的法律有：1990 年的《国务院关于进一步加强环境保护工作的决定》、1991 年的《水土保持法》，1992 年我国出席了联合国环境与发展大会，并签署了《气候变化框架公约》、《生物多样性公约》。随后我国政府又提出了中国环境与发展应采取的十大对策。1994 年我国政府批准发布了《中国 21 世纪议程——中国 21 世纪人口、环境与发展白皮书》，提出了我国可持续发展的总体战略、对策以及行动方案。同年，我国制定了《自然保护区条例》，1995 年制定了《固体废物污染环境防治法》和《监控化学品管理条例》，1996 年制定了

《环境噪声污染防治法》，2001 年制定了《防沙治沙法》。至此，我国环境保护工作进入了一个新阶段，我国环境保护的法律体系日趋完善和成熟。

二、可持续发展

（一）可持续发展战略的由来

20 世纪以来，一系列重大的环境问题震惊了人类，在遭受大自然的打击和报复之后，人们开始重新反思人与自然之间的关系，重新思考人类发展的道路。

1. 零度增长论

1968 年，来自 10 个国家的几十位科学家、教育家和经济学家聚集在罗马山猫科学院，成立了一个由意大利工业家奥莱里欧·佩切依博士担任总裁的民间学术团体——罗马俱乐部。该俱乐部于 1972 年提交了第一份研究报告——《增长的极限》，该报告的结论是[①]：

第一，如果在世界人口、工业化、污染、粮食生产和资源消耗方面现在的趋势继续下去，这个行星上增长的极限有朝一日将在今后 100 年中发生。最可能的结果将是人口和工业生产力双方有相当突然的和不可控制的衰退。

第二，改变这种增长趋势和建立稳定的生态和经济的条件，以支撑遥远未来是可能的。全球均衡状态可以这样来设计，使地球上每个人的基本物质需要得到满足，而且每个人有实现他个人潜力的机会。

第三，如果世界人民决心追求第二种结果，而不是第一种结果，他们为达到这种结果而开始工作得愈快，他们成功的可能性就愈大。

罗马俱乐部指出，要避免前述的第一种结果，最好的方法是停止工农业的增长，即实行零度增长，主张为了维护人类的生存环境，应对社会经济的发展实施全面的控制。《增长的极限》所得出的结论是令人震惊的，在国际社会引起了强烈反响，它唤起了人们的环境意识和忧患意识。但是，它提出的零度增长论却是令人无法接受的。特别是对于广大发展中国家，停止发展只能意味着永远的贫困。

2. 无极限增长论

罗马俱乐部的"增长极限论"遭到了环境乐观主义者的反对。其典型代表有朱利安 L. 西蒙的《没有极限的增长》（1981 年出版）、《资源丰富的地球》（1984 年出版）和 H. 卡恩的《今后二百年》（1976 年出版）。他们认为，生产的不断增长能为更多的生产进一步提供潜力。地球上有足够的土地和资源供经济不断发

---

① 参见〔美〕米都斯等著：《增长的极限》，李宝恒译，吉林人民出版社，1997 年版（英文版序），第 17～18 页。

展之所需。只有新的技术和资本能够增加生产，保护并改善环境。虽然目前人口、资源和环境发展趋势给技术、工业化和经济增长带来一些问题，但人类能力的发展也是无限的，因而这些问题不是不能解决的，世界的发展趋势是在不断改善而不是在逐渐变坏①。

无极限增长的理论看到了技术进步对于解决环境问题的重大作用，但是环境问题不仅仅是一个技术问题，单靠科技进步而不改变传统的发展模式、不改变人们的环境伦理观和自然观，是无法圆满地化解生态危机的。环境资源形势的日益严峻已经宣告了盲目乐观主义的破产。

3. 可持续发展理论的提出

1980 年，国际自然资源保护同盟（IUCN）、联合国环境规划署（UNEP）和世界野生生物基金会（WWF）共同出版了《世界自然保护战略：为了可持续发展的生存资源保护》一书，首次提出了可持续发展的概念。1983 年 11 月，联合国成立了以挪威首相布伦特兰夫人为主席的世界环境与发展委员会（WECD），该委员会的使命是：重新审查关键的环境和发展问题，提出处理这些问题的现实的建议；提出在这些问题上的可以影响政策和事态向着需要的方向发展的国际合作的新形式；提高个人、志愿组织、实业界、研究机构和各国政府的认识水平和为采取行动承担义务的程度。1987 年，该委员会把长达 4 年研究、经过充分论证的报告《我们共同的未来》（Our Common Future）提交给联合国大会，正式而系统地提出了可持续发展的理论。

《我们共同的未来》分为"共同的关切"、"共同的挑战"和"共同的努力"三大部分。该报告比较系统地探讨了人类面临的一系列重大的经济、社会和环境问题，深刻地指出，过去我们关心的是经济发展对环境带来的影响，而现在，我们则迫切地感到生态的压力对经济发展所带来的重大影响。因此，"我们认识到，需要一条新的发展道路，不是一条仅能在若干年内在若干地方支持人类进步的道路，而是一直到遥远的未来都能支持全球人类进步的道路。"②

可持续发展理论是对"零度增长论"和"无极限增长论"的合理扬弃，它把环境保护与经济和社会的发展结合起来，是环境保护思想史上的一个重要的里程碑。1992 年在巴西首都里约热内卢召开的联合国环境与发展大会上，人类空前一致地接受了可持续发展的理论和模式。大会通过的《21 世纪议程》反映了关于发展与环境合作的全球共识和最高级别的政治承诺。

---

① 参见陈泉生著：《可持续发展与法律变革》，法律出版社，2000 年版，第 54～55 页。
② 世界环境与发展委员会著：《我们共同的未来》，王之佳等译，吉林人民出版社，1997 年版，第 5 页。

（二）可持续发展的定义和基本原则

关于可持续发展的一个经典定义是由世界环境与发展委员会在《我们共同的未来》中所阐述的，即"可持续发展是既满足当代人的需要，又不对后代满足其需要的能力构成损害的发展。"也有学者从其他角度下定义的，比较有代表性的有下列几种[①]：①着重于自然属性的定义。国际生态学联合会（INTECOL）和国际生物科学联合会（IUBS）将可持续发展定义为"保护和加强环境系统的生产更新能力"，即可持续发展是不超越环境系统再生能力的发展。②着重于社会属性的定义。1991年，世界自然保护同盟、联合国环境规划署和世界野生生物基金会共同发表了《保护地球——可持续生存战略》，其中提出的可持续发展的定义是："在生存不超出维持生态系统涵容能力的情况下，提高人类的生活质量。"③着重于经济属性的定义。巴比尔在《经济、自然资源、不足和发展》中把可持续发展定义为："在保护自然资源的质量和其所提供服务的前提下，使经济发展的净利益增加到最大限度。"英国经济学家皮尔斯和沃福德在1993年合著的《世界末日》中，提出了以经济学语言表达的可持续发展定义："当发展能够保证当代人的福利增加时，也不应使后代人的福利减少。"④着重于科技属性的定义。倾向于这一定义的学者认为："可持续发展就是转向更清洁、更有效的技术，尽可能接近零排放或密闭式的工艺方法，尽可能减少能源和其他自然资源的消耗。"美国世界资源研究所在1992年则提出："可持续发展就是建立极少废料和污染物的工艺和技术系统。"

可持续发展具有丰富的内涵，就其社会观而言，主张公平分配，既满足当代人又满足后代人的基本需要；就其经济观而言，主张建立在保护地球自然系统基础上的持续经济发展；就其自然观而言，主张人与自然的和谐共处[②]。这些内涵体现了下列基本原则：

第一，公平性原则。包括同一代人之间的代内公平（或称横向公平）和不同代人之间的代际公平（或称纵向公平）。目前这种全球贫富悬殊、两极分化的世界是不可持续的。因此，要把在可持续发展进程中消除贫困作为特别优先的问题提出来加以考虑，要给世世代代以公平的发展权。

第二，持续性原则。"可持续发展的概念中包含着制约的因素——不是绝对的制约，而是由目前的技术状况和环境资源方面的社会组织造成的制约以及生物

---

①　参见钱易、唐孝炎主编：《环境保护与可持续发展》，高等教育出版社，2000年版，第136～137页。

②　参见钱易、唐孝炎主编：《环境保护与可持续发展》，高等教育出版社，2000年版，第138～139页。

圈承受人类活动影响的能力造成的制约。"① 环境与资源是人类社会存在和发展的基础和保障，人类的发展必须要以不损害支持地球生命的大气、水、土壤、生物等自然条件为前提，必须要充分考虑资源的临界性，必须要适应环境与资源的承载能力，以实现生态环境的可持续性和资源的永续利用。

第三，共同性原则。由于地球的整体性和相互依存性，由于当代环境问题呈现出的全球化特征，环境问题的解决决不是某一个国家单独所能做到的，必须得依靠各国政府和人民本着全球伙伴精神协调一致的联合行动。正如世界环境与发展委员会主席布伦特兰夫人所指出的："进一步发展共同的认识和共同的责任感，这对这个分裂的世界是十分需要的。"②

（三）可持续发展与环境保护

可持续发展与环境保护两者密切相关，相互支持，缺一不可。

第一，可持续发展来源于环境保护，并且以环境保护为支撑。"可持续发展概念本身是从自然环境的污染、保护的角度引申出来的观念，就其直接涵义来说，某项人类活动减少、杜绝环境污染或使资源在一定程度上持续利用，此项人类活动则符合可持续发展的原则。"③ 1989 年 5 月举行的联合国环境署第 15 届理事会，在其通过的《关于可持续发展的声明》中指出："可持续发展意味着维护、合理使用并且提高自然资源基础，意味着在发展计划和政策中纳入对环境的关注和考虑。"由于可持续发展必须以资源的永续利用和生态环境的可持续性为前提和基础，由于可持续发展以追求人与人以及人与自然的和谐为核心，主张人类应享有以与自然相和谐的方式过健康而富有生产成果的生活的权利。因此，环境保护是它的一个重要的组成部分。离开了环境保护，可持续发展就只能成为空中楼阁。经济与社会的发展能否与环境保护同步进行，成为可持续发展理论与传统发展理论的分水岭与试金石。

第二，环境保护以经济与社会的发展为条件和归宿。环境问题是在发展的过程中产生的，也应当在发展的过程中予以解决。环境保护需要巨额的资金、发达的科学技术和人们的环境意识，这一切离开了经济与社会的可持续发展是无法实现的。另外，环境保护本身并不是目的，其目的是为了追求人与自然的和谐，为了追求经济与社会的可持续发展。

---

① 世界环境与发展委员会著：《我们共同的未来》，王之佳等译，吉林人民出版社，1997 年版，第 10 页。

② 世界环境与发展委员会著：《我们共同的未来》，王之佳等译，吉林人民出版社，1997 年版，第 12 页。

③ 刘燕华、周宏春主编：《中国资源环境形势与可持续发展》，经济科学出版社，2001 年版，第 323 页。

第二章　环境资源法概述

第一节　环境资源法的概念

一、环境资源法的名称

关于环境资源法的名称，各个国家的认识并不一致。即使是在同一个国家，随着环境问题的发展和法学研究的深入开展，其名称也随之变化。例如，在美国，多称之为"环境保护法"或"环境法"；在西欧，多称之为"污染控制法"；在前苏联和东欧国家，则多称为"自然保护法"；在日本，则多称为"公害法"。而在我国，过去一般将环境资源法称为"环境保护法"，后来多称之为"环境法"，最近几年，有部分学者开始称其为"环境资源法"。

我们认为，部门法的名称应与其内容和体系相吻合，应避免人们由于其名称而产生不必要的误解。随着环境问题的发展，现代的环境保护法律体系也随之扩张，其内容既包括了"污染控制法"，也包括了"自然资源保护法"。因此，"污染控制法"或"自然保护法"的名称已落后于时代，显得名不副实。而"公害法"的称谓，则是日本本土化的产物，"从语源上说，公害一词会被认为是英美法上的 public nuisance 一词的译词加以使用的，但在日本，公害的概念不是作为严格的法律术语，而是作为日常用语独自地发展了起来，展宽了其外延，广义上在包含所有的事业活动及其他人为造成的波及到公众健康和生活的障碍的意义上加以使用。"[1] 所以，公害一词的内涵和外延过于模糊和不确定，并不适合作为法律术语，我们也无需引进"公害法"的称谓。我国学者所使用的三种名称：环境保护法、环境法、环境资源法，其名称虽异，而实质一也。从学者所下的定义和环境的概念（我国《环境保护法》对环境的界定是广义的，包括了资源）来看，这三种名称背后的含义是差不多的。例如，《中国大百科全书·法学》认为，环境保护法是"调整因保护环境和自然资源、防治污染和其他公害的法律规范的总称，又称环境法。"[2] 笔者认为，环境保护法容易使人误解为污染控制法，而

---

① 〔日〕原田尚彦著：《环境法》，于敏译，法律出版社，1999 年版，第 3 页。

② 参见《中国大百科全书·法学》，中国大百科全书出版社，1984 年版，第 285 页。

不包括自然资源保护法①。为避免这种误解，最好不要再使用"环境保护法"的称谓。而环境资源法的名称比较明确地反映了该部门法的大致内容，因而是可取的。在我国的《环境保护法》中，环境实际上与环境资源概念的外延是一致的，所以，"环境法"与"环境资源法"完全可以互用。

二、环境资源法的概念

由于环境资源法是一个新兴的法律部门，也由于环境一词本身的复杂性，所以各国就环境资源法的概念并无一致的看法。

1. 英美法系国家环境资源法的概念

由于英美法系的实用主义和判例法的特征，学者不太注重环境资源法的概念。而就其下定义的方式而言，主要侧重于揭示环境资源法的外延，少有对其内涵的探究。例如，密执安大学法学院的萨克斯教授认为，"环境法由为同污染、滥用和忽视空气、土地、和水资源作斗争而设计的法律战略（legal strategies）和程序所组成。"② 卢杰斯大学法学院的戈德伐教授认为，"环境法是关于自然和人类免遭不明智的生产和发展的后果之危害的法规、行政条例、行政命令、司法判决和公民和政府求助于这些法律时所凭借的程序性规定。"③ 英国学者胡格斯认为，环境法是指"有关环境的三个媒介即土地、空气和水的使用、保护和存续的法律，其中主要是有关环境管理（主要通过国家机关）的法律和调整因故意或者其他环境侵害行为造成的损失及其后果等责任的法律。"④

2. 大陆法系国家环境资源法的概念

大陆法系国家的学者往往区分广义的环境资源法和狭义的环境资源法，并且努力去揭示其内涵。例如，德国学者克罗福教授认为，环境法具有广义和狭义之分。狭义的环境法主要包括自然保护和风景保护法、水资源法、土地法、公害防治法、放射性防治法、垃圾法、危险物品法和将来可能制定的气候保护法，是一个开放的、不断发展的法律部门。广义的环境法是指一切与环境有关的法律规范的总称。这里所说的有关，是指直接相关，即以环境为调整客体或以环境保护为直接目的。从这个角度来看，广义的环境法除了狭义的环境法之外，还包括与其他法律部门交叉的规范，如环境宪法、环境行政法、环境私法、环境刑法、欧洲环境法、国际环境法。其中，狭义的环境法是环境法的核心领域⑤。日本学者浅

---

① 例如法律出版社 2001 年出版的《环境保护法律手册》一书，仅仅收集了有关污染控制的法律文件，而排除了《森林法》、《草原法》等自然资源保护法。

② 王曦著：《美国环境法概论》，武汉大学出版社，1992 年版，第 59 页。

③ 王曦著：《美国环境法概论》，武汉大学出版社，1992 年版，第 60 页。

④ 高家伟著：《欧洲环境法》，工商出版社，2000 年版，第 6 页。

⑤ 参见高家伟著：《欧洲环境法》，工商出版社，2000 年版，第 8～9 页。

野直人认为，狭义的环境法是指直接以环境保全为目的的法律；广义的环境法是指以公害、环境问题为对象而形成和发展起来的法律规范的总称，它包括与环境问题本身相密切联系的人口、产业、开发、能源、资源等的法律，以及全部与人类生活、生产活动有关的法律[①]。而日本的阿部泰隆先生则从环境法的目的出发，认为"所谓环境法，是指以防止环境保全上的障碍（公害及地域规模或地球规模的环境破坏、恶化）、确保良好环境为目的的法的制度的总称。"[①]

3.我国环境资源法的概念

我国环境法学者受前苏联法理学和我国法理学的主流学说的影响，一般都是从法律的调整对象即社会关系着手给环境资源法下定义。比较有代表性的主要有下列几种：

（1）"环境保护法是国家制定的或认可的、由国家强制力保证其执行的、调整因保护和改善环境而产生的社会关系的各种法律规范的总和。"[②]

（2）"环境法是由国家制定或认可，并由国家强制保证执行的关于保护环境和自然资源、防治污染和其他公害的法律规范的总称。"[③]

（3）"环境保护法，是指调整因保护和改善环境、合理利用自然资源，防治污染和其他公害而产生的社会关系的法律规范的总称。"[④]

（4）环境资源法，"是指由国家制定或认可，并由国家强制力保证实施的，调整有关环境资源的开发、利用、保护、改善的社会关系的法律规范的总称；是关于环境资源的开发、利用、保护、改善的各种法规和法律渊源的总和。"[⑤]

上述几种定义，均从一定的角度和程度反映了人们对环境资源法的认识和理解，有一定的可取之处，但是又都有较大的局限性。首先，上述定义都未能触及环境资源法与可持续发展之间的关系。一方面，可持续发展起源于环境保护和环境资源法；另一方面，环境资源法是实现经济社会可持续发展的重要保障和支撑，环境资源法也应以可持续发展为指导思想和价值目标。如果说以前的观点未能反映出环境资源法与可持续发展之间的密切联系是由于历史的局限性，那么，在1992年里约环境与发展大会召开以后，在可持续发展的思想和模式为国际社会所广泛接受之后，学者们在给环境资源法下定义时仍然忽略了可持续发展的要素，不能不说是一个很大的疏漏和缺憾。其次，上述定义，或者揭示了环境资源法的本质，但过于强调环境资源法作为法的一般属性；或者过于笼统，未能揭示

---

① 参见汪劲著：《环境法律的理念与价值追求——环境立法目的论》，法律出版社，2000年版，第92～93页。

② 马骧聪著：《环境保护法基本问题》，中国社会科学出版社，1983年版，第36页。

③ 金瑞林主编：《环境法学》，北京大学出版社，1994年版，第28页。

④ 韩德培主编：《环境保护法教程》，法律出版社，1998年版，第26页。

⑤ 蔡守秋主编：《环境资源法学教程》，武汉大学出版社，2000年版，第45页。

出环境资源法的个性特征。

根据各国环境资源法的内容，特别是我国环境资源法规定的内容以及环境法制工作的实践，我们认为，环境资源法的定义应当包含以下几方面的内容①：

第一，环境资源法的目的是要在人类与环境之间建立起一种协调和谐的关系，以实现经济社会的可持续发展。这是环境资源法与其他部门法的根本区别所在。

第二，环境资源法实现上述目的，主要通过保护和改善环境，防治污染和其他公害等途径进行的。保护和改善环境与防治污染和其他公害是环境资源法的两项基本任务。

第三，由于环境资源法的庞杂性和发展历史较短，目前绝大多数国家都未制定环境资源法典。从法律渊源来看，环境资源法是由一系列的法律共同组成的，是若干法律规范的总称，而不是仅指一两部环境保护法律。

综上所述，我们认为，所谓环境资源法，是指为实现人类与自然的和谐和经济社会的可持续发展，调整人们在开发、利用、保护和改善资源环境以及防治污染和其他公害的过程中所产生的各种社会关系的法律规范的总称。

三、环境资源法的分类

由于环境资源法的领域十分广泛，按照一定的标准对环境资源法进行分类，对于学术研究的深入展开和人们的认识理解，都有很重要的意义。

1. 狭义环境资源法与广义环境资源法

按照环境资源法的内容和领域的大小，我们可以将其分为狭义环境资源法和广义环境资源法。所谓狭义环境资源法，是指规定保护和改善环境，防治污染和其他公害的专门性的法律，例如《大气污染防治法》、《水法》等。这种意义上的环境资源法不包括散见在其他部门法中的有关环境保护的法律规范，例如《刑法》中的"破坏环境资源罪"的规定就不属于狭义的环境资源法。而广义的环境资源法，除了狭义的环境资源法之外，还包括散见在其他法律中的有关环境保护的法律规范。例如《宪法》、《民法通则》、《刑法》等法律中的有关环境保护或环境侵权、环境责任的规定，即属于广义环境资源法的范畴。

这种分类具有比较重要的学术价值，我们在展开学术讨论时，应当首先指出研究或讨论的对象是狭义的环境资源法还是广义的环境资源法。否则，就没有一个学术交流的平台，就无法展开学术对话。在现实生活中，一些学者相互讨论和批判，但其实讨论的对象并不一致，从而失却了讨论和批判的意义。

---

① 参见张梓太著：《环境法论》，学苑出版社，1999年版，第2页。

2. 一般环境资源法与特别环境资源法

这是以环境资源法调整对象的范围为标准对它所作的划分。所谓一般环境资源法是指对一般的环境资源法律关系进行调整的法律规范和法律原则的总称，它反映了各个具体的环境资源法之间的共性特点和内容。例如，《环境保护法》、《环境标准管理办法》（1999 年国家环境保护总局发布）、《环境保护行政处罚办法》（1999 年国家环境保护总局发布），就属于一般环境资源法的范畴。而特别环境资源法，也可称为部门环境资源法，是指调整某一方面或某一领域环境资源法律关系的法律规范和法律原则的总称，例如《水污染防治法》、《大气污染防治法》、《草原法》、《矿产资源法》等。

这种对环境资源法的分类在我国也有重要的现实意义。我们一般在环境资源法学总论中研究一般环境资源法，而在环境资源法学分论中研究特别环境资源法。而目前我国学者一般尚未对一般环境资源法和特别环境资源法、环境资源法学总论和环境资源法学分论进行有意识的划分，一些著作和教材的体系显得有点凌乱不堪。这也反映了我国环境资源法学研究的幼稚。

3. 实体环境资源法与程序环境资源法

这是按照环境资源法律规范的性质对它所作的划分。所谓实体环境资源法，是指规范当事人在某种法律关系中的存在、地位或权能和资格等实体性权利义务的环境资源法律规范的总称。例如有关环境资源法对行政处罚权在不同行政部门之间进行分配的规定，即是属于实体环境资源法的范畴。而程序环境资源法，则是指规定实施实体性环境资源法律规范所必需的当事人程序性权利义务的法律规范的总称。例如《环境保护行政处罚办法》第三章有关简易程序、一般程序和听证程序的规定，即属于程序环境资源法的范畴。

这种划分在我国的法制实践中有重要的意义，我国传统上重实体法而轻程序法，这对于我国的法制建设产生了不良影响。例如我国对土地征用行为缺乏详细的程序性规定是导致国有土地大量流失的原因之一，也是有关行政部门的违法行为大量产生的原因之一。而土地征用补偿程序规定的简陋，导致现实生活中人们基本权利得不到切实保障。所以，对程序环境资源法展开深入的研究，对于促进环境资源法学研究的进一步发展，对于监督国家权力、保护人们基本权利，均有着重要的意义。

四、环境资源法的特征

环境资源法除了具有法律的一般特征之外，与其他法律部门相比，还有下列特征：

1. 综合性

环境保护法由于所调整的内容跨多种学科，包括环境科学、法学等，它所要保护的环境是由多种环境要素组成的统一体，因此，它具有较强的综合性。这一特点，具体体现为这样几个方面：

（1）从法律关系来看，环境保护涉及社会生活的方方面面，相应的，环境资源法所调整的社会关系也十分广泛，它不同于其他法律部门只调整某一方面的社会关系，而要从多角度、多方面去调整社会关系，它所确立的环境法律关系也因社会关系的广泛而广泛。

（2）从法律规范的构成来看，由于环境资源法所调整的范围十分广泛，决定了环境保护法律规范是由多种法律规范综合而成的，其中，既包括行政法规范、民法规范，也包括刑法规范，这些性质不同的法律规范共同构成的环境保护法律规范，其综合性体现得尤为明显。

（3）从法的渊源来看，环境资源法体现在多种立法形式中，在我国，宪法、法律、行政法规、地方性法规等，都是环境法的渊源。

（4）从法律的表现形式来看，环境资源法既有综合性的基本法律，如《环境保护法》，又有大量专门的环境资源法律、法规，如《水污染防治法》，而且在行政法、民法、刑法、经济法等其他法律部门中也有关于保护环境的法律规范，因此，环境资源法的表现形式是多层次、多领域的。

2. 科学技术性

环境资源法直接而具体地反映着生态学基本规律和社会经济规律的要求，它的一系列基本原则、管理制度和法律规范都是从环境科学的研究成果和技术规范中提炼出来的，如经济建设与环境保护相协调的原则，以防为主、防治结合、综合治理的原则，环境影响评价制度、污染物集中控制制度，以及对环境的保护和改善，对污染和其他公害的防治等规定，都体现了生态规律和经济规律的要求，因而具有较强的科学技术性。同时，环境科学本身又是一门新兴的、尚未完全成熟的学科，有些环境问题虽已暴露出米，但短时期内还难以从科学上作出全面的解释，这就需要不断的进行科学研究和探索。为防止已暴露出来的环境问题继续恶化，又必须及时制定法律予以控制。在进行这些立法活动时，其科学技术性更加突出。

3. 区域特殊性

环境问题是人类共同面临的，在环境问题产生原因、解决途径等方面存在着一定的共同性。因此，环境资源法的一些基本规范，可以在不同国家、不同地区互相借鉴，同时适用。但由于不同地区的环境条件各有差异，国与国之间、同一国家内的不同地区之间的环境问题又有特殊性，因此，环境资源法也就具有区域特殊性的特点。例如，日本和我国都存在大气污染问题，但日本是石油型大气污染，而我国是煤烟型大气污染；再如我国西部地区水土流失问题很突出，而在东部地区，工业污染问题则很突出。由于存在环境的区域特殊性，环境资源法在进行调整时，就要区别对待，不能搞"一刀切"。我国现行的环境立法体制，除了规定中央国家权力机关和国家行政机关制定环境保护法律、行政法规和部门规章外，还规定省、自治区、直辖市以及省会市和国务院批准的较大的市的权力机关和行政机关可以根据本地区的环境状况，制定地方性环境保护法规和规章。在环境标准方面，省、自治区、直辖市人民政府还可以制定严于国家污染物排放标准的地方污染物排放标准，而且在实施中，地方污染物排放标准优于国家污染物排放标准。这些都体现了环境资源法的区域特殊性。

4. 社会性和公益性

与一般法律相比，环境资源法的阶级性色彩较为淡薄，它的社会性和公益性则非常突出。可以说，在某些方面、在某种意义上和在一定程度上，环境资源法已经超越了阶级性，甚至超越了民族性，环境保护成为国际社会进行广泛合作的重要内容之一。目前臭氧层破坏、全球气候变暖、物种多样性的减少等全球性的环境问题已经危及整个人类的生存和发展，保护环境资源已成为各阶级、全人类的共同要求。

5. 前瞻性①

环境资源法是一个"向前看"的法律部门。着手治理已经产生的环境问题固然重要，但是预防新的环境问题的发生是更为重要的方面。环境资源法中的预防原则和环境影响评价制度等即是这一特点的集中体现。

环境资源法的前瞻性的根本原因在于许多环境问题的不可逆性，一旦发生，即无法恢复；有的环境问题即使能够解决，也非常困难，需要巨大的资金和长期的治理。例如某种物种一旦灭绝，便永远无法再生，而臭氧层遭到破坏之后要想恢复、全球气候变暖的趋势要想得到控制，其难度可想而知。即使是一些区域性湖泊，其治理的艰难恐怕也是一般民众所始料未及的。例如，日本治理一个600多平方公里的淡水湖泊琵琶湖，花了整整25年的时间，耗资185亿美元，才初见成效。我国为治理太湖、巢湖和滇池已花了数年时间和数百亿人民币，成效仍是差强人意。

第二节　环境资源法的历史发展

一、外国环境资源法的历史发展

外国环境资源法的历史发展，大致可以以第二次世界大战为界，分为战前的历史发展和战后的历史发展。

1. 战前的历史发展。早在古罗马法中，就有保护海洋资源的法律规定。古巴比伦的《汉穆拉比法典》第42条至47条，对牧场、林木的保护作了规定；该

---

① 参见高家伟著：《欧洲环境法》，工商出版社，2000年版，第17页。

法还规定，禁止鞋匠住在城内，以免污染水源和空气。在英国，十一世纪时曾制定森林保护方面的法令。十四世纪时，英王爱德华一世的法令规定，伦敦的露天炉灶禁止燃煤，违者将受到一定的处罚。

进入十八世纪以后，随着第一次产业革命后蒸汽机的发明和广泛应用，社会经济得到了前所未有的发展，环境污染现象也开始出现，各国开始制定环境保护方面的法律规范。这些法律规范最初多规定在其他法律部门之中，如英国 1863 年制定的《制碱法》，其中有防止废气污染的法律规范。美国 1899 年制定的《1899 年河流与港口法》，其中有禁止向通航水域倾倒各种垃圾的法律规范。日本 1911 年制定的《工厂法》，对工厂在生产中造成的污染第一次提出了控制要求。该法第 13 条规定："行政官署若认定，工厂及其附属建筑物或设备，可能造成公害时，为了预防和消除此公害，据法令规定，可命令该工厂全部或部分停产"。

在其他法律部门中规定环境资源法律规范的同时，一些国家还开始制定环境保护单项法规。如英国在十九世纪"人民公共卫生运动"的压力下，于 1876 年首次制定了《河流污染防治法》，对防治河流污染，保护沿河两岸居民的"河权"进行了专门的法律规定。美国在 1924 年制定了《油污防止法》，禁止人们用任何方式向通航水域排放石油及油类物质。

自然资源保护方面的法律、法规，在第二次世界大战前也已开始出现。如在保护森林方面，奥地利 1852 年制定了《森林法》，瑞士 1876 年制定了《森林保护法》，俄国 1888 年制定了《爱护森林法》。另外，俄国在 1872 年制定的《狩猎法》，日本在 1896 年制定的《河川法》，瑞典在 1909 年制定的《自然保护法》等，都是有关自然保护的法律。

2. 战后的历史发展。第二次世界大战以后，特别到了 20 世纪五六十年代，科学技术的飞速发展，带动生产力发展，现代化大工业的发展速度和发展规模都已达到了新的水平，由此也引起了全球性的环境问题。环境污染和生态破坏越来越严重，引起了社会的普遍关注，各国纷纷开始加强环境保护的立法和执法工作。

环境资源法在战后的历史发展，有这样几个特点：

（1）环境资源法已经开始成为一个专门的法律部门，从其他法律部门中独立出来，它在各国法律体系中的地位日益突出，是法律体系的重要组成部分。

（2）环境资源立法开始从零散的、单项的立法过渡到了综合性立法阶段，一些国家制定出了本国的环境资源基本法。日本 1967 年制定了《公害对策基本法》，美国 1969 年制定了《国家环境政策法》，德国 1974 年制定了《联邦污染控制法》，罗马尼亚 1973 年制定了《罗马尼亚环境保护法》等。

（3）环境保护的法律调整趋于科学化、合理化。各国在制定环境资源基本法同时，开始按照不同的环境要素和不同的污染物质，制定一系列专门的环境保护法律、法规，对大气、水、海洋、土壤等环境要素及噪声、固体废弃物、放射性污染物等污染物质，分别进行法律调整。如美国 1948 年颁布了《水污染控制法》（该法经多次修改，现称为《清洁水法》），1963 年颁布了《清洁空气法》，1965年颁布了第一个《固体废物处置法》。英国 1960 年颁布了《噪声防止法》，1972年颁布了《有毒污水处理法》。1974 年，为了加强污染防治工作，英国在世界上第一次将防治水、大气、固体废弃物、噪声等污染的单行法律，综合在一起，形成了独特的环境保护法典——《污染控制法》。

（4）随着环境保护国际交流与合作的开展，国际环境法开始形成，并逐步完善。国际上已签订了大量的环境保护国际条约、协定。如 1954 年签订的《国际防止海上油污公约》，1969 年签订的《国际油污损害民事责任公约》，1973 年签订的《濒危物种国际贸易公约》，1985 年签订的《保护臭氧层维也纳公约》，1992 年签订的《生物多样性公约》，《气候变化框架公约》等。

二、我国环境资源法的历史发展

我国环境资源法的历史发展分为新中国建立以前的历史发展和建国以后的历史发展两个阶段。

建国以前的历史发展集中表现在封建社会时期的立法中，这主要是由我国封建社会持续时间长，封建立法较为完备所决定的。中华人民共和国以后的历史发展，主要阶段则是我国实行改革开放政策以后，随着经济的迅速发展和法制建设的逐步完善，环境资源立法也开始受到重视和加强。

1. 建国以前的历史发展

在我国很早就已出现保护环境的法律规范，早在殷商时期，就有"殷之法，刑弃灰于街者"[①]。西周时，曾颁发《伐崇令》，规定："毋坏屋、毋填井、毋毁树木、毋动六畜，有不如令者，死无赦"。《秦律》中的《田律》规定："春二月，毋敢伐材山林及雍堤水。不夏月，毋敢夜草为炭"，"毋……毒鱼鳖，置阱网，到七月纵之"。《唐律》作为一部最完备的封建法典，其中有许多条款是专门保护环境的。如在保护自然环境方面，规定："诸失火及非时烧田野者，笞五十"（非时，谓二月一日以后，十月三十日前。若乡土异宜者，依乡法。[②]）"诸弃毁官私器物及毁伐树木、稼穑者，准盗论"[③] 等。在防止环境污染方面，规定："……其穿垣出秽污者，杖六十，出水者，不论。主司不禁，与同罪"等。《明律》和

---

① 参见《韩非子·内储说（上）七术》。
② 参见刘文俊校著：《唐律疏议·杂律》（总 430 条），中华书局，1983 年版。
③ 参见刘文俊校著：《唐律疏议·杂律》（总 422 条），中华书局，1983 年版。

《清律》作为《唐律》的延续，也都有环境保护的法律规定。中华民国时期，曾制定过一些环境保护法，如 1929 年制定了《渔业法》，1932 年制定了《森林法》、《狩猎法》，1942 年制定了《水利法》等，但由于种种原因，这些法律都没有得到很好的执行。

新中国建立以前，我国环境资源法的历史发展，有一个显著的特点，就是侧重于自然环境保护，在防治环境污染方面的规定较少。这主要是由于我国的工业不发达等原因所致。

2. 新中国成立后环境资源法的发展

新中国成立以后环境资源法的发展可分为四个阶段：

第一个阶段是从 1949 年到 1972 年。这一阶段是新中国环境资源法的起步阶段，为适应国民经济恢复和发展的需要，这一阶段在环境立法上侧重于与经济发展密切相关的合理利用、开发和保护资源方面。在 1949 年制定的《中国人民政治协商会议共同纲领》中规定，国家对重要的自然资源享有所有权，并且要保护森林、发展林业，保护沿海渔场，发展水产业，兴修水利，保护土地资源，防止病虫害，保护野生珍贵动植物资源等。

这一阶段制定的有关保护自然环境和自然资源的法律、法规有：1949 年的《中华人民共和国土地改革法》、1950 年的《关于保护古文物建筑的指示》、1951 年的《关于春季严禁烧荒、烧垦，防止森林火灾的指示》、1953 年的《政务院关于发动群众开展造林、育林、扩林工作的指示》、《国家建设征用土地办法》、1956 年的《矿产资源保护试行条例》、1957 年的《水土保持暂行纲要》、1962 年的《关于积极保护和合理利用野生动物资源的指示》、1963 年的《森林保护条例》等。

在这一阶段，由于当时的工业还不发达，环境污染问题不是很突出，因此，这一方面的立法不多。但已经开始起步，也制定了一些防止环境污染的法律、法规，如 1956 年的《工厂安全卫生规程》、1959 年的《生活饮用水卫生规程》、《放射性工作卫生防护暂行规定》等。

第二阶段从 1973 年到 1979 年，即从全国第一次环境保护会议到《环境保护法（试行）》颁布以前这一段时期。这一阶段是我国环境资源法的前期发展阶段。在这一时期，随着工农业生产的发展，我国的环境污染和环境破坏问题越来越严重，如官厅水库、北京西郊的严重污染事件，引起了有关领导的重视。1972 年国务院批转了《关于官厅水库污染情况和解决意见的报告》，对官厅水库的污染防治作出了规定。

1972 年具有重大历史意义的联合国人类环境会议在斯德哥尔摩召开。这次会议的召开，对我国的环境保护工作起了很大的促进作用。我国于次年召开了全国第一次环境保护会议，会议通过了《关于保护和改善环境的若干规定》，提出了："全面规划、合理布局、综合利用、化害为利、依靠群众、大家动手、保护环境、造福人民"的环境保护方针,规定了在环境保护方面应采取的十项措施。特别值得指出的是,在这次会议上根据周恩来总理的指示,提出了"三同时"制度。周总理明确指出:中国新的经济建设和工业发展不能再走先污染后治理的路。如果不是这样认识问题和解决环境污染,那么,我们的子孙后代就会骂我们是一代蠢人。根据这一指导思想,在《关于保护和改善环境的若干规定》中提出了一个避免先污染后治理的原则,就是新建、改建、扩建项目的防治污染的设施必须同主体工程同时设计、同时施工、同时投产,即"三同时"制度。这次会议,对我国环境资源法的发展起到了巨大的推动作用。

这一阶段,我国颁布的环境资源保护方面的法规主要有:1973 年的《关于停止珍贵野生动物的收购和出口的通知》、《关于贯彻执行国务院有关在基本建设中节约用地的指示的通知》、1974 年的《中华人民共和国防止沿海水域污染的暂行规定》、《放射防护规定》、《关于防止食品污染问题的报告》、1975 年的《关于水源保护工作情况和今后工作意见的报告》、1977 年的《关于治理工业"三废"开展综合利用的几项规定》。1978 年的《中华人民共和国宪法》第 11 条规定:"国家保护环境和自然资源,防治污染和其他公害"。这是新中国成立以来,我国第一次将环境保护列入国家的根本大法。同年,中共中央转发了《环境保护工作汇报要点》。1979 年的《水产资源繁殖保护条例》、《全国人民代表大会常务委员会关于植树节的决议》、《国务院关于保护森林制止乱砍滥伐的布告》、《放射性同位素工作卫生防护管理办法》等。另外,在这一时期,还制定了一些重要的环境标准,如 1973 年的《工业"三废"排放试行标准》、1976 年的《生活饮用水卫生标准(试行)》、1979 年的《渔业水质标准(试行)》、《农田灌溉水质标准(试行)》、《微波辐射暂行卫生标准》等。

第三阶段是从 1979 年到 1989 年。即从《环境保护法(试行)》颁布到《环境保护法》颁布。这一阶段是我国环境立法初步完善,环境法制逐步健全的阶段,是我国环境资源法发展的黄金时期。《环境保护法(试行)》作为我国第一部环境保护基本法,它的颁布,标志着我国环境立法开始从分散、单一立法走向综合立法,环境资源法在我国已成为一个独立的法律部门。1983 年底,在全国第二次环境保护会议上,环境保护被确立为我国一项基本国策,从而进一步强化了环境资源法在我国法律体系中的地位。

这一阶段制定的环境资源法律、法规主要有:1979 年的《环境保护法(试行)》、1981 年的《关于在国民经济调整时期加强环境保护工作的决定》、《基本建设项目环境保护管理办法》、1982 年的《中华人民共和国海洋环境保护法》、《征收排污费暂行办法》、1983 年的《环境保护标准管理办法》、《环境监测管理条例》、1984 年的《中华人民共和国水污染防治法》(以下简称《水污染防治法》)、《中华人民共和国森林法》、《国务院关于环境保护工作的决定》、《国务院关于加强乡镇、街道企业环境管理的决定》、1985 年的《中华人民共和国草原法》、1986 年的《中华人民共和国渔业法》、《中华人民共和国民用核设施安全监督管理条例》、《中华人民共和国森林法实施细则》、1987 年的《中华人民共和国大气污染防治法》(以下简称《大气污染防治法》)、《矿产资源监督暂行办法》、《化学危险物品安全管理条例》、1988 年的《中华人民共和国水法》、《中华人民共和国野生动物保护法》、《污染源治理专项基金有偿使用暂行办法》、《防止拆船污染环境管理条例》、1989 年的《中华人民共和国水污染防治法实施细则》、《中华人民共和国环境噪声污染防治条例》、《放射性同位素与射线装置放射防护条例》、《中华人民共和国环境保护法》(以下简称《环境保护法》) 等。

《环境保护法》的颁布，取代了试行 10 年的《环境保护法 (试行)》，标志着我国环境资源立法已经发展到了一个新的历史阶段，即环境立法已初步完善，环境法规体系基本形成，环境保护领域"无法可依"的时代已经结束，环境法制建设的重点开始转移到执法方面。如果说 20 世纪 80 年代我国环境法制工作的重点是要解决"无法可依"问题，那么 90 年代乃至今后更长时期，环境法制建设的重点则是要解决"有法不依"问题，坚决做到"有法必依，违法必究"。

第四阶段是从 1989 年至今。这一阶段环境资源法的发展有一个显著的特征，即紧紧围绕建立和发展社会主义市场经济，开展各方面的工作。随着市场经济的大发展，环境资源保护工作的重要地位更加突出。1992 年在巴西召开的联合国环境与发展大会，进一步促进了我国环境保护法的发展。

这一阶段制定的环境资源法律、法规主要有：1989 年的《中华人民共和国城市规划法》、1990 年的《关于积极发展环境保护产业的若干意见》、《国务院关于进一步加强环境保护工作的决定》、1991 年的《中华人民共和国水土保持法》、《中华人民共和国大气污染防治法实施细则》、《国务院关于加强野生动物保护严厉打击违法犯罪活动的紧急通知》、1992 年的《关于出席联合国环境与发展大会的情况及有关对策的报告》、1993 年的《国务院关于开展加强环境保护执法检查严厉打击违法活动的通知》、1994 年的《中华人民共和国自然保护区条例》、1995 年的《中华人民共和国固体废物污染环境防治法》、《关于修改〈中华人民共和国大气污染防治法〉的决定》、《淮河流域水污染防治暂行条例》、《中华人民共和国监控化学品管理条例》、1996 年的《中华人民共和国环境噪声污染防治法》、《关于修改〈中华人民共和国水污染防治法〉的决定》、《国务院关于环境保护若干问题的决定》等。从这一阶段环境保护法发展情况看，除紧紧围绕市场经济外，还有这样两个特点，一是重视现有法律、法规的完善和执行工作，着手对已经颁布的有关法律、法规进行修改，同时通过制定有关法规，加强执法工作，并于 1993 年开展了全国环境保护执法大检查，以后每年都有类似的举措。二是在加强和完善中央立法的同时，开展地方环境立法工作，贵州、海南、江苏、湖北、厦门等省市，分别制定了地方环境保护综合性法规。地方立法的加强，对我国环境资源法的发展，正发挥着越来越重要的作用。

另外，随着我国广泛开展环境保护国际交流与合作，近年来，我国已加入了一系列的国际环境保护条约，如1972年的《人类环境宣言》、1982年的《内罗毕宣言》、1992年的《生物多样性公约》等，这些条约，已成为我国环境资源保护法的重要组成部分。

第三节　环境资源法的本质、目的和任务

一、环境资源法的本质

环境资源法的本质有一定的特殊性，这一特殊性是由环境资源法具有科学技术性特点决定的。环境资源法在调整环境资源保护社会关系时，更多地涉及经济和环境科学技术方面的问题，不同性质、不同社会制度的国家的环境立法，在一些基本原则、基本制度等方面，具有较多的一致性，制定出来的法律规范有很大一部分是技术性规范，尤其是环境标准法规具有很强的科学技术性，在不同社会制度的国家之间可以共同适用。各国的环境资源法更多地是受自然法则和生态规律的制约。由于环境资源法具有上述特征，有人就据此否定环境资源法的阶级性，不承认它是统治阶级的工具。这种认识只看到了问题的一个方面，而没有看到问题的另一个方面。我们认为，尽管环境资源法具有一定的特殊性，但它在本质上仍然具有阶级属性，仍然是统治阶级的工具，只是它的阶级属性不像其他法律体现得那么明显而已。

马克思、恩格斯在《共产党宣言》里揭露资产阶级法的本质时曾指出："正像你们的法不过是被奉为法律的你们这个阶级的意志一样，而这种意志的内容是由你们这个阶级的物质生活条件来决定的。"[①] 列宁也曾说过："法律是统治阶级的意志的表现。"[②] 之所以说环境资源法具有阶级性，原因是：第一，环境资源法作为一个法律部门，是上层建筑的有机组成部分。它是由自己的经济基础决定的，又反过来为自己的经济基础服务，最终还是为维护本阶级的统治地位服务。因此，它具有阶级性。第二，环境资源法是特定社会制度法律体系的组成部分，它是由掌握国家政权的统治阶级通过立法机关依法定程序制定的。法律体系作为一个有机的整体，其中的环境保护法如同其他法律一样，必然反映统治阶级的意志。从实践来看，近年来一些发达资本主义国家，不断加强环境立法，并且收到

---

① 参见《马克思恩格斯选集》第1卷，第268页。
② 参见《列宁全集》第15卷，第146页。

了一定的效果。它们这样做，无非是为了满足资本主义现代化工业发展的需要，能够持续获得更多的利润。因为环境问题不解决，资本主义经济就无法持续发展，资本家就会损失一定的经济利益。同时，加强环境资源保护也是为了统治阶级自身健康与安全的需要。而且改善了环境也有利于缓和因统治阶级发展经济带来严重的环境问题而引起的阶级对立。如果否定环境资源法的阶级性，就无法解释一些发达国家至今还在披着合法的外衣，向被统治者或第三世界国家转嫁环境污染，进行环境剥削和侵略现象。我国作为社会主义国家，环境保护的根本目的是造福人民，是为人民创造清洁舒适的生活和劳动条件，保护人民健康，促进经济发展。我国环境立法的任务、目的以及采取的方针政策、原则和措施等，都充分体现了社会主义的立法原则和精神。因此，我国的环境资源法是我国广大人民群众的意志和利益的体现，是由社会主义制度和经济基础所决定并为之服务的。

二、环境资源法的目的

环境资源法的目的，因各国的社会制度不同而有所区别。作为社会主义国家，我国环境资源法的根本目的是为了"保障人体健康，促进社会主义现代化建设的发展"①。具体地说，我国环境资源法的目的分为两个方面：

1. 保障人体健康，维护广大人民群众的环境权益。在我国，人民是国家的主人，法律是人民意志的集中体现，同时要为广大人民群众服务，保护人民群众的利益。环境保护法反映了人民群众在环境方面的意志和要求，并着重保障人民群众的身体健康，同各种危害环境，损害人民群众身体健康的行为作斗争，为人民群众创造一个清洁、适宜的生活和劳动环境。保障人民群众的身体健康，是环境资源法最根本的目的。

2. 促进经济持续发展，以满足人民群众日益增长的物质和文化生活的需要。在社会主义国家里，国家的一切活动都不能离开最大限度地满足人民群众不断增长的物质和文化的需要。环境资源法也是如此，它通过对资源的合理配置，对自然环境和自然资源的合理使用，以及禁止各种破坏环境和资源的违法行为，对社会主义经济的持续发展起到促进作用。经济发展了，人民的生活水平才能提高，社会才能进步。因此，环境资源法要为经济发展服务，把促进经济发展作为目的之一。

环境资源法上述两个目的，在一定时期、一定程度上会发生矛盾，于是有人便把两者对立起来，只强调其中的一点，或者强调发展而忽视环境保护，或者强调环境保护而忽视发展。这两种做法都是错误的。如果我们在发展经济过程中不高度重视环境保护，使人们赖以生存和发展的环境受到破坏，不仅会直接危害人

---

① 参见《中华人民共和国环境保护法》第 1 条。

民群众的身体健康，而且生产也难以迅速发展。相反，如果我们只片面强调环境保护而不认真发展生产，社会主义现代化建设就难以进行，人们的物质需要就无法得到满足。而且，因受资金、技术等方面的限制，环境也难以保护好，人们对清洁适宜的环境质量要求也就不能得到满足。正因为保护环境和发展经济之间存在着这种互相制约、互相促进的关系，我国的环境资源法才以法律的形式，把它们同时规定为立法的目的。事实上，这两个目的也是可以同时达到的。

三、环境资源法的任务

环境资源法主要是用来解决已经出现或将要出现的各种环境问题，如前所述，目前的环境问题从大的方面分为环境污染和其他公害与自然环境和自然资源破坏这两个方面，因此，环境资源法的任务也主要分为两个方面：

1. 防治环境污染和其他公害。随着现代工业的发展，环境污染和其他公害问题，已经成为首要环境问题，它不仅严重危害着人们的身体健康和其他生物的生存和发展，同时也开始制约现代经济的发展。因此，必须尽快解决这个问题，控制污染和其他公害的发生和蔓延。环境资源法通过对大气、水、海洋等环境要素的保护，防治在生产建设或者其他活动中产生的废气、废水、废渣、粉尘、恶臭气体、放射性物质以及噪声、振动、电磁波辐射等对环境的污染和危害，以制止污染已经相当严重的环境状况继续恶化，避免对人体健康和经济建设的影响。在我国，除了《环境保护法》对防治污染和其他公害进行综合法律规定外，还有大量的单行法律、法规对环境污染和其他公害作专门的防治规定。如《水污染防治法》是专门规定防治水污染的，《环境噪声污染防治法》是专门规定防治噪声污染的。这些单行法律、法规的任务就是专门对某一方面的污染和公害进行防治。

2. 保护和改善生活环境和生态环境，合理地利用自然资源。环境资源法在把防治环境污染和其他公害作为其任务的同时，应承担起保护和改善环境的任务，把保护和改善环境与防治环境污染并重。保护和改善环境，包括对水、土地、矿藏、森林、草原、渔业、野生动植物等自然资源的保护，以及对农业环境、城市环境、特殊区域环境的保护等，禁止各种破坏环境的行为。在保护和改善环境方面，很重要的一点就是要做到合理地利用和开发自然资源。所谓合理利用，就是要在保证生态环境良性循环的前提下，通过各种方法和途径，将自然资源的直接利用率提高到最大限度，把各种废弃物的排放量降低到最低限度，防止对自然资源进行掠夺性开发。在开发自然资源时，要注意恢复，做到开发和恢复并举，保证自然资源的永续利用。同时，在开发利用自然资源时，还要注意环境保护，如不注意环境保护，就会造成环境污染和生态平衡失调。因此，开发利用自然资源，必须按照客观规律办事，遵守自然法则和生态规律，切实保护好自然环境。在保护和改善环境方面，我国的《环境保护法》作了基本原则规定，同时，《土地管理法》、《矿产资源法》、《野生动物保护法》、《森林法》、《草原法》、《渔业法》、《水法》等法律，对土地、矿产、野生动物、森林、草原、渔业、水等重要的自然资源，以单行法的形式，进行专门的法律保护。

第四节　环境资源法的适用范围和作用

一、环境资源法的适用范围

环境资源法的适用范围是指环境资源法在什么地方和什么时间对什么人适用。我国《环境保护法》第 3 条规定："本法适用于中华人民共和国领域和中华人民共和国管辖的其他海域"。这是我国环境资源法适用范围的总规定。

1. 对地域的适用范围

对地域的适用范围是指环境资源法在哪些地域范围内发生效力，也称为空间的适用范围。在一个主权国家内，环境资源法的地域适用范围可及于主权所及的全部领土，包括陆地、水域和上空。此外，还包括延伸意义上的领土，如驻外使馆和在领域外的本国船舶和飞机。根据我国的环境立法体制，我国环境资源法对地域的适用范围有以下几种情况：

（1）由全国人民代表大会及其常务委员会制定的环境资源法律和由国务院制定的环境资源行政法规以及国务院有关部委制定的行政规章，在全国范围内生效，其效力及于我国全部领域，包括全部领陆、领海、领空、以及延伸意义上的领域。

（2）由地方权力机关根据本行政区域的具体情况和实际需要，在和国家宪法、法律、行政法规不相抵触的前提下制定的环境资源保护地方性法规，以及由地方行政机关根据法律和国务院行政法规制定的环境资源行政规章，在其管辖范围内生效，如《江苏省环境保护条例》第 2 条规定："本条例适用于在本省行政区域内的一切单位和个人。"

（3）我国某些环境资源法律、行政法规，根据有关国际条约或国际惯例的规定，其效力不但及于国内，还能及于国外，在一定条件下，还适用于我国领域以外的外国人。如我国《海洋环境保护法》第 2 条第 3 款规定："在中华人民共和国管辖海域以外，排放有害物质，倾倒废弃物，造成中华人民共和国管辖海域污染损害的，也适用本法。"

2. 对人的适用范围

对人的适用范围是指环境资源法对哪些人适用。我国环境保护法对人的适用范围总的原则是适用于环境资源法生效领域内所有的人，包括中国公民、外国公民（包括无国籍人，下同）。

（1）对中国公民的适用。中国公民（包括法人和其他组织，下同）无论在国内还是在国外，其环境权益均受中国环境资源法律的保护，因而也应承担中国环境资源法律规定的保护环境的义务。根据这一精神，中国公民在中国境内实施违反环境资源法律、法规的行为，一律适用中国环境资源保护法；对在中国领域以外实施违反中国环境资源法律、法规行为的中国公民，原则上也适用中国环境资源法。

（2）对外国公民的适用。我国《宪法》第 32 条规定："在中国境内的外国人必须遵守中华人民共和国法律。"根据这一基本法律规定，在我国境内的外国公民（包括法人，下同），都必须遵守中国的法律。对严重污染或破坏环境，构成犯罪的外国公民，只要犯罪行为或者结果有一项发生在中国境内，就认为是在中国领域内犯罪，应当适用中国的环境资源保护法。至于享有外交特权和豁免权的外国公民犯罪，可通过外交途径解决。

3. 在时间上的适用范围

环境资源法在时间上的适用范围是指环境资源法生效和失效的时间，以及环境资源法对其实施以前的行为和事件有无溯及力。

（1）环境资源法生效时间。环境资源法生效时间是指环境资源法颁布以后何时发生法律效力。从我国环境资源法的规定来看，环境资源法的生效时间主要有这样几种情况：①环境资源法的生效时间一般为该法公布的时间，即法律一公布便发生法律效力，如《放射性同位素与射线装置放射防护条例》第 37 条规定："本条例自发布之日起施行"。②另行规定生效时间，如《大气污染防治法》是1987 年 9 月 5 日颁布的，但该法第 41 条规定："本法自 1988 年 6 月 1 日起施行"。颁布与施行之间相隔 9 个月时间。我国目前已经颁布的环境资源法律，大多都是采用另行规定生效时间方式的，包括《海洋环境保护法》、《水污染防治法》等。采用这种生效方式有两点好处，第一，在法律生效之前，有时间对其进行普及宣传，使法律生效以后能够得到更好地遵守和执行；第二，有时间为该法的实施做好有关准备工作，特别是环境资源执法部门可以从组织上和执法手段上作一些准备。③有的环境资源保护法规在其条文中对该法的生效时间未作规定，如国务院《关于加强乡镇、街道企业环境管理的规定》，其生效时间未作说明。在这种情况下，我们一般以该法颁布的日期为该法生效的时间。

（2）环境资源法的失效时间。环境资源法的失效时间是指环境资源法终止发生效力的时间。根据我国环境资源法的规定，环境资源法的失效时间主要有这样几种情况：①新法取代旧法，即调整同一法律关系的新法颁布以后，旧法则予以废止。如《水土保持法》第 42 条规定："本法自公布之日起施行。1982 年 6 月30 日国务院发布的《水土保持工作条例》同时废止"。②凡与新法相抵触的法律规定失效。如《文物保护法》第 33 条规定："其他有关文物保护管理的规定，凡与本法相抵触的，以本法为准"。③具有期限性或阶段性的法律规定，在期限结束或任务完成以后，法律便自行失效。如1981年国务院颁布的《关于国民经济调整时期加强环境保护工作的决定》，只适用于国民经济调整时期，这个时期一结束，该法规便失去法律效力。

（3）环境资源法的溯及力。环境资源法的溯及力又称为环境资源法溯及既往的效力，是指新的环境资源法颁布以后，对它生效以前所发生的行为和事件是否适用，如适用，就具有溯及力，如不适用，就不具有溯及力。环境资源法在一般情况下，不具有溯及力，它只适用于生效后的行为和事件。但我国的环境资源法在有关奖励的规范中有例外的规定，即在新的环境资源法生效以前综合利用的产品，在一定条件下可给予减免税、价格优惠、贷款扶持、外汇分成等方面的奖励和照顾。另处，因严重污染或破坏环境，构成犯罪的，在追究刑事责任时，根据《刑法》的有关规定，采用从旧兼从轻的原则。

二、环境资源法的作用

各国在制定环境资源法时对环境资源法的作用都作了相应的表述。如我国的《环境保护法》第1条规定，制定环境保护法是"为保护和改善生活环境与生态环境，防治污染和其他公害，保障人体健康，促进社会主义现代化建设的发展"。日本《公害对策基本法》第1条规定，制定《公害对策基本法》是"为了明确企业、国家和地方政府对防治公害的职责，确定基本的防治措施，以全面推行防治公害的对策，达到保护国民健康和维护其生活环境的目的"。美国、德国等国家的环境资源法也有类似的规定。根据这些规定，我们可以把环境资源法的作用归纳为以下几个方面：

1. 环境资源法是在环境与发展之间建立和谐关系的协调器。人类与自然之间、环境与发展之间需要建立一种和谐协调的关系，而要建立这种关系，就必须有环境保护法进行调整，规范人类开发、利用自然的各种行为，并把这种行为控制在一定限度或范围之内，合理开发、利用自然资源。在开发、利用的同时，运用法律手段，对自然环境和自然资源进行保护，为人类提供一个良好的生存环境。环境资源法既可以防止只顾发展经济、忽视环境保护的现象，又可以防止借口保护环境，阻碍经济正常发展的行为，特别是在克服先污染后治理的错误观点上，环境资源法有着特殊的作用，它可以运用强制手段，要求人们必须履行某一方面的义务，实现环境与经济的协调发展。我国《环境保护法》第4条规定："国家制定的环境保护规定必须纳入国民经济和社会发展计划，国家采取有利于环境保护的经济、技术政策和措施，使环境保护工作同经济建设和社会发展相协调"。《环境保护法》作这一规定，就使得"协调发展"原则成为我国一项基本的环境法律原则，人人必须遵守，否则就要受到法律制裁，这对于协调环境与发展的关系有着重要的意义。

2. 环境资源法是保障人体健康，促进社会主义现代化建设的法律武器。环境资源法严禁各种污染和破坏环境的行为，从而起到防治污染，保护和改善环境的作用，使人们能有一个良好舒适的生活和工作环境，这样就能防止因环境污染和破坏对人体造成的各种危害，保障人体健康。另外，为了使环境保护与经济建设、城乡建设同步发展，需要在采取行政、经济、技术和教育等手段的同时，采取强有力的法律手段，把环境保护工作纳入法制轨道。在市场经济条件下，环境保护法对促进经济的发展，有着十分重要的作用。通过环境保护法的调整，可以对资源进行合理配置，为市场经济的可健康发展创造条件，避免在市场中出现某些无序或不健康现象。

3. 环境资源法是明确各种环境保护职责和权利义务的有效手段。环境资源法规定了各种环境职责和权利义务，使国家机关、企业、事业单位、各级环境保护机构和公民个人明确了各自在环境保护中的职责和权利义务。例如，我国《环境保护法》第 6 条规定："一切单位和个人都有保护环境的义务，并有权对污染和破坏环境的单位和个人进行检举和控告"；第 16 条规定："地方各级人民政府，应当对本辖区的环境质量负责"；第 24 条规定："产生环境污染和其他公害的单位，必须把环境保护工作纳入计划，建立环境保护责任制度"；第 8 条还规定："对保护和改善环境有显著成绩的单位和个人，由人民政府给予奖励"。《环境保护法》的这些规定，至少从以下几个方面对环境保护职责和权利义务作了明确：

（1）确立了"依靠群众的原则"，并对社会每个公民在环境保护中的权利义务作了规定，"保护环境，人人有责"；

（2）确立了"政府对环境质量负责的原则"，同时政府可以运用法律赋予的职权，对环境保护实施监督和管理；

（3）确立了"谁污染谁治理的原则"，谁污染和破坏了环境就要对环境承担相应的义务，进行必要的治理和恢复并承担一定的经济责任。

环境资源法对环境保护职责和权利义务作出规定，使这些职责和权利义务成为法定职责和权利义务，违反者就要承担法律责任。对那些违反法律规定，污染和破坏环境，危害人体健康的单位或个人，将依法分别追究其行政责任、民事责任，情节特别严重的还要追究刑事责任。

4. 环境资源法是维护国家环境权益，开展环境保护国际交流和合作的重要工具。环境资源法在维护国家环境权益方面的作用突出表现在两个方面：一是维护国家环境主权；二是防止环境污染转嫁。在维护国家环境主权方面，我国的《环境保护法》第 3 条规定："本法适用于中华人民共和国领域和中华人民共和国管辖的其他海域"。《中华人民共和国海洋环境保护法》第 2 条第 3 款规定："在中华人民共和国管辖海域以外，排放有害物质，倾倒废弃物，造成中华人民共和国管辖海域污染损害的，也适用本法"。这些规定，对维护我国的环境主权，发挥着重要作用。

在防止环境污染转嫁方面，环境资源法发挥着越来越重要的作用。近年来，一些发达国家千方百计将本国的危险废物和生活垃圾向国外转移，特别是向经济欠发达国家转移。我国在近几年中也曾多次发生过危险废物入境事件，其中影响最大的一起危险废物入境事件是 1993 年 9 月 25 日发生在南京港上元门码头的韩国废物入境事件。这批化工废物，我国有关部门依据环境保护法的有关规定，经过严正交涉，已于 1994 年 3 月 5 日退运韩国①。为防止环境污染转嫁，我国《环境保护法》第 30 条规定："禁止引进不符合我国环境保护规定要求的技术和设备"。国家环境保护局、海关总署联合颁布的《关于严格控制境外有害废物转移到我国境内的通知》，对该问题作了详细的规定。另外，我国已经加入的《控制危险废物越境转移及其处置巴塞尔公约》，也对危险废物越境转移作了限制。该《公约》在序言中指出，任何国家皆享有禁止来自外国的以上废物②进入其领土或在其领土内处置的主权权利。这些法律规定对防止危险废物转移，起着积极的作用。

在开展国际交流与合作方面，环境资源法起着推动和促进的作用。《环境保护法》第 46 条规定："中华人民共和国缔结或者参加的与环境有关的国际条约，同中华人民共和国的法律有不同规定的，适用国际条约的规定，但中华人民共和国声明保留的条款除外。"其他环境保护法律中也有类似的规定。这些规定，为开展环境保护国际交流与合作提供了法律依据。由于环境保护是全人类的事业，需要全球合作，同时也需要吸收和借鉴国外先进的环境保护技术和经验，因此，开展环境保护国际交流与合作是十分必要的，但开展这些活动，必须有相应的法律进行规范，保证其健康的进行。环境资源法在开展国际交流与合作过程中，既能起到维护我国环境权益的作用，同时也能促进交流与合作的开展，保护世界环境。

在交流与合作过程中，还可以吸收和利用国外的一些资金，加强我国的环境保护工作。据统计，从 1991 年到 1993 年，短短三年时间内，我国已累计建立世界银行、亚洲开发银行大型环保贷款项目 7 个，累计利用外资总额 11.4 亿美元，项目总投资约 132 亿人民币。同时还建立了全球环境基金、世界银行、亚洲开发银行赠款项目 14 个，获赠款总额计 6561 万美元，促进了我国的环境保护事业③。

---

① 参见《南京日报》，1994 年 3 月 5 日第 7 版，《环境时报》，1994 年 3 月 24 日第 1 版。

② 是指列入禁止转移名录的废物。

③ 参见《中国环境报》，1994 年 2 月 8 日第 1 版。

第五节　环境资源法律关系

一、环境资源法律关系的概念

环境资源法律关系是指根据环境资源法律规范产生的、以主体之间权利与义务关系的形式表现出来的一种社会关系。

环境资源法律关系是由主体、内容和客体三个要素构成，它以环境资源法中某种法律规范的存在为前提，并以某法律事实和法律行为的发生为必要条件。

环境资源法律关系是基于环境的开发、利用、保护和改善而产生的，它不同于一般法律关系，有其特殊性，其中最显著的特点就是，它是一种当事人地位平等和不平等相结合的法律关系。由于环境资源法律规范是多种多样的，有为环境资源行政管理而规定的，有为保护公民、法人的民事权利而规定的，还有为惩治环境资源犯罪而规定的，根据这种综合性的法律规范而确立的环境资源法律关系也不尽相同，既有当事人地位平等的环境资源民事法律关系，也有当事人地位不平等的环境资源行政、刑事法律关系。这些性质不同的法律关系，在环境资源法中便是一种环境资源法律关系，在其他法律部门中，则又隶属于各自有关的法律关系。

二、环境资源法律关系的构成要素

1. 环境资源法律关系的主体

环境资源法律关系主体，又称为环境资源权利主体，是指环境资源法律关系的参加者，即环境资源法律关系中权利的享有者和义务的承担者。依照我国环境资源法的规定，在我国，国家、国家机关、法人、公民等都可以是环境资源法律关系的主体。

在一个环境资源法律关系中，主体人数不能少于两个；环境资源法律关系主体在该法律关系中的地位不尽相同，享有权利的一方是权利人，承担义务的一方是义务人，通常情况下，环境资源法律关系的主体既是权利人，又是义务人，在依法享有权利的同时，又应承担义务。

2. 环境资源法律关系的内容

环境资源法律关系的内容是构成环境资源法律关系的一个必不可少的要素。它是指环境资源法律关系的主体依法享有的环境资源权利和承担的环境资源义务。

（1）环境资源权利。亦称环境资源法律权利或法定权利，是指环境资源法律规定和保护环境资源法律关系主体所享有的某种权利。

环境资源法所规定的环境资源权利，通常表现为三种形式：

①权利享有人能够依法实施某种行为以满足自己的利益要求，例如取得排污许可证单位，有权依照排污许可证的许可内容，排放污染物。

②权利享有人可以依法要求他人作出一定行为或抑制一定行为来实现自己的权利，例如受到环境污染危害的当事人，有权要求加害人排除危害。

③当义务人违反法律规定不履行其应尽的义务时，权利人有权要求国家机关依据法律，运用强制手段来保护和协助实现其权利。这是法律权利特有的国家强制性。

（2）环境资源义务。亦称环境资源法律义务，它与环境资源权利相对应，是指环境资源法律规定的环境资源法律关系主体必须承担和履行的责任。

环境资源法所规定的环境资源义务与环境资源权利相对应，一般也表现为三种形式：

①积极的义务形式。指义务人根据法律的规定和权利人的要求，实施某种行为。

②消极的义务形式。指义务人根据法律规定和权利人的要求，不实施某种行为。

③接受法律制裁的义务形式。指当义务人违反了法律规定和权利人的要求，造成对权利人利益的侵害时，要受到法律追究，直到承担刑事责任。

环境资源权利与环境资源义务处在一个统一体中，它们相互对应，相互依存，密不可分，具有一致性。权利人利益的满足和权利的实现，依赖于义务人义务的履行，而正是因为有义务人对义务的承担，才使得权利人得以实现其权利。

3. 环境资源法律关系的客体

环境资源法律关系的客体，亦称环境资源权利客体，是指环境资源法律关系主体的权利和义务所指向的对象。环境资源法律关系客体是构成环境资源法律关系的又一要素，如果没有客体，环境资源法律关系的权利和义务就成为无法实际落实的空洞的东西。

环境资源法律关系的客体主要包括：

（1）整体环境、各种环境要素、不同范围的环境综合体和单个的天然环境体和人工环境体。

（2）污染和危害环境的有害物质和机械、设备、设施，防治环境污染和生态破坏的物质技术设施。

（3）环境资源法律关系主体的行为和活动。

（4）影响环境质量状况的现象和情况。

三、环境资源法律事实

环境资源法律事实是指环境资源法所规定的、能够导致法律后果，即引起环境资源法律关系产生、变更和消灭的现象，它是环境资源法律关系产生、变更和消灭的必要条件。

环境资源法律事实有两个基本的构成要件：一是由环境资源法规定；二是能够引起法律后果。这也是环境资源法律事实区别于其他社会现象的两个基本特征。

环境资源法律事实可分为两大类，即环境资源法律行为和环境资源法律事件。

1. 环境资源法律行为

环境资源法律行为是指能够引起环境资源法律关系产生、变更和消灭的环境资源法律关系主体的行为。按照环境资源法律行为的方式不同，它可以被分为作为与不作为两种形式；按照行为是否符合法律规范规定的要求，又可将它分为合法行为和违法行为两种。

2. 环境资源法律事件

环境资源法律事件是指不以人的意志为转移，能够引起环境法律关系产生、变更和消灭的客观现象和情况，如森林大火、地震、洪水等。

第六节　环境资源法的体系

一、环境资源法体系的概念

环境资源法同其他法律部门一样，不是各种环境资源法律规范简单地相加，而是各种环境资源法律规范按照一定的内在联系结合在一起的有机整体。环境资源法的体系，就是这个有机整体的体现。所谓环境资源法的体系，是指有关保护和改善环境、防治污染和其他公害的各种法律规范依照其内在联系而结合在一起的和谐统一的完整系统。在系统内部，法律规范之间，互相联系、互相制约、互相补充。

环境资源法体系，可以按照不同的标准和方式作不同的内部划分，如可以按照法律制定机关的不同，划分为宪法、法律、行政法规、地方性法规、自治条例和单行条例、行政规章和行政决定、命令等；可以按照法律所调整的内容和范围不同，划分为综合性环境保护法规、专门性环境保护法规、环境保护标准、环境保护国际条约等。

二、环境资源法体系在法律体系中的地位

1. 环境资源法是一个独立的法律部门，自成体系。环境资源法虽是一个新兴的、年轻的法律部门，但它却是一个独立的法律部门。在法的体系中，环境资源法与行政法、民法、刑法、经济法等法律部门一样，具有相对独立性，是法的

体系中的一个重要组成部分。环境资源法能成为独立的法律部门，原因有二：

（1）环境资源法有特定的调整对象。法律部门是指调整同一种社会关系的法律规范的总称，因此法律部门的划分，是按照其调整的社会关系的不同而确定的。环境资源法有着自己特定的调整对象，即调整因协调人类与环境的关系，保障人体健康，保护和改善环境，防治污染和其他公害而产生的各种社会关系。

（2）环境资源法作为独立的法律部门，是社会发展的客观需要。环境资源法仅有特定的调整对象还不能必然成为独立的法律部门，因保护和改善环境而产生的社会关系很早就已出现，但当时并不存在一个独立的环境资源法律部门，而只是在其他法律部门中零散地存在有环境资源法律规范。因为当时的环境问题还不很严重，国家没有必要把与保护环境有关的社会关系作为一种独立的法律调整对象加以调整，而只是在行政法、民法、刑法、经济法等法律部门中对它们加以附带的调整。到了 20 世纪五六十年代，随着现代工业的迅猛发展，各种环境问题已变得十分严重，迫切需要加强环境保护。国家和社会的环境保护活动大大加强，因保护和改善环境而产生的社会关系不仅在内容上大大增加，而且在社会生活中的意义也大大提高。社会发展的客观需要，要求国家加强对环境资源保护活动的法律调整，因此，国家把因保护和改善环境而产生的各种社会关系作为一类社会关系，单独加以集中专门的法律调整。国家在环境资源保护的法律调整方面，从由别的法律部门中附带调整，发展到单独加以集中的专门的法律调整，是社会发展的必然结果。

2. 环境资源法与其他法律部门既相互联系，又互相独立。环境资源法是一门综合性很强的法律部门，与其他法律部门之间存在着紧密的联系，这种联系主要表现为：

（1）环境资源法的法律规范是由性质不同的法律规范共同组成的，它们包括行政法律规范、民事法律规范、刑事法律规范等。如我国《环境保护法》第 37 条规定："未经环境保护行政主管部门同意，擅自拆除或者闲置防治污染的设施，污染物排放超过规定的排放标准的，由环境保护行政主管部门责令重新安装使用，并处罚款。"这就是一个行政法律规范。不同性质的法律规范，与它们相对应的法律部门之间，存在着紧密的联系。有些法律规范本身就来源于相对应的法律部门，这些法律规范如果离开环境保护法律部门，还可以成为相对应的法律部门的组成部分。

（2）在其他法律部门中，存在有环境保护法律规范。如我国的《民法通则》第 124 条规定："违反国家保护环境防止污染的规定，污染环境造成他人损害的，应当依法承担民事责任"，这一法律规范，在一定程度上也是一个环境保护法律规范。

（3）环境资源法的实施，需要其他法律部门配套、协助。由于环境资源法所涉及的内容十分广泛，因此，它对社会关系的调整不可能面面俱到，也不可能十分具体。在实施环境资源法时，必须有相应的法律部门作配套，否则很难执行。如我国的《水污染防治法》第 57 条规定："违反本法规定，造成重大水污染事故，导致公私财产重大损失或者人身伤亡严重后果的，对有关责任人员可以比照刑法第一百一十五条或者第一百八十七条的规定追究刑事责任"。该规定若没有刑法作配套，便难以执行。

3. 环境资源法与其他法律部门的区别。环境资源法与其他法律部门在存在上述联系的同时，也存在着一定的区别，正是这些区别使得它与其他法律部门区别开来，成为一个独立的法律部门。这些区别主要表现为：

（1）调整的对象不同。环境资源法所调整的对象是指在环境资源保护中发生的各种社会关系，既包括环境资源保护中的经济关系，又包括环境资源保护中的政治、文化、人身等其他社会关系。而其他法律部门所调整的对象则与之不同，如民法所调整的对象是平等主体之间的财产关系和人身关系。行政法所调整的对象则是行政主体在行政管理过程中所发生的由行政法所调整的各种社会关系，包括行政关系和监督行政关系。

（2）法律关系主体地位不同。在环境资源法律关系中，法律关系主体的地位，存在着不同的情况。因环境管理而发生的法律关系，其主体地位一般是不平等的，是管理与被管理的关系。而因环境侵权等发生的法律关系，其主体地位一般是平等的，但在其他法律部门中，其法律关系的主体地位往往只存在一种情况，如在民事法律关系中，主体地位是平等的；在行政法律关系中，主体地位是不平等的。

（3）特点不同。环境资源法具有综合性、科学性、区域特殊性等特点。其他法律部门则有自己的特点，如行政法的特点表现为在形式上一般不具有一部统一的法典，而不像环境保护法那样，有一部环境保护法法典，而且行政法在内容上具有较强的变动性等。

（4）适用的原则不同。环境资源法适用的基本原则有：环境保护与经济建设协调发展原则，预防为主、防治结合、综合治理原则，全面规划、合理布局原则，"谁污染、谁治理"、"谁开发谁保护"、"污染者付费"原则及政府对环境质量负责原则、依靠科学技术原则等。而其他法律部门则有自己的适用原则。如民法的基本原则有自愿原则、公平原则、等价有偿原则、诚实信用原则等。

三、环境资源法体系的构成

目前，各国环境资源法律体系的构成并不完全一致，学者的认识和归纳也不完全一致。例如，日本学者浅野直人等在《环境、防灾法》一书中将日本环境法的体系分为以下六个部分①：①环境基本法，即规定环境行政目标、政策体系等基本事项的法律，它的特征在于只对基本事项作原则性规定，其具体化则表现为各实施法、单项法。②公害控制法，即大气污染、水污染等公害排放控制方面的法律，其特征是通过对产生公害的设施规定排放标准，要求各工厂企业必须严格遵守。③环境保全法，是指关于自然环境及景观、历史环境等保全方面的法律，它以控制已形成良好环境的指定地域内的开发行为为特征。④环境整备法，主要包括下水道、废弃物处理设施和地方公共团体等进行公共服务方面的法律，其特征在于与策定设施整备的指标计划一道规定了个别设施的设置及其管理程序。⑤费用负担、促成（资助）法，这是关于防止公害事业费企业负担、地方公共团体的财政措施及对企业的促成（资助）措施等规定的法律。其特征是规定供给实施公害对策必要资金的一定章程以推进公害的对策。⑥被害救济、纠纷处理法，这是对公害被害者的补偿给付、支付等以及行政委员会处理公害纠纷的法律，鉴于公害的特点，为迅速、公正的救济被害，解决纠纷而确立司法制度以外的行政制度是其主要特征。而日本环境法学家原田尚彦则根据法律的机能将日本公害法的体系分为三个部分②：①公害救济法，包括私法性的救济法和行政上的救济法，例如作为民法侵权行为法的特别法规定无过失责任的矿业法、原子能损害赔偿法，公害纠纷处理法，公害健康损害补偿法等等。②公害控制法，具体包括：规定控制公害发生源的大气污染防止法、水质污染防止法等，关于防止二次公害的法律，规定其他事业者的义务的法律，由地方公共团体实施的限制性条例。③公害防止事业法，具体包括：关于工厂的适当配置的法律，关于防止公害事业的法律，关于都市环境的整顿的法律，为保全自然环境的法律，关于资助、优惠措施的法律。

我国台湾学者叶俊荣先生将台湾地区环境法的体系分为组织、救济、管制和预防四大部分③：①环境预防法，包括当时已经制定的空气污染防治法、噪音管制法、震动管制法、水污染防治法，以及尚未完成立法的环境影响评价法和海洋污染防治法。②环境管制法，包括已经制定的废弃物清理法、饮用水管理条例、毒性化学物质管理法，以及尚未完成立法的土壤污染防治法、公共环境卫生法和环境卫生用药管理法。③环境救济法，即指公害纠纷处理法。④环境组织法，包括已经制定的行政院环境保护署组织条例、行政院环境保护署环境保护人员训练所组织条例、行政院环境保护署环境检验所组织条例，和尚未完成立法的行政院

---

① 参见汪劲编著：《日本环境法概论》，武汉大学出版社，1994年版，第12页。
② 参见汪劲编著：《日本环境法概论》，武汉大学出版社，1994年版，第12页。
③ 参见叶俊荣著：《大量环境立法》，载于叶俊荣著：《环境政策与法律》，台湾月旦出版公司，1993年版，第46～48页。

环境保护署环境研究所组织条例、行政院环境保护署区域环境保护中心组织条例。

我国大陆环境法学者一般按照法律效力的不同，将环境资源法的体系分为宪法性规定、环境资源法律、环境资源法规、环境标准、环境资源规章和国际环境资源条约、协定。我们认为，可以借鉴日本学者和我国台湾学者的分类方法，从多个角度和层面对环境资源法律体系展开分析和研究。以下笔者试着从三个角度分析和探讨我国环境资源法的体系。

（一）根据环境资源法律的效力等级，可以将环境资源法律体系分为以下几个部分

1. 宪法中有关环境资源保护的规范。目前大多数国家在宪法中都有保护环境资源的法律规范，而且这些规范是该国制定其他环境资源法律规范的立法依据和基本准则。例如，《瑞士联邦宪法》第 24 条第（三）项规定："联邦关于保护地面水和地下水避免污染有立法的权利。此项法律由各州在联邦监督之下负责执行。"《葡萄牙共和国宪法》第 66 条第 1 款规定："全体公民都有权享受不损害其健康的生活条件，同时也有义务保护环境洁净。"我国《宪法》中也有环境保护的规范，其中第 9 条第 2 款规定："国家保障自然资源的合理利用，保护珍贵的动物和植物。禁止任何组织或者个人用任何手段侵占或者破坏自然资源。"第 10 条第 5 款规定："一切使用土地的组织和个人必须合理地利用土地。"第 22 条第 2 款规定："国家保护名胜古迹、珍贵文物和其他重要历史文化遗产。"第 26 条规定："国家保护和改善生活环境和生态环境，防治污染和其他公害。国家组织和鼓励植树造林，保护林木。"

2. 环境资源法律。环境资源法律由国家的最高权力机关制定，在我国由全国人大及其常委会制定，它在环境资源法体系中起着重要作用。环境资源法律根据规定内容的不同，可分为三种类型：

（1）环境资源综合性法律。主要是规定国家的环境政策，环境保护的方针、原则和措施，而且基本上是一些原则性的规定，如美国的《国家环境政策法》、日本的《环境基本法》、罗马尼亚的《环境保护法》及我国的《环境保护法》等。环境资源保护综合性法律是制定其他环境法律、法规的基本依据。

（2）防治污染和其他公害方面的法律。主要有防治大气污染、水污染、海洋污染、噪声和振动污染、农药、放射性物质污染和热污染的法律，以及其他有毒有害物质污染的法律。如日本的《农药控制法》、德国的《废物处理法》、波兰的《大气空气污染防止法》等。我国在这一方面已经颁布的法律有《海洋环境保护法》、《水污染防治法》、《大气污染防治法》等。

（3）保护和改善环境方面的法律。主要有保护土地、森林、草原、野生动植

物、江河湖海、大气等环境要素的法律。如日本的《自然环境保全法》、《野生动物保护和狩猎法》、前苏联的《动物界的保护和利用法》等。我国在这方面已经颁布的法律有《森林法》、《草原法》、《渔业法》、《矿产资源法》、《土地管理法》、《水法》、《野生动物保护法》、《水土保持法》等。

3. 环境资源行政法规。环境资源行政法规一般由国家最高行政机关制定，在我国由中央人民政府即国务院制定。环境资源行政法规分为防治污染和其他公害与保护和改善环境两部分，其中在防治污染和其他公害方面，我国已经出台的行政法规主要有：《放射性同位素与射线装置放射防护条例》、《水污染防治法实施细则》、《大气污染防治法实施细则》、《防止船舶污染海域管理条例》、《防止海岸工程建设项目污染损害海洋环境管理条例》、《防止拆船污染环境管理条例》、《征收排污费暂行办法》、《国务院关于加强乡镇、街道企业环境管理的规定》等。在保护和改善环境方面，我国已经出台的行政法规主要有：《森林病虫害防治条例》、《草原防火条例》、《水产资源繁殖保护条例》、《中华人民共和国资源税暂行条例》、《基本农田保护条例》、《中华人民共和国河道管理条例》、《中华人民共和国野生植物保护条例》、《野生药材资源管理条例》、《风景名胜区管理暂行条例》等。

4. 地方性环境资源法规。环境资源法具有区域特殊性的特点，因此它的立法形式在很多情况下，表现为地方立法，即各地区根据本地经济技术发展水平和自然环境状况，为解决本地区的环境问题，因地制宜进行立法。我国目前地方性法规的立法体制是省、自治区、直辖市人大及其常委会可以制定地方性法规；省、自治区人民政府所在地的市（省会市）及国务院批准的较大的市的人大及其常委会可以制定地方性法规，但要报省、自治区人大常委会批准；民族自治地方的人大可以制定自治条例和单行条例，但要报上一级人大常委会批准。地方性环境保护法根据其调整的范围和内容可以分为两类：一是综合性的地方性法规，如《江苏省环境保护条例》、《海南省环境保护条例》等；二是专门性的地方性法规，如《江苏太湖水污染防治条例》、《江苏省海岸带管理条例》、《南京市环境噪声管理条例》等。

5. 环境资源保护标准。环境保护标准是环境资源法体系的一个重要组成部分，是环境资源法中的技术性规范。它由环境质量标准、污染物排放标准及基础标准和方法标准等共同组成。例如美国的《大气污染标准》、《大气质量标准》、《OHSA 噪声标准》等。在我国，已颁布了大量的环境质量标准和污染物排放标准及基础标准和方法标准，如《工业企业设计卫生标准》、《工业"三废"排放试行标准》、《生活饮用水卫生标准》、《渔业水质标准》、《环境空气质量标准》、《工业企业厂界噪声标准》、《城市区域环境噪声标准》、《污水综合排放标准》、《农药安全使用标准》、《船舶污染物排放标准》等。

6. 环境资源规章。环境资源规章也是环境资源法体系的重要组成部分。根据我国有关法律的规定，环境资源规章包括部门规章和地方人民政府规章两类。部门规章是指国务院各部委，特别是环境资源保护行政主管部门根据法律和国务院的行政法规、决定、命令，在本部门的权限内按照规定程序所制定的有关环境资源保护的规定、办法、实施细则、规则等规范性文件的总称。如国家环保总局制定的《农药登记规定》、《环境保护标准管理办法》、《放射环境管理办法》等；地方人民政府规章是指由省、自治区、直辖市及省、自治区人民政府所在地的市和经国务院批准的较大的市的人民政府根据法律和行政法规，按照规定程序所制定的普遍适用于本地区环境管理工作的规定、办法、实施细则、规则等规范性文件的总称。如《江苏省环境保护行政处罚程序暂行规定》、《江苏省排放污染物总量控制暂行规定》等。

7. 环境资源保护国际条约和协定。在环境资源保护领域的国际合作中，往往签订一些国际条约或双边、多边协定，一旦加入或签订某个国际条约或协定，该条约或协定就成为加入或签订国的环境保护法体系的组成部分。我国 1980 年加入了《国际油污损害民事责任公约》，1983 年加入了《国际防止船舶污染海洋公约》，1989 年加入了《维也纳保护臭氧层公约》等，及 1980 年我国与美国签订的《环境保护科学技术合作议定书》，1981 年我国与日本签订的《保护候鸟及其栖息环境协定》等。

（二）根据环境资源法律规范的性质，可以将我国环境资源法律体系分为以下几部分

1. 环境资源宪法。主要体现在现行宪法的第 9 条第 2 款、第 10 条第 5 款、第 22 条第 2 款和第 26 条之中。

2. 环境资源行政法。由于传统的私法无法克服环境问题，于是需要国家公权力的介入，当代环境问题主要便是借助于行政权的干涉和介入而得以部分解决或缓解的。可以说，从狭义环境资源法的角度来看，环境资源法基本上就是行政法的一个分支；即使是从广义环境资源法的角度而言，其大部分法律规范都属于行政法的范畴。所以，环境资源法与行政法有着密切的关系，离开了行政法就无法深入地研究环境资源法。特别是各个环境资源单行法，比如《大气污染防治法》、《森林法》、《土地管理法》等，都需要由某一个或某些行政机关予以贯彻和实施。

3. 环境资源刑法。鉴于环境问题及其危害的严重性，各国除了采用行政手段以外，也制定刑法采用刑罚手段来予以回应。我国现行刑法在第 2 编第 6 章"妨害社会管理秩序罪"的第 6 节规定了"破坏环境资源保护罪"，共 9 个条文。这些法律条文也属于广义环境资源法的组成部分。近来我国刑法学界也展开了对

环境刑法学的专门研究，代表性的理论研究的专著有付立忠先生的《环境刑法学》①。

4．环境资源民法。我国民法中有关环境资源的规定主要有《民法通则》第83条和第124条。该法第83条规定："不动产的相邻各方，应当按照有利生产、方便生活、团结互助、公平合理的精神，正确处理截水、排水、通风、采光等方面的相邻关系。给相邻方造成妨碍或者损失的，应当停止侵害，排除妨碍，赔偿损失。"该法第124条规定："违反国家保护环境防止污染的规定，污染环境造成他人损害的，应当依法承担民事责任。"

5．环境资源诉讼法。当发生环境资源行政纠纷、民事纠纷或者刑事纠纷，其诉讼程序按照《行政诉讼法》、《民事诉讼法》和《刑事诉讼法》的规定进行，我国目前尚无这方面的特殊规定。

（三）从环境资源法律的内容和功能来看，我国环境资源法律体系由下列法律组成

1．环境资源组织法或有关环境监督管理体制的法律。《环境保护法》第7条规定："国务院环境保护行政主管部门，对全国环境保护工作实施统一监督管理。县级以上地方人民政府环境保护行政主管部门，对本辖区的环境保护工作实施统一监督管理。国家海洋行政主管部门、港务监督、渔政渔港监督、军队环境保护部门和各级公安、交通、铁道、民航管理部门，依照有关法律的规定对环境污染防治实施监督管理。县级以上人民政府的土地、矿产、林业、农业、水利行政主管部门，依照有关法律的规定对资源的保护实施监督管理。"可见我国实行的是统一监督管理与分级、分部门监督管理相结合的体制。如何在这些不同的政府、部门之间配置环境资源的监督管理权，需要有关组织法具体规定。我国目前这方面的立法还很不完善。

2．污染防治法。我国有关污染防治的法律主要有：《海洋环境保护法》、《水污染防治法》、《大气污染防治法》、《固体废物污染环境防治法》、《环境噪声污染防治法》。

3．自然资源保护法。这方面的立法主要有：《水法》、《水土保持法》、《土地管理法》、《渔业法》、《森林法》、《草原法》、《野生动物保护法》、《矿产资源法》。

4．环境资源保全法。这方面的法律包括：《自然保护区条例》、《森林和野生动物类型自然保护区管理办法》、《地质遗迹保护管理规定》、《自然保护区土地管理办法》、《风景名胜区管理暂行条例》、《森林公园管理办法》等。

5．环境资源纠纷处理法或者环境资源救济法。我国目前尚无环境资源纠纷

---

①　中国方正出版社，2001年。

处理或者环境资源救济方面的特别立法，而是适用《民事诉讼法》、《仲裁法》、《行政复议法》、《行政诉讼法》、《国家赔偿法》、《刑事诉讼法》等一般性法律规定。有的国家或地区制定了有关这方面的特别法，例如，日本为了迅速解决环境资源法律纠纷，给环境受害人迅速给予法律救济，规定了有关行政救济制度以克服传统民事侵权法在对处理环境问题上的困难和缺陷。1969 年，日本制定了《关于因公害引起的健康损害的救济的特别措施法》，并于 1973 年制定了《公害健康受害补偿法》，以取代原先的特别措施法。总的说来，这两部法律，对于保障受害人的权利，及时化解纠纷，促进政治社会的稳定，发挥了积极的作用。在我国，针对环境资源法律纠纷的个性特征，是否应该制定以及如何制定有关环境资源纠纷处理或者环境资源救济方面的特别法，是今后学术研究和立法的一个重要课题。

第七节　环　境　权

一、环境权的提出和发展

在生产力水平低、人口少的条件下，阳光、空气和水等环境构成要素都被认为是无限的，并不具有稀缺性。这些环境要素既可以满足人们的生活需要，又可以满足人们的生产需要，二者之间不构成竞争用途。但是随着生产力的发展和人类文明的提高以及人口的膨胀，自然环境的组成与结构被大规模改变，清洁的水、空气、安宁、阳光等环境要素作为稀缺性资源的特性逐渐显露出来，人类的生存利益和生产利益在对环境的需求上构成矛盾。为此，社会就有必要对人类的利益作出制度性安排，赋予主体一定的权利，平衡与制约各微观主体之间因利用稀缺性环境资源而发生的关系。这种权利是一种公用资源的共有支配权，也就是"环境权"。由此可见，"稀缺性"是环境权产生的最根本原因。

环境权的研究和提出始于 20 世纪 60 年代。当时美国密执安大学的萨克斯教授提出"环境公共财产论"、"环境公共委托论"，他认为，空气、水、阳光等人类生活所必需的环境要素，在当时受到严重污染和破坏以致威胁到人类正常生活的情况下，不应再视为"自由财产"而成为所有权的客体，环境资源就其自然属性和对人类社会的极端重要性来说，它应该是全体国民的"公共财产"，任何人不能任意对其进行占有、支配和损害。为了合理支配和保护这种"共有财产"，共有人委托国家来管理。国家对环境的管理是受共有人的委托行使管理权的，因而不能滥用委托权。于是，有人便在"公共财产论"和"公共委托论"的基础上提出了环境权的观点，认为每一个公民都有在良好环境下生活的权利，公民的环境权是公民最基本的权利之一，应该在法律上得到确认和保护①。

1970 年 3 月，在东京召开的一次关于公害问题的国际座谈会上发表的《东京宣言》第 5 项提出："我们请求，把每个人享有的健康和福利等不受侵害的环境权和当代人传给后代的遗产应是一种富有自然美的自然资源的权利，作为一种基本人权，在法律体系中确定下来。"在同年 9 月召开的"日本律师联合会第 13 届人权拥护大会"上，仁藤一、池尾隆良两位律师作了题为《"环境权"的法理》的报告，明确提出了环境权的主张。他们认为，任何人都可以依照（日本国）宪法第 25 条（生存权）规定的基本权利享受良好的环境和排除环境污染，主张清洁的空气和水以及没有噪声、安静的环境是每一个在该地区居住的国民的共有财产。

环境权理论为世界所普遍接受，体现在 1972 年联合国人类环境会议上通过的《人类环境宣言》中，该宣言庄严宣布："人类有权在一种能够过尊严和福利的生活的环境中，享有自由、平等和充足的生活条件的基本权利，并且负有保护和改善这一代和将来的世世代代的环境的庄严责任。"之后，在 1992 年世界环境与发展大会上通过的《里约环境与发展宣言》再次重申了环境权："人类处于普受关注的可持续发展问题的中心。他们应享有以与自然相和谐的方式过健康而富有生产成果的生活的权利。"

随着环境权理论的提出和发展，许多国家和国际组织也开始了环境权的立法实践。"四十多个国家即全球五分之一的国家通过的宪法或法律中都规定了环境权。其中，70 年代以后通过的宪法和宪法修正案都没有忽视这一权利。但在国际环境法领域，只是没有法律拘束力的文件承认环境权，如《斯德哥尔摩宣言》、《世界自然宪章》、《里约热内卢宣言》。而 80 年代以来通过的大多数国际人权文件都承认环境权。"②

二、环境权法律化的具体模式

各国环境权法律化的具体模式和环境权论者的主张不尽相同，有的国家在宪法层面确认了环境权，有的国家仅仅在法律中予以确认，也有国家在宪法中确认了环境权，并在法律中予以具体化。

1. 在宪法层面明文确认环境权

在宪法层面明文确认环境权，要注意区分两种情况。一是宪法规定个人享有清洁、健康的环境的一般性权利，二是宪法仅仅把保护环境作为国家的政策和目

---

① 参见陈泉生著：《环境法原理》，法律出版社，1997 年版，第 101～102 页。
② 〔法〕亚历山大·基斯著：《国际环境法》，张若思译，法律出版社，2000 年版，第 22～23 页。

标。严格地说，在第二种情形下，并不存在公民个人的环境权。① 据统计，目前有 41 个国家或地区的宪法规定了个人所享有的清洁、健康的环境的一般性权利，有 62 个国家或地区在宪法中规定把保护和改善环境作为国家的目标或义务。② 例如 1976 年《葡萄牙共和国宪法》第 66 条第 1 款规定："全体公民都有权享受不损害其健康的生活条件，同时也有义务保护环境的洁净。"1980 年《智利共和国政治宪法》第 3 章第 19 条规定："所有的人都有权生活在一个无污染的环境中，……国家有义务监督、保护这一权利，保护自然。"而在联邦德国，从 20 世纪 70 年代开始，学理上开始讨论将健康环境纳入基本法的基本权利条款，赋予公民健康环境基本权利。1987 年联邦政府建议增加一个新的第 20a 条："①国家保护人类生命的自然基础；②联邦和州应当制定法律规定细节，该法律应当与其他法律保护目标和国家政策一致。"1994 年通过的第 20a 条将第①款中的"人类"两个字去掉，加上"后代"一词。内容是："国家有义务在宪法制定的范围内通过法律和符合法律的司法权和执行权保护后代生命的自然基础。"③ 就德国基本法的篇章结构而言，增加的这一款是处在第 1 条至第 19 条的基本权利之外的第 20 条（联邦共和国的社会和政治结构）中，是一个典型的客观意义的环境权的规定，公民并不因此而获得起诉权。

2. 通过宪法解释引申出环境权

由于宪法明文规定的欠缺，也由于部分国家修宪的困难，主张环境权的学者于是通过宪法解释的途径，以期从中推导出环境权的内容。在美国，有人认为可以从宪法第 5 修正案、第 9 修正案，以及第 14 修正案联同 1871 年的民权法，推导出其中蕴涵的环境权内容。④ 在日本，环境权论者主要是从《日本国宪法》第 25 条的生存权条款中寻找环境权的宪法根据，认为公民享有健全而舒适的环境

① 在大陆法系国家，往往把权利分为主观权利和客观权利。所谓主观权利，是指公民、组织直接根据法律享有或者依法取得的为或不为一定行为或者要求他人为或不为一定行为的资格，具体包括支配权、请求权和处分权。所谓客观权利是指法律制度，即调整私人之间、私人与国家之间、公共机构之间的关系的法律规范的总称。严格地说，客观权利只是客观的法律规定，而不是公民的个人权利，公民无权向法院起诉请求司法救济。而"有权利就必有救济"，"无救济即无权利"。权利的要义之一便是能透过法院的司法程序获得保护。所以，在宪法仅仅把环境保护作为国家的政策目标时，公民享有的只是客观权利，并不享有真正意义上的环境权。

② 参见〔美〕魏伊丝著：《公平地对待未来人类：国际法、共同遗产与世代间衡平》，汪劲等译，法律出版社，2000 年版，第 294～298 页。

③ 参见高家伟著：《欧洲环境法》，工商出版社，2000 年版，第 121～122 页。

④ 美国 1791 年的《权利法案》中的第 5 修正案规定，任何人不得不经由正当法律程序，即被剥夺生命、自由与财产；私有财产不得未获公正补偿即遭占取。第 9 修正案规定，宪法所列举的某些权利，不应被解释为剥夺或取消人民所保留的其他权利。1868 年的第 14 修正案第 1 款规定，任何一州，都不得制定或实施限制合众国公民的特权或豁免权的任何法律；不经正当法律程序，不得剥夺任何人的生命、自由或财产。

是生存权重要的基础性内容。另外，也有学者主张所谓的"双重包装"的理论，即认为环境权的法的根据，不仅仅是单从宪法第 25 条的生存权，同时也应该从第 13 条所保障的幸福追求权之中去寻求①②。但是，学者的这些见解并未受到法院的肯定和采纳。

3. 通过法律确认环境权

各国通过法律确认环境权主要有两种方式，一是通过综合性的环境基本法规定环境权，例如 1969 年颁布的《美国国家环境政策法》的第 1 篇第 3 条规定，"每个人都应当享受健康的环境"。二是通过单行的环境法规定环境权，例如日本在 1969 年制定的《东京都公害防止条例》序言中规定："所有市民都有过健康、安全以及舒适的生活的权利，这种权利不能因公害而滥受侵害。"另外，也有学者主张通过法律解释的方式推导出环境权的内容。"《环境保护法》第 1 条规定了其立法目的是 '为了保护和改善生活环境和生态环境，防止污染和其他公害，保障人体健康……'，以及《民法通则》第 83 条规定了在通风、采光等方面给相邻方 '造成妨碍或者损失的，应当停止侵害、排除妨碍、赔偿损失'。这些实际上都承认了公民享有环境权。《民法通则》第 124 条规定的 '违反国家保护环境防止污染的规定，污染环境造成他人损害的，应当依法承担民事责任'，也含蓄地承认了环境权是我国民事救济的根据。"③

值得指出的是，虽然学者们对环境权进行了热烈的讨论，有的宪法和法律也确认了公民的与环境有关的权利，但是在司法实务中，法院倾向于否定环境权，特别是在私法领域。主要原因是：环境权没有明确的实体法方面的根据，其构成要件、内容、法律效果等也极不明确，以此作为法律上的权利予以承认不利于法律的安定性④。

三、环境权的涵义

（一）传统环境权的特征

传统环境权理论虽然众说纷纭，但是大体而言，其所谓的环境权均具有以下

---

① 参见〔日〕大须贺明著：《生存权论》，林浩译，法律出版社，2001 年版，第 195～197 页。

② 《日本国宪法》第 13 条规定："所有的人民，作为个人被尊重。关于人民追求生命、自由及幸福的权利，只要不违反公共福利，在立法与其他国家政策上，必须最大限度获得尊重。"该法第 25 条规定："任何国民均享有最低限度的健康与文化生活的权利。国家的一切生活部门，应努力提高和增进社会福利、社会保障和公共卫生。"

③ 张梓太主编：《环境保护法》，中央广播电视大学出版社，1999 年版，第 45 页。

④ 参见吴卫星：《我国环境侵权的立法缺陷与完善对策》，载于《环境导报》，1998 年第 2 期，第 16 页。

几个共同的特征①：第一，宪法位阶。主张环境权者虽不以宪法层次为限，但不论具体的立论为何，皆主张所谓环境权应具有宪法位阶。许多学者并从人权的角度立论，将环境权与其他人权并列。第二，实体权。主张环境权者对于环境权作定义或说明时，固然未必使用统一的语言，但大都不离"享受"、"拥有"或"支配"环境等字眼。在其眼中，环境权不但具有宪法位阶，且是一财产权性质浓厚的实体权。第三，共有权。多数主张环境权的论者认为环境权应为全民共有，此点区别于其他的宪法基本权利。第四，不可转让。具有宪法位阶且具有实体意义的环境权被定性为不可转让，此一特征乃是基本人权特性的衍生。

（二）环境权的概念

随着环境权理论的变迁和社会实践的发展，环境权的概念和涵义也随之变化，以使法学理论和法律制度能够回应社会现实的需要。我们在给环境权下定义之前，应当首先分析和理解当代环境权的内涵和性质。

1. 环境权的主体

关于环境权的主体，存在不同的观点。陈泉生女士认为，环境权的主体为全体人民，它不仅包括公民、法人及其他组织、国家乃至全人类，还包括尚未出生的后代人②。蔡守秋先生则把环境权分为个人（自然人）环境权、单位（法人）环境权、国家环境权、人类（代际）环境权和自然体环境权，即大自然或自然体也可以成为环境权的主体③。我们认为，从环境权理论的起源和各国法制实践的现实情况来看，环境权的主体应仅是公民、法人和其他组织，如果对公民作扩充解释，则环境权就是公民环境权。理由如下：

第一，从环境权理论产生的背景来看，环境权的主张正是因为对政府权力的不信任，其目的之一就是以环境权来保障公民权、限制国家权力。叶俊荣先生对美国环境权理论的崛起背景作过深入的分析："六十年代底与七十年代初民权呼声震天，社会普遍怀有对政府与大企业不信任的态度。许多揭发性与警告性的论著不断出现，且受到大众的关切。彼时亦是科技悲观主义（technological pessimism）的高峰，民间普遍对周遭的一切怀有不安全感，对政府解决社会问题的能力与真诚，亦极度地不信任。在此种'信心危机'高涨的情况下，乃自然地希望握有高层次且神圣不可侵犯的权利，藉以获得保障。在环境保护的领域便不难

---

① 参见叶俊荣著：《宪法位阶的环境权：从拥有环境到参与环境决策》，载于叶俊荣著：《环境政策与法律》，台湾月旦出版公司，1993年版，第5～6页。

② 参见陈泉生著：《环境法原理》，法律出版社，1997年版，第105～106页。不过，陈女士在给环境权下定义时，一方面认为环境权是"基本权利"，另一方面认为环境权也可以是一种"国家权力"，恐怕有点自相矛盾。

③ 参见蔡守秋著：《环境政策法律问题研究》，武汉大学出版社，1999年版，第84～96页。

想像有心之士主张具有宪法位阶的环境权，以'锁定'政府与企业联手的盲目开发活动了。"[①] 因此，从环境权的历史和功能而言，环境权的主体不包括国家。国家对环境资源领域进行管理和干预的权力，是在市场之外的必不可少的从国家的统治权中衍生出来的，它无须从环境权中推导出来。只有在国际环境法领域，国家环境权的存在才是有意义的。

第二，法律与伦理应有适当的分界。后代人的权利、自然界的权利，首先发端于伦理学的思考和探讨，在伦理学界也只是一小部分人的主张。即使这一主张在伦理学界获得共识，法律是否也应当确认后代人的权利、自然界的权利？恐怕这一点也值得深思。法律毕竟不同于伦理，法律关系的主体毕竟也不等同于伦理关系的主体。从各国法制实践来看，后代人的权利、自然界的权利基本上未获得确认，因为这一主张多少带有一点浪漫主义的色彩，在实践中难以操作。当然，这一问题值得今后法学界和伦理学界的进一步的探讨。

2. 环境权的客体

环境权的客体是对人类的生存和发展有直接或间接影响的各种环境要素，以及由这些要素构成的各圈层，如大气圈、水圈、土壤圈、生物圈和岩石圈。其中，环境要素又可分为两类：一是天然环境要素，如空气、阳光、水、原始森林等，第二类是人工环境要素，例如公园、人工湖泊等。

3. 环境权的具体内容

环境权是一种概括性的权利，它不是指某一种具体的权利，而是与环境资源有关的公民权利的集合体。

首先，环境权既是一种实体性的权利，又是一种程序性的权利。传统环境权理论基本上把环境权认定为实体性权利，而忽视它作为程序性权利的方面，从而使得传统环境权理论一度陷入困境。要摆脱困境，就要重视环境权在程序方面的展现。正如基斯先生所言："公民对环境保护的具体参与是环境权的真正体现：它不仅使个人行使他所享有的权利，还使他在这方面应承担的义务。而且，公民因此不再是消极的权利享受者，而要分担管理整个集体利益的责任。"[②] 承认和重视作为程序性权利的环境权的意义是：①程序性环境权是实体性环境权的重要保障，离开了程序保障，实体性环境权在现实生活中便无法实现，从而有被架空之危险。②强调环境权的程序权性质，也能契合环境问题的特质。"环境问题的特色之一乃是其经常涉及繁杂的科技背景。部分论者因而主张环境管制最适宜专家政治。然而，环境管制也经常涉及利益的冲突，有待借用民主理念寻求解决。

① 叶俊荣著：《宪法位阶的环境权：从拥有环境到参与环境决策》，载于叶俊荣著：《环境政策与法律》，台湾月旦出版公司，1993 年版，第 11～12 页。

② 〔法〕亚历山大·基斯著：《国际环境法》，张若思译，法律出版社，2000 年版，第 21 页。

在环境领域中参与式民主的观念并不在于以投票的方式解决所有的问题，而是有受影响民众借由适当管道参与决策过程，借以调和利益冲突、促进民主政治的发展，及改善政府的决策品质。"①

其次，作为实体性权利的环境权，其具体内容包括两个方面。一是与公民个人生存和健康直接相关并与个人生活密切联系的阳光权、通风权、眺望权、安静权、达滨权、嫌烟权等；二是既与公民个人生存和健康直接相关又与公益性或公共性密切联系的清洁空气权、清洁水权、风景权、环境美学权、历史文化遗产瞻仰权等②。

再次，作为程序性权利的环境权，其要义便是公民参与国家的环境决策。公众参与环境决策权具体包括：

第一，环境知情权。环境知情权是公众参与的前提和基础，没有环境咨讯的公开和了解，公众便无法真正有效地参与环境决策和环境保护。我国《环境保护法》第 11 条规定："国务院和省、自治区、直辖市人民政府的环境保护行政主管部门，应当定期发布环境状况公报。"国家环保总局每年都要向全国发布上一年全国的环境状况公报。从 1997 年 6 月 5 日起，北京、上海、南京等 10 个城市开始进行发布环境空气质量周报的试点工作，并逐渐向全国各大城市及部分中等城市展开，有些城市已发展到发布环境空气质量日报，从而大大提高了环境管理的透明度。然而，我们要看到，《环境保护法》只是确立了环境保护行政主管部门定期发布环境状况公报的义务，并未直接赋予公众环境知情权。今后，应当通过立法直接确立公众的知情权，并应具体规定知情权的行使方式、程序以及权利受到侵害后的救济程序。

第二，环境立法参与权。我国《立法法》第 34 条第 1 款规定："列入常务委员会会议议程的法律案，法律委员会、有关的专门委员会和常务委员会工作机构应当听取各方面的意见。听取意见可以采取座谈会、论证会、听证会等多种形式。"该法第 58 条规定："行政法规在起草过程中，应当广泛听取有关机关、组织和公民的意见。听取意见可以采取座谈会、论证会、听证会等多种形式。"我国环境法应当将立法法的这些规定进一步具体化，防止听取意见"走过场"，要保障公众参与对立法决策和立法结果的相当影响力。

第三，环境行政执法参与权。公众参与的核心是在公众环境权与国家环境权（尤其是国家环境行政权）之间进行平衡，一方面公众直接参与环境行政执法活动，可以帮助行政机关更好地进行环境管理和环境决策，促进官民关系的融洽与

---

① 叶俊荣著：《大量环境立法》，载于叶俊荣著：《环境政策与法律》，台湾月旦出版公司，1993 年版，第 97 页。

② 参见吕忠梅著：《环境法》，法律出版社，1997 年版，第 137 页。

和谐;另一方面公众参与可以对行政权进行有效的监督和控制,保障行政权的合法行使。我国在 1996 年修改后的《水污染防治法》中新增加了"环境影响报告书中,应当有该建设项目所在地单位和居民的意见"的规定。后来颁布的《环境噪声污染防治法》也作了同样规定。在 1998 年国务院颁布的《建设项目环境保护管理条例》中,更明确规定"建设单位编制环境影响报告书,应当依照有关法律规定,征求建设项目所在地有关单位和居民的意见"。这样基本上使公众参与建设项目环境影响评价形成了一项制度。另外,根据《行政处罚法》第 42 条的规定,环境行政机关在作出责令停产停业、吊销许可证或执照、较大数额罚款等行政处罚之前,应当应行政相对人的申请进行听证。从而使得相对人可以参与到这些重大的环境行政处罚程序中去。然而,就这些法律规定来看,公众参与环境行政执法的范围还相当狭窄,今后有必要进行进一步的拓宽。

第四,环境诉讼参与权。"有权利就必有救济","无救济即无权利",要保障公众参与权的有效行使,必须要充分保障公众的救济权。我们应当改造传统的诉讼制度,放松原告资格的限制,承认居民和环境保护社会团体环境诉讼的原告资格,逐步承认和推广环境公益诉讼,这是近几十年来世界各国环境法制发展的潮流和趋势。公众的环境诉讼参与权,除了直接以原告名义起诉外,还包括环境社会团体支持受害者起诉、公众去法院旁听以监督法院的审判活动等。

第五,环境法上的公众参与还包括公众直接或间接进行环保投资,或者以自己的消费决策和消费偏好来影响和改变生产者的决策。环境保护需要巨大的资金投入,"十五"期间,我国的环保投入将达到 7000 亿人民币,占同期 GDP 的 1.3% 左右。如此巨额的资金,光靠政府的财政支出显然是不行的。我们必须要改变原来的环保投资融资制度,改变"环境保护靠政府"的思维定势,要让广大民众和社会组织也成为环保投资融资的主体,吸引民间资本投入环境保护领域。国家要通过法律和政策鼓励特别是通过经济激励引导公众参与环保投资。另外,各国推行的环境标志制度,实际上是通过公众的消费决策(即购买绿色产品)改变和影响生产者的生产决策(即尽量去生产环境友善产品),这是一种通过市场机制发挥环保作用的公众参与。而这一点却长期为我们所忽视。

简言之,公众参与是民主的具体体现和反映,是公民环境权的核心内容之一,应当从制度上予以具体落实。在推进环境保护的过程中,我们要高度重视公众参与的作用。如果我们把环境保护这一世界潮流比作是一台不断前进的火车头,那么,公众参与和政府管制则是推动它前进的缺一不可的两个轮子。

4. 环境权的性质

环境权是一般法律权利,还是宪法基本权利?是公法上的权利,还是私法上的权利?我国学者一般均把环境权看作宪法基本权利,实际上忽略了各国环境权法律化模式的多样性。就各国法制实践来看,有的国家仅在宪法中承认公民环境权，此时环境权即是公民公法上的基本权利，既基本环境权利。有的国家并未在宪法中承认环境权，而仅仅在一般法律中予以规定，此时环境权即是一般法律权利，而根据确认环境权的法律是公法还是私法的不同，环境权既可以是公法上的一般法律权利，也可以是私法上的一般法律权利，但不具有宪法位阶。也有的国家既在宪法中规定环境权，又透过单行法律予以具体化，此时环境权既是具有宪法位阶的基本法律权利，又是一般法律权利；既是公民公法上的权利，以防御公权力的侵害，也可能是公民私法上的权利，以防御和抵抗另一公民或社会组织的侵害。

综上所述，我们认为，环境权是公民依法享有的在健康、适宜的环境中生存和合理利用环境资源的权利，以及有效参与国家环境管理和决策的权利。

第八节　环境资源法学

一、环境资源法学的概念

环境资源法学又称环境法学，是研究环境资源法及其发展规律的科学，它既是法律科学的分支学科，又是环境科学的分支学科。环境资源法学研究环境资源法的产生和发展的规律；研究环境资源法的形式、内容、本质；研究环境资源法的制定、执行和遵守；研究环境资源法律关系的主体、内容和客体；研究环境资源法对于社会、政治、经济、文化建设的作用；研究关于环境资源法的观点、学说、理论等。

环境资源法学是随着环境资源法的产生而产生，并在 20 世纪 70 年代后随着环境资源法发展成为一个独立的法律部门而在世界上迅速发展起来的一门新兴的法律学科。我国的环境资源法学是近 20 年来随着我国环境法制建设的发展而迅速发展起来的。70 年代末，我国一些法学研究机构、高等院校和环境保护管理部门开始研究环境保护的法律问题，接着在一些高等院校开设环境资源法课程，此后这一学术领域的研究和教学逐步扩大，目前正在进一步发展。

二、环境资源法学的研究对象和研究范围

环境资源法学的研究对象是环境资源法及其实施和有关的法律现象，即整个环境法制建设，包括立法、执法、司法、守法等问题，目的是认识、掌握其发展规律，为健全环境法制、实现保护环境的任务而服务。

环境资源法学的范围大于环境资源法的范围。从目前我国环境法学的现状来看，环境资源法学的研究范围主要包括以下方面：

1. 环境资源法的一般理论问题，包括环境资源法产生和发展的历史；环境资源法的概念和调整对象；环境资源法的法律形成和体系；环境资源法的作用；

环境资源法学的各种流派及其观点、学说和理论。

2. 环境资源法的基本原则和基本制度。

3. 环境资源法的实施和环境资源法律责任。

4. 污染防治法，包括大气污染防治法、陆地水源污染防治法、海洋污染防治法、环境噪声污染防治法、固体废弃物污染防治法、放射性污染防治法和化学物品污染防治法等。

5. 自然环境保护法，包括自然资源保护法、区域环境保护法、特殊环境保护法等。

6. 国际环境保护法。

三、环境资源法的研究方法

环境资源法学作为环境科学和法律科学的边缘、交叉学科，既要以法学理论为指导，又要以生态学理论为指导，从法学角度研究如何合理利用、保护和改善人类赖以生存的环境，如何运用法律手段，通过调整人与人之间的社会关系，实现协调人类社会与自然界的关系，使其和谐发展。

环境资源法的具体研究方法有很多，其中包括：①比较方法。通过比较世界各国环境资源法的同异，探讨环境法制如何与一定的社会、经济、政治条件相结合的问题，这是横向比较。另一种比较是纵向比较，即通过对不同历史时期环境资源法的比较，从中了解到环境资源法发展的一般规律。②理论联系实际方法。各国的具体情况不同，法律制度各有特色，环境资源法的研究必须坚持从本国的具体情况出发，才能得出合理的，符合实际的结论。

除上述方法外，还有历史的方法等，但研究环境资源法最根本的要求就是要坚持辩证唯物主义和历史唯物主义，这是研究环境资源法最基本的指导原则。

第三章 环境资源法的基本原则

法的规范根据其抽象程度不同，一般分为基本原则、原则和规则三个层次，环境资源法规范也不例外。作为环境资源法的基础性规范，环境资源法的基本原则是指导环境资源法制定、执行、遵守的基本准则，贯穿于立法、执法、司法全过程，是环境资源法的灵魂。在我国环境资源法的一般性原则与规则还不健全的情况下，基本原则的作用显得更加重要。

第一节 经济建设与环境保护协调发展原则

一、经济建设与环境保护协调发展原则（以下简称协调发展原则）的概念

所谓"协调发展"原则是指经济建设、城乡建设与环境保护必须同步规划、同步实施、同步发展，以实现经济效益、社会效益和环境效益三统一。《环境保护法》第1条规定，制定该法是为了"保护和改善生活环境与生态环境，防治污染和其他公害，保障人体健康，促进社会主义现代化建设的发展。"可见，《环境保护法》的主要目的是为了促进经济建设和环境保护事业的发展，而且是同步协调发展。该法第4条又规定："国家制定的环境保护规划必须纳入国民经济和社会发展计划，国家采取有利于环境保护的经济技术政策和措施，使环境保护工作同经济建设和社会发展相协调。"这些规定充分体现了"协调发展"原则精神。

确立"协调发展"原则，其理论依据主要是基于对环境保护与经济建设之间存在着的辩证关系的认识。环境保护与经济建设二者是对立统一的，即初始阶段表象上的对立与发展过程中实质上、目的上的统一。

初始阶段的对立主要表现为：人类社会的次生环境问题，主要是伴随着经济和社会的发展而产生的，它与人类的经济活动有着十分密切的关系，发展经济带来了一系列环境问题，造成严重的环境污染和破坏，形成各种社会公害，危害人体健康，因此，发展经济是造成环境污染和破坏的直接原因；同时，由于环境污染和破坏，使各种自然资源遭到污染和破坏，环境和自然资源是经济发展的物质基础，它们受到污染和破坏，加之劳动力资源因污染而受到的损害，反过来会对经济的发展构成严重的制约。并且保护和改善环境又需要付出相当大的经济代价，在一定程度上制约经济的发展。可见，环境保护与经济建设在一定程度上是对立的。

发展过程中实质上的、目的上的统一表现为：

1. 环境保护与经济建设在很多情况下并无冲突，而是相辅相成的。如节约能源和降低原材料消耗，既有利于降低成本、提高效益，又有利于减少污染、保护环境。

2. 经济发展可以为环境保护提供更加雄厚的物质基础。解决环境问题需要大量的资金和先进的技术，这都有赖于经济的发展，许多环境问题的解决都有待于经济支持和保障。发展是解决环境问题的根本出路。

3. 环境改善将为经济的持续发展提供强有力的支持和保障。保护环境和改善环境质量，保护人体健康，有利于维护和促进社会主义生产力的发展。特别是对自然资源和自然环境的保护可以为经济的持续发展提供物质基础。

4. 在社会主义制度下，保护环境和发展经济最终目的是一致的，即都是为了不断提高人们的物质文化生活水平。经济建设与环境保护的对立统一关系表明：我们在发展社会主义市场经济过程中，既不能片面追求经济效益而忽视环境效益，也不能刻意要求改善环境而超越现阶段经济承受能力。只有经济发展了，才能更有效地保护环境；只有保护好环境，才能更好地发展经济。"协调发展"原则的核心就是在环境保护与经济建设之间确立一种协调关系，使二者保持一种动态平衡，在发展中重视环境问题，在发展中解决环境问题，同时也通过重视环境问题，加强环境保护，促进经济更好、更快、更健康地发展。

二、在环境保护与经济建设关系问题上的两种错误认识

人类社会对环境与发展之间关系的认识，经历了一个逐步深化的过程，在这个过程中，曾出现过两种典型的错误认识，即"零度增长"论和"先污染后治理"论。这两种错误认识在当前我国的经济建设和环境保护工作中还时有出现，因此必须加以澄清和纠正。

1. "零增长"论。这一错误理论的核心是用限制乃至停止经济发展的办法达到维持生态平衡和防止环境污染的目的。该理论是在 1972 年由罗马俱乐部[①]提交的一份研究报告——《增长的极限》中首次提出的，认为由于世界人口增长、粮食生产、工业发展、资源消耗和环境污染这五项基本因素的运行方式是指数增长而非线性增长，全球的增长将会因为粮食短缺和环境破坏于下世纪某个时间内达到极限。就是说，地球的支撑力将会达到极限，经济增长将发生不可控的衰败。因此，要避免因超越地球资源极限而导致世界崩溃的最好方法是限制增长，

---

① 罗马俱乐部（the club of rome）是 1968 年在罗马成立的一个非官方的国际学术研究团体，由来自世界许多国家的几十位科学家、教育家、经济学家、企业家及政治家组成，该团体因发表《增长的极限》而驰名。

即"零增长"。

　　这种观点显然是错误的，而且几十年的实践也证明了它的错误：第一，经济发展是人类社会进步和发展的基础，经济发展停止了，人类社会的进步也会停止，这是违反社会发展规律的；第二，环境与发展在本质上并不矛盾，"零增长"论把环境保护与经济发展完全对立起来，只看到问题的表象，没有看到问题的实质，在认识上过于片面和消极；第三，在发展中国家，就环境与发展这一矛盾看，其矛盾的主要方面是经济发展不足，经济实力还不能够适应环境保护的需要，环境保护中的许多问题都是因为经济落后造成的，落后加剧了发展中国家环境恶化，发展中国家要改变环境落后状况，就必须大力发展本国经济。因此，停止发展的观点在发展中国家是不切合实际的也是根本行不通的。

　　2. "先污染后治理"论。这一理论的主要内容是，在环境与发展问题上，首先要解决发展问题，为了发展经济可以不顾及环境，等经济发展到一定程度后，再去治理污染解决环境问题。这是一种以牺牲环境作为代价来谋取经济发展的错误论调。其错误在于：第一，在认识上人为地把矛盾的两个方面的有机联系割裂开来，只重视其中的一个方面，而完全忽视矛盾的另一个方面，只看到矛盾的对立性，没有看到矛盾的统一性；第二，违背了发展的根本宗旨，误导了发展的目标。我国是发展中的社会主义国家，经济和社会发展的根本宗旨是要不断提高人们的物质文化生活水平。如果把经济搞上去了，而环境却被污染破坏了，危及广大人民群众的身心健康，则这种发展是不足取的，是有悖于发展的本来目的的；第三，从实践看，环境一旦被污染和破坏后，所造成的经济损失是巨大的，对污染和破坏后的环境进行治理，所花费的代价也是巨大的，是当初通过污染和破坏环境所取得的经济利益的几倍甚至几十倍。特别是有些环境污染和破坏形成以后是根本治理不了的，即使花费再大的代价也难以治愈或在很长时间内难以逆转。如果出现这种情况，会给人类社会留下无穷的灾害。

第二节　预防为主、防治结合、综合治理原则

一、预防为主、防治结合、综合治理原则的概念

　　预防为主、防治结合、综合治理原则，是指在环境保护工作中，要把工作重点放在预防环境污染和破坏上，对已发生的环境问题要做好治理，治理时要综合采取各种手段。

二、预防为主

　　所谓预防为主，是指在环境污染和破坏发生之前，采取政治、法律、经济和行政等各种预防性手段和措施，防止环境问题的产生和恶化，或者把环境污染和

破坏控制在能够维持生态平衡、保护人体健康，保证社会物质财富持续稳定地增长的限度之内。

1. 环境保护工作采取"预防为主"的原因

环境保护工作之所以要采取预防为主的原则，其原因有以下几个方面：

（1）环境污染和破坏，其后果往往比较严重。如1984年12月3日发生的印度博帕尔农药厂毒气泄漏事件，造成2000多人死亡，20多万人伤残。震惊世界的"八大公害"污染事件，都造成了严重的人员伤亡和重大经济损失，后果都十分严重。因此，必须防污染于未然。

（2）环境受到污染后，要消除因污染受到的危害，往往需要较长的时间，有的甚至难以消除。如有些有机有毒化合物和重金属，化学稳定性极强，在自然界中很难被微生物所分解。再如有机氯农药滴滴涕，在自然条件下的半衰期长达几十年，在泥土中可以转化成更稳定的物质，其残效期和持久性更长，在相当长的时间内都难以消除其污染。

（3）自然环境和自然资源遭到破坏，导致生态失衡以后，要使生态环境恢复正常十分困难，有的甚至难以恢复。如在臭氧层受到破坏问题上，即使现在人类立即停止生产与使用破坏臭氧层的氟氯化碳类物质，臭氧层也要大约100年的时间才能恢复到原来的水平。再如由于乱砍滥伐、滥垦草原、破坏植被而引起的水土流失、土地沙化问题，要得到解决，需要很长的时间，因为土壤的形成过程非常缓慢。土壤一旦流失或沙化，就很难恢复。

（4）环境污染对人体健康的危害极大，会导致一系列疾病的发生，而且这些疾病不易被发现，也不易治疗。如世界"八大公害"中的"富山事件"，因炼锌厂的废水污染，形成一种"骨痛病"，1931年就出现此病，但直到1961年才查明疾病原因，该病主要是因为镉污染造成的，先后有几百人患上此病，几十人死亡。由于环境污染引起的疾病，一般是经过长期积累、潜伏形成的，因此，一旦疾病发生，就很难治愈。目前，人们已经发现有很多化学物质可以致癌、致畸、致突变。

（5）从经济损益情况看，环境遭受污染和破坏后再去进行治理往往要付出高昂的代价，与污染和破坏环境时所获得的经济利益相比是得不偿失的。目前我国每年因环境损害造成的损失已近2000亿元人民币，其中还不包括对人体健康等造成的损失。对遭到污染和破坏的环境进行治理，所需付出的代价也是惊人的，我国每年用于治理污染的费用十分惊人，而且还远远不能满足实际需要。随着我国国力的增强，这一笔费用还会继续增加。可见，对环境污染和破坏采取预防为主的措施，可以起到事半功倍的作用。

（6）环境问题具有难以预见性和不确定性。由于科学发展的局限性，人类对一些环境问题的认识往往需要一个很长的过程。在这个过程中，人类必须采取相应的措施，防止环境问题的发生和发展。若等到科学对环境问题作出全面解释后再采取措施，可能为时已晚。

2. "预防为主"原则的贯彻

由于上述原因，我国的《环境保护法》充分体现了预防为主的精神，把预防为主作为一项基本的法律原则加以规定。《环境保护法》第 12 条规定："县级以上人民政府环境保护行政主管部门，应当会同有关部门对管辖范围内的环境状况进行调查和评价，拟订环境保护生态规划"。第 19 条规定："开发利用自然资源，必须采取措施保护生态环境"，第 13 条规定："建设污染环境的项目，必须遵守国家有关建设项目环境保护管理的规定"等等。这些规定都体现着预防为主的精神，其他专门的环境保护法律、法规，也体现着这一精神。

要贯彻预防为主原则，当前必须采取以下措施：

（1）进一步建立和完善有关的环境保护制度，并切实加以执行，严格控制新的环境污染和破坏。这些制度包括环境影响评价制度、"三同时"制度等。预防为主原则，其核心是要做到防患于未然，严格控制新污染、新破坏的产生。要做到这一点，就必须严格执行环境影响评价、"三同时"等基本法律制度，加强对基本建设项目、技术改造项目和区域开发项目的管理，把环境问题解决在开发建设之前或开发建设之中，使新建、改建、扩建的项目尽可能少的出现新的环境问题。

（2）全面做好环境保护计划、规划和布局工作。要防止新的环境问题出现，就应当在总体上协调好环境与发展的关系，做到环境与发展并重，把环境保护纳入国民经济和社会发展计划之中，使环境保护工作在宏观上得到重视，有强大的社会、经济保障，为做好预防工作提供前提条件。同时，要做到预防为主，还要做好规划和布局工作，即在经济建设和社会发展中，对工业、农业、城市、乡村、生产和生活等各个方面作出统一考虑，把环境保护作为其中的重要组成部分进行统筹安排。不但要从经济学角度，还要从生态学角度进行规划和布局。这就要求我们在制订经济和社会发展规划、国土规划、区域规划、城市规划及生产和技术改造规划时，充分考虑到环境保护的要求，并采取相应的措施，防止环境问题的出现。

三、防治结合

"防治结合"是指立足于预防的同时，对已发生的环境问题要认真治理。在环境保护工作中，防和治在一定条件下是相互联系、相互转化的。预防工作做得好，对业已形成的污染能够起到控制和治理的作用，而对已有污染的积极治理，又能够起到防止新的污染出现的作用。因此，我们在做好预防工作的同时，还必须做好治理工作，把防和治有机地结合起来，强调预防为主，决不能忽视治理，否则预防工作是很难达到预期效果的。

四、综合治理

"综合治理"是指从环境整体效益出发，把防和治进行有机结合，综合运用各种手段和方法来保护环境，正确处理好防与治、单项治理与区域治理等方面的关系。例如，对工业企业的综合治理，采取创建"清洁文明工厂"、"环保先进企业"活动，加强内部环境管理；结合技术改造，改革工艺，更新设备，开展资源、能源的回收和综合利用，采用先进的治理污染技术、设备等一系列综合措施，实现治理的目标。

第三节　污染者付费、开发者保护、利用者补偿的原则

一、污染者付费原则

1. "污染者付费"的概念

在国外，"污染者付费"原则一般被称为"污染者支付费用"或"污染者负担"原则。该原则最初是在 1972 年由西方 24 国组成的国际经济合作与发展组织环境委员会提出来的，目的是针对过去污染者将外部不经济性转嫁给社会的不合理现象，通过由污染者承担削减污染的费用，使外部不经济性内部化。后来，这一原则得到了世界许多国家的承认，并被一些国家作为一项基本原则体现在环境保护法之中。我国在 1979 年颁布的《环境保护法（试行）》第 6 条第 2 款中规定："已经对环境造成污染和其他公害的单位，应当按照谁污染谁治理的原则，制定规划，积极治理，或者报请主管部门批准转产、搬迁"。这一规定，把"谁污染谁治理"作为一项基本法律原则，加以运用。这一规定对促进企业对其所排放的污染进行治理起到了积极作用，但在实施过程中人们发现"谁污染谁治理"的提法不够全面、准确。一方面，只强调了治理责任，忽视了赔偿污染损失的责任；另一方面，污染治理仅靠企业单个的力量是不够的，还要区域综合治理，才能达到治理效果。因此，在 1989 年颁布的《环境保护法》就没有再提"谁污染谁治理"，而是规定："产生环境污染和其他公害的单位，必须把环境保护工作纳入计划，建立环境保护责任制度；采取有效措施防治在生产建设或者其他活动中产生的……环境污染和危害。"该法还规定：排放污染物超过国家或者地方规定的污染物排放标准的企业事业单位，依照国家规定缴纳超标准排污费，并负责治理。"这些规定就包含有"污染者负担"（或称"污染者负责"）的精神。

1992 年中共中央、国务院制定了《中国环境与发展的十大对策》，明确提出

了"污染者付费"原则。

"污染者付费"的原则核心是要解决因环境污染造成的损害以及治理污染所支付的费用究竟应该由谁来承担的问题。按照这一原则的规定，环境污染造成的损害以及治理污染所支付的费用应当由污染者或加害方支付，而不应当由社会来承担。谁污染了环境，谁就要承担起治理的责任，就要对因自己的污染行为所造成的各种损害或损失赔偿。

2. 贯彻"污染者付费"原则的意义

在我国目前形势下贯彻"污染者付费"原则，有着十分重要的意义。

（1）实行"污染者付费"原则，明确了有关单位和个人保护环境的责任和义务，加强了他（它）们治理污染的责任感与紧迫感，促使有关单位和个人积极地去保护环境，尽快解决因自己的污染行为所带来的环境问题。

（2）实行"污染者付费"原则，可以促进企业加强管理，结合技术改造，运用先进的科学技术武装自己。企业对环境造成污染，很多情况下是因为管理不善引起的，实行"污染者付费"原则，能够促进企业把环境管理真正纳入经营管理与生产管理之中。

（3）实行"污染者付费"原则，可以促进环境污染治理资金的筹集工作。根据这一原则，污染者在承担治理污染责任的同时，还应当交付一定的费用，这样就可以开辟一条筹集治理污染资金的渠道，减轻国家的财政负担。据统计，我国从1979年9月试行排污收费制度，1993年我国的排污收费已达26亿多元，在我国目前财力还十分困难的情况下，这笔收费对做好我国的环境污染治理工作发挥着巨大的作用。

但是，由于我国排污收费长期以来实行的是"欠量收费"，收费标准偏低，只相当于污染设施运转成本的一半左右，远远满足不了治理的需要。而有些企业宁愿花钱缴排污费，也不愿治理，甚至闲置污染治理设施。对于一些中、小企业来说，由于资金、场地、技术等方面的困难，治理难度更大。1996年国务院《关于环境保护若干问题的决定》进一步要求贯彻"污染者付费"原则，按照"排污费高于污染治理成本"的原则，提高现行排污收费标准，污染企业不但要承担企业的污染治理费用，还要承担区域环境治理和环境设施建设的费用。

（4）实行"污染者付费"原则，有利于国家在市场经济条件下更好地开展环境保护工作。"污染者付费"原则在很大程度上是一种经济手段。运用这种手段，能够有效地把企业的经济利益和环境利益挂起钩来。在强化政府介入和干预的同时，更多地运用市场机制，走一条与市场经济相适应的环境污染治理新路子。1999年3月国家环境保护总局又出台了《环境保护设施运营资质认可管理办法》，把污染治理推向市场，实现环境保护设施产权多元化、运营市场化、污染治理集约化、专业化，使我国的污染治理工作提高到了一个新水平。

二、开发者保护原则

1."开发者保护"的概念

"开发者保护"是指一切开发利用自然资源的单位和个人,开发利用自然资源必须承担保护自然资源和自然环境的义务,又称"谁开发谁保护"原则或"开发者养护"原则。

我国宪法第9条规定:"国家保障自然资源的合理利用,保护珍贵的动物和植物。禁止任何组织或个人用任何手段侵占或者破坏自然资源"。第10条规定:"一切使用土地的组织和个人必须合理地利用土地"。《环境保护法》第19条规定:"开发利用自然资源,必须采取措施保护生态环境"。第21条规定:"进行海岸工程建设和海洋石油勘探开发,必须依照法律的规定,防止对海洋环境的污染损害"。《矿产资源法》第30条规定:"开采矿产资源,应当节约用地。耕地、草原、林地因采矿受到破坏的,矿山企业应当因地制宜地采取复垦利用、植树种草或者其他利用措施"。《草原法》第12条规定:"因过量放牧造成草原沙化、退化、水土流失的,草原使用者应当调整放牧强度,补种牧草,恢复植被"。《水法》第16条规定:"建设水力发电站,应当保护生态环境"等。这些法律规定,充分体现了"开发者保护"原则的精神。

国务院1990年《关于进一步加强环境保护工作的决定》和1996年《关于环境保护若干问题的决定》则把"开发者保护"("谁开发谁保护")作为开发利用自然资源的单位和个人的责任原则。

实行"开发者保护"原则,目的是为了更好地保护自然环境和自然资源,使人类对自然环境和自然资源的利用更加合理、有效,从而为资源的永续利用、维持生态平衡和经济的持续发展创造有利的条件。

2.落实"开发者保护"原则的主要措施

要实行"开发者保护"原则,必须首先克服重开发、轻保护的错误观点,提高对保护自然环境和自然资源重要性的认识。有关部门应当加强对自然资源开发利用活动的监督和管理,依法制止掠夺式地开发自然资源和破坏自然环境的各种活动。在开发自然资源时,开发单位和个人必须严格执行有关环境影响评价制度和"三同时"制度,同时还要按照客观规律办事。开发活动要符合生态规律,防止造成生态失衡,对已经造成的破坏,要采取有效措施,积极进行治理。要通过征收环境整治费等方法,运用经济手段,约束开发行为,提高开发者保护自然环境和自然资源的积极性。

3.贯彻"开发者保护"原则的意义

贯彻"开发者保护"原则,有着十分重要的意义,由于我国人均资源占有量低,而且现有自然环境和自然资源的破坏情况又相当严重,因此必须强调"开发者保护"原则，只有实行这一原则，才能够有效地防止自然环境和自然资源的破坏，使开发利用者在开发利用的同时，承担起保护和恢复的义务，避免盲目地、无节制地开发利用。同时，实行这一原则还可以达到节约资源、提高资源利用率的目的，也减少污染物的排放。另外，实行"开发者保护"原则，也是实现资源的永续利用，保证国民经济持续、稳定发展的前提。

三、利用者补偿原则

我国长期以来存在着"产品高价、原料低价、资源无价"的严重价格扭曲现象，造成产权关系模糊，资源无偿占用，浪费破坏严重的现象。为了扭转这种现象，保障资源的合理、永续利用，在 1990 年，国务院《关于进一步加强环境保护工作的决定》中提出了"谁利用谁补偿"原则，在 1996 的《决定》中又进一步重申了"利用者补偿"原则。在 1992 年《中国环境与发展的十大对策》中明确要求，"按照资源有偿使用的原则，要逐步开征资源利用补偿费，并开展对环境税的研究；研究并试行把自然资源和环境纳入国民经济核算体系，使市场价格准确反映经济活动所造成的环境代价。"

另外，在《土地管理法》、《水法》、《矿产资源法》、《森林法》等自然资源保护法中，也都体现了"利用者补偿"的原则。资源利用者必须依法缴纳土地补偿费、水资源费、矿产资源税和资源补偿费、森林植被恢复费等，这些费用专门用于资源保护和恢复。

第四节　公众参与原则

一、公众参与原则的形成

"公众参与原则"源于 20 世纪 60 年代末以来日益高涨的环境保护浪潮和对环境问题的深层次认识。第二次世界大战以后，环境问题日趋严重，"环境危机"已成为威胁人类生存、制约经济发展和影响社会稳定的直接因素。在西方发达国家公害事件不断、污染严重和发展中国家资源破坏加剧的形势下，世界各国一方面致力于运用技术手段治理污染和改善生态环境，另一方面也积极开展对环境本质问题的探讨，以求从根本上解决环境问题。1972 年斯德哥尔摩人类环境会议之后，不少国家在《人类环境宣言》的影响下，开始了公众参与环境保护的立法实践，许多国际环境法规性文件也充分肯定了公众参与环境保护的重要作用。1992 年由各国通过的《里约宣言》明确提出："环境问题最好是在全体有关市民的参与下，在有关级别上加以处理。在国家一级，每一个人都应能适当地获得公共当局所持有的关于环境的资料，包括关于在其社区的危险物质和活动的资料，并应有机会参与各项决策进程。各国应通过广泛提供资料来便利及鼓励公众的认识和参与。应让人人都能有效地使用司法和行政程序，包括补偿和补救程序"。这表明公众参与原则已得到世界各国的认可，已成为环境保护一项必不可少的原则。

二、公众参与原则的概念和内容

1. 概念

公众参与原则，是指在环境保护中，任何公民都有根据一定法律程序参与环境保护的权利，同时也负有保护环境的义务。

2. 公众参与原则的内容

（1）加强宣传教育，提高公众的环境意识。环境保护是对全社会以及每个公民都有利的公益事业，但环境保护事业的起步较晚，公众对环境问题还缺乏了解，为此，必须加强环境知识宣传教育，增强公众的环境危机感，吸引全社会都来关心环境保护，使广大人民能够真正自觉地参与环境保护活动，形成对环境违法行为人人谴责的社会风气。

（2）保证公众的环境知情权。应保证公众获得各种环境资料的权利，包括公众所在国家、地区、区域环境状况的资料，公众所关心的每一项开发建设活动、生产经营活动可能的环境影响及其防治对策的资料等。增加政府环境管理活动的透明度，政府有关环境问题的决策，应程序化、规范化、法制化，使公众了解决策的过程，同时应该定期向社会发布环境质量公报，使公众了解当地环境质量的情况，促使公众关心环境问题，并为他们监督政府环境保护工作提供可比依据。

（3）召开多种形式的环境论证会、听证会，保证公众对有关环境保护活动的参与权。对生态或居民生活有重大影响的环境计划、标准和规划颁布以前，都应召开公众意见听证会，广泛接受公众的质询，以取得最佳的经济效益、社会效益和环境效益，这是公众参与的最直接方式。如美国《清洁水法》规定，在公布某一种建议的排放标准时，应有 60 天时间，让公众对此写出书面评论。英国《城镇规划法》规定，各郡在制订发展规划时，环境部大臣应将此规划公布周知，对此有异议的公民可向环境部大臣提出意见，在收到这种意见后，环境部大臣应派人召开"公众审查规划会"，一切感兴趣的人均可参加。在为每一个"发展"颁发许可证以前，应召开"公开的地方调查会"，有不同意见的人可以参加并发表意见。

（4）大力发展各种民间环境保护团体和组织。实践证明，发达国家环境保护团体（如一些国家的绿色和平组织、绿党等）在促进环境问题的解决、监督政府依法行政方面发挥了积极作用，1992 年召开的世界环境大会还把充分发挥非政府组织在环境保护方面的作用作为大会的主题之一。公民个人的能力和学识都有限，因此，应将公众组织起来，成立各种民间环境保护团体和组织，集中开展环境保护宣传、环境学术交流、环境知识咨询、环境科技成果推广等活动，为公众参与环境保护提供多种途径。

（5）保障公众对环境行政管理机关行政行为的监督。应保障公众环境行政复议权和行政诉讼权的正当行使。公民有权控告环境执法机关在执法活动中的任何违法行为，当环境或公众的环境权益受到侵害时，人人都可以通过有效的司法和行政程序寻求法律保障，使环境得到保护，使受侵害的环境权益得到赔偿或补偿。

三、公众参与原则的必要性

1. 是公众更好地实现环境权的必然要求

环境权是一项基本人权，这一权利不应受到限制或剥夺。但同时，环境权又具有强烈的整体性，是通过个人权利形式体现的真正公共权利或"人类权利"。在环境保护中，任何人都是权利主体，同时也是义务主体。每个人的环境权是平等的，任何人在当今社会都不可能脱离整体环境独善其身，每个人在享受环境权的时候，都必须尊重和维护他人和社会的环境权。由于环境权所体现的是整体利益、长远利益和个人利益、眼前利益的结合，因此要求人人都应积极参与到环境保护中去，每个人都应与他人、与全社会建立和谐、尊重的关系，从而使每个人都能得到更好的生存环境。

2. 是环境问题的突出特点所决定的

环境问题最突出的一个特点是污染和破坏容易，治理与恢复困难，所以环境保护重在预防，这就要求环境立法除了通过加重法律责任、扩大环境诉讼的范围等消极措施保护环境外，还应动员全社会的力量，以广泛赋予公众参与环境保护的权利的积极方式，充分发挥广大群众的积极性、主动性和创造性，树立保护和改善环境人人有责的良好社会风气。

3. 是环境保护的广泛性所需要的

环境保护是一个范围极广的领域，涉及大气、水、海洋、土地、森林、草原、矿藏、野生动植物、风景名胜、人文遗迹、城市、乡村等等。如此范围广大的事业，决定了它是一项全社会、全人类的事业，仅靠专门机关是难以完成环境保护任务的，必须依靠广大公众的参与。

四、公众参与原则在我国环境保护法中的体现

我国社会主义制度决定了广大人民是国家的主人，应享有参与国家管理的权利。环境保护事关每个公民的基本权利，每个公民理所当然应享有参与这项工作的权利。我国环境保护法的立法从 1979 年颁布的《环境保护法（试行）》就把"依靠群众，大家动手"规定为"环境保护"32 字方针的一部分。近年来，在环境保护立法中，群众参与原则越来越受到重视，主要有下列规定：

1. 群众有检举、控告权

在 1989 年颁布的《环境保护法》中，第 6 条规定了"一切单位和个人都有保护环境的义务，并有权对污染和破坏环境的单位和个人进行检举和控告"。《海洋环境保护法》第 36 条规定了"所有船舶均有监视海上污染的义务，如发现违章行为和污染情事，应当立即向就近的港务监督报告……"。各污染防治法都在第一章"总则"中作出类似的规定。事实上，很多的环境问题都是行政主管部门接到公众检举、控告后及时发现和解决的。

2. 群众有参与管理权

在 1996 年修改后的《水污染防治法》中新增了"环境影响报告书中，应当有该建设项目所在地单位和居民的意见。"的规定。后来颁布的《环境噪声污染防治法》中也作了同样规定。在 1998 年国务院颁布的《建设项目环境保护管理条例》中，更明确规定"建设单位编制环境影响报告书，应当依照有关法律规定，征求建设项目所在地有关单位和居民的意见。"这样基本上使群众参与建设项目环境影响评价形成一项制度，群众有权对自己生活环境中进行的建设项目表示自己的态度。江苏扬州市广陵区环保局在 1997 年审批的 240 个建设项目环境影响报告书中就否决了 24 项群众意见大的项目。

3. 公众有知情权

公众对生活环境中的污染状况、环境质量非常关心，就像关心每天的天气变化一样。环境保护行政主管部门有提供环境状况资料的责任。

《环境保护法》第 11 条规定"国务院和省、自治区、直辖市人民政府的环境保护行政主管部门，应当定期发布环境状况公报"。国家环境保护总局每年 6 月都要向全国发布上一年全国的环境状况公报。按照国家环境保护局的要求，从 1997 年 6 月 5 日起，北京、上海、南京等 10 个城市开展发布环境空气质量周报试点以来，这项工作到 1999 年已在全国各大城市及部分中等城市展开，有些城市已发展到发布环境空气质量日报，从而大大提高了环境管理透明度，调动了群众参与环境管理的积极性。

此外，各污染防治法都规定了，污染事故发生后，应及时向附近可能受到影响的单位和居民通报，这也是"知情权"的体现。

第五节　政府对环境质量负责原则

一、政府对环境质量负责原则的概念

所谓政府对环境质量负责原则，是指各级人民政府必须把环境保护纳入政府管理工作之中，加强对环境的监督管理，逐步改善和提高本辖区的环境质量。

《环境保护法》第 16 条规定："地方各级人民政府，应当对本辖区的环境质量负责，采取措施改善环境质量"；第 8 条规定："保护和改善环境有显著成绩的单位和个人，由人民政府给予奖励"；第 32 条规定："在环境受到严重污染威胁居民生命财产安全时，由人民政府采取有效措施，解除或者减轻危害"等，这些规定，都体现了政府对环境质量负责原则的精神。之所以要实行政府对环境质量负责的原则，其原因主要有这样几个方面：一是环境保护作为我国的一项基本国策，它在我国的社会生活中，有着十分重要的地位，关系着国家和人民的长远利益。这一关系国计民生的重要工作，只有人民政府才能负担起领导责任；第二，环境保护工作涉及社会生活的方方面面，从行政管理角度看，它不只是环境保护行政主管部门一家的职责，公安、交通、卫生、海洋等诸多行政管理部门也有环境保护的职责。要协调好这些部门在环境保护工作中的关系，动员和组织全社会的力量，共同搞好环境保护，也只有各级政府才能承担起这项职责；第三，随着我国机构改革的深入和市场经济体制的建立，政府将逐步转变职能，将把管理工作的中心转移到社会事务的管理上来，环境保护作为一项综合性的、社会性的工作，必将成为政府重要管理职责之一。

二、实现政府对环境质量负责原则的意义

实行政府对环境质量负责的原则意义重大。首先，实行这项原则，可以理顺环境管理体制，克服在环境管理工作中存在着的推诿、扯皮现象。由于环境保护工作涉及到许多管理部门，也涉及许多方面的利益，因此，在管理工作中难免出现职责不清、政出多门或无人负责等问题。明确了政府对环境质量负责，在一定程度上可以防止这些问题的出现。对已经出现的问题，由政府出面协调，也便于解决。其次，实行这项原则，也有利于加强环境保护工作，促进治理污染工作的开展。由于政府对环境质量负责，因此，环境保护工作的资金、手段等就有了保障。政府把环境保护工作纳入国民经济和社会发展计划之中，拿出一定的财力和物质投入到环境保护中，并加强对环境保护的规划，做好综合平衡，使环境保护工作在宏观调控上得到保证。再次，实行这一原则，也有利于提高政府各级领导对环境保护工作重要性的认识，克服政府管理工作中只重视经济效益，忽视环境效益的现象。实现经济效益与环境效益的统一。

三、贯彻政府对环境质量负责原则的措施

我国现阶段，落实政府对环境质量负责原则的主要措施包括：

1. 实行环境保护目标责任制。1996 年《国务院关于环境保护若干问题的决定》中规定"实行环境质量行政领导负责制"，"要将辖区环境质量作为考核政府主要领导人工作的主要内容"。按照这些规定，地方各级人民政府及其主要负责人，要把防治污染、保护和改善环境，作为政府的任期目标之一，并作为政绩考核的一项内容。通过逐级签订责任书的形式，把环境保护的指标和任务层层分解

下达，使政府对环境质量负责原则，通过行之有效的形式，真正落到实处。

2. 把环境保护纳入地方各级人民政府制订的国民经济和社会发展计划之中，采取有利于环境保护的各种经济和技术政策及措施，促进环境保护工作的开展。

3. 强化政府的执法职能，依法进行环境管理。《环境保护法》及其他有关法律赋予各级政府在环境保护工作中以一定的职权，包括监督管理权、地方标准制定权、行政处罚权等，政府要充分运用这些职权，开展环境保护工作，加强环境法制建设，依法纠正各种行政违法行为。

4. 政府在制定本区域重大决策或有关政策时，必须充分考虑到本区域的环境保护工作。

第四章　环境法律制度

第一节　环境法律制度概述

一、环境法律制度的涵义和特征

环境法律制度是指根据我国的环境基本政策和环境保护法基本原则，通过立法形成的有关环境监督管理的规则、程序和保障措施；是调整某项或某类环境工作或环境活动所产生的社会关系的法律规范的总称。作为环境法律规范体系，环境法律制度具有以下特点：

1. 环境法律制度在规范的组成上具有系统性。环境法律制度通常由有关法律条文和专门的法规、办法、措施、程序等规章构成。这些规范之间相互关联、相互补充、相互配合，共同构成一个相对完整的系统。

2. 环境法律制度在适用的对象上具有特定性。环境法律制度一般只适用于环境管理的某一特定部分或方面。其适用的对象、范围、程序以及所采取的措施、法律后果都是特定的，在一定程度上避免适用法律的随意性。

3. 环境法律制度在执行中具有强制性。环境法律制度是通过立法活动确定环境监督管理中的权利义务关系，用法定程序明确办事顺序、方法，并设置相应的制约因素和保障措施，规定了违反这些制度所要承担的法律责任，使环境活动或环境工作制度化和法定化。

4. 环境法律制度在实施中具有较强的可操作性。由于环境法律制度所适用的对象和办法、措施都很具体，因而具有较强的可操作性。

二、环境法律制度的分类

环境法律制度种类较多，它们的作用各有不同。为了便于学习和理解，可以进行下列分类。

1. 依据在环境管理中的地位，可以分成基本环境法律制度和一般环境法律制度两类：

（1）基本环境法律制度。这方面的制度主要有"三同时"制度、环境影响评价制度、环境保护许可证制度、排污收费制度、限期治理制度等。这些法律制度在环境管理中起主导作用。

（2）一般环境法律制度。这方面的制度主要有申报登记制度、现场检查制度、污染事故报告制度、奖励制度、行政代执行制度等。它们在环境管理中起辅助作用。

2. 依据环境法律制度适用时期，可分为以下几类：

（1）行为前适用的制度。这些制度在可能影响环境的行为实施前就要执行和遵守，目的是预防污染、破坏环境行为的发生。如环境规划制度、环境影响评价制度、"三同时"制度等。

（2）行为过程中适用的制度。在影响环境的行为进行过程中执行。这些制度，目的是减轻或避免对环境的不良影响。如环境监测制度、排污申报登记制度、征收排污费制度、限期治理制度等。

（3）行为后适用的制度。如环境保护奖励制度、环境污染破坏事故报告制度、环境纠纷处理制度等。这些制度是在对环境有影响的行为发生后执行的，目的是对这些行为加以评价、处理。

（4）行为全过程适用的制度。如现场检查制度、环境标准制度等，目的是对可能影响环境的行为全过程控制。

3. 依据制度主要采用手段的性质，环境法律制度可以分为以下几类：

（1）经济性的制度。是指通过经济手段来制约或鼓励某类环境活动的制度。如排污收费制度、奖励综合利用制度、环境保护基金管理制度等。

（2）技术性的制度。是指用技术方法、设备、工艺等来监督管理环境活动或改善环境质量的制度。如环境标准制度、环境监测制度、推行清洁生产工艺制度等。

（3）行政性的制度。指通过政府部门的行政措施来监督管理环境活动的制度。如限期治理制度、现场检查制度、许可证制度等。

（4）社会性的制度。指通过社会公众参与来制止环境违法活动和改善环境质量的制度。如环境信访制度、污染事故报告制度、公众参与环境管理制度等。

第二节　环境行政计划

一、环境行政计划的概念和作用

环境行政计划，也可称为环境行政规划，是指环境行政主体在具体实施环境与资源保护活动之前，首先综合地确定有关环境保护目标，事前制定出计划蓝图，以作为具体的环境行政目标，并进一步制定为实现该综合性目标所必须的各项政策性大纲的活动。环境行政计划作为一项重要的环境行政手段，具有综合性、预测性、裁量性等特征。在环境保护领域，其作用主要有：第一，有助于提高环境行政管理的科学性和稳定性。第二，环境行政计划发挥着协调和沟通功能。由于环境保护涉及广泛的社会关系，具有环境保护职能的行政机关也不止一个。在制定环境行政计划时，往往由相关的多个行政部门参与，民间社会组织和个人也能发挥一定的作用。这样，经由健全的程序制定出来的环境行政计划往往就能得到诸多行政机关和广大公民的认可和支持。

二、我国有关环境行政计划的立法

在欧盟，环境行政计划作为一项重要制度较早得到了重视。1973 年欧共体理事会通过了《欧共体第一个环境行动规划（1973—1976）》，2001 年欧盟环境委员会又通过了《欧共体第六个环境行动规划》。环境行动规划规定了欧盟在特定时期内环境保护的目标、重要原则和主要措施，属于纲领性的环境保护政策文件，对欧盟的环境活动具有全面的指导作用。[①] 在我国，1981 年 2 月国务院发布的《关于在国民经济调整时期加强环境保护工作的决定》中，就明确提出了要"加强国家对环境保护的计划指导"。1989 年制定《环境保护法》第 4 条规定："国家制定的环境保护规划必须纳入国民经济和社会发展计划，国家采取有利于环境保护的经济、技术政策和措施，使环境保护工作同经济建设和社会发展相协调。"我国的土地管理法、水法、森林法、草原法、大气污染防治法等单行法都有关于行政计划的规定。1994 年 9 月国家计划委员会与国家环境保护局联合发布了《环境保护计划管理办法》。

三、环境行政计划的分类

环境行政计划的内容和形式多样，根据不同的标准，可以对其进行不同的分类。

1. 根据环境行政计划的事项和对象，可分为自然资源计划和污染控制计划。前者包括土地利用总体规划、水规划、森林规划、草原规划等，后者包括水污染控制规划、大气污染控制规划等。

2. 根据其所适用的区域范围的不同，环境行政计划可分为全国性计划和地方性计划。

3. 根据其时间的长短，可以将其分为长期计划（如土地利用总体计划）、中期计划（如 2003—2005 年上海市环境保护三年行动计划）和短期计划（如土地利用年度计划）。

4. 根据其是否具有法律上的拘束力，可以将环境行政计划分为非拘束性计划和拘束性计划。前者仅为行政机关指出可以选择的判断或行为准则，后者对行政机关的判断及行为具有拘束力，有的甚至对行政组织外部的利害关系人也具有

---

① 关于欧盟的环境行动规划，请参见蔡守秋主编《欧盟环境政策法律研究》，武汉大学出版社 2002 年版，第 97～106 页。

拘束力。

四、环境行政计划的编制

1. 环境行政计划编制的原则

《环境保护计划管理办法》第7条规定，编制环境保护计划应符合以下原则：（1）坚持环境保护与国民经济和社会协调发展，坚持经济建设、城乡建设和环境建设同步规划、同步实施、同步发展；（2）贯彻执行国家的法规、环境经济政策、技术政策和产业政策；（3）与城市、区域、流域环境规划相衔接，并做好五年环境保护计划与年度环境保护计划的衔接；（4）与各项环境保护管理制度和措施紧密结合，并以各项环境保护制度和措施作为实施环境保护计划的重要手段。

2. 环境行政计划的编制程序

（1）编制环境行政计划草案

环境行政计划草案一般由某一环境与资源主管部门牵头、会同相关职能部门共同起草。例如，全国土地利用总体规划由国务院土地行政主管部门会同国务院有关部门编制。《国家环境保护"十五"计划》则由国家环境保护总局会同国家计委、国家经贸委、财政部等部门进行编制。

（2）编制环境行政计划过程中的环境影响评价和公众参与

我国《环境影响评价法》第7条规定："国务院有关部门、设区的市级以上地方人民政府及其有关部门，对其组织编制的土地利用的有关规划，区域、流域、海域的建设、开发利用规划，应当在规划编制过程中组织进行环境影响评价，编写该规划有关环境影响的篇章或者说明。规划有关环境影响的篇章或者说明，应当对规划实施后可能造成的环境影响作出分析、预测和评估，提出预防或者减轻不良环境影响的对策和措施，作为规划草案的组成部分一并报送规划审批机关。未编写有关环境影响的篇章或者说明的规划草案，审批机关不予审批。"该法第8条规定："国务院有关部门、设区的市级以上地方人民政府及其有关部门，对其组织编制的工业、农业、畜牧业、林业、能源、水利、交通、城市建设、旅游、自然资源开发的有关专项规划（以下简称专项规划），应当在该专项规划草案上报审批前，组织进行环境影响评价，并向审批该专项规划的机关提出环境影响报告书。前款所列专项规划中的指导性规划，按照本法第七条的规定进行环境影响评价。"

《环境影响评价法》还进一步完善了公众参与环境影响评价的民主决策机制。该法第5条规定："国家鼓励有关单位、专家和公众以适当方式参与环境影响评价。"第11条规定："专项规划的编制机关对可能造成不良环境影响并直接涉及公众环境权益的规划，应当在该规划草案报送审批前，举行论证会、听证会，或者采取其他形式，征求有关单位、专家和公众对环境影响报告书草案的意见。但是，国家规定需要保密的情形除外。编制机关应当认真考虑有关单位、专家和公众对环境影响报告书草案的意见，并应当在报送审查的环境影响报告书中附具对意见采纳或者不采纳的说明。"

（3）环境行政计划的审批

我国环境行政计划一般实行分级审批。例如，根据《土地管理法》的规定，省、自治区、直辖市的土地利用总体规划报国务院批准。省、自治区人民政府所在地的市、人口在 100 万以上的城市以及国务院指定的城市的土地利用总体规划，经省、自治区人民政府审查同意后，报国务院批准。其他的土地利用总体规划，逐级上报省、自治区、直辖市人民政府批准；其中，乡（镇）土地利用总体可以由省级人民政府授权的设区的市、自治州人民政府批准。

第三节　环境影响评价制度

一、环境影响评价制度的概念和意义

环境影响评价是环境质量评价的一个类型，是对今后环境素质的一种"预断评价"，即在进行开发建设及从事其他对环境可能有影响的活动之前，预先对可能产生的环境影响进行调查、预测和评价，并为避免或减轻对环境的影响制定切实有效的方案。

环境影响评价是贯彻预防原则的重要制度保障，也是贯彻环境、经济、社会协调原则的重要制度之一。实施这项制度有利于从源头预防和控制环境污染和破坏，有利于正确处理环境保护与经济发展之间的关系。"环境影响评价制度是一种强迫行动的手段。通过要求行政机关遵守环境影响评价程序迫使它们在决策过程中考虑和照顾环境价值。在这个意义上，环境影响评价制度改变了传统的、不科学的行政决策方法和程序，有助于改进和提高行政决策的质量。"[1] 我国由于没有健全的环境影响评价制度，在历史上曾有过深刻的教训。例如，在 20 世纪80 年代末国家制定的产业政策，曾重点支持了部分有严重污染的产业，包括"十五小"企业，短短几年内这些产业虽然获得了迅速发展，但却造成了部分地区的环境破坏，特别是造成了一些流域水体的严重污染，迫使国务院在 1996 年作出决定，取缔、关停严重污染环境的小企业。在一年多的时间内，各级政府取缔和关停了 65000 多家小企业，付出了沉重的经济代价，仅中国农业银行因此项行动而无法收回的贷款本息就达 50 多亿元。

---

① 王曦著：《美国环境法概论》，武汉大学出版社 1992 年版，第 221 页。

二、环境影响评价制度的确立

1969 年，美国的《国家环境政策法》最早确立了环境影响评价制度。此后，瑞士、澳大利亚、法国、加拿大、瑞典、英国、德国等国也先后实行了这一制度。我国 1979 年公布的《中华人民共和国环境保护法（试行）》对这一制度作了明确规定，此后又在主要环境法律、法规中得以确认。国务院环境保护委员会、国家计委、国家经委于 1986 年联合发布的《建设项目环境保护管理办法》对这一制度作了具体规定。1998 年 11 月国务院颁布的《建设项目环境管理条例》取代了该"办法"，此后，国家环境保护局发布了与之相配套的《建设项目环境保护设计规定》、《建设项目环境影响评价证书管理办法》等文件。2002 年 10 月 28 日第九届全国人大常委会制定了《环境影响评价法》。

三、环境影响评价制度的内容

1. 环境影响评价的范围

按照《建设项目环境保护管理条例》规定，环境影响评价适用于我国领域内和我国管辖的其他海域内对环境有影响的建设项目。这里所说的"建设项目"，包括新建的、改建的、扩建的一切基本建设项目；包括区域开发建设项目，还包括引进的项目。只要该项目对环境有影响，毫无例外的都要进行环境影响评价。《环境影响评价法》将我国环境影响评价的范围扩展至规划（包括综合性规划和专项规划）。与其他国家相比，我国环境影响评价的范围是比较小的。在美国，根据其〈国家环境政策法〉的规定，凡对人类环境质量具有重大影响的各项提案或法律草案、建议报告以及其他重大联邦行为，均应进行环境影响评价。具体而言，美国环境影响评价的范围既包括权力机关的立法行为，也包括行政机关的行政行为；这里的行政行为既包括具体行政行为，也包括抽象行政行为。

2. 环境影响评价的形式

国家根据建设项目对环境影响程度，把环境影响评价分为两种形式，一种是环境影响报告书，一种环境影响报告表。

（1）环境影响报告书

环境影响报告书的适用对象为对环境可能有重大影响的建设项目。通过编制环境影响报告书，对建设项目产生的污染和对环境的影响进行全面、详细的评价。

（2）环境影响报告表

环境影响报告表的适用对象为对环境可能造成轻度影响的建设项目。

如果建设项目对环境影响很小，则不需要进行环境影响评价，但应当填报环境影响登记表。

建设项目应当采用哪种评价形式，由环境保护行政主管部门决定。

3. 环境影响评价报批的时间

（1）一般建设项目应在建设项目可行性研究阶段完成环境影响评价报批。

（2）铁路、交通等建设项目，经有审批权的环境保护行政主管部门同意，在初步设计完成前报批。

（3）按照国家有关规定，不需进行可行性研究的建设项目，应在项目开工前报批。其中需办理营业执照的，在办理执照前报批。

需报批的包括环境影响报告书、环境影响报告表、环境影响登记表，由建设单位负责报批。

4. 环境影响评价的审批

（1）预审：有行业主管部门的建设项目，环境影响报告书（表）应经行业主管部门预审。

（2）审批：由建设单位将环境影响报告书（表）、环境影响登记表报有审批权的环境保护行政主管部门审批。

（3）海岸工程建设项目环境影响报告书（表）审批前要经海洋行政主管部门审核并签署意见。

预审、审核、审批不得收费。

环境保护行政主管部门在收到环境影响报告书、报告表、登记表之后，应分别在 60 日、30 日、15 日之内作出审批决定，并书面通知建设单位。

5. 对从事建设项目环境影响评价工作单位的规定

（1）实行资格审查制度

从事环境影响评价工作的单位，必须取得国家环境保护总局颁发的资格证书，按资格证书规定的等级和范围从事环境影响评价工作。

从事环境影响评价工作的单位对评价结果负责。

（2）实行招标选择

建设单位可以用公开招标方式选择从事环境影响评价工作的单位。任何行政机关不得指定。

6. 环境影响报告书应当征求群众意见

建设单位编制环境影响报告书，应当依法征求建设项目所在地有关单位和居民的意见。

在经修改的《水污染防治法》和《环境噪声污染防治法》等污染防治法律中对此都作了明确要求，此举可以促进公众参与环境保护、加强群众监督、减少和避免建设单位与群众的矛盾。

7. 违反环境影响评价制度的法律后果

凡是从事对环境有不利影响的开发建设活动的单位，都必须执行环境影响评价制度。违反这一制度的规定，就要承担相应的法律后果。环境影响报告书（表）或登记表未经环境保护行政主管部门审查批准，擅自开工建设的，可以责令停止建设，限期恢复原状，可以处 10 万元以下的罚款。

从事建设项目环境影响评价工作的单位，在环境评价工作中弄虚作假的，由国务院环境保护行政主管部门吊销其资格证书，并处所收费用 1 倍以上 3 倍以下的罚款。

四、我国环境影响评价制度的完善

1.《环境影响评价法》的立法背景

我国 1979 年开始对建设项目进行环境影响评价。经过 20 多年的实践，建设项目环境影响评价制度对推进产业合理布局和企业的优化选址，预防因开发建设活动产生的环境污染和生态破坏，发挥了不可替代的积极作用。但是，我国的环境影响评价制度存在着以下问题：第一，环境影响评价的范围比较狭窄，仅限于建设项目。近几十年我国经济发展的历史证明，仅仅对建设项目进行环境影响评价是不够的。政府及其有关部门制定的某些经济发展规划，相对于具体的建设项目来说，实施后对环境的影响更加巨大、持久，范围也更加广泛。第二，在环境影响评价的程序方面，公众参与的民主决策机制尚不完备。第三，我国的《建设项目环境保护管理条例》是国务院制定的行政法规，法律位阶较低，不利于环境影响评价制度的贯彻和实施。

鉴于我国环境影响评价制度存在的问题，全国人大环境与资源保护委员会从 1998 年开始了《环境影响评价法》的起草工作，2002 年 10 月 28 日第九届全国人大常委会第 30 次会议正式通过《环境影响评价法》，该法共 5 章 38 条，自 2003 年 9 月 1 日起施行。

2.《环境影响评价法》的若干新规定

第一，就环境影响评价的范围，从以前的单纯对建设项目进行评价，拓展到对规划进行战略环境评价。该法第 7 条规定："国务院有关部门、设区的市级以上地方人民政府及其有关部门，对其组织编制的土地利用的有关规划，区域、流域、海域的建设、开发利用规划，应当在规划编制过程中组织进行环境影响评价，编写该规划有关环境影响的篇章或者说明。规划有关环境影响的篇章或者说明，应当对规划实施后可能造成的环境影响作出分析、预测和评估，提出预防或者减轻不良环境影响的对策和措施，作为规划草案的组成部分一并报送规划审批机关。未编写有关环境影响的篇章或者说明的规划草案，审批机关不予审批。"该法第 8 条规定："国务院有关部门、设区的市级以上地方人民政府及其有关部门，对其组织编制的工业、农业、畜牧业、林业、能源、水利、交通、城市建设、旅游、自然资源开发的有关专项规划（以下简称专项规划），应当在该专项规划草案上报审批前，组织进行环境影响评价，并向审批该专项规划的机关提出环境影响报告书。前款所列专项规划中的指导性规划，按照本法第七条的规定进行环境影响评价。"

第二，进一步完善了公众参与环境影响评价的民主决策机制。该法第 5 条规定："国家鼓励有关单位、专家和公众以适当方式参与环境影响评价。"第 11 条规定："专项规划的编制机关对可能造成不良环境影响并直接涉及公众环境权益的规划，应当在该规划草案报送审批前，举行论证会、听证会，或者采取其他形式，征求有关单位、专家和公众对环境影响报告书草案的意见。但是，国家规定需要保密的情形除外。编制机关应当认真考虑有关单位、专家和公众对环境影响报告书草案的意见，并应当在报送审查的环境影响报告书中附具对意见采纳或者不采纳的说明。"第 21 条规定："除国家规定需要保密的情形外，对环境可能造成重大影响、应当编制环境影响报告书的建设项目，建设单位应当在报批建设项目环境影响报告书前，举行论证会、听证会，或者采取其他形式，征求有关单位、专家和公众的意见。建设单位报批的环境影响报告书应当附具对有关单位、专家和公众的意见采纳或者不采纳的说明。"

第三，规定了环境影响的跟踪评价和后评价制度。经验证明，对于有些事项，在实施前进行评价时认定不会对环境造成危害，但在实施后却出现严重的环境问题。开展环境影响的跟踪评价和后评价，有助于及时发现规划执行中和开发建设项目运行中出现的问题，促使有关部门和单位采取相应措施加以解决。《建设项目环境保护管理条例》第 12 条规定了对建设项目的后评价制度。《环境影响评价法》再次确认了这项制度，并规定了对规划的跟踪评价制度。该法第 15 条规定："对环境有重大影响的规划实施后，编制机关应当及时组织环境影响的跟踪评价，并将评价结果报告审批机关；发现有明显不良环境影响的，应当及时提出改进措施。"第 24 条规定："建设项目的环境影响评价文件经批准后，建设项目的性质、规模、地点、采用的生产工艺或者防治污染、防止生态破坏的措施发生重大变动的，建设单位应当重新报批建设项目的环境影响评价文件。建设项目的环境影响评价文件自批准之日起超过五年，方决定该项目开工建设的，其环境影响评价文件应当报原审批部门重新审核；原审批部门应当自收到建设项目环境影响评价文件之日起十日内，将审核意见书面通知建设单位。"

第四节　"三同时"制度

一、"三同时"制度的概念

"三同时"制度，是指建设项目的环境保护设施必须与主体工程同时设计、同时施工、同时投产使用的制度。它是我国环境管理的基本制度之一，也是我国所独创的一项环境法律制度，是控制新污染源的产生，实现预防为主原则的一条重要途径。

二、"三同时"制度的形成

"三同时"制度为我国独创的一项制度。"三同时"的规定最早出现于 1973 年经国务院批准的《关于保护和改善环境的若干规定（试行）》中，是我国早期环境管理的第一项制度。后来，在 1979 年的《中华人民共和国环境保护法（试行）》中作出了进一步规定。此后的一系列环境法律、法规也都重申了"三同时"的规定，从而以法律的形式确立了这项环境管理的基本制度。具体规定这一制度的是《建设项目环境保护管理办法》（1986 年）、《建设项目环境保护设施竣工验收规定》（1995 年）、《关于综合利用项目与新建和扩建工程实行"三同时"的若干规定》（1989 年）、《关于加强外商投资建设项目环境保护管理的通知》（1992 年）、《建设项目环境保护管理条例》（1998 年）。

三、"三同时"制度的主要内容

该制度主要包括以下几个方面的内容：

1. "三同时"制度的适用范围

"三同时"制度适用于新建、扩建、改建的建设项目、技术改造项目及一切可能对环境造成污染和破坏的工程建设项目。不管这些项目在城市还是农村，是工业项目还是交通、商业、服务业项目等。

"三同时"的范围是不断扩大的，现在除了治理污染设施要与主体工程"三同时"外，确有经济效益的综合利用项目、热电厂的供热管网等都要与主体工程实行"三同时"。

2. "三同时"制度在不同建设阶段的要求

（1）项目的设计阶段

建设项目初步设计应当按照环境保护设计规范的要求，编制环境保护篇章，并依据经批准的建设项目环境影响报告书（表），在环境保护篇章中落实防治环境污染和生态破坏的措施以及环境保护设施投资概算。

（2）施工阶段

建设单位应严格按照环境影响评价报告书（表）和审批意见要求及设计文件中"环境保护篇章"的规定，在主体工程施工的同时落实环境保护设施的施工，并注意施工现场周围生活环境和生态环境的保护，防止和减轻粉尘、渣土、噪声、震动等对公众生活造成影响。

（3）项目竣工验收阶段

在建设项目正式投产和使用前，建设单位必须向负责审批的环境保护行政主管部门提交环境保护设施"验收申请报告",说明环境保护设施运行的情况、治理的效果、达到的标准。环境保护行政主管部门自接到环境保护设施验收申请报告之日起 30 日内,完成验收。环境保护设施经环境保护行政主管部门验收合格后,建设项目才能正式投入生产和使用。未取得"环境保护设施验收合格证"的建设项目,工商行政管理部门不办理营业执照。

3. 违反"三同时"制度的法律后果

建设单位必须严格按照"三同时"制度的要求,在建设活动的各个阶段,履行相应的环境保护义务。如果违反了"三同时"制度的要求,就要承担相应的法律后果。试生产建设项目的环境保护设施未与主体工程同时投入运行的,由审批该建设项目环境影响报告书(表)的环境保护行政主管部门责令限期改正;逾期不改正的,责令停止试生产,可以处 5 万元以下的罚款。环境保护设施未建成、未经验收或经验收不合格,主体工程正式投入生产或使用的,由审批该建设项目环境影响报告书(表)的环境保护行政主管部门责令停止生产或者使用,可以处 10 万元以下罚款。

第五节　排污收费制度

一、排污收费制度的概念和形成

排污收费,是指国家环境管理机关依照法律规定对排放污染物的单位和个人征收一定数额的费用。"排污收费制度",是有关排污费征收、使用、管理的一套法律规则。排污收费制度是运用经济手段促进污染治理和技术改造的有效法律制度,体现了"污染者负担"的原则。

我国在 1978 年提出实行排污收费制度,1979 年颁布的《环境保护法(试行)》正式规定了该制度。此后,在主要的环境法律、法规中基本上都有这一制度的规定。1982 年国务院发布的《征收排污费暂行办法》和 1988 年国务院发布的《污染源治理专项资金有偿使用暂行办法》,对排污收费制度作了具体规定。

二、排污收费制度的主要内容

1. 征收排污费的对象

按照《征收排污费暂行办法》的规定,征收排污费的对象是超过国家或地方污染物排放标准排放污染物的企业、事业单位。其他单位,只征收采暖锅炉烟尘排污费。

依照《水污染防治法》的规定,对向水体排污的单位,未超过污染物排放标准的,要缴纳排污费,超过排放标准的则要缴纳超标排污费。

2. 征收排污费的范围

按照《征收排污费暂行办法》、《放射环境管理办法》等的规定，征收排污费的污染物包括污水、废气、固体废物、噪声、放射性等 5 大类。1996 年起国务院要求做好在酸雨控制区和 SO_2 控制区二氧化硫排污费的征收、管理、使用工作。

3. 关于排污费的征收数额的规定

（1）计算依据：根据排污单位申报的经环境保护部门核定的污染物排放情况（包括污染物种类、数量、浓度等），对照有关的污染物排放标准和收费标准（如《超标污水排污费征收标准》），按超标多少计征。

（2）对同一排污口实行单因子收费：即同一排污口排放两种以上污染物的，只按收费最高的一种计算。

（3）增收排污费的几种情况

为了促进排污单位对污染的治理，对下列几种情况实行增收排污费：

A. 对缴纳排污费后仍未达到排放标准的排污单位，从开征第三年起，每年提高征收标准 5%。

B. 对 1979 年 9 月 13 日以后新建的建设项目，排污超标的，加倍收费（在收费标准基础上加 1 倍）。

C. 对有污染物处理设施，未经环境保护部门批准擅自闲置不运行或擅自拆除，排污超标的，加倍收费（在收费标准基础上加 1 倍）。

D. 对经限期治理逾期未完成治理任务的，加倍收费（《水污染防治法》规定征收两倍以上排污费）。

（4）对排污费的减征、免征和缓征

A. 减征和免征：如果排污单位经过积极治理，使污染物排放达标，或浓度显著降低，或排放量显著减少，可以向环境保护部门申请重新审核排污费征收额，经环境保护部门核实后，可以减少或免除其超标排污费应缴数额。

B. 缓征：对因经营困难一时不能按时缴纳排污费的单位，可以通过其开户银行出具证明，向环境保护部门申请缓缴，经环境保护部门批准后可暂时缓缴，但不能因困难而减免。

4. 关于强制征收的规定

按期足额缴纳排污费是排污者的法定义务。排污单位应在收到缴费通知单 20 天内向指定的银行缴付。逾期不缴的，每天增收滞纳金千分之一。对于拒缴排污费的，环境保护行政主管部门可对其处以罚款，亦可申请人民法院强制执行。

5. 按排放污染物总量收费的方法

按总量收费是在 20 世纪 90 年代初提出的，是污染物总量控制制度的一项重要内容。总量收费是通过对所排放的若干种主要污染物质污染当量数、单位污染当量收费标准及所排入水体的功能类别综合考虑,对所排放的主要污染物同时计征排污费的收费方法。总量收费从根本上突破了原有的浓度收费的局限,因而较以往的"单因子浓度"收费更符合环境保护的要求。

6. 关于排污费的管理和使用的规定

征收的排污费,应当纳入预算,作为环境保护补助资金,由环境保护行政主管部门会同财政部门统筹安排使用。其使用的原则是:专款专用,先收后用,量入为出,不得超支挪用,如有节余,可结转下年使用。排污费主要用于补助排污单位治理污染源(这种补助一般不得高于排污单位所缴排污费的 80%)以及环境污染的综合性治理措施,还可适当补助环境保护行政主管部门监测仪器设备的购置等方面的业务开支。1988 年,国务院发布了《污染源治理专项基金有偿使用暂行办法》,其主要精神是变无偿使用为有偿使用治理资金。这是我国排污收费制度的重大改革。

7. 缴纳排污费与承担其他法律责任的关系

排污单位缴纳排污费后,并不免除缴费者应当承担的治理污染、赔偿损失的责任和法律规定的其他责任。

三、我国排污收费制度的变革

1. 《排污费征收使用管理条例》的立法背景

随着我国环境保护事业的发展和财政管理体制的改革,现行排污收费制度除了与修订后的《水污染防治法》、《大气污染防治法》等法律关于排污收费的规定不一致外,还暴露出三大弊端:第一,以超标收费为主的模式不利于对污染物实行总量控制。有些排污单位虽然排放的污水浓度达到或低于国家排放标准,但是其排放污染物的总量却远大于一些超标排污单位;第二,现行的单因子收费不利于环保。排污单位治理污染时,往往仅注意被收费污染因子的治理,而忽视其他污染因子的治理;第三,排污费由环境保护部门收取和使用的规定与收支两条线、收缴分离的收费体制相悖,缺乏实施监督的规定,致使被截留、挤占或挪用的情况时有发生。

为解决上述问题,加强对排污费征收和使用的监管,使排污费的征收、使用和管理符合我国财政金融体制改革要求,适应环保事业的发展需要,修订《征收排污费暂行办法》和《污染源治理专项基金有偿使用暂行办法》势在必行。从20 世纪 90 年代起,原国家环保局便开始进行排污收费制度改革的立法研究,1997 年国务院将排污费征收管理办法列入立法计划。2000 年形成了送审稿,之后国务院法制办及有关部门做了大量协调工作,各部门协同研究,形成草案,2002 年 1 月 30 日国务院第 54 次常务会议通过了《排污费征收使用管理条例》,

该条例自 2003 年 7 月 1 日起施行；届时，1982 年 2 月 5 日国务院发布的《征收排污费暂行办法》和 1988 年 7 月 28 日国务院发布的《污染源治理专项基金有偿使用暂行办法》同时废止。

2.《排污费征收使用管理条例》（以下简称《条例》）的若干新规定

第一，排污费的征收对象从企、事业单位扩大到所有单位和个体工商户。《条例》第 2 条规定，直接向环境排放污染物的单位和个体工商户，应当依照本条例的规定缴纳排污费。

第二，《条例》根据有关污染防治法律的新规定，按照污染要素的不同，将排污收费由原来的超标收费改为排污即收费，收费额度按排放量多少确定，如果超标排放污染物，则依法给予相应的行政处罚。《条例》第 12 条第 1 款规定："排污者应当按照下列规定缴纳排污费：（一）依照大气污染防治法、海洋环境保护法的规定，向大气、海洋排放污染物的，按照排放污染物的种类、数量缴纳排污费。（二）依照水污染防治法的规定，向水体排放污染物的，按照排放污染物的种类、数量缴纳排污费；向水体排放污染物超过国家或者地方规定的排放标准的，按照排放污染物的种类、数量加倍缴纳排污费。（三）依照固体废物污染环境防治法的规定，没有建设工业固体废物贮存或者处置的设施、场所，或者工业固体废物贮存或者处置的设施、场所不符合环境保护标准的，按照排放污染物的种类、数量缴纳排污费；以填埋方式处置危险废物不符合国家有关规定的，按照排放污染物的种类、数量缴纳危险废物排污费。（四）依照环境噪声污染防治法的规定，产生环境噪声污染超过国家环境噪声标准的，按照排放噪声的超标声级缴纳排污费。"

第三，排污收费的透明度进一步提高。《条例》第 11 条第 3 款规定，排污费征收标准的修订实行预告制。第 13 条规定，"负责污染物排放核定工作的环境保护行政主管部门，应当根据排污费征收标准和排污者排放的污染物种类、数量，确定排污者应当缴纳的排污费数额，并予以公告。"第 17 条规定，"批准减缴、免缴、缓缴排污费的排污者名单由受理申请的环境保护行政主管部门会同同级财政部门、价格主管部门予以公告，公告应当注明批准减缴、免缴、缓缴排污费的主要理由。"

第四，加强了排污费使用的管理和监督。根据《条例》第 3、第 4、第 5、第 19 和第 20 条的规定，县级以上人民政府环境保护行政主管部门、财政部门、价格主管部门应当按照各自的职责，加强对排污费征收、使用工作的指导、管理和监督。县级以上地方人民政府财政部门和环境保护行政主管部门每季度向本级人民政府、上级财政部门和环境保护行政主管部门报告本行政区域内环境保护专项资金的使用和管理情况。排污费的征收、使用必须严格实行"收支两条线"，征收的排污费一律上缴财政，环境保护执法所需经费列入本部门预算，由本级财政予以保障。排污费应当全部专项用于环境污染防治，任何单位和个人不得截留、挤占或者挪作他用。任何单位和个人对截留、挤占或者挪用排污费的行为，都有权检举、控告和投诉。审计机关应当加强对环境保护专项资金使用和管理的审计监督。

四、排污权交易

"排污交易"这一概念是美国经济学家戴尔斯（Dales）于 1968 年在其著作《污染、财富和价格》中首次提出。美国环保署（EPA）首先将排污交易用于大气污染源和河流污染管理。之后，德国、澳大利亚、英国等国家相继进行了排污交易政策的实践。我国自 80 年代中期以来，中国已经在 10 多个城市开展过排污交易的试点，1994 年国家环境保护局在 16 个城市大气排污许可证试点的基础上，在包头、开远、柳州、太原、平顶山、贵阳六个城市进行了大气排污交易政策实施的试点。1999 年 4 月朱镕基总理访美，中美签署了"在中国运用市场机制减少二氧化硫排放的可行性研究意向书"；接着，中国国家环境保护总局与美国环保基金会在华盛顿签署了"研究如何利用市场手段，帮助地方政府和企业实现国务院制定的污染物排放总量控制目标"的合作协议备忘录，确立了"运用市场机制控制二氧化硫排放"的中美合作研究项目，是江苏南通和辽宁本溪两市被列为该项目的试点城市。2001 年 11 月，南通天生港发电有限公司向南通另一家大型化工有限公司出售二氧化硫排污权签字仪式在江苏南通市举行，这被认为是我国第一例真正意义上的二氧化硫排污权交易。

1. 污染权交易制度的实施途径[①]

污染权交易制度的实施，主要途径是建立可转让排污许可证制度（Transferable Discharge Permits）。可转让排污许可证也可称之为可买卖排污许可证或环境污染执照，是指能够作为商品进入市场交易或在排污者相互之间进行有偿转让的许可证。按照可转让排污许可证制度，国家通过排污许可证形式有偿地将污染权分配或拍卖给排污者，并允许排污者进入分场进行许可证买卖，这样，排污许可证自身就有了市场价格，取得该种许可证的排污者，若没有进行有关排污活动，则可将许可证有偿转让给其他排污者，转让方因此丧失污染权，而受让方由此获得污染权，因此，一些因治理污染需要花费较多的排污者可以向治理污染花费较少的排污者购买排污许可证，以扩大其污染权，如果排污许可证的市场价格高于治理污染所需的费用，排污许可证所有者则会转让或出售许可证而治理其污染。

---

① 参见张梓太：《污染权交易立法构想》，载《中国法学》1998 年第 3 期。

2. 排污权交易的程序（以美国二氧化硫排污交易为例）①

（1）参加单位的确定

美国二氧化硫排放交易政策的参加单位可分为两类：1990 年《清洁空气法》修正案酸雨计划中列出的法定参加者：包括第一阶段控制对象（110 家高污染电厂的 263 个重点污染源）和第二阶段控制对象（2128 家生产规模低于 2.5 万千瓦但将要扩大到 2.5 万千瓦以上的老电厂）；志愿参加者（有些非法定排污单位由于其二氧化硫削减成本比排污交易体系中的平均成本低，想加入该计划，它们可以通过"选择加入计划（Option Program）"进入二氧化硫排污交易市场）。

（2）排污权的初始分配许可

美国 EPA 将一个许可定义为允许排放 1 吨二氧化硫。许可的原始分配有三种形式：无偿分配（主要形式，其分配量占初始分配总额的 97.2%）、拍卖（约占分配总额的 2.8%）和奖励。

（3）许可证交易

这是整个程序的核心，通过交易，污染源可将其持有的许可重新分配。

（4）许可证的审核

许可证的审核是指环保局核实企业二氧化硫排放量是否超过其所持有的许可证。美国环保署每年进行一次许可证审核和调整，许可证的审核主要由三个数据信息系统完成：排污跟踪系统（Emission Tracking System）、年底调整系统（Annual Reconciliation System）和许可证跟踪系统（Allowance Tracking System）。参加单位都安装连续监测装置是保证及时、准确地了解和跟踪排污量的关键。每年的年末，所有排污单位持有的许可数量不能少于它实际的二氧化硫年排放量，否则它就会受到处罚。超出部分，1990 年每吨二氧化硫罚款 2000 美元，之后每年这个价格还要根据价格指数进行调整。

3. 排污权交易的性质和作用

排污权交易实质是环境容量使用权交易，是一种以市场为基础的经济政策和经济刺激手段，排污权的卖方由于超量减排而剩余排污权，出售剩余排污权获得的经济回报实质上是市场对有利于环境的外部经济性的补偿；无法按照政府规定减排或因减排代价过高而不愿减排的企业购买必须减排的排污权，其支出的费用实质上是为其外部不经济性而付出的代价。②

排污权交易作为一种经济激励制度，在环境保护中起着重要作用：第一，较好地协调了经济发展与环境保护的关系；第二，既减少了政府环境管理的成本，

---

① 参见刘燕华、周宏春主编：《中国资源环境形势与可持续发展》，经济科学出版社 2001 年版，第 157～159 页。

② 参见蔡守秋：《论排污权交易的法律问题》，中国环境资源法学会 2002 年年会论文。

又能对企业提供持续的经济激励，诱使企业积极减少污染，在总量控制的基础上，一般都会导致区域污染物排放总量的减少。例如，上海市闵行区由于实行污染权交易制度，在1994～1999年间，在经济以2位数的速度增长的情况下，工业废水排放量由21971万吨降为13145万吨，COD的排放量由8891吨降为5098吨，万元产值COD排放量则由379千克下降到202千克。[①]

第六节　排污申报登记制度

一、排污申报登记制度的概念和形成

排污申报登记制度是指由排污者根据法律规定，向污染源所在地环境保护行政主管部门申报其污染物的排放和防治情况，并由环境管理部门审查监督的制度。排污申报登记，对排污者来说，是一项法定义务；对管理机关来说是掌握有关污染物排放和污染防治情况的准确信息的基础工作。这项制度是排污收费制度、排污许可证制度实施的基础。

1982年2月5日国务院发布的《征收排污费暂行办法》中最早规定了排污申报登记制度，作为征收排污费的依据。此后颁布的《水污染防治法》、《大气污染防治法》等法律中，都把排污申报登记规定为一项法律制度。1992年8月国家环境保护局发布的《排放污染物申报登记规定》对这项制度作了具体规定。

二、关于排污申报登记的主要规定

1. 申报登记的适用对象

排污申报登记适用于在我国领域内及管辖的其他海域内直接或者间接向环境排放污染物、工业和建筑施工噪声、产生固体废物的单位。这里的污染物包括废水、废气和其他有害环境的物质。固体废物指工业固体废物、危险废物，不包括生活垃圾等其他废物。排放放射性废物的，有着特殊的申报登记要求。

2. 申报登记的内容

因排放污染物的不同，申报登记的内容也不完全相同。但通常要包括排污单位的基本情况，使用的主要原料，排放污染物的种类、数量、浓度，排放地点、去向、方式，噪声源的种类、数量和噪声强度，污染防治的设施，固体废物的储存、利用或处置场所等。

3. 申报登记的程序

排污申报登记的程序包括：

（1）申报：排污单位必须按所在地环境保护行政主管部门指定的时间填报

---

① 参见2001年8月13日《中国环境报》第1版。

《排污申报登记表》，并提供必要的资料。新建、改建、扩建项目应在污染防治设施竣工并验收合格后一个月内申报登记。

（2）审核：排污单位的行业主管部门负责审核登记的内容。

（3）登记注册：经审核后，向所在地环境保护行政主管部门登记注册，领取《排污申报登记注册证》。

（4）排污变化申报：排污单位在申报内容需发生重大变化时，应在变更前15天，经行业主管部门审核后，向所在地环境保护行政主管部门履行变更申报手续。如果申报登记事项发生紧急重大改变的，必须在改变后的3天内向所在地环境保护行政主管部门提交《排污变更申报登记表》。

需要拆除或闲置污染物处理设施的，必须提前向所在地环境保护部门申报，说明理由。未经环境保护部门同意擅自拆除或闲置污染物处理设施的，视为拒报。

4. 有关法律责任

排污单位拒报或谎报排污申报登记事项的，环境保护行政主管部门可根据有关法律规定给予罚款，并限期补办排污申报登记手续。应当办理变更申报登记手续而未办的，视为拒报，并按拒报给予处罚。

第七节　环境保护许可证制度

一、环境保护许可证制度的概念和形成

环境保护许可证制度，是指从事有害或可能有害环境的活动之前，必须向有关管理机关提出申请，经审查批准，发给许可证后，方可进行该活动的一整套管理措施。它是环境行政许可的法律化，是环境管理机关进行环境保护监督管理的重要手段。

核发许可证是比较广泛、常用的一种许可方式。我国环境法律法规中规定的许可证主要有：排污许可证、建设规划许可证、海洋倾废许可证、取水许可证、林木采伐许可证、木材运输许可证、采矿许可证、养殖使用证、捕捞许可证、特许猎捕证、狩猎证、驯养繁殖许可证、允许进出口证明书、危险废物收集、贮存、处置许可证等。1996年修改的《水污染防治法》增加了对重点污染物排放量的核定制度的规定，这种"核定"实际上也是许可。排污许可证制度是环境保护工作中最常涉及的，而目前我国只在水污染防治方面实行了排污许可证制度。

二、排污许可证制度主要内容

排污许可证制度是有关排放污染物许可证方面的制度。我国于1988年开始进行排放水污染物许可证制度试点工作。国家环境保护局1988年发布了《水污

染物排放许可证管理暂行办法》。根据 1990 年《国务院关于进一步加强环境保护工作的决定》的要求，我国于 1991 年开始在上海等城市进行排放大气污染物许可证制度的试点工作。实践证明，排污许可证制度是实行区域总量控制和污染源控制的有效措施。排污许可证的管理程序一般包括告知、申请、受理、审核、决定、复议、执行、检查、处理等环节。其主要内容有：

1. 排污申报登记

排污申报登记是排污许可证的基础工作，关于"排污申报登记"将在下一节介绍。

2. 污染物排放总量指标分配

确定排污总量控制指标，分配污染物削减指标是排污许可证发放工作的核心内容。各地区按本地的环境容量或环境目标确定污染物总量控制指标和污染物排放削减指标，然后合理地把指标分配给各排污单位。分配给每个污染源的排污量之和不应超过总量控制指标，并应留一定余地。

3. 审核发放许可证

地方环境保护主管部门根据污染物排放总量控制的指标核准排污单位的排污量。对不超出排污总量控制指标的排污单位，颁发《排放许可证》，其有效期为 5 年；对超出排污总量控制指标的排污单位，颁发《临时排放许可证》，并限期削减排放量。《临时排放许可证》有效期限不超过 2 年。经削减达到控制指标后，可申请《排放许可证》。对跨越省、自治区、直辖市界区的排污单位，特殊性质的排污单位，特大型的建设项目，其《排放许可证》和《临时排放许可证》需报国务院环境保护行政主管部门审查核准污染物排放量。

4. 有关法律责任

（1）持有排污许可证的单位不免除缴纳排污费和其他法律规定的责任。

（2）违反《排放许可证》规定额度超量排污的，环境保护部门可以中止或吊销其许可证，并可处 1 万元以下罚款，加倍征收排污费。

（3）许可证被中止或吊销后如继续排污，按无证排放处理（处 5 万元以下罚款，并加倍征收排污费）。

第八节　限期治理制度

一、限期治理制度的概念和形成

限期治理制度，是指对污染危害严重、群众反映强烈的重点排污单位和在特殊保护区域内超标准排污的已有设施，依法采取限定时间、限定内容、限定效果完成治理任务的制度。它是减轻或消除现有污染源的污染，改善环境质量状况的一项环境法律制度，在我国环境管理中已普遍采用。"限期治理"的概念和范围不断得到发展，已从对污染源的限期治理扩展到对区域、流域（如对淮河流域、太湖流域）的限期治理，从对污染物排放的限期治理发展到限期调整工业布局、产业结构、能源与原材料结构等。

"限期治理"的概念，1973 年在第一次全国环境保护会议上提出。1979 年颁布的《环境保护法（试行）》将其作为一项环境管理制度加以明确规定，使之成为一项重要的法律制度。目前各主要环境法律、法规中大都规定了这一制度。

二、限期治理制度的主要内容

限期治理制度的主要内容包括以下几个方面：

1. 限期治理的对象

目前法律规定的限期治理对象主要有两类：

（1）位于特别保护区域内的超标排污的污染源。在依法划定的风景名胜区、自然保护区和其他需要特别保护的区域内，在有关法律颁布之前已经建成的设施，其污染物排放超过规定的排放标准的，要限期治理。

（2）造成严重污染的污染源。对这一类污染源并不是超标排污就限期治理，而是造成了严重污染才限期治理。

2. 限期治理的决定权

限期治理的决定由县级以上人民政府作出。按照法律规定，市、县或者市、县以下人民政府管辖的企业事业单位的限期治理，由市、县人民政府决定；中央或者省、自治区、直辖市人民政府直接管辖的企业事业单位的限期治理，由省、自治区、直辖市人民政府决定。对于小型企业事业单位的噪声污染限期治理，可以由县级以上人民政府在国务院规定的权限内授权其环境保护行政主管部门决定。

3. 限期治理的期限

在 1996 年国务院《关于环境保护若干问题的决定》中明确规定，"限期治理的期限可视不同情况定为 1 至 3 年"。

4. 违反限期治理制度的法律后果

责令限期治理是一种严厉的行政强制措施，对经限期治理逾期未完成治理任务的除依照国家规定加收超标排污费外，还可以根据所造成的危害后果处以罚款，或者责令停业、关闭。

第九节　环境标准制度

一、环境标准与环境标准制度的概念

1. 环境标准

环境标准是国家为防治环境污染，维护生态平衡，保护人体健康，由国务院

环境保护行政主管部门和省级人民政府依据国家有关法律规定制定的技术准则，从而使环境保护工作中需要统一的各项技术规范和技术要求法制化，是环境保护法律体系的组成部分。

2. 环境标准制度

是法律对环境标准的制定、实施以及对实施环境标准的监督所作的规定。

3. 环境标准的作用

（1）是环境保护法律、法规执行的主要依据之一

环境标准用具体的数字来体现环境质量和污染物排放控制的界限，违反了这些界限，污染了环境，就违反了环境保护法。

（2）是衡量环境质量优劣的尺度

制定环境目标，进行环境质量评价，考核某一地区的环境保护工作优劣、都要用环境标准来衡量。

（3）是保护人民健康的重要手段

制定环境标准就考虑到环境质量要维持在使人体健康和生命财产不受损害的水平之上。执行环境标准，就确保了人民生命健康不受污染损害。

二、环境标准制度的形成

环境标准早期是在一些法令、管理条例中出现的，如 1863 年英国制定的《碱业法》就对该行业污染物排放作了具体限制。20 世纪 50 年代后，随着环境污染问题的日益突出，各国在加强污染控制立法的同时注重了环境标准的制定。美国国家环保署 1970 年首次制定了全国性大气环境质量标准。日本 1967 年制定的《公害对策基本法》规定了要制定水、大气、土壤、噪声等环境标准，并在 1973 年完成了大气五项污染物质量标准。国际标准化组织（ISO）在 1972 年开始制定环境基础标准和方法标准，以统一各国环境保护工作中的名词、术语、计量单位、取样方法和监测、分析方法。

我国 1956 年的《工业企业设计暂行卫生标准》、1959 年的《生活饮用水卫生规程》等具有环境质量标准的性质。1973 年颁布了第一部综合性污染物排放标准《工业"三废"排放试行标准》。国家环境保护局成立后，我国的环境标准制定工作全面、系统展开。至 1998 年底，已制定国家环境标准 361 项，环境保护行业标准 34 项。同时，在《环境保护法》和各部单行污染防治法律中都对环境标准的制定、实施作了规定，从而形成了较完整的环境标准制度。1999 年国家环境保护总局对 1983 年由城乡建设环境保护部发布的《环境保护标准管理办法》作了重大修改后重新发布了《环境标准管理办法》，对环境标准制度作了具体规定。

三、环境标准制度主要内容

1. 环境标准的分级

根据《环境标准管理办法》规定，我国的环境标准分为三级：

（1）国家环境标准。

（2）国家环境保护总局标准（即环境保护行业标准）。是在全国环境保护工作范围内统一的技术要求而又没有国家环境标准时制定，如在对环境保护专用仪器设备进行认定时，目前采用的就是《环境保护设备分类与命名》等国家环境保护总局标准。在国家环境标准制定后，相应的国家环境保护总局标准自行废止。

以上两种标准适用于全国，由国家环境保护总局负责制定。

（3）地方环境标准。由省、自治区、直辖市人民政府制定，在其辖区内执行。

地方环境质量标准，是针对国家环境质量标准中未作规定的项目制定。

地方污染物排放标准，一方面可以针对国家污染物排放标准中未作规定的项目制定；另一方面，对国家污染物排放标准中已作规定的项目，可以制定严于国家污染物排放标准的地方标准。在向已有地方污染物排放标准的区域排放污染物时，应执行地方污染物排放标准。

2. 环境标准的分类

环境标准按用途可以划分为五类：

（1）环境质量标准：是为保护自然环境、人体健康、社会财富，限制环境中有害物质和因素而规定的有害物质在一定时间内和空间范围内有害物质的容许浓度或有害因素的容许水平。如《地面水环境质量标准》、《环境空气质量标准》、《城市区域环境噪声标准》等。在对各类环境功能区实施环境管理，确定环境政策目标，进行环境影响评价，制定污染物排放标准都要依据环境质量标准，对一个地区环境是否被污染，或污染是否严重，也只能依据环境质量标准判断。

（2）污染物排放标准：是为实现环境质量标准，结合经济与技术条件和环境特点，对排入环境的污染物或有害因素进行限制所规定的允许排放水平。这是环境执法的主要依据。要求企业实现"达标排放"，就是指达到污染物排放标准。目前污染物排放标准主要是"浓度控制标准"，如《污水综合排放标准》、《大气污染物综合排放标准》、《工业企业厂界噪声标准》等。实行污染物总量控制的区域中的建设项目，在执行污染物排放标准时还应执行污染物排放总量控制指标。

（3）国家环境基础标准：是为统一环境保护工作中的技术术语、符号、代号（代码）、图形、指南、守则及信息编码而制定的规范。基础标准只有国家标准，没有地方标准。

（4）国家环境监测方法标准：是为环境监测规范采样、分析测试、数据处理等技术而制定的标准，如《锅炉烟尘测试方法》等。方法标准也只有国家标准，没有地方标准，这样可确保各地监测结果的可比性、可靠性。判断环境纠纷双方所出示的"证据"是否合法，往往要看其监测方法是否符合监测方法标准。

（5）国家环境标准样品。是为保证环境监测数据的准确可靠，对用于量值传递或质量控制的材料、实物样品制定的，用于对监测人员的质量控制考核、校准、检验分析仪器、配制标准溶液、分析方法验证等方面，如《水质 COD 标准样品》、《烟度卡标准》等。

上述标准都是必须执行的"强制性环境标准"。对不执行的，应依据法律法规有关规定予以处罚。

此外还有一类"推荐性环境标准"，国家鼓励自愿采用（如 ISO214000 系列环境管理标准）。

第十节　环境监测制度

一、环境监测制度的概念

环境监测制度是环境监测的法律化，是围绕环境监测而建立起来的一整套规则体系。它通常由环境监测组织机构及其职责规范、环境监测方法规范、环境监测数据管理规范、环境监测报告规范等组成。

二、环境监测制度的形成

1973 年 8 月，第一次全国环境保护会议以后，随着环境保护工作的开展，环境监测工作开始受到重视，环境监测立法工作也开始起步。国发〔1973〕158 号文是第一个对环境监测制度作出规定的法律文件，该文对环境监测机构的职权、设置作出了规定。

1979 年颁布的《环境保护法（试行）》第 26 条规定："国务院环境保护行政主管部门统一组织环境监测，调查和掌握全国环境状况，提出改善措施"。1988 年的《大气污染防治法》第 16 条规定"国务院环境保护部门应当建立大气污染监测制度，组织监测网络，制定统一的监测方法"。对此，1989 年颁布的《环境保护法》从基本法的高度进行了确认，该法第 11 条规定："国务院环境保护行政主管部门建立监测制度，制定监测规范，会同有关部门，组织监测网络，加强对环境监测的管理"。1996 年 5 月修订的《水污染防治法》，增加了国家确定的重要江河流域的水资源保护工作机构负责监测所在流域省界水体的内容。

三、环境监测制度的内容

1. 环境监测的分类

（1）常规监测，也叫例行监测。

（2）污染事故监测，又称应急性监测。

（3）研究性监测。

（4）咨询服务性监测。

2. 组织机构及其职责

（1）管理机构及职责

根据我国有关法律的规定，国务院环境保护主管部门和地方各级环境保护主管部门，负责统一管理环境监测工作。其职责主要是：下达监测任务；制定有关监测的规划、计划；制定各项制度和技术规范；组织和协调监测网的工作；组织编报环境监测报告。

（2）监测机构及职责

环境保护系统设置了四级监测站：一级站为中国环境监测总站；二级站为各省级环境监测中心站；三级站为各省辖市级环境监测站（或中心站）；四级站为各县级监测站。由这些监测站牵头与有关部门的监测力量共同组成我国的全国监测网络。全国监测网分为国家网、省级网和市级网三级。各监测站的职责主要是制定有关规划、计划、进行各项监测、参与污染事件调查等。环境监测网中各成员单位应互相协作。

海洋环境的监测由国家海洋行政主管部门负责，会同有关部门组织进行。关于海洋环境监测的管理，在本书"海洋环境保护法"一节详细介绍。

3. 环境监测报告制度

环境监测实行月报、年报与定期编报环境质量报告的制度。建立自动连续监测站的地区，则应逐步建立监测日报制度。报告中的各项基础数据和资料，由各级监测站按要求提供。环境保护行政主管部门是提出监测报告书的责任者，同级人民政府为接受者。各级监测站在提供有关数据的同时并应一年一度地编写监测年鉴，监测年鉴及有关数据在报主管部门的同时抄送上一级监测站。

第十一节　其他环境法律制度

一、污染事故报告制度

1. 污染事故报告制度的概念与意义

因发生事故或者其他突然事件，造成或者可能造成污染事故、危害人体健康的单位，除了必须立即采取措施进行处理外，还必须及时通报可能受到污染的单位和居民，并向当地环境保护部门和有关部门报告，接受调查处理。这就是污染事故报告制度。污染事故报告制度是防止污染损害或污染损害后果扩大的有效措施。

我国的污染事故报告制度始见于 1982 年的《海洋环境保护法》，该法第 34 条规定，船舶造成污染时，应当立即采取措施，控制和消除污染，并向就近的港务监督报告。在《环境保护法》、《水污染防治法》、《大气污染防治法》中都重申了此项制度。在《水污染防治法实施细则》中对污染事故报告的时间、内容作了具体规定。1987 年国家环境保护局发布的《报告环境污染与破坏事故的暂行办法》对事故的分级、报告程序、内容等进行了规定。

2. 污染事故报告制度的法律规定

我国的污染事故报告制度，正逐渐趋于完善和成熟。污染事故报告制度一般包括以下内容：

（1）报告人：一是造成污染事故的企事业单位或者个人。如发生拆船污染损害事故时，拆船单位或者个人就必须立即把事故情况报告有关主管部门等。二是对污染事故毫无关系的其他人（包括单位）。如《海洋环境保护法》第 36 条规定："所有船舶均有监视海上污染的义务，如发现违章行为和污染情事，应当立即向就近的港务监督报告，渔船也可以向就近的渔政渔港监督管理机构报告"。三是环境保护部门的报告。

（2）接受报告人：一是受到或者可能受到污染危害的居民和单位。二是污染发生地环境保护行政主管部门和有关部门，包括港务监督、渔政渔港监督主管部门等等。

（3）报告内容：重大或特大污染事故报告分速报（初步报告）、确报和处理结果报告三类。速报是指污染事故发生后，就其表面情况所作初步陈述的报告，可采用电话、电报、派人报告等方式。内容应当包括：污染事故发生的时间、地点、过程、类型、污染源、主要污染物、经济损失，人员受害的情况等。确报是指事故查清后用电话或书面方式进行报告。内容包括：污染发生的原因、过程、采取的应急措施等。处理结果报告又称终结报告，在事故处理结束后进行，采用书面报告，内容包括：处理措施、过程、结果、事故潜在的危害、社会影响、遗留问题和防范措施等，并附有关证件。

（4）报告时间："速报"在发现事故后 48 小时之内上报，"确报"在查清有关基本情况后立即上报，"处理事故报告"在事故处理完后立即上报。另外，还有一种是定期报告制度。如《海洋石油勘探开发环境保护管理条例》规定："企业和企事业者在每季度末 15 日内，应按主管部门批准的格式，向主管部门综合报告该季度防污情况及污染事故的情况"。

（5）报告的目的：一是希望可能受危害的单位和居民，尽快想尽办法，避免或减轻危害，保护公众的生命财产安全。二是希望接到执行的行政主管部门，能及时组织人员，进行抢救，并对该事故进行调查处理。《水污染防治法实施细则》规定："环境保护部门在接到水污染事故的初步报告后，应当立即会同有关部门采取措施，减轻或者消除污染，对事故可能影响的水域进行监测，并由环境保护部门或者其授权的有关部门对事故进行调查处理。"

二、现场检查制度

1. 现场检查制度的概念、特征和形成

环境保护现场检查制度是关于环境保护部门和有关的监督管理部门对管辖范围内的排污单位进行现场检查的一整套措施、方法和程序的规定。它能够促使排污单位依法加强环境管理，积极采取污染防治措施，减少污染物的排放和消除污染事故隐患，并可以使环境管理机关及时发现和处理环境违法行为。

该制度区别于其他环境法律制度的特征主要有：

（1）检查主体和内容的特定性。从事环境保护现场检查的机构只能是法定的行政机关，未经法律、法规授权的机构无权进行现场检查。其检查的内容也必须是法定的与环境保护有关的事项，而不是对被检查单位的任何活动现场都能检查。

（2）检查行为的强制性，环境保护现场检查是一种单方的行政行为，进行现场检查不需要取得被检查单位的同意。对拒绝现场检查的单位和个人，可以给予行政处罚。

（3）检查时间的随机性。检查机关可以随时对排污单位进行现场检查，而且不必事先通知被检查单位。

环境保护现场检查制度，在我国产生于 20 世纪 70 年代，发展于 80 年代，成熟于 90 年代初。1982 年颁布的《海洋环境保护法》第 5 条和第 37 条规定了有关内容，1983 年国务院发布的《海洋石油勘探开发环境保护管理条例》第 20 条规定了海洋主管部门有权对海洋石油勘探开发使用的平台和有关设施进行现场检查。1984 年颁布的《水污染防治法》以法律的形式将现场检查作为一项制度正式规定下来。此后颁布的一系列环境法律、法规都规定了这一制度。国家环境保护局 1991 年发布的《环境监理工作暂行办法》和 1992 年发布的《环境监理执法标志管理办法》，对环境保护监督管理机关和人员的现场检查活动作了比较具体的规定。

2. 主要内容

综合有关法律、法规和规章的规定，这一制度的内容主要包括以下几个方面：

（1）现场检查的主体及其权力和义务。有权进行环境保护现场检查的机关为县级以上环境保护行政主管部门或者其他依法行使环境监督管理权的部门。其他环境监督管理部门主要包括：海洋行政主管部门、港务监督、渔政渔港监督、军队环境保护部门和各级公安、交通、铁道、民航管理部门，县级以上人民政府的土地、矿产、林业、农业、水利行政主管部门等。各部门可以在本部门管辖的范围内依法进行现场检查。检查机关在进行现场检查时，应当向被检查者出示检查证件，并为被检查者保守技术秘密和业务秘密。

（2）被检查者的义务和权利。被检查者有义务接受现场检查，如实反映情况，并提供排污和其他必要的资料。被检查者有权要求检查机关的检查人员出示检查证件。对不出示检查证件的人员，被检查者可以拒绝检查。

（3）现场检查的内容，主要包括执行国家环境污染法规、政策的情况，具体包括"三同时"执行情况，污染排放情况，污染治理设施运行情况，限期治理情况等。

（4）违法责任。被检查者如果拒绝环境保护行政主管部门和有关的监督管理部门依法进行的环境保护现场检查，或者在检查时弄虚作假，提供不真实的排污情况或其他资料，环境保护行政主管部门或有关的监督管理部门可以根据不同情节，给予警告或罚款处罚。检查机关及其工作人员因故意或过失泄露被检查者的技术秘密和业务秘密的，应当依法承担法律责任。

三、落后工艺设备限期淘汰制度

1. 概念

落后工艺设备限期淘汰制度，是指对严重污染环境的落后生产工艺和设备，由国务院经济综合主管部门会同有关部门公布名录和期限，要求有关单位和个人在规定的期限内停止生产、销售、进口和使用应淘汰的设备和停止采用淘汰工艺的法律制度。

实施该制度的目的在于促进企业采用资源利用效率高、污染物排放量少的清洁生产工艺和先进设备，减少污染物的产生。这项制度是我国预防为主，防治结合原则的具体体现，与国际上流行的清洁生产制度是一致的。

我国的环境法律法规中，很早便有了关于生产设备、工艺和质量要求的规定，如1979年颁布的《环境保护法（试行）》第18条第一款规定："积极试验和采用无污染或少污染的新工艺、新技术、新产品"；在1987年颁布的《大气污染防治法》第17条规定了应在锅炉产品质量标准中规定烟尘排放标准的相应要求，达不到规定要求的锅炉不得制造、销售和进口。

1995年修改的《大气污染防治法》第15条首次对这项制度作了明确具体的规定。该法第40条还规定了违反本规定的法律责任。1996年在修改《水污染防治法》时在第22条和第50条作出了与《大气污染防治法》相一致的规定。《固体废物污染环境防治法》和《环境噪声污染防治法》也都作出了相应规定，从而使限期淘汰污染严重的落后生产工艺和设备成为一项法律制度。

2. 主要内容

该制度的主要内容为：

（1）淘汰的对象：指严重污染水环境、大气环境，以及造成严重的固体废物和环境噪声污染的落后生产工艺、落后生产设备。

（2）公布淘汰名录：为了避免执行这项制度的随意性，有关法律都规定了应公布限期淘汰设备的名录。

（3）执法主体。根据规定，限期淘汰的名录及其淘汰期限由国务院经济综合主管部门会同国务院有关部门公布，在全国范围内施行。在该制度的具体施行过程中，对于情节严重，需要责令其停业、关闭的单位，由县级以上人民政府按国务院规定的权限作出责令停业、关闭的决定。

（4）淘汰设备的处理。根据法律规定，淘汰下来的设备，不得转让给他人使用。

3. 违法后果

根据规定，违反落后工艺和设备限期淘汰制度的生产者、销售者、进口者或使用者将被处以责令改正、停业或关闭等处罚。

四、奖励制度

1. 概念

环境保护奖励，是以法律形式规定的对环境保护有显著成绩和贡献的单位和个人表扬和嘉奖，这是一种肯定性的环境法律后果。它对于调动人们参与环境保护的积极性，促进环境保护事业的发展有着十分重要的作用。

2. 主要内容

（1）环境奖励的条件。我国《环境保护法》规定："对保护和改善环境有显著成绩的单位和个人，由人民政府给予奖励"。这一规定包括两方面的含义：

A. 必须是对环境保护作出成绩的单位和个人。包括在综合利用、减少污染物排放、治理污染、保护自然环境和生态平衡方面以及同污染破坏环境的行为坚决斗争等方面作出成绩，还包括在环境管理、环境监测、环境科研和环境宣传教育等方面作出成绩。

B. 作出的成绩要显著。

（2）环境奖励的形式：分为荣誉性奖励、财物性奖励和职位性奖励。

A. 荣誉性奖励，通常又叫精神鼓励。对个人的荣誉性奖励包括表扬、颁发奖状、证书、授予环境保护先进工作者、劳动模范等荣誉称号，记功、记大功、通令嘉奖等；对单位的荣誉性奖励方式有授予荣誉称号，颁发奖状、奖旗，通报表扬、通令嘉奖等。

B. 财物性奖励，通常又叫物质奖励。它既使受奖者有一定的荣誉感，又使受奖人得到一定的物质利益，其激励作用比较明显。

C. 职位性奖励，是指给受奖人晋级和升职的奖励。这是一种荣誉性奖励和财物性奖励相结合的奖励形式。

在环境奖励的实践中，往往是各种奖励形式综合运用，而不是只使用一种奖励。例如，既记功，又颁发奖金，或既授予荣誉称号，又晋级、升职。

（3）环境奖励的实施：包括奖励的程序、奖励的实施机关，还包括奖励资金的筹集方式等。

A. 奖励实施机关

这是环境行政奖励的主体要件。各级环境保护、公安、港务监督、渔政渔港监督、交通、铁道、海洋、土地、矿产、林业、农业、水利等环境执法主体只能在相关法律规定的权限范围内决定授予受奖者某方面的环境行政奖励，而不能超越职权任意行使，否则，环境行政奖励将因缺乏主体要件而无效。

B. 奖励实施程序

环境保护行政奖励的程序，国家目前尚无统的一规定。但从环境行政执法的实践看，环境保护行政奖励的程序大体可分为：

a. 奖励的提出，包括自行申请或申报、群众讨论评选、有关单位或个人推荐。

b. 奖励的审查批准，由相应的环境行政主体对奖励的申请予以审批，审批权限一般应同奖励权限一致。

c. 奖励的公布、评议，这是奖励公开原则的具体体现，也是保证奖励公正的一条重要途径，通常在奖励被批准后和颁发之前的一定时间内向社会或在一定范围内公开。

d. 授予奖励，将环境行政奖励正式授予单位和个人，并在适当的会议或报刊上发布。

C. 奖励的资金来源

根据我国现行法律的规定，环境奖励资金的来源主要有以下几个渠道：一是国家和地方财政的拨款；二是受益单位的付款；三是由环境保护行政主管部门掌握的20％的排污费中的一部分；四是团体、组织和个人对环境保护的捐款。

第五章　环境资源法律责任

第一节　环境资源法律责任概述

一、环境资源法律责任的概念

环境资源法律责任是指违反环境资源法律法规的单位或个人，对其造成或可能造成环境污染与资源破坏的行为所应承担的法律后果。所承担的法律后果通常表现为受到某种法律制裁。行为违反环境资源保护法律法规的规定或造成环境污染及其他危害是承担环境资源法律责任的前提，法律制裁是环境资源法律责任的必然结果。

环境资源法律规范和其他法律规范一样，在逻辑上由三部分组成，即假定、处理和制裁。法律制裁是保证法律规范得到遵守的最有效的手段，是法律规范所具有的国家强制性的最集中的体现。因此，环境资源法律责任是环境资源法律规范的重要组成部分。我国的《环境保护法》、《海洋环境保护法》、《水污染防治法》、《大气污染防治法》、《土地管理法》、《矿产资源法》等法律、法规，专门设立了"法律责任"一章，对我国的环境资源法律责任作出了明确的规定。

二、环境资源法律责任的特点

从有关法律、法规对环境资源法律责任的规定来看，环境资源法律责任与其他法律责任相比较，有一定的特殊性，具体表现为：

1. 综合性

由于环境资源法是一门综合性的法律学科，它与行政法、民法、刑法等法律部门有许多交叉、重叠，环境资源法律法规就是由多种法律规范综合而成的。环境资源法的这一特征就决定了环境资源法的法律责任不可能象行政法、民法、刑法的法律责任那样，成为一种特定的法律责任，而是由多种特定的法律责任组合在一起的一种综合型的法律责任，具有综合性。对行为人追究什么样的法律责任要视其所违反的环境资源法律规范的性质及社会危害后果而定。从我国目前的环境资源法律、法规的规定来看，环境资源责任一般由环境资源行政法律责任、环境资源民事法律责任和环境资源刑事法律责任这三种法律责任构成。

2. 法律制裁的严厉性

由于环境污染和资源破坏直接危及人类的生存，危害人体的健康，具有极大的社会危害性，因此对违反环境资源法律、法规的行为必须予以严厉的法律制裁。我国的环境资源法对法律责任的规定，在许多方面都体现了这种严厉性，如在环境资源行政法律责任中规定，对严重污染水或大气，造成重大经济损失的行为，最高可处以 20 万元的罚款；对将我国境外的固体废物进境倾倒、堆放、处置或擅自进口固体废物用作原料的，最高可处 100 万元的罚款。对一些严重污染环境的企事业单位，可以责令其停业或关闭；对污染行为追究民事责任实行无过错责任原则；在环境刑事法律责任中规定，对擅自进口固体废物、非法猎捕、杀害国家重点保护的珍贵、濒危野生动物等环境犯罪行为，情节特别严重者，可处10 年以上有期徒刑，并处罚金或者没收财产。

3. 承担环境资源法律责任的独特性

这一点集中体现在环境民事责任中，环境民事责任与一般民事责任有一定的区别，具有自身的独特性，这种独特性突出表现在两个方面；第一，一般的法律责任必须以行为人的行为违法为前提，若行为不违法就不需要承担法律责任。但环境民事责任则不同，除了对行为人违反环境资源法律、法规的行为追究法律责任外，在某种特定情况下，对行为人一些符合法律、法规规定的行为也要其承担一定的民事责任。第二，承担环境民事责任不以主观上有无过错为前提，不管行为人主观上有无过错（包括故意和过失），只要在客观上污染了环境，造成他人财产或人身损害，就需要其承担相应的民事责任。

第二节　环境资源行政责任

一、环境资源行政责任的概念

环境资源行政责任是指环境资源行政法律关系主体由于违反环境资源行政法律规范或不履行行政法律义务而依法应承担的行政法律后果。

环境资源行政责任主要是针对那些性质属于轻微违法或违反行政纪律，尚不够追究刑事责任，因而只能从行政上追究违法者的法律责任的情况。环境资源行政违法行为是承担环境资源行政法律责任的前提，行政制裁是环境资源行政责任的必然结果。行政制裁又分为行政处分和行政处罚两类。

二、环境资源行政责任的构成要件

构成环境资源行政责任必须具备一定的条件，这些条件就是环境资源行政责任的构成要件。在一般情况下，构成环境资源行政责任必须具备两个条件：即行为人主观具有过错；有违反环境法律、法规或其他行政法律、法规的行为。在特定情况下，除具备上述两个条件外，还必须具备其他条件，其中主要有行为的危害结果，违法行为与危害结果之间的因果关系。

1. 行为人主观上具有过错

过错包括故意和过失。所谓故意是指行为人明知自己的行为会造成污染或破坏环境的结果，还希望或放任这种结果的发生。希望危害环境结果发生的称为直接故意，放任危害环境结果发生的称为间接故意；所谓过失是指行为人应当预见到自己的行为可能导致危害环境结果的发生，却因疏忽大意没有预见或虽已预见到但轻信能够避免，以致发生了污染或破坏环境的危害结果。判断行为人有无过错及过错的形式，对于行为人是否承担环境资源行政责任以及应受到何种法律制裁有着密切的关系。行为人有过错是承担环境行政责任的必要条件，在环境行政案件中，行为人没有过错就不应当承担法律责任；而过错越严重，所承担的法律责任相应的就越大。在实践中，破坏资源的行为多表现为故意，污染环境的行为多表现为过失或间接故意。

对于造成环境污染和破坏的行为人，判断其主观上是否具有过错，有时比较困难，因为环境污染和破坏行为与损害结果之间的因果关系一般难以预见，环境污染和破坏常常出现潜伏性、积累性和交叉性等特征，某种行为所造成的危害后果往往要经过很长的潜伏期以后或者积累到一定程度以后才会表现出来，这就会给行为人造成主观上的错觉，导致判断失误。另外，有些危害后果是由多个污染或破坏行为共同造成的，在这种情况下，行为人要预见自己行为的结果就更加困难。如何判断造成环境危害的行为人主观是否具有过错，这是一项较为复杂的工作，主要应从两个方面来进行判断：一是行为人的预见能力，包括行为人的年龄、教育程度、专业知识特别是环境保护知识、工作经验、技术水平等。二是一些客观情况，包括国家对该项污染有无提出预防要求；行为人在客观上是否作了预防的努力（如是否配置了污染处理设施）；有类似污染物排放的企业处理该类污染的情况等。只有把这两方面的情况综合起来，进行判断分析，才能确定行为人主观上是否具有过错。

2. 行为人的行为违反了环境资源法律、法规或其他行政法律、法规的规定

违法行为是构成环境资源行政责任的又一必要条件，行为人的行为只有在违法的情况下才须承担法律责任，否则就不承担法律责任。而且行为人的违法行为一般是比较轻微的才承担行政法律责任，如属严重违法并已触犯刑律，则需要承担刑事法律责任。综合我国《环境保护法》、《水污染防治法》、《大气污染防治法》等法律、法规规定，我国目前规定的主要的环境行政违法行为可归纳为：

（1）拒绝环境保护行政主管部门或者其他依照法律规定行使环境监督管理权的部门现场检查或者在被检查时弄虚作假的行为；

（2）拒报或者谎报国务院环境保护行政主管部门规定的有关污染物排放申报事项的行为；

（3）不按国家规定缴纳超标准排污费的行为；

（4）引进不符合我国环境保护规定要求的技术和设备的行为；

（5）将产生严重污染的生产设备转移给没有污染防治能力的单位使用的行为；

（6）建设项目的防治污染设施没有建成或者没有达到国家规定的要求，而投入生产或者使用的行为；

（7）未经环境保护行政主管部门同意，擅自拆除或者闲置防治污染的设施，污染物排放超过规定的排放标准的行为；

（8）违反环境保护法律、法规规定，造成环境污染事故的行为；

（9）限期治理逾期未完成治理任务的行为；

（10）违反有关资源法的规定，造成土地、森林、草原、水、矿产、渔业、野生动植物等资源的破坏的行为。

除这些主要的环境行政违法行为外，还有其他一些违法行为，如违反《水污染防治法》的规定，向水体倾倒、排放污染物的行为；违反《大气污染防治法》的规定，在人口集中地区焚烧沥青、油毡以及其他产生有毒有害烟尘和恶臭气体的物质的行为等①。

环境行政责任除上述两个构成要件外，在特定情况下，还需要具备行为的危害结果及危害结果与违法行为之间具有因果关系等要件，如未经环境保护行政主管部门同意，擅自拆除或者闲置防治污染的设施作为一种环境行政违法行为，行为人要承担相应的法律责任，必须是在其违法行为造成了超标准排污这一危害后果情况下才能成立，而且超标准排污必须与擅自拆除或者闲置防治污染的设施之间具有因果关系。如果擅自拆除或者闲置防治污染的设施，没有造成超标准排污，或者与超标准排污之间没有因果关系，就不构成此种法律责任。可见在某些情况下，危害结果及危害结果与违法行为之间的因果关系也是构成环境行政责任的要件。

三、环境资源行政责任的种类

环境资源行政责任可分为两大类，即行政处分和行政处罚。

1. 行政处分

行政处分是指国家机关、企业事业单位按行政隶属关系，对轻微违反环境保护法律、法规及其他行政法律、法规或违反内部纪律的所属工作人员的一种制裁，有时也称为纪律处分。

根据我国《国家公务员暂行条例》和《企业职工奖惩条例》等法规的规定，行政处分的种类有：警告、记过、记大过、降级、撤职、开除等，行政处分只能

---

① 参见张坤民、金瑞林主编，《环境保护法讲话》，清华大学出版社，1990年版。

由国家机关、企业事业单位作出，处分对象只能是本部门或本系统内部轻微违法的工作人员，作出处分时必须按照行政隶属关系进行。

我国的环境保护法律、法规明确规定，对一些环境行政违法行为要给予行政处分。如《环境保护法》第38条规定：对违反本法规定，造成环境污染事故的企业、事业单位，由环境保护行政主管部门或者其他依照法律规定行使环境监督管理权的部门根据所造成的危害后果处以罚款；情节较重的，对有关责任人员由所在单位或者政府主管机关给予行政处分。《水污染防治法》第53条、《大气污染防治法》第43条、《环境噪声污染防治法》第57条都有类似的规定。另外，对违法的环境保护监督管理人员也有行政处分的规定。如《环境保护法》第45条规定：环境保护监督管理人员滥用职权、玩忽职守、徇私舞弊的，由其所在单位或者上级主管机关给予行政处分。《大气污染防治法》第48条、《野生动物保护法》第38条也有类似的规定。

2. 行政处罚

行政处罚是指国家行政机关依法对违反环境资源法律、法规或其他行政管理法规应受惩罚的行政管理相对人给予的行政制裁。行政处罚也称为行政罚。

根据《中华人民共和国行政处罚法》及有关环境资源法的规定，我国在环境资源领域适用的行政处罚的种类主要有：警告、罚款、吊销执照或许可证、责令停止生产或者使用、责令停业关闭、没收财物、行政拘留等。

（1）警告。这是一种最轻微的行政处罚。我国各主要的环境保护法律、法规，都有该种处罚的规定。如《环境保护法》第35条规定，对不按国家规定缴纳超标准排污费的，可以给予警告。警告分为口头警告和书面警告两种形式，是对环境行政违法行为人所作的一种谴责和警诫。

（2）罚款。这是行政处罚中应用最普遍的一种处罚，是有关行政机关对违反环境保护法律、法规，不履行法定义务的相对人所给予的一种经济上的制裁。从我国环境保护法律、法规的规定看，对罚款的规定有两个特点：一是适用面广，几乎所有的环境保护法律、法规都有罚款的规定；二是罚款的上限与下限之间的幅度比较大，如在《水污染防治法实施细则》中规定，对违反水污染防治法律、法规的行为，所处的罚款下限为300元，上限为20万元。之所以会出现这样两个特点，是由于环境行政违法行为自身的特殊性所决定的。

（3）吊销执照或许可证。这是对持有某种执照或许可证的相对人在其行为违反许可的内容或范围时所进行的处罚。如《水污染防治法实施细则》第24条规定：不按照排污许可证或者临时排污许可证的规定排放污染物的，应当限期改正，并处以5000元以上10万元以下罚款。情节严重的可以吊销排污许可证或者临时排污许可证。另外还有，违反《放射性同位素与射线装置放射防护条例》的有关规定，吊销许可登记证；违反保护自然资源方面的法律规定，吊销采矿许可证、狩猎证、捕捞许可证等等，执照或许可证一旦被吊销，执照或许可证中所确认的相对人的权利也就随之失去，相对人如再从事这些活动就是一种违法行为。

（4）责令停止生产或者使用。该处罚主要适用于产生污染的建设项目在防治污染设施没有建成或者在没有达到国家规定的要求的情况下，就投入生产或者使用等违法行为。如《大气污染防治法》第41条规定：建设项目的大气污染防治设施没有建成或者没有达到国家有关建设项目环境保护管理的规定的要求，投入生产或者使用的，由审批该建设项目环境影响报告书的环境保护部门责令停止生产或者使用。该处罚一旦作出，有关建设项目就要停止生产或者停止使用，等到防治污染设施建成或者达到国家规定的要求后，才能投产或者使用。

（5）责令停业、关闭。这是一种极重的行政处罚，主要适用于经限期治理逾期未完成治理任务的企业事业单位。如《固体废物污染环境防治法》第62条规定：对经限期治理逾期未完成治理任务的企业事业单位，可以根据所造成的危害后果处10万元以下的罚款，或者责令停业、关闭。该处罚一般由作出限期治理决定的人民政府决定；责令中央直接管辖的企业事业单位停业、关闭，须报国务院批准。

（6）没收财物。没收财物包括没收从事违法活动的工具、物品和没收违法活动的所得。没收财物主要适用于破坏自然资源的违法行为，如《野生动物保护法》第32条规定，在禁猎区、禁猎期或者使用禁用的工具、方法猎捕野生动物的，由野生动物行政主管部门没收猎获物、猎捕工具和违法所得。同时，根据《治安管理处罚条例》的规定，对其他一些环境行政违法行为也可以处以没收财物的处罚，如未经批准在公共区域使用大功率的广播喇叭，公安机关就可以没收。

（7）行政拘留。是由公安机关对违反环境保护法律、法规，不履行环境保护法定义务的相对人，依照《治安管理处罚条例》的规定，在短期内限制其人身自由的处罚。我国许多环境资源法律、法规都规定，对某些环境行政违法行为可以依照《治安管理处罚条例》进行处罚，如《野生动物保护法》第33条、《矿产资源法》第41条等。对环境行政违法行为只要依照《治安管理处罚条例》进行处罚，就有可能受到行政拘留的处罚。行政拘留是一种较为严厉的行政处罚措施，行政拘留的期限为1日以上15日以下。

环境保护行政处罚措施，除上述几种外，还有其他种类，如责令重新安装使用等。

3. 行政处分与行政处罚的区别

行政处分与行政处罚虽然都属于行政制裁，但两者之间有着明显的区别，主要表现为：

（1）作出的机关不同。行政处分是由违法失职行为人所属的机关或组织作出的；而行政处罚则是由有权的环境保护行政执法部门作出的。前者是一种内部行政行为，后者则是一种外部行政行为。

（2）对象不同。行政处罚可以适用于自然人也可以适用于法人，其中有的处罚形式如责令停业、关闭等只能适用于法人，而且行政处罚如果适用于自然人时，则不管该自然人是不是属于国家公职人员或企事业单位职工；但行政处分只能适用于国家公职人员或企事业单位职工。

（3）适用的违法行为性质不同。行政处分除了适用于一般违法行为外，还包括违反内部规章制度的行为；行政处罚则适用于违反行政法规行为。而且从行为的违法程度来看，行政处分适用于较轻微的违法行为，行政处罚适用于稍重的违法行为。

（4）形式不同。如前所述，行政处分的形式包括警告、记过、记大过、降级、撤职、开除等；行政处罚的形式则有警告、罚款、吊销执照或许可证、责令停止生产或者使用、责令停业、关闭、没收财物、行政拘留等。

第三节　环境资源民事责任

一、环境资源民事责任的概念

环境资源民事责任是指因污染或破坏环境，侵害了国家、集体财产或他人的财产与人身权利而应当承担的民事方面的法律责任。

环境资源民事责任主要是一种侵权行为责任。我国《环境保护法》第41条规定："造成环境污染危害的，有责任排除危害，并对直接受到损害的单位或者个人赔偿损失"。可见，环境资源民事责任主要是因为行为人的行为侵害了他人的合法环境权益时所需承担的一种责任。环境民事责任可以单独适用，也可以同环境行政或刑事责任同时适用。我国《民法通则》规定，对承担民事责任的公民、法人需要追究行政责任的，应当追究行政责任；构成犯罪的，对公民、法人应当依法追究刑事责任。

二、环境资源民事责任的构成要件

构成民事法律责任，一般须具备四个要件，即：行为要具有违法性；须发生损害事实；行为与损害事实之间要具有因果关系；行为人主观上要有过错。但构成环境民事责任，在行为的违法性和主观过错这两个要件上，有一些特殊性。

1. 发生了损害事实

损害事实是构成民事法律责任特别是损害赔偿民事责任的必要条件。违反民事义务或者侵犯他人权利的行为，在通常情况下，会对受害人造成财产或人身危害后果。如果行为尚未造成损害事实，就不构成侵权行为，行为也就不需要承担环境民事责任。

环境损害可分为直接损害与间接损害。直接损害是指侵权行为直接引起的受害人财产的减少、丧失和生命健康的损害，如农作物减产、养殖鱼虾死亡、人身伤亡等。间接损害是指由于侵权行为间接导致的正常情况下可以期待获得而现在未能获得的那部分收入，如鱼苗死亡而未能得到成鱼的收入等。从公平原则考虑，不补偿受害人遭受的间接损失是不合适的，尤其是当间接损害远远超出直接损害的情况下，只补偿直接损害不仅不能充分保障受害人权益，而且也不能真正起到制裁、威慑环境损害行为的作用。

环境损害还可分为物质损害与精神损害。前者是经济利益上的损失；后者是精神上、心理上的损伤，很难用金钱计算，如对舒适权、观赏权、宁静权的损害。

2. 行为与损害事实之间具有因果关系

一般民事责任通常采取"相当因果关系论"，即行为与损害结果之间有客观的、本质的、必然的联系，而且还必须原告举证来说明这种因果关系的存在。环境民事责任在许多情况下则不再要求有如此严格的证明，而代之以"因果关系推定论"，即侵权行为与损害结果之间，只要有"如无该行为，就不会发生此结果"的某种程度的可能性，就可认定有因果关系存在。被告除非举出反证，证明因果关系不存在，否则就要承担法律责任。

3. 行为的违法性

行为的违法性是构成一般环境资源民事责任的要件，但在某些特殊情况下，可以不把行为的违法性作为要件。如企业在符合国家污染物排放标准的情况下排放污染物，虽然排放行为是合法的，但如果该行为所产生的环境污染仍然对周围居民的财产或人身造成危害，同样可以要求排放污染物的企业承担一定的民事责任。我国《环境保护法》第41条规定："造成环境污染危害的，有责任排除危害，并对直接受到损害的单位或者个人赔偿损失"。在这里，并未规定加害人只有从事了违反环境法的行为，才承担赔偿责任，而只规定，引起污染危害的，不论其排污是合法的还是非法的，都应当承担损害赔偿责任。我国的《水污染防治法》第55条、《大气污染防治法》第45条也都有类似的规定。

在特殊情况下，之所以不把行为的违法性作为构成要件，主要是考虑到环境侵害行为的复杂性与间接性。

首先，与传统的侵害行为相比较，环境侵害显得十分复杂，往往涉及许多技术问题，行为人对其行为的认知程度，行为与损害发生的程度、内容之间的关系等很难弄清，况且环境侵害行为常常是经过多种因素长时间的复合累积后才逐渐形成侵害的，而这多种因素中的每个单一的排污行为或环境开发行为大多又是合法的，如果将违法性作为每个单一的排污行为或环境开发行为承担责任的构成要件，在很多情况下，便很难追究行为人的责任。

其次，环境侵权行为一般是通过空气、水、土壤、生物等环境要素为中介而发生的，不像一般侵权行为是直接针对他人的侵犯。这种侵权行为的间接性及其侵害过程的复杂性就决定了特定的情况下，行为人即使未从事违法活动也可能造成环境污染或破坏。比如某个生产性企业或团体在符合国家排污标准的情况下将一定数量和浓度的污染物排入环境，这原本是合法的行为。但是如果当地污染源高度集中，在多次作用、综合作用下，污染物便很可能超出环境的可承载量而损害环境，并危及周围居民的财产或人身安全。

基于环境侵害行为的复杂性与间接性，在特殊情况下，不宜将侵害行为的违法性作为法律责任的构成要求，否则将不利于保护受害人的合法权益。

三、无过错责任原则

1. 无过错责任的概念

无过错责任原则是指一切污染危害环境的单位或个人，只要自己的污染危害环境行为给他人造成财产或人身损害，即使自己主观上没有故意或过失，也要对其所造成的损害承担赔偿责任。在民法上实行过错原则是一个普遍原则，即加害人主观上有故意或过失是承担民事责任的必要条件。在资源法中对破坏环境者追究民事责任，实行的也是过错责任原则。但在环境污染危害中，世界上许多国家都实行无过错责任原则，我国环境资源法也是如此。例如我国的《海洋环境保护法》规定：因海洋环境污染受到损害的单位和个人，有权要求造成污染损害的一方赔偿损失。而造成污染损害的一方主观上是否有故意或过失，则不是赔偿的必要条件。《水污染防治法》、《大气污染防治法》等法律、法规都有类似的规定。

在环境污染危害中之所以实行无过错责任原则，主要是由于环境污染危害大，后果严重，危害生物和人体的健康，甚至还威胁着人类的生存和发展，因此必须从严追究法律责任，而且由于环境污染危害案件一般都比较复杂，涉及一系列专门的科技知识，受害人要直接证明加害人主观上是否具有故意或过失，十分困难。采用无过错责任原则有利于保护受害人的合法权益，同时也有利于推动排污单位积极防治环境污染，增强排污单位的环境意识，促进环境保护工作的开展。

2. 无过错责任的限制和免责条件

（1）无过错责任的限制条件。一些采用无过错责任原则的国家，在实行该项原则时，规定了某些限制条件，但各国的规定各不相同，例如，原民主德国《民法典》在规定污染损害赔偿实行无过错责任原则的同时，还规定，只有在超出正常水平或超过法定标准排放污染物，或没有采取技术上、经济上允许的消除措施而造成损害时，受害人才享有赔偿的请求权；再如日本国的法律在公害的损害赔偿方面，只对因大气污染和水质污染造成的损害实行无过错责任原则，且只限于生命健康的损害，不包括财产损失。我国环境保护法对无过错责任原则未明确规定限制条件。

（2）无过错责任的免责条件。免责条件是指因污染环境造成他人财产或人身损害时，因具备法律规定的可以免除责任的条件而不承担民事法律责任。从各国的法律规定来看，无过错责任的免责条件主要有：战争行为；不可抗拒的自然灾害；因正当防卫和紧急避险而造成损害的；由于第三者或者受害人的过失所引起的情况等。我国环境保护法所规定的免责条件主要有：

①不可抗拒的自然灾害造成他人损害的。《环境保护法》第41条规定："完全由于不可抗拒的自然灾害，并经及时采取合理措施，仍然不能避免造成环境污染损害的，免予承担责任"。《水污染防治法》第56条，《大气污染防治法》第46条及其他有关法律都规定把不可抗拒的自然灾害作为免责条件。

②战争行为。《海洋环境保护法》第43条规定：因战争行为造成海洋环境污染损害的，免于承担赔偿责任。

③受害人自身的责任引起的。《水污染防治法》第56条规定：水污染损失由受害者自身的责任所引起的，排污单位不承担责任。

④由于第三者的故意或过失引起。《海洋环境保护法》第43条、《水污染防治法》第55条都明确规定，由于第三者的故意或过失引起的污染损失，应当由第三者承担责任。

3. 在环境民事责任中实行无过错责任的原因

无过错责任之所以能取代过错责任引入环境资源法，主要原因有：

（1）环境侵权是通过环境要素为中介发生的间接损害，其过程具有长久性、累加性和复杂性，考察这种行为与实际损害的因果关系往往要花费专业人士多年的研究调查时间。那么对于处于法律地位上弱方当事人的受害人，在不知不觉中遭受环境破坏的影响之后，往往无力去寻找足够的证据加以证实和说明加害人主观上是否具有过错。

（2）在经济、科技高速发展的今天，在人们开发、利用自然资源的过程中，尽管行为人主观上确实不存在过错，尽管生产企业采用各种最安全的防范措施，客观上也无法完全避免发生一定的污染与破坏，如果坚持以过错为要件，对于无辜受损的人而言是不合情理的。

（3）环境污染与破坏不仅危害本国人民的健康与安全、经济的正常发展，而且影响到全球的可持续发展；不仅影响当代，而且危及子孙后代。它所造成的对人类、动植物、乃至整个生物圈的潜在影响是当今任何一个以负责态度考虑发展问题的国家都不能忽视的，因此必须严厉打击，努力防止。

（4）在环境侵权双方当事人中，一方以环境损害为代价获得了一定利益，而另一方受害人却在毫不知情的情况下受到了伤害，而且根本无法避免或加以克服。此时固守过错原则就明显违反了民法的基本原则——公平，因此要强制侵害人以其获利补偿对方损失，同时也警示生产企业采取积极的环保措施以避免侵权事件发生。

四、承担环境资源民事责任的方式

根据我国《民法通则》第 134 条的规定，承担一般民事法律责任的方式有：停止侵害、排除妨碍、消除危险、返还财物、恢复原状、赔偿损失、消除影响、赔礼道歉等，这些方式都适用于我国环境资源民事责任。由于环境损害的特殊性，因此承担环境民事法律责任的方式主要有：

1. 排除危害

这种方式主要适用于公民、法人的财产或人身权利已经受到环境污染或环境破坏的危害，或者可能受到环境污染或环境破坏的危害的情形。在环境污染纠纷中，绝大多数受害人首先提出的要求就是要加害人立即停止并排除已经发生的环境污染或环境破坏行为，或者立即停止并排除将要发生的环境污染或破坏行为，因此《环境保护法》第 41 条首先明确规定："造成环境污染危害的，有责任排除危害"。排除危害可以减轻或者避免对环境的污染或破坏，对保护人体健康、保障受害人合法权益及促进经济发展，都具有积极的意义。

2. 赔偿损失

赔偿损失是承担环境民事法律责任最常见的一种形式，指加害人因自己的污染或破坏环境的行为，给他人造成了财产或人身损害时，加害人应依法以其财产补偿受害人的经济损失。一般情况下，只要加害人实施了污染或破坏环境的行为并给他人造成了财产或人身损害，不管主观上是否具有过错，都要承担赔偿责任。在确定赔偿范围时，对财产损失要全部赔偿，包括直接损失和间接损失，损失多少应当赔偿多少，而不以行为人是否有过错、过错的形式如何或者是否得利作为赔偿的依据。对造成人身伤亡的赔偿，根据我国《民法通则》第 119 条的规定，造成身体伤害的，应当赔偿医疗费、因误工减少的收入、残废者的生活补助费等费用；造成死亡的，应当支付丧葬费、死者生前扶养的人必要的生活费等费用。

除上述赔偿外，在某些污染纠纷中，还涉及到精神损害的赔偿问题。根据我国《民法通则》第 120 条规定，公民的人格权受到侵害时，有权要求停止侵害，恢复名誉，消除影响，赔礼道歉，并可以要求赔偿损失。这里规定的赔偿损失，也应该理解为因精神损害所造成的财产损失。2001 年 3 月 8 日，最高人民法院《关于确定民事侵权精神损害赔偿责任若干问题的解释》，对我国精神损害赔偿方面的问题作了较具体的规定，这个规定同样适用于因环境侵权所引起的精神损害赔偿。

我国的《环境保护法》、《水污染防治法》、《大气污染防治法》、《海洋环境保护法》等环境资源法律、法规，都把"赔偿损失"作为承担环境民事责任的主要形式。

3. 恢复原状或返还财产

这两种责任形式主要适用于保护自然资源方面。当加害人污染或破坏环境的行为侵害了国家、集体或公民个人财产所有权，造成资源的破坏时，如果能够恢复原状或返还财产，应当尽量使加害人承担这种民事法律责任。因为承担这种民事法律责任，有利于环境的保护与恢复，减少自然资源的破坏。像森林和草原被滥垦后，可以要求责任者恢复植被，当珍贵野生动物被盗捕后可以要求责任者返还原物。如我国的《土地管理法》第45、第46条，对农村和城镇非法占用土地建住宅的，都规定违法者要退还非法占用的土地。在《森林法》、《野生动物保护法》等法律、法规中也都有恢复原状或返还财产的规定。

上述环境民事法律责任形式及其他环境民事法律责任形式，可以单独适用，也可以合并适用。在实践中，常常是两种以上责任形式同时适用。特别是"赔偿损失"多数是在承担其他责任形式的同时承担的。

五、追究环境资源民事责任的途径

我国《环境保护法》第41条规定："造成环境污染危害的，有责任排除危害，并对直接受到损害的单位或者个人赔偿损失。赔偿责任和赔偿金额的纠纷，可以根据当事人的请求，由环境保护行政主管部门或者其他依照法律规定行使环境监督管理权的部门处理；当事人对处理决定不服的，可以向人民法院起诉，当事人也可以直接向人民法院起诉"。《水污染防治法》、《海洋环境保护法》、《大气污染防治法》等法律、法规也有类似的规定。另外根据我国的《民事诉讼法》及我国参加的一些国际环境保护条约的规定，有些环境污染赔偿纠纷特别是涉外环境污染赔偿纠纷还可以通过仲裁途径解决。因此，追究环境民事法律责任的途径主要有调解（处理）、仲裁、诉讼等。

1. 调解

调解是指环境纠纷的当事人在有关机关或人员的主持下，自愿协调达成协议，确认加害人应负的环境侵权民事责任。由于调解程序简便，尊重当事人的意愿，并有利于纠纷的彻底解决，因而被广泛的运用。调解分为民间调解、行政调解和法院调解等种类。

在环境纠纷中使用最多的是行政调解，即根据当事人的请求，由环境保护行政主管部门或其他依照法律规定行使环境监督管理权的部门对当事人之间的环境纠纷进行调解，当调解不成时，上述部门还可以对纠纷进行处理，即对赔偿责任和赔偿金额提出明确的处理意见。当事人对处理不服，可以向法院起诉。在实践中，当事人不服行政机关的处理意见而提起诉讼时，对诉讼的性质往往出现一些错误认识，有的当事人把这种诉讼作为行政诉讼，把处理机关作为被告。针对这一现象，全国人大常委会法制工作委员会于 1992 年 1 月 31 日以法工委复字（92）1 号函明确指出：“因环境污染引起的赔偿责任和赔偿金额的纠纷属于民事纠纷，环境保护行政主管部门依据《中华人民共和国环境保护法》第 41 条第 2款的规定，根据当事人的请求，对因环境污染损害引起的赔偿责任和赔偿金额的纠纷所作的处理，当事人不服的，可以向人民法院提起民事诉讼，但这是民事纠纷双方当事人之间的民事诉讼，不能以作出处理决定的环境保护行政主管部门为被告提起行政诉讼”[①]。

2. 仲裁

指双方当事人自愿把争议提交第三者审理，由其作出判断或裁决。该第三者或为双方选定的仲裁人，或为仲裁机构。在我国环境保护法律、法规中，虽然没有把仲裁作为一种法定途径，但根据我国《民事诉讼法》及其他有关法律的规定，在处理涉外环境纠纷时，可以通过仲裁途径进行。《民事诉讼法》第 257 条规定：“涉外经济贸易、运输和海事中发生的纠纷，当事人在合同中订有仲裁条款或者事后达成书面协议，提交中华人民共和国涉外仲裁机构或者其他仲裁机构仲裁的，当事人不得向人民法院起诉”。“当事人在合同中没有订有仲裁条款或者事后没有达成书面仲裁协议的，可以向人民法院起诉”。根据该项规定，在处理如船舶污染、海上石油勘探开发或其他海事中因污染发生的涉外赔偿纠纷时，在处理程序上必须依据《民事诉讼法》的上述规定执行。若在合同中订有仲裁条款或者事后达成书面仲裁协议，就不得向人民法院起诉，不能按照《环境保护法》第 41 条的规定直接向人民法院起诉。

3. 诉讼

这里所述的诉讼是指民事诉讼，即由人民法院受理当事人的环境纠纷案件，经过法庭审理，根据查明和认定的事实，通过正确适用法律，并以国家审判机关的名义，确定当事人应当承担的民事法律责任，对整个案件争议作出权威性的判决或裁定。根据我国《环境保护法》的规定，环境纠纷当事人对环境保护行政主管部门或者其他依照法律规定行使环境监督管理权的部门处理纠纷的决定不服的，可以向人民法院提起民事诉讼，或不经过环境保护行政主管部门或者其他依照法律规定行使环境监督管理权的部门处理，直接向人民法院提起民事诉讼。可见，诉讼是解决环境民事纠纷最主要的也是最后的一种途径。

---

① 参见《中国环境年鉴》(1992 年) 第 151 页，中国环境科学出版社，1992 年版。

第四节　环境资源刑事责任

一、环境资源刑事责任的概念

环境资源刑事责任是指对违反环境保护法律、法规规定，严重污染和破坏环境，造成人身伤亡或公私财产重大损失，已触犯刑律构成犯罪的行为的法律制裁。刑事责任是一种最严厉的法律制裁。

刑事责任作为对犯罪行为的一种制裁，早已经存在了，但把它运用到环境保护领域，则是近几十年的事情。在这之前，环境污染和破坏行为虽已出现，但其社会危害性还没有达到需要用刑罚手段加以制裁的程度。随着现代经济的迅速发展，环境形势日益严峻，污染和破坏环境的行为，其社会危害性越来越突出，特别是一些严重的污染或破坏行为，往往会给人们的身心健康或财产造成重大损失，其社会危害性绝不亚于其他犯罪行为，因此，对这些行为，必须予以刑事制裁。只有这样，才能有效地遏制环境形势的不断恶化的趋势，有力地打击严重污染或破坏环境的行为。实践证明，刑事法律制裁，是保护环境的一种强有力的手段。

由于环境问题涉及社会的很多方面，环境犯罪表现形式也多种多样，因此，各国在规定环境犯罪及其刑事责任时，规定的方式也有所不同。概括起来，主要有这四种形式：一是制定环境特别刑法，对环境犯罪及其处罚，以单行刑事法律的形式专门作出规定；二是在环境保护法中规定刑事条款，对罪名及刑罚种类和幅度直接作出规定；三是修定普通刑法，补充环境犯罪的具体犯罪构成和制裁措施；四是将环境保护法与一般刑法有机地结合起来，既在环境保护法中作出刑事法律规定，又在一般刑法中规定环境方面的犯罪，使用时，将两者结合在一起。

我国法律过去对环境犯罪的规定，主要采用两种方式：一是类推方式，即在环境保护法中规定比照刑法中最相类似的条文定罪量刑，如《大气污染防治法》第 38 条规定："造成重大大气污染事故，导致公私财产重大损失或者人身伤亡的严重后果的，对有关责任人员可以比照《中华人民共和国刑法》第 115 条或者 187 条的规定，追究刑事责任。"《水污染防治法》第 43 条也规定："造成重大水污染事故，导致公私财产重大损失或者人身伤亡的严重后果的，对有关责任人员可以比照《刑法》第 115 条或者第 187 条的规定，追究刑事责任。"二是颁布专门的规定，对刑法进行补充、解释，如 1988 年的《全国人大常委会关于惩治捕杀国家重点保护的珍贵、濒危野生动物犯罪的补充规定》指出："为了加强对国家重点保护的珍贵、濒危野生动物的保护，对刑法补充规定：非法捕杀国家重点保护的珍贵、濒危野生动物的，处 7 年以下有期徒刑或者拘役，可以并处或者单处罚金；非法出售、倒卖、走私的，按投机倒把、走私罪处刑。"1987 年的最高人民法院、最高人民检察院《关于办理盗伐、滥伐林木案件应用法律的几个问题的解释》中规定：对情节特别严重的盗伐、滥伐林木犯罪行为，可以处 10 年以上有期徒刑、无期徒刑或者死刑。1987 年的最高人民法院《关于要求依法严惩猎杀大熊猫，倒卖、走私大熊猫皮的犯罪分子的通知》中规定：对于猎杀大熊猫，倒卖、走私大熊猫皮的犯罪行为，可以判处 10 年以上有期徒刑、无期徒刑或者死刑。但自 1997 年 10 月 1 日后，由于我国开始施行新颁布的《中华人民共和国刑法》，法律对环境犯罪的规定形式有了较大的改变，取消了类推制度[①]，并在《中华人民共和国刑法》中，对环境犯罪作出了明确具体的规定。《中华人民共和国刑法》第六章第六节"破坏环境资源保护罪"，列有 14 种罪名[②]都是有关环境犯罪的。

二、环境资源刑事责任的构成要件

《中华人民共和国刑法》对环境犯罪的规定，可分为两大类：一类是污染环境类犯罪；另一类是破坏资源类犯罪。

1. 污染环境类犯罪的构成要件

污染环境类犯罪主要是指行为人违反环境法律、法规的规定，向环境中排放有毒有害物质，使环境受到污染，对他人的人身健康或生命财产造成严重危害，应受到刑罚处罚的行为。其构成要件是：

（1）犯罪的主体。污染环境类犯罪的犯罪主体主要是指排放污染物的人，既可能是自然人也可能是法人。在《中华人民共和国刑法》颁布之前，法人能否作为犯罪主体，一直是我国法学界争论不休的问题，但过去的刑法则明确规定法人不能成为犯罪主体。因此，在很长一段时间内，污染环境类犯罪的犯罪主体主要是指自然人，不包括法人。只有在法律特别规定的情况下，法人才有可能成为犯罪主体。这种特别规定只有一例，即 1995 年 10 月 30 日颁布的《中华人民共和国固体废物污染环境防治法》的规定，"违反本法规定，收集、贮存、处置危险废物，造成重大污染事故，导致公私财产重大损失或者人身伤亡的严重后果的，比照刑法第 115 条或者第 187 条的规定追究刑事责任"。"单位犯本罪的，处以罚金，并对直接负责的主管人员和其他直接责任人员依照前款规定追究刑事责任"[③]。除此之外，污染环境类的犯罪主体只能是自然人。

---

① 《中华人民共和国刑法》第 3 条规定了罪刑法定原则，即法律明文规定为犯罪行为的，依照法律定罪处刑；没有明文规定为犯罪的，不得定罪处刑。这就从根本上否定了类推原则。

② 1997 年 12 月 9 日最高人民法院审判委员会第 951 次会议通过的《关于执行〈中华人民共和国刑法〉确定罪名的规定》，对环境犯罪的罪名都作了明确的规定，共有 14 个罪名。

③ 见《中华人民共和国固体废物污染环境防治法》第 72 条。

但《中华人民共和国刑法》对犯罪主体的规定则有了重大的改变，《中华人民共和国刑法》第 30 条规定："公司、企业、事业单位、机关、团体实施的危害社会行为，法律规定为单位犯罪的，应当负刑事责任。"根据该条规定，只要法律规定为单位犯罪的，单位就可能成为犯罪主体。而《中华人民共和国刑法》"破坏环境资源保护罪"一节，都规定单位可以作为犯罪主体，因此根据《中华人民共和国刑法》的规定，污染环境类的公害犯罪主体既可能是自然人也可能是单位。

从当前的实际情况看，对环境造成重大污染的排污行为多为企业在生产经营过程中实施的，企业是污染犯罪的主要犯罪主体。但在将企业作为犯罪主体时，前提是污染行为必须是单位行为，而不是企业的个别人的行为，否则就不能追究企业的责任。划分排污行为是单位行为还是个人行为的标准有两条，一是看实施排污行为的决定是由谁作出的，如果排污行为是由单位集体决定或者由主要负责人决定的，则应视为单位行为，应追究单位责任；如果排污行为不是由单位集体决定或者由负责人决定，仅是单位个别人以单位的名义实施的，则不应追究单位的责任，即是个人行为；二是看实施排污行为的目的，如果实施排污行为的目的是为了为本单位谋取非法利益，则应追究单位责任；如果实施排污行为的目的不是为了单位的利益，而是为了个人利益或其他人利益，即使行为是以单位名义进行的，也不应追究单位的责任。

（2）犯罪的主观方面。即行为人对自己的危害行为及其危害结果所抱的故意或过失的心理态度，即主观罪过。任何犯罪行为都是在一定的犯罪心理支配下实施的，人的行为，如果缺乏故意或过失的心理态度，就不能构成犯罪，也不能使其负担刑事责任。环境犯罪也不例外，如果污染行为在客观上虽然造成了损害结果，但不是出于故意或过失，而是由于不可抗拒或者不能预见的原因所引起的，其行为应不构成犯罪①。这与追究污染行为的民事责任所实行的"无过错责任原则"完全不同。

污染环境类犯罪从主观方面看，多属于过失犯罪。由于环境问题技术性较强，人们对排放污染物可能产生的危害，往往认识不到或认识不足，即使有所认识，也因过于相信环境的承载力和自净能力，而使污染危害发生。因此，疏忽大意或过于自信是污染环境类犯罪的基本心理状态。

但污染类犯罪的过失心理状态主要是针对行为所造成的危害后果而言的，就行为本身而言则可能是故意，行为人向土壤、水体、大气等环境要素排放、倾倒、处置污染物的行为可能是故意实施的，即行为人明知自己的行为是排放、倾倒、处置污染物的行为，只是对该行为可能引起的污染危害后果是基于一种过于

---

① 见《中华人民共和国刑法》第 16 条。

自信或疏忽大意的心理。倘若行为人对其行为的危害后果是出于故意的心理态度，则应以危害公共安全犯罪处罚，而不是以环境犯罪处罚。

（3）犯罪的客体。客体是指相对于主体而被主体作用的对象。犯罪客体是指为刑法所保护的、而为犯罪行为所侵害的社会关系。污染类犯罪的客体是国家对环境的保护和管理，是一种环境社会关系。

环境犯罪的客体是一种较为复杂的客体。从《中华人民共和国刑法》规定来看，把"环境资源保护"作为环境犯罪的同类客体，因此，环境犯罪的同类客体是国家在保护和管理环境与资源过程中形成的各种社会关系，《中华人民共和国刑法》侧重于环境保护关系。但就某个具体的犯罪行为看，它所侵犯的直接客体则是人们的环境权、财产权、健康权等等。在很多情况下，由于污染危害的特殊性，污染行为所侵犯的客体包括了两种以上的具体社会关系，表现为一种复杂客体。如重大污染事故罪，既有可能直接侵犯公私财产权、给公私财产造成重大损失，同时也有可能直接侵犯他人的人身权利，损害他人的健康，甚至使他人丧失生命。

环境犯罪客体与环境犯罪对象有着严格的区别，犯罪对象是行为所直接作用的物或者人。环境犯罪对象主要是环境，即"影响人类生存和发展的各种天然的和经过人工改造的自然因素的总体，包括大气、水、海洋、土地、矿藏森林、草原、野生生物、自然遗迹、人文遗迹、自然保护区、风景名胜区、城市和乡村等"①。而环境犯罪客体则在保护上述各种环境要素过程中形成的各种环境社会关系。值得注意的是，与一般犯罪对象不同，环境作为犯罪对象，在许多情况下，它充当着双重角色，它既是危害行为直接加害的对象，同时它又作为媒介，将这种危害延伸作用于其他物或人的身上。如向大气中排放有毒有害气体，排污行为直接加害的对象是大气，但当大气受到污染后，人们呼吸被污染的气休，身心健康受到危害，人又成为排污行为间接的加害对象。因此，环境犯罪的对象往往是多重的，既有直接对象也有间接对象。正是由于环境犯罪对象的多重性与复杂性，使得环境犯罪的客体也变得较为复杂。

（4）犯罪的客观方面。即刑法所规定的、说明侵犯某种客体的行为的社会危害性的客观事实特征。污染环境的犯罪，其客观方面表现为各种污染环境的行为包括作为和不作为及其社会危害后果等。

犯罪是依照刑法应受刑罚处罚的危害社会的行为。任何犯罪构成都是以行为为核心的，没有行为就不构成犯罪，污染环境的犯罪亦是如此。危害社会的行为包括作为和不作为两种形式，作为就是指行为人用积极的活动去实施危害社会的行为；不作为则是指行为人有义务并且能够实行某种行为，却消极地不去履行这

---

① 见《中华人民共和国环境保护法》第 2 条。

种义务，因而造成严重的危害后果的行为。污染环境的犯罪，其行为在多数情况下表现为作为，主动地向环境中排放污染物，但在个别情况下，不作为也可能构成犯罪。

社会的危害后果是污染环境犯罪构成的重要内容。说其重要，首先是因为社会危害后果是对所有污染环境犯罪量刑的主要情节之一；是否具有社会危害后果还是衡量某种危害行为是否构成犯罪的标准，是犯罪构成的必备要件，若没有社会危害后果则不构成犯罪。如"重大污染事故罪"，其危害行为必须"造成重大环境污染事故，致使公私财产遭受重大损失或者人身伤亡的严重后果"，如果没有此严重后果，就不构成犯罪。

犯罪的客观方面除行为和危害后果外，还包括它们之间的因果关系。

污染环境犯罪的因果关系的认定比一般犯罪的因果关系的认定要困难和复杂得多。在很多案件中难以取得因果关系的直接证据。由于污染环境犯罪中因果关系的特殊性，目前一些国家在认定此种因果关系时，采取了一些特殊原则：如"因果关系推定"原则。即把因果关系的直接认定改为因果关系的"推定"。如日本《关于危害人体健康公害犯罪处罚法》规定，在公害案件中，废止因果关系的直接认定，而采取因果关系的"推定"原则。该法第 5 条规定："在某工厂或事业场所，在其事业活动中已排放了有害人体健康的物质，且其单独排放量已使公众的生命或健康受到危害的程度的情况下，若在排放此物质的地域内，公众的健康或生命早已由此物质的排放而受到损害和威胁，则便可推定，此种危害纯系该排放者排放的此种有害物质所致"。

2. 污染环境类犯罪的罪名

（1）重大污染事故罪。指行为人违反国家规定，向土地、水体、大气排放、倾倒或者处置有放射性的废物、含传染病病原体的废物、有毒物质或者其他危险废物，造成重大污染事故，致使公私财产遭受重大损失或者人身伤亡的严重后果的犯罪。此种犯罪，依照《中华人民共和国刑法》第 338 条的规定，处 3 年以下有期徒刑或者拘役，并处或单处罚金；后果特别严重的，处 3 年以上 7 年以下有期徒刑，并处罚金。

（2）非法处置进口固体废物罪。指行为人违反国家规定，将境外的固体废物进境倾倒、堆放、处置的犯罪。此种犯罪，依照《中华人民共和国刑法》第 339 条第 1 款的规定，处 5 年以下有期徒刑或者拘役，并处罚金；造成重大环境污染事故，致使公私财产遭受重大损失或者严重危害人体健康的，处 5 年以上 10 年以下有期徒刑，并处罚金；后果特别严重的处 10 年以上有期徒刑，并处罚金。

（3）擅自进口固体废物罪。指行为人未经国务院有关主管部门许可，擅自进口固体废物用作原料，造成重大环境污染事故，致使公私财产遭受重大损失或者严重危害人体健康的犯罪。此种犯罪，依照《中华人民共和国刑法》第 339 条第

2 款的规定，处 5 年以下有期徒刑或者拘役，并处罚金；后果特别严重的，处 5 年以上 10 年以下有期徒刑，并处罚金。

污染环境类犯罪，除上述三种行为外，《中华人民共和国刑法》还规定，对行为人以原料利用为名，进口不能用作原料的固体废物的犯罪，以走私罪论处。

3. 破坏资源类犯罪的构成要件

破坏资源类犯罪是指行为人违反环境资源法律、法规规定，非法开采资源，对资源和环境造成破坏，应受到刑罚处罚的行为。这里所述的资源包括水产品、野生动物、耕地、矿产、林木等，它们既是重要的资源，同时也是重要的环境要素，对它们的破坏，不仅是对资源的破坏，同时也是对环境的破坏。

与污染环境类犯罪相比，破坏资源类犯罪，其犯罪构成有以下特征：

（1）犯罪的主观方面，该类犯罪是出于故意而非过失，即行为人明知自己的开采行为是违法的，并且可能产生严重的社会危害后果，可能对资源和环境造成严重破坏，但仍然实施了该行为。

（2）犯罪的客体，该类犯罪虽然同污染类犯罪有着共同的客体，即国家对环境与资源的保护与管理，但该类犯罪的直接客体则不同于污染类犯罪，其直接客体是国家、集体、他人的资源类财产权，一般不涉及人身权。

（3）犯罪的客观方面，该类犯罪除要考虑行为、危害后果及因果关系等因素外，有时还需要考虑其行为的时间、地点和方法等因素，如非法捕捞水产品的犯罪行为，其行为的时间必须是在禁渔期，行为的地点必须是在禁渔区，或者行为的方法是使用禁用的工具、方法捕捞水产品，只有具备上述客观要件才有可能构成犯罪，再如非法狩猎犯罪行为亦是如此，必须是在禁猎期、禁猎区、或者使用禁用的工具、方法进行狩猎，才有可能构成犯罪。

4. 破坏资源类犯罪的主要罪名

根据《中华人民共和国刑法》的规定，破坏资源类犯罪主要有以下 11 种罪名：

（1）非法捕捞水产品罪。指行为人违反保护水产品资源法规，在禁渔区、禁渔期或者使用禁用的工具、方法捕捞水产品的行为。根据《中华人民共和国刑法》第 340 条的规定，行为人实施上述行为，情节严重的，处 3 年以下有期徒刑、拘役、管制或者罚金。所谓情节严重，主要是指：非法捕捞水产品次数多或者数量巨大；多次经有关部门处理，屡教不改；暴力抗拒有关部门的管理，造成严重后果的等等。

（2）非法猎捕、杀害珍贵、濒危野生动物罪。指行为人违反野生动物保护法规，非法猎捕、杀害珍贵、濒危野生动物的行为。所谓珍贵、濒危野生动物是指国家重点保护的野生动物，包括珍贵、濒危的陆生野生动物和水生野生动物，分为一级保护野生动物和二级保护野生动物。

(3) 非法收购、运输、出售珍贵、濒危野生动物及其制品罪。指行为人违反野生动物保护法规，非法收购、运输、出售珍贵、濒危野生动物及其制品的行为。

根据《中华人民共和国刑法》第 314 条的规定，对上述两种犯罪行为可以处 5 年以下有期徒刑或者拘役，并处罚金；情节严重的，处 5 年以上 10 年以下有期徒刑，并处罚金；情节特别严重的，处 10 年以上有期徒刑，并处罚金或者没收财产。

(4) 非法狩猎罪。指行为人违反狩猎法规，在禁猎区、禁猎期或者使用禁用的工具、方法进行狩猎，破坏野生动物资源的行为。根据《中华人民共和国刑法》第 341 条第 2 款的规定，实施该种行为，情节严重的，处 3 年以下有期徒刑或者拘役，并处或单处罚金。

(5) 非法占用耕地罪。指行为人违反土地管理法规，非法占用耕地改作他用，数量较大，造成耕地大量毁坏的行为。根据《中华人民共和国刑法》第 342 条的规定，对上述行为，处 5 年以下有期徒刑或者拘役，并处或单处罚金。

(6) 非法采矿罪。即行为人违反矿产资源法的规定，未取得采矿许可证擅自采矿的，擅自开采国家规定实行保护性开采的特定矿种，经责令停止开采后拒不停止开采，造成矿产资源破坏的行为。根据《中华人民共和国刑法》第 342 条规定，对上述行为，处 3 年以下有期徒刑、拘役或者管制，并处或者单处罚金；造成矿产资源严重破坏的，处 3 年以上 7 年以下有期徒刑，并处罚金。

(7) 破坏性采矿罪。指行为人违反矿产资源法的规定，采取破坏性的开采方法开采矿产资源，造成矿产资源严重破坏的行为。根据《中华人民共和国刑法》第 342 条第 2 款的规定，对上述行为，处 5 年以下有期徒刑或者拘役，并处罚金。

(8) 非法采伐、毁坏珍贵树木罪。指行为人违反森林法的规定，非法采伐、毁坏珍贵树木的行为。根据《中华人民共和国刑法》第 344 条的规定，对上述行为，处 3 年以下有期徒刑、拘役或者管制，并处罚金，情节严重的，处 3 年以上 7 年以下有期徒刑，并处罚金。

(9) 盗伐林木罪。指行为人盗伐森林或者其他林木，数量较大的行为。根据《中华人民共和国刑法》第 345 条的规定，对上述行为，处 3 年以下有期徒刑、拘役或者管制，并处或者单处罚金；数量巨大的，处 3 年以上 7 年以下有期徒刑，并处罚金；数量特别巨大的，处 7 年以上有期徒刑，并处罚金。

(10) 滥伐林木罪。指行为人违反森林法的规定，滥伐森林或者其他林木，数量较大的行为。根据《中华人民共和国刑法》第 345 条第 2 款的规定，对上述行为，处 3 年以下有期徒刑、拘役或者管制，并处或者单处罚金；数量巨大的，处 3 年以上 7 年以下有期徒刑，并处罚金。

　　（11）非法收购盗伐、滥伐林木罪。指行为人以牟利为目的，在林区非法收购明知是盗伐、滥伐的林木的行为。根据《中华人民共和国刑法》第 345 条第 3 款的规定，对上述行为，情节严重的，处 3 年以下有期徒刑、拘役或者管制，并处或者单处罚金；情节特别严重的，处 3 年以上 7 年以下有期徒刑，并处罚金。

第六章　污染防治法概述

第一节　污染防治及公害概念

一、污染防治

（一）环境污染

1. 环境污染的定义

环境污染，是指人们在生产、生活中向环境排放了超过环境自净能力的物质或有害因素，导致环境质量下降，对生态平衡和人类的生存、发展造成不良影响的现象。

2. 环境污染的类型

按污染因素划分，环境污染包括物质污染和物理污染两种类型：①物质污染，包括化学物质污染、生物污染等，按污染物形态又可分为废气污染、废水污染、固体废物污染、有毒化学物品污染等类型；②物理污染，实际上是能量污染，包括噪声污染、放射性污染、振动污染、电磁波污染、热污染、光污染等。

3. 环境污染源

环境污染源是指造成环境污染的有害因素（物质和能量）发生的来源。按产生污染的人类活动划分，主要污染源有工业污染源、农业污染源、生活污染源、交通运输污染源等；按污染物的空间分布，污染源可分为点源和非点源两类。防止新污染源的产生，控制和治理现有污染源，减少其污染物排放，对污染严重的污染源限期治理，直至责令关闭、停业成了污染防治法律的核心内容。

（二）污染防治的重点

1. 重点污染物

在众多的污染物中，产生量最大、影响面最广的废水、废气、废渣（统称"三废"）以及噪声是防治的重点。早在1973年国家就制定了《工业企业"三废"排放试行标准》（GBJ4—73），到目前为止，对防治这四类污染都制定了专门的法律。

2. 重点污染源

工业生产中产生的污染物约占污染物总量的70%，是最主要的污染源。工业污染源中的大中型企业对环境污染危害最大，被称为"污染大户"，是我国污染防治中的"重中之重"。

　　3. 重点污染防治区域

　　我国的环境污染以城市为中心，城市污染负荷最重、难度最大，城市环境的综合整治成为环境污染防治工作的重点。同时，近年来环境污染不断向农村蔓延，因此村镇的环境保护也不可忽视。

　　需要重点保护的地区还包括污染特别严重、污染负荷已超过环境承载能力的地区，如酸雨控制区、二氧化硫污染控制区等；以及一些环境特别敏感，需要特殊保护的区域，如生活饮用水源、重要渔业水体、风景名胜区、自然保护区等。

二、公害

(一)"公害"的起源

　　公害一词原系英美法中 Public Nuisance 之词语，本义为"公益妨害"，指因不法行为或不履行法律规定的义务而致社会秩序、道德、风俗、人体健康等受到破坏，以及妨害公众享受乃至行使公共权利的状态。对此，在法律上可以作为轻罪而被起诉，或依政权而制止，或由受害者依法提出损害赔偿请求等。

　　"公益妨害"一词转译到日本，简称"公害"，日本还曾将"环境法"称为"公害法"。在 1896 年日本制定的河川法中最先使用了"公害"一词，而该法所谓的公害与其原义相同，日本学者野村好弘教授认为"它是一个与公利相对的概念，而不是现代意义上日本公害中公害的概念"。在日本公害法发展史上，公害的概念经过了多次的变换才形成现代意义上的特定概念。例如过去把有害、有毒的食品引起的危害称作食品公害，把由于交通阻塞和有缺陷的汽车引起的交通事故称交通公害等。到了 20 世纪 50 年代后半期，由于因环境污染而造成的社会性灾害增多，所以公害的概念就逐渐转移为专职环境污染引起的危害。

　　考虑到种种因素，《公害对策基本法》（以下简称"基本法"）从实践出发对公害的定义作了如下规定："本法所称'公害'，是指由于工业或人类其他活动所造成的相当范围的大气污染、水质污染（包括水质以外水的状态或者水底底质恶化，第 9 条 1 款除外）、土壤污染、噪声、振动、地面沉降（采矿致土地挖掘造成者除外）及恶臭，以致危害人体健康或者生活环境的现象。"其中的"生活环境"依该法解释，主要包括与人类生活有密切关系的财产、动植物以及这些动植物的生存环境。

　　公害概念的法定化，使其在法律特征上表现得更为严格，以区别于其他在习惯用语上可成为公害的社会性灾害。这些特征主要是：

1. 公害是由人为原因所致。环境污染只是由人为原因产生，而对于如火山暴发导致的大气质量恶化，则是自然灾害而不是公害，但是对人类活动危害的种类没有限定。学术界认为，不仅有产业公害，而且都市公害（生活型公害）也属于公害。另外，有人还将公害分为产业公害、都市公害、设施基地公害、农业公害、旅游公害和开发公害。

2. 公害是由环境污染所致。伴随人类活动而带来的环境污染损害，需要经过一定的途径。以环境污染为媒介是公害的显著特征，而如食品公害、药品公害不是直接以环境污染为媒介，所以它们不是基本法上的公害。

3. 环境污染具有特定的形态而且需波及相当范围。基本法对一般环境污染规定了大气污染、水质污染、土壤污染、噪声、振动、地面沉降及恶臭七种（又称"典型七公害"）；并且公害或多或少地具有广阔的地域性。处于实践上的考虑，这些公害现象已产生或可能产生重大社会问题，必须以它们为对象采取特别对策，如土壤污染，作为一种公害是 1971 年才确定的，其背景在于 20 世纪 70 年代前后日本的镉污染非常严重，而它又以土壤污染的形式表现出来，其他像日照障碍、电磁波损害就不是公害。再如采矿致土地挖掘形成的地面沉降，作为矿害，它已有其完善的法律体系，所以不是公害，但矿烟、坑水、废水等排放导致的矿害就是公害。对于产业废弃物，由于其危害是导致水质污染或恶臭，所以也不作为公害看待。而像放射性污染，由于已有专门法律予以规定，所以也不宜在公害中重复称谓。

4. 公害以人的健康或者生活环境发生被害为结局。基本法并不将环境污染本身视为公害，而将公害限定于因环境污染造成人体健康或生活环境发生被害的场合。实际上这也是经过了相当广泛范围的环境被害问题。[①]

（二）我国对环境保护立法中的"公害"

我国现行环境立法对"环境污染和其他公害"的表述形式源于 1978 年《宪法》第 11 条"国家保护环境和自然资源，防治污染和其他公害"的规定。后来的 1982 年《宪法》和 1989 年《环境保护法》中都以"环境污染和其他公害"的概念来描述环境污染等现象。而 1989 年《环境保护法》在"防治环境污染和其他公害"一章中，通过第 24 条的规定列举了"环境污染和其他公害"的外在表现形式，即"在生产建设或者其他活动中产生的废气、废水、废渣、粉尘、恶臭气体、放射性物质以及噪声、振动电磁波辐射等对环境的污染和危害"。[②]

---

① 参见汪劲编著：《日本环境法概论》，武汉大学出版社，1994 年版，第 15～17 页。
② 参见金瑞林主编：《环境与资源保护法学》，高等教育出版社，2006 年版，第 118～119 页。

第二节　污染防治法及其发展

一、外国污染防治法

(一)　日本环境法

1. 日本公害法的产生和发展①

第二次世界大战以后，由于日本经济发展过于迅速对环境造成了严重的破坏，从被称为公害问题源头的"水俣病"开始，日本全国各地的工业地带发生了悲惨的公害病，健康受到损害的受害者不断提起对加害者企业要求损害赔偿的诉讼。司法界认识到依靠旧有的民法上的侵权行为"一对一"的模式追究加害者企业的责任并不能真正解决广域的环境污染所造成的公害问题，要谋求公害的真正解决，就必须有国家和地方公共团体的多方位综合性干预。20 世纪 50 年代后期以后，日本逐渐出现了公害立法，如 1958 年《关于公用水域的水质保全的法律》、《关于工厂排水等的限制的法律》，1962 年《煤烟控制法》，1967 年《公害对策基本法》的统一制定以及以该法为指导制定了为数众多的为防止和救济公害的法律，迅速地形成了公害法这一新的法律领域。但是，这些公害诸法均是以环境的无限性、无偿性为前提的，广泛地承认人的经济活动的自由，只为预防公害的发生对企业活动等的自由课以必要的最小限度的制约，基本上属于"末端治理"性质的法规。这些对策始终是消极的局部的对症治疗式的公害防止对策，作为现代的环境保全政策来说，不能说是十分完备的对策。因为要保持良好的环境，将可持续的经济发展维持下去，就要认识大气、水、大地、动植物等自然环境和自然资源的有限性，把地球上的生态系统和自然界的自净能力收入我们的视野中来，人为地管理这些宝贵的自然资源并恰当地分配、利用。由此，环境法和环境行政的理念、目标要求从"公害对策"向"环境管理"转变。在这样的背景之下，1993 年 11 月代替《公害对策基本法》日本制定了《环境基本法》。

《环境基本法》的制定标志着公害对策理念、目标的转变。该法倡导环境对策应在降低环境污染自身，构筑可持续发展的社会，从而将良好的环境留给后代人继承的同时，把推进国际合作保全地球环境作为目标。在具体措施中，除了沿用原有的公害对策措施之外，还规定了环境影响评价的推进、环境税、赋课金、产品环境影响事前评价以及有关为地球环境保全的国际合作措施。

---

① 　在这里需要明确的是，《环境基本法》代替《公害对策基本法》并不代表之前具体的公害对策全部废除，只是在旧有的具体公害对策的基础之上改变了原有的理念和目标，即抛弃单纯的"末端治理"理念转而实施"源头防御"与"末端治理"理念的结合。

2. 公害法的体系

在旧有的《公害对策基本法》的体系之下形成了三个领域：①公害救济法。包括私法性救济和行政上的救济，即为了使在广泛的地域内出现的众多的公害事件得到救济，除对民法侵权行为法规定若干的特例、制定特别法以外，还创设了行政上的纠纷处理制度和救济制度。②公害控制法。为了弥补公害救济法仅能救济单个受害者的局限，在整个地域内防范公害于未然，就必须彻底治理公害发生源，因此必须为防治污染规定多样的控制措施。③公害防止事业法。为防止因重叠污染造成的复合公害，还需要通过公共之手全面地开展以下对策：一是推进有计划地利用土地，二是适宜地实施公害防止事业，三是谋求自然环境的保全，四是对民间致力于公害防止设施的安装和防止技术的开发的事业者给予资助。这就是与公共事业的实施相关的公害防止事业法。[①]

（二）美国国家环境政策法

美国《国家环境政策法》是世界上第一部关于环境影响评价的正式立法。该法的意义不仅在此，主要还在于它将环境保护的主要职责限定在联邦政府及其机构。该法旨在建立一个国家政策，以保护环境质量和条件不因人类活动而产生不利的损害和影响，试图通过消除引起空气、土地和水资源的不可恢复性损失的官方行为来改变联邦当局对环境保持的态度。该法的适用对象限定在政府及其所属机构的行政行为。[②]

1. 美国的环境管理体制

（1）1969年，美国总统办公厅设立环境质量委员会（简称CEQ）。CEQ环境质量委员会直属于总统，主要职责为：协助总统编制环境质量报告；收集有关环境条件和趋势的情报，分析解释这些环境条件和趋势及其对国家环境政策的影响；根据NEPA的规定审查、评价联邦政府的项目和活动；向总统提出改善环境质量的政策建议；至少每年一次向总统报告国家环境质量状况。CEQ既是环保事务的管理机构，又是总统的咨询与协调机构。尽管CEQ在国家环保事务中占有重要地位，但其局限性很大，即它具有极大的依赖性，完全受制于总统，其作用的发挥完全取决在任总统对环保的态度。

（2）为进一步加强环保工作，尼克松总统于1970年12月成立联邦环保局（简称EPA）。EPA联邦环保局主要职责为：制订和实施环保政策、法令和标准；对州和地方政府、个人和有关组织控制环境污染的活动提供帮助；协助CEQ向总统提供和推荐新的环保政策。为保障环境法律、政策的实施，EPA设

---

① 参见〔日〕原田尚彦著：《环境法》，法律出版社，1999年版，第1～20页。

② 参见丁玮著：《美国环境政策法评介》，载于《北方环境》2003年9月。

立十大区环保分局，各区局长向联邦环保局长负责，协调州与联邦政府的关系，以确保区域性环境问题得以解决。其主要职责为：根据联邦法律对本区域进行环境管理；发放许可证，起诉违法行为，执行审判结果；管理有害废物清除；检查联邦项目对所在区域的环境影响，为州、地方及私人组织补助资金。

（3）此外，内务部负责国有土地、国家公园、名胜古迹、煤和石油、野生动物的保护；农业部负责湿地保护；海岸警备队负责海洋环境的污染防治。在一些跨州的河流则建立河流管理委员会，并配备州际委员会来协调州之间的水事纠纷。

2. 美国的环境政策体系

美国的环境政策涉及空气污染、水污染、危险废弃物、有毒物质等领域，具体包括以下法律、法令：

（1）空气污染政策①。空气污染政策是由一系列的法律法令构成的，其中包括《空气污染控制法》（1955 年），《清洁空气法》（1963 年，并于 1965 年、1970 年、1977 年和 1989 年对其进行了四次修订），《机动车辆空气污染控制法》（1965 年），《空气质量法》（1967 年）。

（2）水污染政策②。包括《垃圾管理法》（1899 年）、《水污染控制法》（1948 年）、《水污染控制法修正案》（1956 年）、《水质法》（1965 年）、《联邦水污染控制法》（1972 年）、《清洁水法》（1977 年）、《城市废水处理建设拨款修正案》（1981 年）和《水质法》（1987 年）。

（3）危险废弃物③。针对危险废弃物而进行的立法包括《固体废弃物处理法》（1965 年）、《资源保护和恢复法》（1976 年以《固体废弃物处理法》的修正案形式出现）、《资源保护和恢复法》的 1984 年修正案、《环境反应、补偿和责任综合条例》（1976 年）、《特别基金条例》（1980 年）。

（4）有毒物质政策④。涉及有毒物质的联邦法律包括《有毒物质控制法》、《清洁空气法》、《清洁水法》、《安全饮用水法》、《联邦杀虫、杀菌和灭鼠剂法》、《食品、药物和化妆品法》、《资源保护和恢复法》、《海洋保护、研究和捕捞法》、1980 年《环境反应、补偿和责任综合条例》、《合理包装和标签法》、《职业安全和健康法》、《联邦危险物质法》、《消费品安全法》、《防毒包装法》、《铅基涂料防毒法》、《危险物质材料运输法》、《联邦铁路安全法》、《港口和水路安全法》、《危险货物法》、《联邦肉类检验法》、《家禽产品检验法》、《蛋类产品检验法》和《联

---

① 参见波特内主编：《环境保护的公共政策》，三联书店，1993 年版，第 29～55 页。
② 参见波特内主编：《环境保护的公共政策》，三联书店，1993 年版，第 111 页。
③ 参见波特内主编：《环境保护的公共政策》，三联书店，1993 年版，第 177～185 页。
④ 参见波特内主编：《环境保护的公共政策》，三联书店，1993 年版，第 217 页。

邦矿业安全健康法》。

（三）欧盟环境法

欧盟环境法体系的主要构成包括以下几个部分：

1. 欧盟基础条约及其议定书。欧盟基础条约是建立欧洲共同体或欧盟的基本法律文件，又称为欧盟的宪法。它在欧盟管辖范围内具有最高的法律效力，一切与之相抵触的其他欧盟法律和成员国的法律都无效。

2. 欧盟签署或参加的国际条约。《建立欧盟共同体条约》第 238 条规定："共同体可以与一个或多个国家或国际组织缔结协定，建立涉及相互权利与义务、共同行动及特别程序的盟约。"第 228 条规定："按照本条规定的条件缔结的协定，对共同体与成员国均具有约束力。"第 37 条第 5 款规定："加之于成员国的这些义务，只有当其与现存的国际协定不相冲突时，才具有约束力。"

3. 欧盟环境法规。包括：①条例，是理事会和委员会最主要的立法形式，具有普遍的适用性、全面的约束力和直接的适用性的特征；②指令，是对所要求达到的具体目标的明确规定，命令成员国通过该国相应的立法以达到规定的具体目标；③决定，其各个组成部分对它所指向的对象都具有约束力，即仅仅选择性地适用于该决定所涉及的那些成员国，或者说决定对其发布对象具有完全的法律约束力。

4. 其他具有法律规范性的文件。包括：①环境标准，是欧盟环境法的一个重要组成部分，不仅具有与环境法规一样的效力，而且也遵循同样的立法程序；②环境行动规划，1973 年 11 月 22 日理事会通过了《欧共体第一个环境行动规划》（1973～1976 年），表明成员国就环境保护的总策略和总政策做出的一种政治承诺，不是严格意义上的欧共体法规；③建议和决议，建议一般不具有约束力，但在煤钢领域中作出的建议具有法律拘束力；决议仍然不具有法律约束力，决议只对成员国政府和共同体机关有约束力，在成员国不具有直接约束个人的效力，也不要求一定的立法程序和司法控制，其严谨性和规范性都较弱。

5. 其他相关法律渊源。包括司法判例、基本权利或基本人权与自由等。①

（四）俄罗斯联邦生态法

现阶段俄罗斯联邦生态法中很重要的一个方面，即是加强了保护环境、防治环境污染方面的立法。逐步改变了过去那种重自然资源利用和保护立法、轻环境保护立法的现象。前苏联时期，由于苏维埃政权对自然环境保护问题的片面认识，前苏联和俄罗斯联邦一直不太重视环境保护即污染防治方面的立法工作，致

---

①　参见蔡守秋主编：《欧盟环境政策法律研究》，武汉大学出版社，2002 年版，第 111～121 页。

使前苏联和俄罗斯联邦在保护环境、防治污染和其他公害方面所产生的许多社会关系长期得不到调整，环境污染日益严重，并在 20 世纪 80 年代后期集中地凸现出来。这一教训，无论对前苏联来说，还是对俄罗斯联邦来说，都是极为深刻的。因此，俄罗斯联邦独立以后，加强了保护环境和防治污染方面的立法。除了宣布《俄罗斯苏维埃联邦社会主义共和国大气保护法》继续生效以外，还先后制定和颁布了《俄罗斯苏维埃联邦社会主义共和国居民卫生防疫安全法》、《城市建设纲要》、《俄罗斯联邦居民健康保护立法纲要》、《联邦生态鉴定法》、《联邦原子能利用法》、《联邦居民辐射安全法》、《联邦遗传工程活动国家调整法》、《联邦生产废弃物和消费废弃物法》、《联邦关于安全使用杀虫剂和农用化学制品法》、《关于对具有潜在危险的化学和生物物质实行国家登记的决定》（1992 年 11 月 12 日）、《向自然环境排放污染物质的生态标准》、《自然资源利用限额及废弃物置放限额的制定和批准办法》（1992 年 8 月 3 日），还陆续制定和颁布了《有害物质最高容许浓度标准》、《有害物质最大容许排放量标准》、《噪声、振动、磁场和其他有害物理影响最高容许程度标准》、《放射影响的最高容许程度标准》、《农用化学之平最大容许使用量标准》、《食品中化学物质最大容许残留量标准》、《自然环境最大容许负荷标准》和《卫生防护区标准》等环境标准，大大加强了对环境保护关系的法律调整。[①]

（五）瑞典环境污染控制法

根据法律调整对象和主要内容的不同，可将瑞典控制环境污染的立法分为五大部分。

1. 控制大气污染、水污染、海洋污染和噪声的立法。主要有《环境保护法》（1969 年）、《矿物燃料法》（1976 年）、《机动车尾气排放管理法》（1986 年）、《征收热电厂排放氮氧化物环境费法》（1990 年）、《禁止海洋倾倒法》（1971 年）、《防止船舶污染水体法》（1980 年）、《瑞典芬兰界河协定实施法》（1971 年）、《防止船舶造成波罗的海污染措施法》（1976 年）、《城市汽车交通短暂堵塞管理法》、《实施北欧环境保护公约法》（1980 年）。除上列法律外，瑞典政府还颁布了《环境保护条例》、《机动车尾气排放管理条例》及与控制二氧化碳、硫、氮排放有关的税收条例，加入了一些防治海洋污染和长程越界空气污染的国际公约。

2. 有关化学品管理的立法。该类立法的目的在于防止化学品对人体健康和环境的危害。主要有《化学品管理法》（1985 年）、《易燃易爆产品管理法》（1988 年）、《林地杀虫剂施用法》（1983 年）、《环境危险货物运输法》（1982 年）。除上列由国会颁布的法律外，内阁颁布的条例有《化学品管理条例》、《危

---

① 参见王树义著：《俄罗斯生态法》，武汉大学出版社，2001 年版，第 127～128 页。

险废物管理条例》、《杀虫剂条例》、《多氯联苯条例》、《发动机汽油条例》、《辐条例》、《对人体健康和环境有危害的产品条例》、《林地杀虫剂施用条例》、《氟利昂和哈龙条例》、《化学品收费条例》、《氯溶剂条例》、《汞产品条例》等。

3. 有关放射性污染防治的立法。包括《核活动管理法》(1984 年)、《辐射防护法》(1988 年)、《核损害赔偿责任法》(1968 年)。为实施前两部法律，内阁颁布了《辐射防护条例》和《核活动管理条例》。

4. 有关废物管理和回收的立法。包括《城市废物收集和处置法》(1979 年)、《禁止海洋倾倒法》(1971 年)、《汽车废气管理法》(1975 年)、《铝质饮料容器回收法》(1982 年)、《特种饮料瓶法》(1991 年)、《对环境有危害的电池收费法》(1990 年)。还有由内阁颁布的《危险废物进出口管理条例》、《进口铝质饮料容器收费条例》、《危害环境的电池管理条例》等。

5. 关于环境污染损害赔偿的立法。包括《环境损害赔偿法》(1986 年)、《油污染损害赔偿责任法》 (1973 年)、《利用国际油污损害基金赔偿法》 (1973 年)。①

二、与污染防治有关的国际环境法

国际环境法是国际法的一个分支，其是国际社会对环境问题做出反应的产物，旨在各国之间达成环境保护的共识，协调和逐渐统一各国行动，以期达到国际环境的良好维持。国际环境法最早是在认识到环境污染问题不单单是一个国家或地区的问题，而是整个世界的共同问题的基础之上建立起来的，因此，污染防治成为早期国际环境法最为关心的焦点问题，国际社会也在污染防治领域做出了诸多努力，逐步达成了一些约束各国实际行为的国际公约、协定等国际环境法律文件。其中包括：

1. 大气环境保护领域。1992 年《联合国气候变化框架公约》及其 1997 年《京都议定书》、1985 年《保护臭氧层维也纳公约》及其 1987 年议定书和 1979 年《长程越界空气污染公约》及其议定书。

2. 国际海洋污染控制领域。包括：①全球性公约，包括 1982 年《联合国海洋法公约》、1972 年《防止因倾弃废物及其他物质而引起海洋污染的公约》及其 1996 年议定书、1973 年《国际防止船舶造成污染公约》及其 1978 年议定书、1969 年《对公海上发生油污事故进行干涉的国际公约》、1973 年《关于油类以外物质造成污染时在公海上进行干涉的议定书》、1989 年《国际救援公约》和 1990 年《关于石油污染的准备、反应和合作的伦敦国际公约》。②区域性条约，包括

---

① 参见全国人大环境与资源委员会编译：《瑞典环境法》，中国环境科学出版社，1997 年版，第 16～17 页。

地中海、东北大西洋和北海区域、波罗的海区域的区域性海洋环境保护条约。

3. 化学品管理。主要表现为化学品国际贸易领域，包括联合国大会的有关决议、1985 年联合国粮农组织《关于农药使用和分销的国际行为准则》、1987 年联合环境规划署《关于化学品国际贸易资料交流的准则》、1998 年《关于在国际贸易中对某些危险化学品和农药采用事先知情同意程序的鹿特丹公约》和 2001年《关于持久性有机污染物的斯德哥尔摩公约》。

4. 放射性物质管理。包括 1980 年《核材料实物保护公约》、1986 年《核事故及早通报公约》、1986 年《核事故或辐射紧急情况援助公约》、1994 年《核安全公约》、《乏燃料管理安全核放射性废物管理安全联合公约》。

5. 生物安全管理。包括 1992 年《生物多样性公约》及其《卡塔赫纳生物安全议定书》、1995 年联合国环境规划署《关于生物技术生物安全的国际技术准则》、1991 年联合国工业发展组织《关于将微生物引入环境的自愿行为准则》、欧共体《关于转基因微生物封闭利用的指令》和《关于对环境谨慎引入转基因生物体的指令》。

6. 废物管理。主要包括 1989 年《巴塞尔公约》和有关废物越境转移的区域性条约和其他文件。

7. 水污染防治领域。由于国际内陆水资源的区域性，保护国际内陆水资源的国际立法也大多为双边或多边立法，而较少全球性的立法，这种区域性国际立法构成了国际内陆水资源保护立法的主干。如《关于边界水域和美加边界有关问题的华盛顿条约》（1909 年）、《保护莱茵河免受氯化物污染公约》（1976 年）、《关于河流和湖泊污染的决议》（1979 年）、《湄公河流域可持续发展合作协定》（1995 年）等。

三、中国污染防治法

（一）中国污染防治立法回顾

1. 我国的环境保护起步于 20 世纪 70 年代初[①]。1973 年召开了第一次全国环境保护会议，确立了环境保护工作的方针。此后颁布了一系列"三废"以及其他污染物的排放标准。1978 年首次将环境保护写入宪法，环境保护成为国家职能。1979 年环境基本法《中华人民共和国环境保护法》（试行）的颁布，标志着环境法的独立法律部门地位的确立。该基本法以较大篇幅规定了污染防治的基本监督管理制度。污染防治法在 80 年代经历了第一次立法高潮，制定了几个重要

---

① 参见徐伟敏著：《中国污染防治立法的回顾与展望》，载于《山东大学学报（哲学社会科学版）》2000 年第 4 期。

的污染防治法律法规。这些法律法规的颁布对保护环境发挥了积极作用，中国的污染防治法从零星分散逐步走向有序和体系化。但是，由于计划经济的影响、环境法理论研究的滞后、认识水平的局限，这一时期的立法也普遍存在一些缺陷和不足：

（1）污染防治重末端控制忽视生产全过程控制，仅是一种后果反应型的排放控制，导致了末端治理的压力增大，成本提高。

（2）污染控制方式重点源及个别控制、忽视区域控制，重排放浓度控制、忽视排放总量控制，区域环境质量的恶化趋势得不到根本遏制。

（3）某些法律规范逻辑结构不完整，尤其是法律责任的欠缺消抑了污染控制法的刚性。

（4）一些污染防治的基本制度在基本法和单行法中缺乏明确规定或规定过于原则，缺乏可操作性；同时，制度间的冲突有待协调。

（5）体现环境民主原则的公众参与环境管理，缺乏具体的方式、途径和法律保障。

（6）有关环境刑事责任采用立法类推，而刑法对危害环境类罪的独立性认识不足，相关规定不能适应需要，造成定罪不当、量刑失衡。

2. 进入 20 世纪 90 年代，随着经济体制改革的深入，尤其是以 1992 年里约热内卢联合国环境与发展大会为契机，中国的污染防治法进入到了一个全面发展完善的时期。① 联合国环境与发展大会确立的可持续发展战略为世界各国指明了发展的正确道路，中国政府积极响应并提出了环境与发展的十大对策。1994 年 3 月国务院发布了《中国 21 世纪议程》，提出了中国可持续发展的总体战略、基本对策和行动方案，并提出要进行体现可持续发展原则的新环境立法。《21 世纪议程》直接促成了中国环保战略和污染控制战略的转变，推动了环境法的发展。为了适应这一战略转变的需要，污染防治法作了较大的修改补充。这一时期污染防治法的新发展是：

（1）污染防治指导思想发生了根本转变，突出了源头控制、总量控制、集中控制。2000 年修订的《大气污染防治法》做出了推行煤炭洗选加工、限制高硫分和高灰分煤炭的开采、禁止含放射性和砷等有毒有害物质超标的煤炭开采、城市使用固硫型煤和其他清洁燃料代替直接燃用散煤、推广无铅汽油的规定；1996 年修订的《水污染防治法》确立了总量控制和排污量核定制度，新增了城市污水集中处理以及缴纳污水处理费不再缴纳排污费的相关规定。国务院还推出"九五"期间主要污染物总量控制计划，要求到 2000 年各地 12 种主要污染物排放量

---

① 参见徐伟敏著：《中国污染防治立法的回顾与展望》，载于《山东大学学报（哲学社会科学版）》2000 年第 4 期。

必须控制在国家地方预定的总量以内。

（2）深化预防为主原则的内涵，提出了体现可持续发展精神的清洁生产方针，并创设了一批新的污染控制法律制度。《大气污染防治法》、《水污染防治法》和《固体废物污染环境防治法》都规定企业应当优先利用能源原材料利用效率高、污染物排放量少的清洁生产工艺，减少污染物的产生；国家对严重污染环境的落后生产工艺和设备公布名录，实行淘汰制度。2004 年修订的《固体废物污染环境防治法》还规定了危险废物的鉴别和名录制度，将危险废物利用活动纳入危险废物经营许可证管理制度并提高危险废物收集、储存、利用、处置经营许可证的审批权限。

（3）限期达标，加快治理"老污染源"。1998 年 1 月 1 日淮河治污和 1999 年 1 月 1 日太湖治污的两次零点行动、取缔"十五小"、2000 年实现全国工业污染源（包括乡镇工业污染源）达标排放，体现了国家有重点有计划地加快根治污染工作的决心。

（4）完善了防止污染转嫁的法律制度。面对洋垃圾频频闯关的严峻形势，2004 年修订的《固体废物污染环境防治法》和 1996 年 3 月的《废物进口环境保护管理暂行规定》，较为详细地规定了禁止进口不能用作原料或者不能以无害化方式利用的固体废物、对可以用作原料的固体废物实行限制进口和自动许可进口分类管理等。

（5）公众参与环境管理的实体性突破。1996 年修订的《水污染防治法》第 23 条首次规定环境影响报告书中应当有建设项目所在地单位和居民的意见，之后颁布修订的各污染防治法都增加了类似规定。虽然公众参与机制尚有待于在更广泛的、更具有可操作性的层面展开，但环评中首次引入公众参与，仍然具有划时代的意义。

（6）加强了对环境其他相关法律的保护。首先，《刑法》将各种危害环境的犯罪集中列于一节，取消类推、增加罪名、明确罪状，加强了司法可操作性，是对环境进行刑事法律保护的重大改进。《刑法》充分考虑了环境犯罪的特点，规定各罪都可以由单位构成，并对单位和单位负责人、直接责任人实行双罚。其次，2007 年 3 月 16 日由第十届全国人大第五次会议通过的《中华人民共和国物权法》将于 2007 年 10 月 1 日起实施。该法第 90 条规定："不动产权利人不得违反国家规定弃置固体废物，排放大气污染物、水污染物、噪声、光、电磁波辐射等有害物质。"由此以立法的形式确立了物权领域对于环境保护的基调。

（二）中国污染防治的国家政策

近年来，我国政府加大了对环境保护工作的重视力度，其中关注污染防治成为环境保护工作的重中之重。2007 年 3 月 5 日在人民大会堂开幕的第十届全国人民代表大会第五次会议上，国务院总理温家宝在政府工作报告中提出，要大力抓好节能降耗、保护环境。并提出 2007 年在节能环保方面，重点要做好以下八个方面工作：

1. 完善并严格执行能耗和环保标准。新上项目必须进行能源消耗审核和环境影响评价，不符合节能环保标准的不准开工建设，现有企业经整改仍不达标的必须依法停产关闭。

2. 坚决淘汰落后生产能力。"十一五"期间，关停 5000 万千瓦小火电机组，今年要关停 1000 万千瓦；五年淘汰落后炼铁产能 1 亿吨、落后炼钢产能 5500 万吨，今年力争分别淘汰 3000 万吨和 3500 万吨。加大淘汰水泥、电解铝、铁合金、焦炭、电石等行业落后产能的力度。

3. 突出抓好重点行业和企业。加强钢铁、有色金属、煤炭、化工、建材、建筑等重点行业，以及年耗能万吨标准煤以上重点企业的节能减排工作。全面实施低效燃煤工业锅炉（窑炉）改造、区域热电联产等重点节能工程。坚持优先发展城市公共交通。

4. 健全节能环保政策体系。注重发挥市场机制作用，综合运用价格、财税、信贷等经济手段，促进节能环保工作。深化重要资源性产品价格和排污收费改革，完善资源税制度，健全矿产资源有偿使用制度。

5. 加快节能环保技术进步。积极推进以节能减排为主要目标的设备更新和技术改造，引导企业采用有利于节能环保的新设备、新工艺、新技术。加强资源综合利用和清洁生产，大力发展循环经济和节能环保产业。

6. 加大污染治理和环境保护力度。增加国债资金和中央预算内资金，支持城镇生活污水、垃圾处理及危险废物处理设施建设。继续搞好"三河三湖"（淮河海河辽河、太湖巢湖滇池）、松花江、三峡库区及上游、南水北调水源及沿线等重点流域污染治理。禁止污染企业和城市污染物向农村扩散，控制农村非点源污染。

7. 强化执法监督管理。建立更加有效的节能环保监督管理体系，坚决依法惩处各种违法违规行为。

8. 认真落实节能环保目标责任制。抓紧建立和完善科学、完整、统一的节能减排指标体系、监测体系和考核体系，实行严格的问责制。从以上政府工作报告中可以看出，由于我国目前环境污染问题比较严重，因此环境保护的中心仍然是环境污染的防治问题。污染防治已经成为政府环境保护工作的主要内容。

（三）中国污染防治立法

我国目前的污染防治立法可以从以下几个层次进行总结：

1. 宪法层面。宪法是国家的根本大法，宪法中有关污染防治的规定是国家基本政策，即基本国策的宣示，其意义不言而喻。我国《宪法》第 26 条中规定："国家保护和改善生活环境和生态环境，防治污染和其他公害。"这一规定是我国所有环境保护和污染防治法律规范的根本依据。[①]

2. 基本法律层面。根据我国宪法和立法法的规定，国家立法机关制定的法律包括由全国人大制定和修改的基本法律（也称基本法）与由全国人大常委会制定和修改的除基本法律以外的其他法律（也称一般法）两大类。尽管它们均为立法机关制定的法律，但由于宪法赋予全国人大立法权的特殊地位，使得其制定的法律在效力上高于全国人大常委会制定的法律。我国的《环境保护法》由第七届全国人大常委会第十一次会议于 1989 年 12 月 26 日通过，因此从立法的角度来讲，其只能算作一般法，而实际上却要起到基本法的作用。无论是从借鉴西方国家（地区）的环境立法实践出发、还是从环境与资源保护在国家社会、经济发展中的重要程度出发，我国都有必要制定一部高位阶的环境保护基本法来指导和统领单项环境与资源保护法律。具体的做法就是应当呼吁由全国人大将《环境保护法》作为国家基本法予以修改制定，而不是凭空将《环境保护法》作为国家基本法来对待。那么，怎样的法律才具备国家基本法律的性质呢？从立法学的观点结合我国的立法实践看，全国人大的立法权所调整的对象，是整个国家、社会和公民生活中带有根本性的、全局性的、基本的关系和问题，它们属于国家、社会和公民生活中特别重要的问题。将《环境保护法》修改成为我国环境保护的基本法，符合全国人大制定的基本法的性质与特征。这是因为：第一，早在 1983 年，党中央、国务院就明确提出"环境保护是我国的一项基本国策"；第二，在《环境保护法（试行）》立法之初我国就将其定位于国家基本法，从《环境保护法》立法思想的沿革与发展来看，目前通过修改将其上升为高位阶的国家基本法的时机已经成熟；第三，中国目前已经制定了 20 多部单项环境与资源保护法律，环境与资源保护立法是我国各法律部门中最为活跃、立法最多的领域。需要有一部高位阶的基本法以一个综合性的整体理念和基本思想将它们统合起来，以达成立法总目标的一致。

3. 一般法律层面。在污染防治立法领域，我国先后制定及修订了《海洋环境保护法》（1982 年制定，1999 年修订）、《水污染防治法》（1984 年制定，1996 年修订）、《大气污染防治法》（1995 年制定，2000 年修订）、《固体废物污染环境防治法》（1995 年制定，2004 年修订）、《环境噪声污染防治法》（1996 年制定）、《放射性污染防治法》（2003 年制定）、《环境影响评价法》（2002 年制定）以及《清洁生产促进法》（2002 年制定）。

4. 相关部门规章及规范性文件层面。如《关于有效控制城市扬尘污染的通

---

① 参见蔡守秋主编：《环境资源法论》，武汉大学出版社，1996 年版，第 141 页。

知》(2001 年国家环境保护总局、建设部公布)、《地方机动车大气污染物排放标准审批办法》(2001 年国家环境保护总局公布)、《海洋石油平台弃置管理暂行办法》(2002 年国家海洋局公布)、《防止船舶垃圾和沿岸固体废物污染长江水域管理规定》(1997 年交通部、建设部、国家环境保护总局公布)、《关于企业厂界噪声标准使用问题的复函》(2002 年国家环境保护总局公布)、《关于产生环境噪声的工业企业申报登记有关问题的复函》(2002 年国家环境保护总局公布) 等。

5. 相关地方性法规及规范性文件层面。如《辽宁省石油勘探开发环境保护管理条例》、《天津市基本农田保护条例》、《济南市城市生活垃圾管理办法》、《唐山市农药经营管理办法》、《内蒙古自治区农业节水灌溉条例》、《太原市大气污染物排放总量控制管理办法》等等。

6. 相关地方性政府规章及规范性文件层面。如《山东省安全生产监督管理规定》、《北京市防火安全委员会关于加强过氧乙酸等消毒剂安全生产使用管理的通知》、《福建省水泥业粉尘污染整治方案》、《黑龙江省地方煤炭工业产业政策》、《齐齐哈尔市水污染物排放总量控制管理办法》、《上海市燃油车辆排污费征收办法》等。

第七章 大气污染防治法

第一节 我国的大气污染

一、大气污染

(一) 大气污染的概念

大气污染,是指由于人类生产、生活活动使某种物质进入大气,积累到一定浓度,使大气的正常组成成分发生变化,并对人体、动物、植物及物质财富造成有害影响的现象。大气污染时间长、范围广,20世纪前期全世界发生的八大公害就有五起是大气污染造成的。目前全球性环境问题(酸雨、温室效应、臭氧层破坏)也都与大气污染有关。

(二) 大气污染的类型

进入大气中的污染物种类极其繁多,已经产生危害并被人们注意到的污染物大约有100多种,其中影响范围广,对人类环境威胁较大。

1. 按照大气污染物的来源不同,可以将大气污染分为三类:①煤烟型污染,是指由烟尘、二氧化硫、一氧化碳和氮氧化物引起的大气污染;②石油型污染,是指由一氧化碳、碳氢化合物、氮氧化物、颗粒物和铅引起的大气污染;③特殊型污染,是指由废气或粉尘引起的大气污染。

2. 按照大气污染的范围不同,可以将大气污染分为三类:①低空污染;②高空污染;③全球污染。

3. 按照污染源存在的形式不同,可以将大气污染分为两类:①固定污染源污染。以工业污染源为主,饮食服务业及居民生活用炉灶也是分布广、数量大、排放高度低的不可忽视的污染源。②移动污染源污染,主要指机动车辆排气。据统计,1979年全世界汽车一年就已能排放一氧化碳近2亿吨、铅40万吨。

(三) 大气污染的危害

大气污染对人类造成的危害体现在方方面面。其不仅会引起人体严重的健康问题,导致急性(如伦敦的烟雾事件)、慢性(如呼吸道系统的疾病)和远期危害（如致癌、致畸）[①]，而且对工业生产、农业生产、动植物和自然生态都会造成极大的危害，因而大气污染问题越来越受到人类的关注。

二、我国大气污染的现状

依据国家环境保护总局 2006 年 7 月 7 日发布的《2005 年大气环境公报》的内容显示，我国 2005 年的城市空气质量总体较上年有所好转，但部分城市污染仍然严重。2005 年监测的 522 个城市中，地级以上城市 319 个，县级城市 203 个。空气质量达到一级标准的城市 22 个（占 4.2％）、达到二级标准的城市 293 个（占 56.1％）、达到三级标准的城市 152 个（占 29.1％）、劣于三级标准的城市 55 个（占 10.6％）。主要污染物为可吸入颗粒物。与上年相比，可比的城市中，城市空气质量达到或优于二级的城市比例比上年增加 12.6 个百分点；劣于三级的城市比例比上年减少 9.9 个百分点。城市空气质量有所改善。同时，该项报告对我国 2005 年大气质量中的"空气中的主要污染物"和"酸雨"两项进行监测。

（一）空气中的主要污染物

1. 颗粒物。颗粒物仍是影响空气质量的首要污染物，但总体比上年好转。在可比的城市中，40.5％的城市颗粒物超过二级标准，比上年减少 12.0 个百分点；超过三级标准的城市占 5.5％，比上年减少 9.4 个百分点。颗粒物污染较重的城市主要分布在山西、宁夏、内蒙古、甘肃、四川、河南、陕西、湖南、辽宁、新疆、北京等省（自治区、直辖市）。

2. 二氧化硫。城市二氧化硫总体水平与上年基本持平，在可比的城市中，二氧化硫年均浓度达到国家二级标准（0.06 毫克／米³）的城市占 77.4％；超过国家三级标准（0.10 毫克／米³）的城市占 6.5％。二氧化硫污染严重的城市主要分布在山西、河北、甘肃、贵州、内蒙古、云南、广西、湖北、陕西、河南、湖南、四川、辽宁和重庆等省（自治区、直辖市）。二氧化硫污染控制区内可比的 62 个城市中，二氧化硫年均浓度达到二级标准的城市占 45.1％，比上年增加 4.5 个百分点；超过二级标准的城市占 54.9％，其中 13 个城市超过三级标准，占 21.0％，比上年减少 8.7 个百分点，部分二氧化硫污染严重的城市二氧化硫污染程度有所减轻。酸雨控制区内可比城市中，二氧化硫年均浓度达到二级标准的城市占 73.9％，比上年增加 0.9 个百分点；超过三级标准的城市占 4.5％，比

---

① 参见韩德培主编：《环境保护法教程》，法律出版社，2005 年版，第 195～196 页。研究表明，恶性肿瘤、心脏病和呼吸系统疾病均与环境污染密切相关。我国人口因恶性肿瘤而死亡的病例中，城市仍以肺癌的死亡率为最高，这与城市大气污染有着直接的关系。我国农村居民的首位死亡原因是呼吸道疾病。

上年减少 2.5 个百分点。

3. 二氧化氮。所有统计城市的二氧化氮浓度均达到二级标准，但广州、北京、宁波、上海、杭州、哈尔滨、乌鲁木齐、南京、成都、武汉等大城市二氧化氮浓度相对较高。

4. 重点城市空气质量。113 个大气污染防治重点城市中，海口、北海两个城市空气质量为一级（占 1.8%）、湛江等 46 个城市空气质量为二级（占 40.7%）、58 个城市空气质量为三级（占 51.3%）、7 个城市空气质量劣于三级（占 6.2%）。与上年相比，达标城市增加 15 个，劣三级城市减少 23 个，国家环保重点城市空气质量明显改善。

（二）酸雨

2005 年，全国开展酸雨监测的 696 个市（县）中，出现酸雨的城市 357 个（占 51.3%），其中浙江省象山县、安吉县，福建邵武市，江西瑞金市酸雨频率为 100%。2005 年，全国 696 个市（县）降水 pH 值年均值范围在 3.87（江西省贵溪市）～8.35（新疆库尔勒市）之间。降水 pH 值年均值小于 5.6 的城市 267 个（占 38.4%），其中，降水年均 pH 值不高于 4.0 的城市为江西省贵溪市、湖南省长沙市和浏阳市、湖北省秭归县、广东省佛山市顺德区。与上年统计的 527 个城市相比较，出现酸雨的城市比例增加了 1.8 个百分点；降水 pH 值年均值低于 5.6 的城市比例增加了 0.7 个百分点，其中 pH 值小于 4.5 的城市比例增加了 1.9 个百分点。酸雨频率超过 80% 的城市比例增加了 2.8 个百分点。降水 pH 值年均值低的城市以及高酸雨频率的城市比例均比上年有所增加，表明 2005 年酸雨污染较上年有所加重。与上年相比，2005 年华东地区酸雨发生频率总体有所增加，其他区域酸雨发生频率基本保持稳定。全国酸雨区域主要在长江以南，四川、云南以东，主要包括浙江、江西、湖南、福建、贵州、广西、重庆的大部分地区。较重的酸雨区域主要分布在浙江、江西和湖南三省；广西西北部和广东珠江三角洲地区也存在较重的酸雨污染。北方城市中，北京，天津，辽宁的大连、丹东、铁岭，吉林的图们，黑龙江的珲春，河北的承德，河南的洛阳、南阳，陕西的渭南、商洛等城市降水 pH 值年均值低于 5.6。酸雨控制区 111 个城市中，降水 pH 值年均值范围在 4.02（湖南长沙市）～6.79（广东云浮市）之间。出现酸雨的城市 103 个（占 92.8%），酸雨频率大于 80% 的城市 25 个（占 22.5%），比上年增加 3.7 个百分点。降水 pH 值年均值小于 5.6 的城市 81 个（占 73.0%），比上年减少 1.1%；降水 pH 值年均值小于 4.5 的城市 27 个（占 24.3%），比上年增加 2.8 个百分点。酸雨控制区内酸雨污染范围基本稳定，但污染程度有所加重。

第二节　大气污染防治法立法沿革

我国十分重视大气污染的防治，1987 年六届全国人民代表大会常务委员会第 22 次会议通过了《大气污染防治法》，国务院于 1991 年批准了该法的《实施细则》（现已失效）。为了更好地适应大气污染防治工作不断发展的客观需要，全国人民代表大会常务委员会先后两次对《大气污染防治法》作了重大修改。第一次修改于 1995 年由八届全国人民代表大会常务委员会第 22 次会议通过，由原来的 6 章 41 条增加为 6 章 50 条；2000 年 4 月 29 日在九届人民代表大会常务委员会第 15 次会议上，对《大气污染防治法》作了进一步的、全面的修改，内容增加到 7 章 65 条。这部新的《大气污染防治法》是在认真总结我国防治大气污染实践经验的基础上制定的，党中央、国务院 20 世纪 90 年代后期在控制大气污染方面所确定的一些重要制度与采取的重大措施在其中都得到了体现，如大气污染总量控制及排污许可证制度，将排污超标收费制度改为排污即收费制度，明确规定超标排污即违法，实行分类指导方针，划定大气污染防治重点城市，重点解决城市大气污染问题，实行城市大气环境质量状况公报制度，加强机动车排放污染和城市扬尘污染的防治力度，推广清洁能源的生产和使用等。新的《大气污染防治法》在法律责任的规定方面，也更加充实，更加具有针对性和可操作性，为这部法律的贯彻实施提供了强有力的保障。依据 1999 年 8 月 24 日发布的《关于〈中华人民共和国大气污染防治法（修订草案）〉的说明》中，将新的《大气污染防治法》的修改内容概括为以下七个方面：

一、集中力量抓重点城市的大气污染防治法

我国现有 668 个城市，城市人口约 4 亿人，城市大气污染严重是一个相当普遍的现象。要求这样多的城市在短期内明显改善大气质量是不现实的。修订草案除了对所有城市都做出了控制大气污染的规定外，把要求重点放在了一批重点城市上，规定这批城市限期改善大气质量。这是考虑到，在国力有限的情况下，必须突出重点。国务院早在 20 世纪 80 年代就规定 47 个城市作为环境保护重点城市。被划为重点城市的是直辖市、省会城市、经济特区城市、沿海开放城市及重点旅游城市。国务院已做出规定，要求这批重点城市的大气质量在 2000 年按功能区达到国家规定的标准。这些规定已经为实行城市大气污染分类控制，重点城市限期达标奠定了基础。为此，草案规定"国务院按照城市总体规划、环境保护规划目标和城市大气环境质量状况，划定大气污染防治重点城市"。"未达到大气环境质量标准的大气污染防治重点城市，应当按照国务院或者国务院环境保护行政主管部门规定的期限，达到大气环境质量标准。该城市人民政府应当制定限期

达标规划，并可以根据国务院的授权或者规定，采取更加严格的措施，按期实现达标规划。"这批重点城市所管辖面积也很大，因此在大气污染治理中也要有重点地进行。就是先抓人口集中的市区，在这些区域达到要求以后，再逐步扩大治理范围，实行由里到外、由小到大、逐步扩展的治理方针。为此，草案规定大气污染防治重点城市人民政府可以根据本辖区的实际情况划定禁煤区，限期停止直接燃用煤炭，改用天然气、液化石油气、煤制气、电能或者其他清洁能源。在征求意见的过程中，各部门和地方普遍认为抓重点城市的大气污染防治，就是抓住了要害，抓住了突破口。只要重点城市大气质量改善了，就可以影响和带动一大批城市加快治理大气污染的步伐。

二、加强机动车污染防治

我国大中城市机动车排气污染越来越严重。机动车排放多种污染物。就以氮氧化物来说，近年来北京、广州、上海、武汉等城市都呈增长趋势，机动车已成为城市的主要污染源。为加强机动车排气污染的控制，修订草案将防治机动车船污染单独作为一章，从机动车制造、在用车使用和维修、燃油质量、监督检查等几个环节，分别做出了规定。对新机动车船，规定"机动车船向大气排放污染物不得超过规定的排放标准"。"任何单位和个人不得制造、销售或者进口污染物排放超过规定排放标准的机动车船。"对在用机动车，规定"在用机动车不符合污染物排放标准的，不得上路行驶。"对燃油质量也做出了规定，"国家鼓励和支持生产、使用优质燃料油，采取措施减少燃料油中有害物质对大气环境的污染。单位和个人应当按照国务院规定的期限，停止生产、进口、销售含铅汽油"。对机动车排气污染的监督检查，草案从年度检查和日常检查两个方面做出了规定。在征求意见的过程中，国务院有关部门普遍表示，加强机动车排气污染的防治，不仅有利于污染控制，也将缩短我国汽车工业与国际先进水平的差距，并表示按照新修改的规定，制定相应的标准和实施细则。

三、加大城市扬尘的控制力度

目前我国北方城市大气总悬浮颗粒物的 50％ 来自扬尘，其中建筑施工是扬尘的重要来源。北京市是扬尘比较突出的一个城市，大气总悬浮颗粒物的 60％ 来自扬尘，非采暖期甚至达到 68％。控制扬尘污染已成为保护和改善城市大气质量的一个紧迫问题。从调查的情况来看，扬尘污染反映了城市绿化水平低和施工管理不善。为此，草案规定"城市人民政府应当采取绿化责任制等措施，提高人均占有绿地面积，减少市区裸露地面，防治城市扬尘污染"。"在城市市区进行建设施工或者从事其他产生扬尘污染活动的单位，必须按照当地环境保护的规定，采取防治扬尘污染的措施，并可以将防治扬尘污染所需费用列入施工定额或者生产经营成本"。

"国务院有关行政主管部门应当将城市扬尘污染的控制状况作为城市环境综合整治考核的依据之一"。在征求意见的过程中，大家一致认为，施工扬尘是一个管理问题，只要遵守法律规定，加强管理，做到文明施工，就可以使扬尘大幅度下降。

四、禁止超过排放标准排放污染物

我国已颁布了《标准化法》。根据该法第 7 条、第 14 条和第 20 条的规定，我国现行的污染物排放标准是强制性标准，违反排放标准即违法，对不执行者要予以行政处罚。从世界各国的通行做法来看，超标与否也是决定是否违法的主要界限。但是，现行的《大气污染防治法》没有明确超标排污违法，只规定超标排放污染物应征收超标排污费。本次修订中，把超标排污作为违法行为，从而与《标准化法》相一致。1996 年国务院在《关于环境保护若干问题的决定》中，已要求到 2000 年全国所有工业污染物排放浓度要达到国家和地方规定的标准。1998 年，全国工业废气处理达标率已达到 66％，经过努力，大多数企业到 20 世纪末是可以做到达标排放污染物的。为此，草案规定"向大气排放污染物的，其污染物排放不得超过国家和地方规定的排放标准"。并在法律责任中相应规定了"向大气排放污染物超过国家和地方规定排放标准的，由所在地县级以上人民政府环境保护行政主管部门处十万元以下罚款；对其中严重污染大气环境的，还应当限期治理"。在征求意见的过程中，国务院有关部门虽然对标准的制定程序有一些意见，但普遍认为排放标准应当是界定违法与否的尺度，在法律做出禁止超标排放污染物的规定后，有利于加强企业管理，加快企事业单位实现达标排放。

五、实行大气污染物排放的总量控制和许可制度

现行《大气污染防治法》是以污染物排放浓度达标为基础的。从当前情况来看，在我国许多人口和工业集中的地区，由于大气质量已经很差，即使污染源实现浓度达标排放，也不能控制大气质量的继续恶化。因此，推行总量控制势在必行。多年来，国务院和一些地方已开始采取措施推行污染物排放的总量控制，国务院于 1996 年批准了《"九五"期间全国主要污染物排放总量控制计划》。江泽民同志在第四次全国环境保护会议上指出："历史的经验告诉我们，为了确保环境的安全，必须实行污染物排放总量的控制。"李鹏同志在这次会议上也指出："要实行污染物排放的总量控制，对不同地区、不同行业提出不同的要求。要进一步完善工业污染物排放许可证制度，严格执行限期治理制度，提高综合防治效果。"为此，草案规定"国家采取措施，有计划地控制或者削减各地方大气污染物的排放总量"。"国务院和省、自治区、直辖市人民政府对尚未达到规定的大气环境质量标准的区域和国务院批准划定的酸雨控制区、二氧化硫污染控制区，可以划定为大气污染物总量控制区。"同时规定环境保护行政主管部门依据大气污染物总

量控制规划和有总量控制任务的企业、事业单位的申报，按照公开、公正、公平的原则，核定该企业、事业单位的大气污染物排放总量，核发大气污染物排放许可证。在征求意见的过程中，国务院综合经济部门和一些企业认为，在全国从上到下全面推行总量控制尚不具备条件，建议先从重点地区开始，循序渐进，逐步推广。修订草案采纳了这些意见，做出了上述按区域实施总量控制的规定。

六、建立排污收费制度

从我国现行超标收费制度的实施情况来看，由于收费标准低等原因，许多企业宁肯缴纳排污费也不愿治理污染，超标收费制度事实上已经成为超标排污合法化的途径。同时，在本草案做出禁止超标排放污染物的规定后，超标收费的前提已不复存在。因而需要对现行收费制度加以改革，改革的方向应当是按照排污总量收费，并逐步向环境税过渡。这既是对损害大气环境的一种补偿，也可以促进企事业单位逐步削减污染物排放。为此，草案规定"向大气排放污染物的，应当按照国务院的规定，根据所排放污染物的种类和数量缴纳排污费"。"征收的排污费必须按照国务院的规定用于污染防治，不得挪作他用。"在征求意见的过程中，企业界和国务院有关部门提出了企业的承受能力问题，有的建议把排污费改为环境税。经同有关部门反复协商，形成了一致的意见。企业承受力同收费标准高低有关，建议国务院在制定有关标准时通盘考虑。关于费改税，方向是对的，但要逐步过渡，目前还是维持收费制度。

七、强化法律责任

环境保护的法律常常被称为"软法"，法律权威性差。其中一个重要的原因就是法律做出了规定，提出了要求，但对违反了这些规定该怎么办，缺乏明确的处罚办法，致使执法机关在违法行为面前无能为力。按照法律责任与行为规范相对应的原则，草案对法律责任部分做了增补和修改，以维护法律的权威性，使本法的各项规定真正落到实处。在征求意见的过程中，各部门虽然对处罚幅度有不同意见，但普遍认为，在对法律责任做出明确规定后，将大大增强法律的可操作性和实施力度。

第三节　大气污染防治法的基本原则

一、政府对环境质量负责原则

《大气污染防治法》第 2 条规定："国务院和地方各级人民政府，必须将大气环境保护工作纳入国民经济和社会发展计划，合理规划工业布局，加强防治大气污染的科学研究，采取防治大气污染的措施，保护和改善大气环境。"《大气污染防治法》将本原则设置在整部法条的最前面，足以看出本原则在整部法律中的重要地位和统领作用。国民经济和社会发展计划一直以来都是指引着我国社会发展的一项前瞻性总体规划，将大气环境保护工作纳入到国民经济和社会发展计划中来，并且以法律规定的形式将其确定下来，足以证明我国对于大气环境保护工作的重视程度。只有这样将大气环境保护工作真正纳入到国务院以及地方各级人民政府的工作计划中来，将大气环境的保护工作与政府部门领导的政绩和工作的实质性内容相挂钩，才能将大气环境保护的工作落实到实处。在明确了政府要对环境质量负责的前提之后，本条又对政府部门具体工作的开展做了统领性的规定，即合理规划工业布局，加强防治大气污染的科学研究，采取防治大气污染的措施，并最终达到保护和改善大气环境的目的。

而实际上，加强对大气环境的保护在国务院编制的国民经济和社会发展计划中都有体现，如《国家环保"十一五"规划》中就确立了"十一五"环境约束性指标，即："约束性指标是政府必须履行职责的内容，是考核政府的硬指标。各地区要切实承担对所辖地区环境质量的责任，实行严格的环保绩效考核、环境执法责任制和责任追究制。各级政府要将环保投入作为本级财政支出的重点并逐年增加。"① 《十一五规划纲要（草案）》提出了"十一五"期间单位国内生产总值能源消耗降低 20％左右、主要污染物排放总量减少 10％等目标。这是针对资源环境压力日益加大的突出问题提出来的，体现了建设资源节约型、环境友好型社会的要求，是现实和长远利益的需要，具有明确的政策导向。② 这些刚性指标的完成需要政府刚柔兼济，充分运用法律手段和经济手段，并将本规划确定的约束性指标纳入各地区、各部门经济社会发展综合评价和绩效考核。约束性指标要分解落实到有关部门，其中耕地保有量、单位国内生产总值能源消耗降低、主要污染物排放总量减少等指标要分解落实到各省、自治区、直辖市。③ 由此可见，环境保护的工作最终落实是靠政府来完成的，而政府在环保工作中的力度又决定了此项工作的实际效果，故而《大气污染防治法》确立政府对环境质量负责原则是符合我国环保工作的现实情况和要求的。

二、环境民主原则

环境民主原则作为环境与资源保护法学的基本制度之一，其原则精神体现在《环境保护法》及各项单行法中均有体现，比如《环境保护法》第 11 条第 2 款明确规定："国务院和省、自治区、直辖市人民政府的环境保护行政主管部门，应

---

① 摘自《中华人民共和国国民经济和社会发展第十一个五年规划纲要》。
② 摘自温家宝 2006 年 3 月 5 日在第十届全国人民代表大会第四次会议上所作的《政府工作报告》。
③ 摘自《中华人民共和国国民经济和社会发展第十一个五年规划纲要》。

当定期发布环境状况公报。"《水污染防治法》（1996 年）和《环境噪声污染防治法》（1996 年）规定了"环境影响报告书中应当有该建设项目所在地单位和居民意见"，这是环境民主环境保护的一种具体体现，等等。《大气污染防治法》也不例外。该法第 5 条规定："任何单位和个人都有保护大气环境的义务，并有权对污染大气环境的单位和个人进行检举和控告。"第 23 条则规定了"环境信息公布制度"，也称为"大气环境质量状况公报制度"。同时，又以第 8 条第 2 款所规定的"环境奖励制度"来刺激和保护环境民主环境保护的积极性。

根据这些规定，目前全国绝大多数大、中城市已经开展这项工作，其中北京、上海等 46 个城市向全国范围发布公报。国家环境保护总局也发布年度的环境状况公报，对我国的环境质量状况和污染程度进行统计、分析和总结。这些环境状况公报中一般包括大气污染防治的内容如 2006 年 7 月 7 日由国家环境保护总局发布的《2005 年大气环境公报》就对 2005 年度我国大气环境做了比较权威和系统的总结和报告。然而，在目前的条件下，统一要求全国所有城市都发布大气环境质量状况公报还不大可能。有的小城市并不具备技术和经济条件。因此，法律只要求大、中城市的环境保护行政主管部门发布大气环境质量状况公报。修订后的法律只要求大、中城市人民政府环境保护行政主管部门定期发布大气环境质量状况公报。至于这一期限是多少，是每天、每月还是每年，法律没有加以限制。各城市可以根据本地区的大气污染状况和经济技术发展水平自行确定。比如北京市环境保护局目前就已经开展大气环境质量日报，每天对北京市的大气环境质量状况和污染程度进行公告。没有条件做到的或者大气环境质量良好、不需要每日公告的，也可以一周一报，或者一月一报。需要说明的是，大气环境质量状况公报是公众了解本地大气环境质量状况和污染程度的重要途径，也是确保公民环境权得以实现的基础，必须通过公开的渠道加以公布，否则就不能称为"公报"。因此，不论多长周期发布的公报，都应当在公共媒体上公开发布，不能以污染严重不利于社会稳定等理由搞"暗箱操作"。

第四节　大气污染防治法的基本制度

一、环境标准制度

环境标准制度作为污染防治法的一项基本制度在大气污染防治法中可谓体现得淋漓尽致。该法通过第 6 条和第 7 条对环境标准制度进行了设置。其中第 6 条规定了大气环境质量标准，第 7 条规定了大气污染物排放标准。

（一）大气环境质量标准

环境质量标准，是指在一定的时间和空间范围内，对环境质量的要求所作的规定。也就是说，在一定时间和空间范围内，对环境中有害物质或因素的容许浓度所作的规定。[1] 我国《大气污染防治法》第 6 条规定："国务院环境保护行政主管部门制定国家大气环境质量标准。省、自治区、直辖市人民政府对国家大气环境质量标准中未作规定的项目，可以制定地方标准，并报国务院环境保护行政主管部门备案。"据此，将我国的大气环境质量标准划分为国家环境质量标准和地方环境质量标准。

我国 1996 年颁布的《环境空气质量标准》中将环境空气质量功能区分为三类，其中一类功能区为自然保护区、风景名胜区和其他需要特殊保护的地区，二类功能区为城镇规划中确定的居住区、商业交通居民混合区、文化区、一般工业区和农村地区，三类功能区为特定工业区；同时将环境空气质量标准分为三级，即一类区执行一级标准、二类区执行二级标准、三类区执行三级标准。以上标准适用于全国范围的环境空气质量评价。此外，考虑到各地方的不同情况，该条对大气环境质量标准制定权限进行了变通，即省级人民政府可以对国家大气环境质量标准中未作规定的项目制定地方标准，并报国务院环保部门备案。但是由法条的具体规定可以看出，这种变通并不是绝对的放权，而是对其进行了一定的限制，即省级人民政府在制定了本地区标准之后必须报国务院环保部门备案之后方可生效和实施。

（二）大气污染物排放标准

污染物排放标准，是指为了实现环境质量标准目标，结合技术经济条件和环境特点，对污染源排入环境的污染物或有害因素所作的控制规定。[2] 我国《大气污染防治法》第 7 条规定："国务院环境保护行政主管部门根据国家大气环境质量标准和国家经济、技术条件制定国家大气污染物排放标准。省、自治区、直辖市人民政府对国家大气污染物排放标准中未作规定的项目，可以制定地方排放标准；对国家大气污染物排放标准中已作规定的项目，可以制定严于国家排放标准的地方排放标准。地方排放标准须报国务院环境保护行政主管部门备案。省、自治区、直辖市人民政府制定机动车船大气污染物地方排放标准严于国家排放标准的，须报经国务院批准。凡是向已有地方排放标准的区域排放大气污染物的，应当执行地方排放标准。"本条主要涉及以下几项内容：

1. 制定依据。本条第 1 款规定，大气污染物排放标准的制定依据是大气环境质量标准和国家经济、技术条件。可见大气污染物排放标准是在充分尊重了大气环境质量标准的基础之上，综合国家经济和技术条件，对我国当前大气环境进行总体把握后制定而成的。

---

[1] 参见韩德培主编：《环境保护法教程》，法律出版社，2005 年版，第 104 页。
[2] 参见韩德培主编：《环境保护法教程》，法律出版社，2005 年版，第 104 页。

2. 制定主体。包括国务院环保部门和省级人民政府。与大气环境质量标准相同，由国家对全国的大气污染物排放标准进行统一制定，各省级人民政府考虑到各自的特殊情况，在国家标准未作规定的情况下可以制定地方标准。

3. 制定程序。国务院环保部门制定的标准作为国家标准在全国范围内进行统一的实施，而省级标准则只在本省范围内进行实施，同时在国家级标准已作规定的情况下，省级标准可以作严于国家标准的规定。这是由于各地方污染源不一样，国家大气污染物排放标准主要是针对大多数地区的情况而制定的，而有些地方即使执行国家标准也达不到当地环境质量的要求，特别是还会出现一些新的污染源，因此，地方只有制定严于国家标准的地方标准，才能保证当地大气环境的质量状况。此外本条第 3 款规定，省级人民政府制定机动车船大气污染物地方排放标准严于国家排放标准的，须报经国务院批准。①

4. 标准等级。本条第 4 款对标准等级进行了规定，即遵从于特殊标准优于一般标准的规则，凡是向已有地方排放标准的区域排放大气污染物的，应当执行地方排放标准。

二、环境奖励制度

《大气污染防治法》第 8 条规定："国家采取有利于大气污染防治以及相关的综合利用活动的经济、技术政策和措施。在防治大气污染、保护和改善大气环境方面成绩显著的单位和个人，由各级人民政府给予奖励。"防治大气污染，需要国家从经济、技术政策的制定和实施等方面，采取有效措施，从源头上加以治理，因此本法在此方面进行明确规定，以保障这一政策的贯彻。同时，本法配以第 19 条的"强制淘汰制度"、第 24 条"对煤炭开采方面的大气污染防治措施"和第 25 条"对推广清洁能源生产和使用以及划定禁止销售、使用高污染燃料区域的规定"等相关内容配合这一政策的实施。②

---

①　一般情况下，地方人民政府制定严于国家标准的地方标准的，须报经国务院环境保护行政主管部门备案即可。但是，机动车船的大气污染物排放标准属于特殊的情况。机动车船具有流动性特点，需要在全国通行。如果各地都制定自己的机动车船污染物排放标准，可能会影响地区间的交通运输，阻碍经济的发展。因此如果要制定严于国家标准的地方标准，必须报经国务院批准。

②　实际上，我国早在 20 世纪 80 年代的政府文件中就已经确认并贯彻了该项政策。国务院 1985 年批转的《国家经委关于开展资源综合利用若干问题的暂行规定》中提出，开展资源综合利用是一项重大的技术经济政策，对合理利用资源，增加社会财富，提高经济效益，保护自然环境，都有重要意义。国家鼓励企业积极开展资源综合利用，对综合利用资源的生产和建设，实行优惠政策。国务院 1981 年发布的《国务院关于在国民经济调整时期加强环境保护工作的决定》中也指出，为了减轻城市大气污染，要采取既节约能源、又保护环境的技术经济政策。要利用经济杠杆，促进企业治理污染。对"三废"综合利用的产品，要采取奖励的政策，按照有关规定，实行减、免税和留用利润。采取有利于大气污染防治相关的综合利用活动的经济、技术政策和措施。广泛开展综合利用，既能节约资源，取得好的经济效果，又能减少污染危害，保护环境，可以有效地把经济效益与环境效益结合起来。

对在防治大气污染、保护和改善大气环境方面成绩显著的单位和个人，由各级人民政府给予奖励。这里的奖励，既可以是物质奖励，如发放奖金等，也可以是精神奖励，如授予光荣称号、通报表扬等。奖励的目的在于对方法先进的和成绩突出的优秀单位和个人进行表彰，以起到宣传和教育的社会作用，有利于更好地实现本法的功效。这里讲的"显著成绩"，是指对防治（包括预防和治理）大气环境的污染和破坏以及改善被污染破坏了的大气环境做出了突出的贡献，主要包括：①积极开展大气污染物的综合利用、能够变废为宝；②对治理大气污染技术、少害或无害工艺、污染监测方法和监测仪器有发明创造的；③对保护大气环境有很大成绩的；④积极同污染和破坏大气环境的行为作斗争的；⑤及时发现重大污染和破坏大气环境的隐患的；⑥在大气环境管理、科研、监测、监督或宣传教育方面有成效的等。早在 1992 年，国家环境保护局就发布了《环境保护科学技术进步奖励办法》。其中规定，环保科技进步奖分为一、二、三等奖。国家环境保护局对获得环保科技进步奖的项目发给科技进步奖奖状、证书和奖金。奖金发给获奖项目的工作人员，按贡献大小分配。环保科技进步奖奖金按国家有关规定列支。

三、清洁生产制度

《大气污染防治法》第 9 条规定："国家鼓励和支持大气污染防治的科学技术研究，推广先进适用的大气污染防治技术；鼓励和支持开发、利用太阳能、风能、水能等清洁能源。国家鼓励和支持环境保护产业的发展。"这表明清洁生产制度已经在我国的大气污染防治领域得以确立。清洁生产制度是我国污染防治理念由"末端治理"转变为"源头控制"的重要体现，它强调在生产过程引入先进的大气污染防治技术，并且提倡利用不会对大气造成污染的清洁能源，在生产过程中就将对大气造成的污染降到最低，甚至杜绝污染。相较于在造成污染后以高成本治理污染的方式，这种提倡清洁生产的源头控制方式则要省时省力得多，同时其效果也更为明显和有效。清洁生产制度虽然不能算是本法的独创[①]，但是若能真正在大气污染防治法中贯彻清洁生产制度，则对于大气环境的保护无疑是极为有利的，同时收效也会比较显著。因此，国家以法律的形式鼓励和支持环境保护产业的发展[②]，鼓励和支持开发、利用太阳能、风能、水能等清洁能源，并将此项内容以法律制度的形式固定下来，是符合现行我国提倡的可持续发展趋势

[①]　国家环境保护局于 1993 年发布了《国家环境保护最佳实用技术推广管理办法》，对包括大气污染防治的先进实用技术在内的环境保护先进实用技术的推广应用，作了具体规定。

[②]　国务院办公厅于 1990 年发布了《关于积极发展环境保护产业的若干意见》。2000 年修订大气污染防治法，增加了"国家鼓励和支持环境保护产业的发展"这一规定。通过发展环境保护产业，为防治污染和生态破坏提供先进适用的技术和装备。

的。实际上，目前一些地方性法规和地方规范性文件中就已经对于清洁生产制度的具体落实规定了较为具体的实施规则。2002 年《济南市人民政府办公厅关于进一步加强大气污染防治工作的通知》（济政办发〔2002〕14 号）中专门就"加强对能源的合理利用"问题进行规定，其中涉及到加快全市工业经济结构调整的步伐，积极推行环保型能源和逐步取缔淘汰小规模发电机组和燃煤小型锅炉、茶水炉、饮食服务大灶等。由此可见，清洁生产制度正在从国家法律向地方性法规和地方性规范文件层面落实和逐步深化。

四、环境影响评价制度

我国作为一个发展中大国，为了更好地促进环保工作的发展，在 20 世纪 70 年代末，也开始吸收国外的先进经验，建立我国的环境影响评价制度。1978 年中共中央在批转国务院关于《环境保护工作汇报要点》的报告中，首次提出了进行环境影响评价工作的意向。1979 年 9 月颁布的《环境保护法（试行）》，在第 6 条、第 7 条中对环境影响评价做出了具体的规定。此后，在有关法律和国务院及有关部门通过的一系列法规、规章中，都对环境影响评价制度作了规定。1998 年 11 月，国务院颁布了《建设项目环境保护管理条例》，其中第二章以专章的形式对环境影响评价制度进行了规定。该条例于 1998 年 11 月 29 日起开始施行。2000 年 11 月，全国人民代表大会环境与资源保护委员会向全国人民代表大会常务委员会提出了《中华人民共和国环境影响评价法（草案）》。九届全国人大常委会第十九次、第二十九次和第三十次会议分别于 2000 年 12 月、2002 年 8 月、2002 年 10 月对该项草案进行了三次审议，全国人民代表大会常务委员会法制工作委员会还将草案印发各省、自治区、直辖市、中央有关部门、部分企业和研究机构征求意见，并通过召开座谈会等多种方式，广泛听取意见。全国人民代表大会法律委员会和全国人民代表大会常务委员会法制工作委员会根据全国人大常委会组成人员的审议意见和各方面的意见，对草案进行了认真反复地修改。在 2002 年 10 月 28 日举行的九届全国人大常委会第三十次会议的全体会议上，委员们以 125 票赞成、0 票反对、2 票弃权的表决结果，通过了这部法律，时任国家主席江泽民同日签发主席令予以公布，并于 2003 年 9 月 1 日起施行。

目前我国的环境影响评价制度主要以《环境影响评价法》为依据，该法第 2 条专门就"环境影响评价"的概念进行了规定："环境影响评价，是指对规划和建设项目实施后可能造成的环境影响进行分析、预测和评估，提出预防或者减轻不良环境影响的对策和措施，进行跟踪监测的方法与制度。"《大气污染防治法》第 11 条第 2 款规定："建设项目的环境影响报告书，必须对建设项目可能产生的大气污染和对生态环境的影响做出评价，规定防治措施，并按照规定的程序报环境保护行政主管部门审查批准。"同清洁生产制度一样，环境影响评价制度也是我国污染防治理念由"末端治理"转变为"源头控制"的重要体现，是符合预防原则基本要求的。

同时，该法第47条对建设项目的大气污染防治设施没有建成或者没有达到国家有关规定的要求就投入生产或者使用所应承担的法律责任进行了规定。该条规定："违反本法第十一条规定（即环境影响评价制度，笔者注），建设项目的大气污染防治设施没有建成或者没有达到国家有关建设项目环境保护管理的规定的要求，投入生产或者使用的，由审批该建设项目的环境影响报告书的环境保护行政主管部门责令停止生产或者使用，可以并处一万元以上十万元以下罚款。"根据该条规定，建设项目的大气污染防治设施没有建成或者没有达到国家有关建设项目环境保护管理规定要求就投入生产或者使用的，首先应由审批该建设项目的环境影响报告书的环境保护行政主管部门责令停止生产或者使用，环境保护行政主管部门对建设项目环境影响报告书的审批，应按照国务院规定的权限进行。同时，审批该建设项目的环境影响报告书的环境保护行政主管部门还可以对违法行为人实施罚款。本条规定的罚款是一种供选择的行政处罚方式，由行政主管部门根据违法行为的情节轻重决定是否采用。罚款的幅度是1万元以上、10万元以下，由行政主管部门根据违法情节决定具体的罚款数额。

五、"三同时"制度

根据《环境保护法》和有关法律法规的规定，建设项目应当实行"三同时"制度，即建设项目需要配套建设的污染防治设施必须同时设计、同时施工、同时投产使用。《大气污染防治法》第11条也从程序的角度对此作了明确，其第3款规定，建设项目投入生产或者使用之前，其大气污染防治设施必须经过环境保护行政主管部门验收，达不到国家有关建设项目环境保护管理规定的要求的建设项目，不得投入生产或者使用。《建设项目环境保护管理条例》规定，建设项目竣工后，建设单位应当向审批该建设项目环境影响报告书、环境影响报告表或者环境影响登记表的环境保护行政主管部门，申请该建设项目需要配套建设的环境保护设施竣工验收。环境保护设施竣工验收，应当与主体工程竣工验收同时进行。需要进行试生产的建设项目，建设单位应当自建设项目投入试生产之日起3个月内，向审批该建设项目环境影响报告书、环境影响报告表或者环境影响登记表的环境保护行政主管部门，申请该建设项目需要配套建设的环境保护设施竣工验收。建设项目需要配套建设的环境保护设施经验收合格，该建设项目方可正式投入生产或者使用。违反上述规定的，应当依照本法第47条追究法律责任。①

---

① 参见《大气污染防治法法条释义》，http：//law1. chinalawinfo. com/index. asp，登录于2007年1月15日。

六、排污申报登记制度

《大气污染防治法》第 12 条从以下几个方面确立了排污申报登记制度：

1. 基本要求。所有向大气排放污染物的单位，都必须按照国务院环境保护行政主管部门的规定向所在地的环境保护行政主管部门申报排污设施和污染物排放情况。

2. 法规依据。排污申报按照国务院环境保护行政主管部门的规定进行，主要参考依据为国家环境保护局发布的《排放污染物申报登记管理规定》（1992年）和《关于全面推行排污申报登记的通知》（1997年）。

3. 申报内容。分为正常作业条件下的申报内容和污染物排放情况有重大改变时的申报内容。根据本条第 1 款的规定，正常作业条件下向大气排放污染物的单位，应当向所在地的环境保护行政主管部门申报的内容包括：①拥有的大气污染物排放设施和处理设施。②在正常作业条件下排放大气污染物的种类、数量、浓度。③提供防治大气污染方面的有关技术资料。该条第 2 款规定，排污单位排放大气污染物的种类、数量或者浓度有重大改变的，应当及时申报。根据这一规定，只要排放污染物的种类、数量、浓度三者其中之一有重大改变的，都应当按照规定的程序申报。申报的内容是污染物排放发生改变的情况。该条所指的"重大改变"适用时应当注意两点，一是这种改变必须是重大的，轻微的或者在正常变动范围内的变动不在申报之列；二是这里所说的改变不一定仅仅针对污染加重的情形。

4. 申报程序。分为一般程序和特别程序。该条第 1 款规定了一般情况下的申报程序，即排污单位必须向所在地的环境保护行政主管部门申报。《排放污染物申报登记管理规定》对这一申报程序作了具体规定。该条第 2 款规定，排污单位排放大气污染物的种类、数量、浓度有重大改变的，应当及时申报的特别程序。拆除或者闲置大气污染物处理设施的，必须事先报经所在地的县级以上地方人民政府环境保护行政主管部门批准。由于拆除或者闲置污染物处理设施关系重大，可能会导致大气污染物排放量的增加，因此法律规定应当事先申报。《排放污染物申报登记管理规定》同样对这些程序作了具体规定。

5. 排污单位的义务。根据本条的规定，排污单位必须履行如实申报排污事项，及时申报排污事项，如实提供有关大气污染防治的技术资料并不得虚报或者隐瞒不报和排污单位必须保持大气污染物处理设施的正常使用的法定义务。

七、限期治理制度

限期治理制度的修订是 2000 年《大气污染防治法》中的又一个亮点。

与其他的法律制度不同的是，限期治理制度在《大气污染防治法》中既扮演着行政管理手段的角色，同时又起到行政处罚的作用。以前的限期治理仅作为一项行之有效的污染防治行政管理手段，对促进污染源的治理、维护环境质量起到了重要作用，但该项法律制度在实践中暴露出的局限性已经严重阻碍了其功能的发挥。以往的限期治理仅作为一种行政命令，是由行政主体依法向特定当事人发出的要求其履行一定责任的行政决定，而并不被作为一种行政处罚的手段。但是这样的规定容易造成一种实际上的不公平现象的发生。首先，对于当事人而言。由于限期治理是在"本法施行前企业事业单位已经建成的设施，其污染物排放超过规定的排放标准的"的情况下实施的，这时如果对已经建成的设备进行治理要花费相当高的成本，其成本往往高于法律规定的对违反限期治理决定而实施的行政罚款的数额。这样容易在实践中造成一种情况的发生，即被行政决定实施限期治理的当事人，可以通过对该项行政决定置之不理来逃脱限期治理，而由于法律未规定将限期治理作为一种行政处罚的手段，行政机关仅能采取行政罚款等其他手段来处罚当事人。由于"违法成本"远远低于"守法成本"，这极易造成实际上的不公平。其次，对于行政部门而言。其仅对违法者进行行政处罚并没有真正达到限期治理的目的，况且通过行政处罚所得的金额远远达不到实施限期治理所需的金额。而依据"一事不二罚"的原则，既然已经对违法者进行了处罚，则进行治理的工作就只能依靠国家财政由行政部门来完成，这样一方面加大了行政部门的工作负担，另一方面也造成了"社会为个人买单"的不公平现象。正是基于以上考虑，2000 年《大气污染防治法》对限期治理进行了修改，不但将其作为一种污染防治的行政管理手段，而且还将其规定为一种行政处罚手段，并在该法第 16 条和第 48 条中明确规定了限期治理制度实施的程序和形式，从根本上解决了原有限期治理制度实施中存在的不公平现象。[①]

八、排污收费制度

一直以来，我国对超过污染物排放标准的排污者实施征收超标排污费的制度。此项制度由于在设置上存在着瑕疵，故而自其实施以来引发了一些问题。原有的征收超标排污费的制度实质上是对超过污染物排放标准而实施的收费，也就是所谓的"超标收费"。从以往情况来看，这种收费体制对筹集污染防治资金和推动企业治理污染发挥了一定的作用。但是，这些收费标准是 20 世纪 80 年代初制定的，实施近 20 年来并未作太大的改动，由此引发的问题是超标排污成本相对较低，而企业的污染治理成本则相对较高，企业在进行利益平衡之后往往宁可超标排污并缴纳罚款，也不愿花费相对较高的成本去进行污染治理，显然这对于

---

① 参见陈蓝图、李勋著：《从新〈大气污染防治法〉浅析限期治理的性质及其意义》，载于《中国环境管理干部学院学报》2000 年第 3、4 期。

保护环境和控制污染是极其不利的。在总结了以往的过失之后，2000 年《大气污染防治法》第 14 条规定："国家实行按照向大气排放污染物的种类和数量征收排污费的制度。"这就是说，不论排污单位是否超标，只要其实施了向大气排放污染物的行为，就要缴纳排污费，而具体的收费金额依据其向大气排放污染物的种类和数量来确定。同时，2000 年《大气污染防治法》第 14 条还规定："根据加强大气污染防治的要求和国家的经济、技术条件合理制定排污费的征收标准。"即排污费的征收标准应该依据大气污染防治的要求和国家经济、技术条件合理制定，而不再实施原有标准。同时 2000 年的《大气污染防治法》第 13 条规定了禁止超标排污制度，至此，以往的企业超标排污以缴纳收费代替高成本污染治理的问题，在法律的设置上得到了彻底的解决。另外，排污收费制度的实行也有助于污染物总量控制制度的实施。因为污染物总量控制制度实际上是对宏观政策性目标的实现，而具体的运作和实施问题并不是这一制度所能够解决的。排污收费制度的设立则从微观上解决了这一问题，通过排污收费制度的具体操作能够从根本上为污染物总量控制总体目标的实现提供一条可行的途径。

1995 年《大气污染防治法》规定"向大气排放污染物的单位，超过规定的排放标准的，应当采取有效措施进行治理，并按照国家规定缴纳超标准排污费"。2000 年《大气污染防治法》将该内容修改为"向大气排放污染物的，其污染物排放浓度不得超过国家和地方规定的排放标准"。前后规定的不同，可以看出其立法背景和立法意图的变化。前者是从当时的经济、技术发展水平考虑，未将超标排污规定为违法行为，只是规定了应当依法缴纳超标排污费；对大气造成严重污染的，还要限期治理。而随着经济、技术的发展和国家对防治环境污染要求的进一步提高，2000 年修订的《大气污染防治法》就明确做出了禁止超标排污的规定。从我国现行的污染物排放标准本身的情况看，该标准是一种结合生产技术和污染控制技术所确定的技术可行、经济合理的标准限值。以量大面广的燃煤工业锅炉为例，全国拥有燃煤工业锅炉 50 多万台，年耗煤量占全国耗煤总量的三分之一，是我国大气主要污染源之一。1998 年环境统计表明，全国工业锅炉烟尘排放浓度达标率（烟尘排放达标的工业锅炉数与工业锅炉总数的比例）为 79.5％。可见，大多数排污者经过努力是可以实现达标排放的。如果个别的污染物排放标准过严，可以特殊对待，进行修订调整。事实上，为了促进工业污染源全面达标，1996 年国务院在《关于环境保护若干问题的决定》中就要求到 2000 年全国所有工业污染物排放浓度要达到国家或地方规定的排放标准。从这些情况来看，禁止超标排放是具有现实可行性的。同时，根据该法第 7 条的规定，省、自治区、直辖市人民政府可以制定严于国家标准的地方污染物排放标准。在有地方排放标准的地方，向大气排放污染物的，应当执行地方标准。违反该条规定的，应当依照该法第 48 条的规定进行限期治理，即超过国家和地方规定的排放标准向大气排放污染物的，应当限期治理，在做出限期治理决定的政府或政府的有关行政管理部门确定的期限内，通过技术改造、建设污染治理设施、改进能源结构、关闭严重污染的生产设施等方式，使其向大气排放污染物的浓度符合国家和地方规定的排放标准。同时，由其所在地县级以上人民政府环境保护行政主管部门对其处以罚款，罚款的幅度是1万元以上、10万元以下，由做出行政处罚决定的行政管理部门根据具体情况决定具体的罚款数额。

九、污染物总量控制制度

污染物排放总量控制是相对于浓度控制而言的，是将某一控制区域或环境单元作为一个完整的系统，采取有关措施将排入这一区域内的污染物总量控制在一定数量之内，以满足该区域的环境质量要求。[①] 这一制度的设立最早源于在美国《清洁空气法》中的"泡泡政策"。所谓"泡泡政策"是自1979年以来在美国《清洁空气法》中实行的一项排污抵消政策，即在一定的"空气泡"内，新污染源的排污量等于旧污染源所减少的排污量，新旧污染源排污量相抵后的总排污量不得超过该区域的环境容量。实质上这就是早期的污染物总量控制制度。

我国2000年以前的《大气污染防治法》并未认识到要对污染物的排放总量进行控制。1995年的《大气污染防治法》是以污染物排放浓度达标为基础的，但是从实际的实施情况来看，虽然单个企业排放污染物的浓度达到标准，但是仍不能避免大气整体环境恶化的情况的发生，若要使大气整体环境得到改善就必须对污染物的排放实行非点源控制，而不是仅仅针对某一个排污企业实施点源控制，况且这种不考虑污染物排放总量的点源控制从客观上来讲其并不能从总体上真正起到保护大气环境的作用。尽管国务院于1996年批准了《"九五"期间全国主要污染物排放总量控制计划》，但并没有获得所需要的法律支持和相应的合法地位。因此，2000年《大气污染防治法》可以说是在我国第一次确立了规范意义上的污染物总量控制制度。该法第15条规定："国务院和省、自治区、直辖市人民政府对尚未达到规定的大气环境质量标准的区域和国务院批准划定的酸雨控制区、二氧化硫污染控制区，可以划定为主要大气污染物排放总量控制区。主要大气污染物排放总量控制的具体办法由国务院规定。"

十、排污许可证制度

从2000年《大气污染防治法》的法条设置上可以看出，该法对于排污许可证制度的设立是严格以污染物总量控制制度为前提和基础的。该法第15条第2

---

① 参见罗宏等著：《〈大气污染防治法〉的修订：环境管理思想的变革》，载于《环境保护》2000年10月。

款规定："大气污染物总量控制区内有关地方人民政府依照国务院规定的条件和程序，按照公开、公平、公正的原则，核定企业事业单位的主要大气污染物排放总量，核发主要大气污染物排放许可证。"这至少向我们透露了以下几方面的信息：

1. 排污许可证制度的实施范围。排污许可证制度并不是针对全体排污单位设置的，而仅针对在大气污染物总量控制区内的排污单位，即这些排污单位必须处于"国务院和省、自治区、直辖市人民政府对尚未达到规定的大气环境质量标准的区域和国务院批准划定的酸雨控制区、二氧化硫污染控制区"范围内。

2. 排污许可证制度的实施对象。排污许可证不是对每一家排污单位无差别适用的，而是只适用于有大气污染物排放总量控制任务的排污单位。

3. 排污许可证的核发要求。必须由有关地方人民政府依照国务院规定的条件和程序，按照公平、公开、公正的原则进行核发，换句话说排污许可证的核发必须符合国务院关于核发条件和程序的规定，不可以随意核发，同时有大气污染物总量控制任务的企业事业单位，必须按照核定的主要大气污染物排放总量和许可证规定的排放条件排放污染物。

十一、强制淘汰制度

强制淘汰制度的设立是我国环境保护政策由"末端治理"转向"源头控制"的有力证明。据有关资料显示，我国的环境污染现状很大程度上是由落后的生产工艺和落后的技术设备所导致的。《大气污染防治法》经历了十几年的发展最终认识到，更新生产工艺和技术设备所花费的成本要比进行治理所花费的成本小得多，因此对于那些容易造成环境污染的落后的设备和工艺应该果断地予以淘汰。由此，在2000年《大气污染防治法》中确立了此项制度。该法第19条第1款规定："企业应当优先采用能源利用效率高、污染物排放量少的清洁生产工艺，减少大气污染物的产生。"这明确了建立强制淘汰制度的目的。随后，该条第2款规定："国家对严重污染大气环境的落后生产工艺和严重污染大气环境的落后设备实行淘汰制度。"明确规定了此项制度，并以第3～5款为此项制度的具体实施提供了法律依据。具体分析此项制度的主要内容为：

1. 本制度的适用对象。即严重污染大气环境的落后生产工艺和严重污染大气环境的落后设备，这些工艺和设备由于生产方式落后，所制造的产品质量低劣、原材料和能源消耗高又严重污染环境，应当逐步加以淘汰。

2. 设置淘汰名录制度。国家对淘汰的工艺和设备实行名录制度，由国务院经济综合主管部门会同国务院有关部门公布限期禁止采用的严重污染大气环境的工艺名录和限期禁止生产、禁止销售、禁止进口、禁止使用的严重污染大气环境的设备名录。1997年6月，国家经济贸易委员会、国家环境保护局、机械工业部联合发布了《关于公布第一批严重污染环境（大气）的淘汰工艺与设备名录的通知》（国经贸资〔1997〕367 号），分不同情况淘汰 15 种工艺和设备；1999 年 1 月，经国务院批准，国家经济贸易委员会又公布了《淘汰落后生产能力、工艺和产品的名录（第一批）》，分不同情况立即淘汰或者限期淘汰 20 种落后生产能力、36 种落后生产工艺装备和 58 种落后产品；1999 年 12 月，经国务院批准，国家经济贸易委员会发布了《淘汰落后生产能力、工艺和产品的目录（第二批)》，涉及钢铁、有色、轻工、纺织、石化、建材、机械、印刷业（新闻）8 个行业，共 119 项。这其中都包括了部分因大气环境污染严重而淘汰的设备和工艺。

3. 强制淘汰制度的实施后果。由于以上规定的都是国家明令限期淘汰的工艺和设备，因此，凡是列入淘汰名录的工艺和设备，任何单位和个人不得继续采用，不得继续生产、销售、进口或者使用。同时按照淘汰名录的规定被淘汰的设备，不得转让给他人使用，违法者应当按照该法第 49 条第 2 款的规定追究法律责任。

十二、污染事故报告及处理制度

污染事故报告及处理制度是大气环境事故管理中的一项关键性的法律制度，其具备了预防性、时间性、责任性和目的性的特点，恰当地使用此项制度将有助于消除大气环境污染与破坏所造成的危害或阻止危害的扩大。[①] 我国 2000 年《大气污染防治法》第 20 条从以下几个方面明确规定了此项制度：

1. 本制度适用条件。适用本条规定应当满足以下要件：①发生事故或者其他突然性事件，排放和泄漏有毒有害气体和放射性物质；②造成或者可能造成大气污染事故、危害人体健康；③事故或者其他突然性事件与大气污染事故之间存在因果关系。在满足了以上条件之后才适用本项制度。

2. 排污单位的义务。根据该条第 1 款的规定，造成大气污染事故的排污单位，必须立即采取防治大气污染危害的应急措施，通报可能受到大气污染危害的单位和居民，并报告当地环境保护行政主管部门，接受调查处理。

3. 政府及环保部门的义务。①环保部门的义务。根据《报告环境污染与破坏事故的暂行办法》的规定，环境污染与破坏事故发生后，当地环境保护行政主管部门应当立即赴现场调查，并对事故的性质和危害做出恰当的认定。凡属重大环境污染与破坏事故，地、市级环境保护行政主管部门除应及时报同级人民政府外，还应同时报省级环境保护行政主管部门；属特大环境污染与破坏事故的，除报告上述两者外，还应同时报国务院环境保护行政主管部门。②当地人民政府的

---

① 参见黄明健著：《环境法制度论》，中国环境科学出版社，2004 年版，第 342 页。

义务。根据该条第 2 款规定，在大气受到严重污染，危害人体健康和安全的紧急情况下，当地人民政府应当及时向当地居民公告，采取强制性应急措施，包括责令有关排污单位停止排放污染物。

十三、现场检查制度

现场检查制度的功效在于可以促使排污单位依法加强环境管理，积极采取污染防治的措施，减少污染物的排放和消除污染事故隐患，并可以使环境管理机关及时发现和处理环境违法行为。同时现场检查还具有检查主体和内容的特定性、检查行为的强制性、检查范围的固定性和检查时间的随机性的特征。[①] 2000 年的《大气污染防治法》第 21 条专门规定了此项制度。

1. 现场检查的执法主体是环境保护行政主管部门和其他监督管理部门。各级环境保护行政主管部门派出本单位工作人员或者环境监理人员对排污单位进行现场检查，其法律身份是环境保护行政主管部门的代表，实施的行为具有行政强制性。其他监督管理部门是指按照该法第 4 条第 2 款、第 3 款规定的依法履行监督管理职责的各级公安、交通、铁道、渔业等主管部门。这些部门也可以对管辖范围内的排污单位进行现场检查，其法律效果和环境保护行政主管部门实施的现场检查相同。

2. 现场检查的内容。有关监督管理部门有权依法实行现场检查，但是检查的范围和内容并不是无限制的。根据有关法律法规规定，环境保护行政主管部门和有关监督管理部门只能对排污单位的污染物排放情况、污染物设施运转情况以及有关法律规定的执行情况进行检查。不属于法定检查内容的事项，不得随意进行检查。

3. 现场检查部门的义务。检查部门负有的义务包括：①环境保护行政主管部门或者其他监督管理部门都只能依照法律法规的规定，对管辖范围内的排污单位进行现场检查。超出管辖范围的排污单位，不能进行检查；与污染物排放无关的单位，也不得进行检查。②检查部门有义务为被检查单位保守技术秘密和业务秘密。③环境保护行政主管部门和其他监督管理部门的监督管理人员，对管辖范围内的排污单位进行现场检查时，应当出示检查证件或者佩戴标志。所持检查证件须经省辖市级以上人民政府环境保护行政主管部门签发。

4. 被检查单位的义务。包括：①现场检查具有行政强制力，被检查的排污单位不得拒绝检查。②被检查单位必须如实反映本单位的污染物排放情况、污染物处理设施运转情况和有关法律规定的执行情况，不得隐瞒不报或者虚报、谎报。③被检查单位必须提供必要的资料，以说明本单位污染物排放情况、污染物

---

① 参见黄明健著：《环境法制度论》，中国环境科学出版社，2004 年版，第 299～300 页。

处理设施运转情况以及有关法律规定的执行情况。必要的资料是指说明上述情况所必需的技术等方面的资料。违反上述义务的，应当按照本法第 46 条第 2 项的规定追究法律责任。①

十四、环境监测制度

环境监测制度是在大气污染防治工作中使用最为频繁的一项制度手段。《大气污染防治法》第 22 条规定："国务院环境保护行政主管部门建立大气污染监测制度，组织监测网络，制定统一的监测方法。"这是对大气污染监测制度的规定。监测制度是一项与大气污染防治各个方面息息相关的制度，它必须在大气污染防治法的各个部分中得以体现。修订后的《大气污染防治法》主要从以下方面对环境监测提出了要求：

1. 实施监测的主体。监测的实施主体包括国务院环境保护行政主管部门和地方各级人民政府行政主管部门。但所不同的是，国务院环境保护行政主管部门实施的是统领性的工作，仅负责建立大气污染监测制度，组织监测网络和制定统一的监测方法工作，并不具体地实施监测工作；而地方各级人民政府行政主管部门则是在国务院环境保护行政主管部门的领导下具体开展环境监测工作。这主要是考虑到大气污染监测工作有着很强的技术性，需要有统一的监测规范，而各地的大气污染状况和人员技术配备又有着很大的区别，为了防止出现不同标准、不同技术规格的监测体系，需要由国务院环境保护行政主管部门统一组织。否则，对我国大气污染防治和环境保护工作的开展会带来严重的负面影响。② 同时环境监测工作既具体又细致，需要专门的部门和人员来完成，所以必须依靠地方人民政府的环保部门将具体的工作落实到位，使环境监测任务得以最终完成。

2. 实施监测的手段。即建立大气污染监测制度，组织监测网络和制定统一的监测方法。如前所述，大气的监测是一项技术性很强的工作，同时又因为大气具有循环流动的特性，倘若发生大气污染事故，仅仅依靠某个地方的环境监测站势单力薄是无法完成大气监测工作的。基于此必须在全国的范围内制定统一的环境监测制度来指导从中央到地方的环境监测工作的实施，组织全国性的环境监测网络完成环境监测的信息调配和合作配合，制定统一的环境监测方法并应用于具体的环境监测工作中来，以此来保证环境监测工作的正常开展。

3. 大气污染防治与监测。2000 年《大气污染防治法》确立了大气污染排放

---

① 参见《大气污染防治法法条释义》，http：//law1. chinalawinfo. com/index. asp，登录于 2007 年 1 月 15 日。

② 参见《大气污染防治法法条释义》，http：//law1. chinalawinfo. com/index. asp，登录于 2007 年 1 月 15 日。

总量控制制度、"两控区"制度和大气质量状况公报制度，这些制度的建立要求环境监测站对于大气污染排放总量的情况，对于已经产生或可能产生酸雨或二氧化硫污染严重的地区空气情况，对于大中城市的总体环境质量的情况进行长期的、适时的、全面的监测，并在这一监测结果的基础上分别实施大气污染排放总量控制制度、"两控区"制度和进行大气质量状况公报。这就要求环境监测工作必须比以往更加细致和全面，比以往更能反映大气环境的实际情况，对于环境监测工作提出了更高的要求。

十五、环境信息公报制度

环境信息公报制度是环境民主原则在大气污染防治法领域的具体体现。

环境信息公报的目的在于向公众告知有关环境的信息情况，使公众参与到环境保护中来，培养和调动公众的环境保护积极性。从公众自身的角度来看，公众参与环境保护是捍卫自身权益的需要；从国家的角度看，支持、发动和依靠公众参与环境保护，是国家履行其环境保护职责的根本途径；从环境保护事业的角度看，公众参与是搞好环境保护的群众基础和社会保证。[①] 2000 年《大气污染防治法》第 23 条规定："大、中城市人民政府环境保护行政主管部门应当定期发布大气环境质量状况公报，并逐步开展大气环境质量预报工作。大气环境质量状况公报应当包括城市大气环境污染特征、主要污染物的种类及污染危害程度等内容。"分析起来，该条主要从以下几个方面规定了环境信息公布制度：

1. 环境信息公报的实施主体是大、中城市人民政府环境保护行政主管部门。大、中城市人民政府环境保护行政主管部门作为对环境实施具体监测的主体，它们能够最早接触到环境质量监测信息，其掌握的环境监测信息无论从完整度还是精确度来讲，都是其他部门所不能比拟的，而国务院环保部门所掌握的环境监测信息也是由地方政府环保部门经过上报后得来的，前者掌握的仅仅是二手资料。正是因为如此，赋予大、中城市人民政府环保部门以环境信息公报的职责是最为合适的。

2. 环境信息公报的内容。大气环境质量状况公报应当包括城市大气环境污染特征、主要污染物的种类及污染危害程度等内容，此构成了大气环境公报的主要内容。以《2005 年大气环境公报》为例，该公报公布了 2005 年大气环境中的主要污染物是颗粒物和二氧化硫，并公布了重点城市和控制区内的污染情况和受酸雨污染的情况。总之，城市空气质量总体较上年有所好转，但部分城市污染仍然严重。

---

① 参见王彬辉著：《新〈大气污染防治法〉的几项重要制度评析》，载于《中国环境管理》2000 年10 月。

3. 环境信息公报应采取定期公报与预报相结合的方法。定期公报的目的是令公众清楚过去的大气环境状况，关注未来的大气环境状况，以增强公众的环境保护意识。而预报则是对未来大气环境状况进行预测，以此来指导企业及个人未来生产和生活的开展，做到早有准备并防患于未然。

第五节　大气污染防治法的主要规定

一、大气污染防治监督管理体制

《大气污染防治法》第 4 条规定："县级以上人民政府环境保护行政主管部门对大气污染防治实施统一监督管理。各级公安、交通、铁道、渔业管理部门根据各自的职责，对机动车船污染大气实施监督管理。县级以上人民政府其他有关主管部门在各自职责范围内对大气污染防治实施监督管理。"可见，我国实施的是"环保部门统一监管，有关部门分工负责"的大气污染防治监督管理体制。这里需要注意的是，除环保部门以外的各有关部门对大气污染的防治也是行使直接的监管职责的，而并不仅仅是配合环保部门监管职责的行使，其不同仅在于需要受到各自职责范围的限制。

1. 环保部门统一监管。该条中所称之"县级以上人民政府环境保护行政主管部门"，在国务院一级是指国家环境保护总局；在县级以上地方人民政府是指本级政府中主管环境保护工作的厅、局。将大气污染防治的监管工作交由环保部门统一负责，可以使环保工作专门化、专业化，提高行政环保工作的效率，树立和集中行政环保职权的威信。

2. 有关部门分工负责。由于我国大气污染防治任务艰巨，大气污染源多、牵涉面广，大气污染危害范围大、情况复杂，仅由环保部门一家承担监督管理职责是难以胜任的，因此该条第 2 款规定"由公安、交通、铁道、渔业管理部门根据各自的职责，对机动车船污染大气实施监督管理"，即公安部门对车辆污染大气实施监督管理，交通部门对航运船舶污染大气实施监督管理，铁道部门对铁路机车污染大气实施监督管理，渔业管理部门对渔船污染大气实施监督管理。除了该条第 1、2 款规定的职能部门对大气污染防治实施监管以外，其他政府行政主管部门也应该在本部门工作范围内对大气污染的防治实施监督管理，如建设主管部门、工商税务主管部门、海关等，都应该在本部门的职责范围内对于造成可能造成的大气污染事故或已经造成的大气污染事故进行必要的预防和处理，与环保部门一起更好地完成大气污染防治的监管工作。

二、《大气污染防治法》对重点保护范围的规定

《大气污染防治法》中规定了三类地区为大气污染防治的重点范围。

（一）大气污染防治重点城市

我国城市大气环境质量普遍较差。虽然大气质量有了一定改善，但是要求全国所有城市的大气污染问题在短期内都得到解决，是不现实的。所以，划定大气污染防治重点城市，限期达标，是抓住关键、突出重点的有效办法，可以影响和带动一般城市的大气污染防治工作。据《2005年大气环境公报》显示，我国113个大气污染防治重点城市中，海口、北海两个城市空气质量为一级（占1.8%）、湛江等46个城市空气质量为二级（占40.7%）、58个城市空气质量为三级（占51.3%）、7个城市空气质量劣于三级（占6.2%）。与上年相比，达标城市增加15个，劣三级城市减少23个，国家环保重点城市空气质量明显改善。

1. 大气污染防治重点城市的划分。由国务院按照城市总体规划、环境保护规划目标和城市大气环境质量状况三方面进行划定，具体包括下列四类城市：①直辖市；②省会城市；③沿海开放城市（如深圳、珠海、厦门、烟台等）；④重点旅游城市（如苏州、桂林、大连等）。到2001年年底，全国被列入大气污染防治重点城市的共有47个城市。

2. 对大气污染防治重点城市的要求。包括：①限期达标。对尚未达到大气环境质量标准的大气污染防治重点城市，应当按照国务院或者国务院环境保护行政主管部门规定的期限，达到大气环境质量标准。这个期限，国务院在1996年《关于环境保护若干问题的决定》中明确规定，上述重点城市的环境空气应在2000年达到国家规定的标准。为了确保按期达标，这些城市的人民政府应当制定限期达标规划，并可以根据国务院的授权或规定，采取更加严格的措施。②禁止使用高污染燃料。大气污染防治重点城市人民政府可以在本辖区内划定禁止销售、使用高污染燃料区域。在该区域内的单位和个人，应在当地政府规定的期限内停止燃用高污染燃料，改用天然气、液化石油气、电或其他清洁能源。这类城市的范围都比较大，治理必须突出重点，分步骤解决。所以，把人口最集中、污染最严重的市区划为"禁用区"。

这里所说的"高污染燃料"，指的是"国务院环境保护行政主管部门规定的"各种燃料。早在1997年国家环境保护局颁发的《关于"九五"期间加强污染控制工作的若干意见》中就规定到1999年底，各大中城市市区民用炉灶禁止燃用原煤。

（二）特别保护区

1. 特别保护区的范围。大气污染防治特别保护区指国务院和省、自治区、直辖市人民政府划定的风景名胜区、自然保护区、文物保护单位附近地区和其他需要特别保护的区域。

2. 特别保护区的特别保护措施。《大气污染防治法》规定：①在这些区域内，不得建设污染环境的工业生产设施；②建设其他设施（例如餐饮、商业、旅游等设施），其污染物排放不得超过规定的排放标准；③在本法施行前即 2000 年 9 月 1 日前企业事业单位已经建成的设施，如果污染物排放超过规定的排放标准，依法限期治理。

（三）大气污染防治重点范围："酸雨控制区"和"二氧化硫控制区"

划定"酸雨控制区"和"二氧化硫控制区"（简称"两控区"）是 1995 年修改的《大气污染防治法》中规定的，这是在环境保护的法律中首次强调"区域污染治理"。污染治理由对点源的治理发展到从改善区域整体环境质量出发，实施区域治理，这是污染防治工作的一大飞跃。

所谓"酸雨"，是指 pH 值低于 5.6 的降水，是由各类污染源向大气中排放的酸性污染物（我国主要是二氧化硫），在颗粒污染物（特别是铜、镁、铁粒子）的催化作用下，在空中通过气相或液相反应生成酸，从而使降水呈酸性，又称"酸沉降"。酸雨使水体和土壤酸化，不仅影响鱼虾生存，破坏生态平衡，腐蚀植物、建筑物、桥梁、铁路、电线，给渔业、农业、林业、工业、交通、市政设施等造成极大损失，而且由于酸性增加提高了水体中有毒的重金属污染物溶解度，大大有损于饮用者的健康。我国的酸雨污染范围由西南、华南向长江流域迅速发展，目前已占全国总面积 40％左右，甚至北方的京津地区、图们、丹东也出现了酸雨。二氧化硫不仅形成酸雨，还能对人的呼吸系统产生强烈刺激，使支气管炎等呼吸道疾病病情恶化。1873～1952 年多次在英国伦敦发生，总计造成近万人死亡的烟雾污染事件罪魁祸首就是空气中二氧化硫和微粒的共同作用。二氧化硫主要来自燃煤。而煤是我国的主要能源，因而我国的二氧化硫排放量极高，仅 1995 年二氧化硫排放量就高达 2370 万吨，居世界首位。近年来，二氧化硫和酸雨的危害已经制约了我国经济持续发展。据国家环境保护局统计，我国因二氧化硫和酸雨的危害造成的损失就高达 1100 亿人民币。（见 1998 年 2 月 26 日《中国环境报》）。

针对我国酸雨和二氧化硫污染不断加重的状况，《大气污染防治法》作了如下规定：

1. "两控区"的划分

由国务院环境保护行政主管部门会同国务院有关部门，根据气象、地形、土壤等自然条件，对已经产生、可能产生酸雨的地区或者其他二氧化硫污染严重的地区，经国务院批准后，划定为酸雨控制区或者二氧化硫污染控制区。1998 年 1 月国务院批复同意了国家环境保护局呈报的"两控区"划分方案。该方案把现状监测降水 pH 值不高于 4.5，硫沉降超过临界负荷，二氧化硫排放较大的地区划分为酸雨控制区，共 80 万平方公里；把二氧化硫排放量较大，近年来环境控制中二氧化硫年平均浓度超过国家二级标准，日平均浓度超过国家三级标准的城市划定为二氧化硫控制区，共 29 万平方公里。"两控区"面积达 109 万平方公里，虽然只占国土总面积 11.4％，但在此范围内排放的二氧化硫达到全国排放量的 60％，因此，重点控制"两控区"的大气污染问题，就可以基本控制全国酸雨和二氧化硫的污染恶化趋势。江苏省苏南地区和扬州、泰州、南通三市均为"酸雨控制区"，徐州、新沂为"二氧化硫控制区"。

2. 在"两控区"内采取的措施

国务院在 1998 年关于"两控区"划分方案的批复中规定：

（1）从源头抓起，限制高硫煤的开采、使用。禁止新建含硫分大于 3％的矿井，已建成的逐年限产、关停。

（2）重点治理火电厂的大气污染。火电厂是"两控区"最重要的二氧化硫排放源，禁止大、中城市城区、近郊区新建燃煤的火电厂，对于燃煤含硫量大于 1％的电厂，必须建设脱硫设施。

（3）开征二氧化硫排污费。1998 年 4 月国家环境保护总局、国家发展计划委员会（现已改为国家改革与发展委员会）、财政部、国家经济贸易委员会联合发布通知，规定对"两控区"内排放二氧化硫的企业、事业单位和个体经营者按排放每公斤二氧化硫征收 0.20 元的标准征收排污费，一方面促进排污者加强对二氧化硫污染的治理，另一方面也为二氧化硫的治理筹措必要的资金。重点排污单位专项治理二氧化硫污染的费用不得低于征收的二氧化硫排污费的 90％。

（4）"二控区"内已建企业属于超标排放大气污染物的，限期治理。

（5）结合产业、产品结构调整，大力推行清洁生产，切实降低二氧化硫排放水平。[①]

三、防治燃煤产生的大气污染

2000 年《大气污染防治法》中专设第三章对"防治燃煤产生的大气污染"进行规定。纵观其具体规定，我们可以看出该法第三章对于防治燃煤产生的大气污染主要从源头控制和过程防治两个角度进行了规定。这无疑是为产生或即将产生大气污染的燃煤生产和技术实施的防范和整治，可以有效控制或减轻燃煤型污染对大气带来的损害。

1. 在煤炭的开采和储存方面所应采取的大气污染防治措施

主要涉及以下几个方面：

（1）推行煤炭洗选加工。国家推行的煤炭洗选加工主要是为了降低煤中所含

---

① 参见张梓太、吴卫星等著：《环境与资源法学》，科学出版社，2002 年版，第 158～171 页。

有的硫分和灰分，以减少污染物的排放。通过煤炭的洗选加工可以有效减少煤炭中所含有的硫分和灰分，达到从源头上降低燃煤所产生的大气污染的目的。煤炭洗选是我国发展洁净煤的源头技术，其技术成熟，运行成本低。常规的物理选煤可除去 60％的灰分和 40％～70％的黄铁矿硫。经过洗选的煤炭还可以大大提高燃烧效率，并减少污染物排放和无效运输。但目前，由于种种原因，我国的原煤入洗率还不足 1/4，大量的原煤处在直接燃烧的状态，既浪费了资源，又增加了环境压力。因此，国家将采取各种有效措施，积极推行煤炭的洗选加工，降低煤的硫分和灰分，促进洁净煤技术的推广和使用。①

（2）限制高硫分、高灰分煤炭的开采。这主要从两个方面予以体现：第一，对于新建煤矿，由于我国国土面积广大，各地的物产资源分布情况差别较大，对于煤炭资源而言，有的地方的煤炭中含有的硫分和灰分较少，而有的地方的煤炭资源中则含有较高的硫分和灰分。针对这种情况，该法规定对于那些属于高硫分、高灰分的新建煤矿，必须在其建设之初就配套安装煤炭洗选设备，使得煤炭中的硫分和灰分含量能够达到规定的标准；第二，对于已经建成的属于高硫分、高灰分的煤矿，应当按照国务院批准的规划，限期建成配套的煤炭洗选设施。

（3）禁止开采含有有毒有害物质超过规定标准的煤炭。含放射性物质的煤矿，比如含铀矿石，对大气、水体和土壤都可能造成污染，进而危害人体健康。含砷的煤矿同样对大气、水体、土壤均可能产生污染，对人体健康也有严重危害。因此，对含这些有毒有害物质的煤矿，国家严格限制开采。如果煤矿中这些物质的含量超过了规定的标准，国家禁止开采。

（4）煤炭等物料的储存。在人口集中地区存放煤炭、煤矸石、煤渣、煤灰、砂石、灰土等物料，必须采取防燃、防尘措施，防止污染大气。

2. 推广清洁能源

国务院有关部门和地方各级人民政府应当采取措施，改进城市能源结构，推广清洁能源的生产和使用。除此之外，2000 年修订的《大气污染防治法》还规定了"禁止销售、使用高污染燃料区域的划定和区域内的限制政策"，这一规定是此次修订《大气污染防治法》新增的，是修订的重点之一。1999 年 8 月，全国人大环境与资源保护委员会提请第九届全国人大常委会第十一次会议审议的草案中，将集中力量抓大气污染防治重点城市的污染治理作为修订的主要内容之一。这其中包括了一项内容，即大气污染防治重点城市可以根据本辖区的实际情况划定禁煤区，限制直接燃用原煤，改用天然气、液化石油气、煤制气、电能或者其他清洁能源。这主要是考虑到以下因素：

---

① 参见《大气污染防治法法条释义》，http：//law1. chinalawinfo. com/index. asp，登录于 2007 年 1 月 15 日。

（1）我国城市大气污染程度与以煤炭为主的能源消费结构有着直接的关系。如，近几年北京市的煤炭消耗量维持在每年 2800 万吨左右，占全市能源总消耗量的 70％以上，尤其在规划市区 1040 平方公里内，集中了全市 50％的人口、80％的建筑、60％的工业产值、80％的能源消费。在这种情况下，虽然加强了城市环境建设和污染治理，但市区内的大气污染问题仍然显得十分突出。为了从根本上解决我国因大量燃用煤炭造成的严重大气污染，结合我国能源的生产情况，逐步调整城市能源结构，特别是在城市中的某些区域禁止燃用煤炭，对改善城市大气环境质量是十分必要的。

（2）随着社会的进步和经济的发展，北京、天津、成都、沈阳、郑州、西安等许多大中城市开始使用天然气。东海平湖油气田将开始向上海供气。准噶尔、柴达木、川渝、陕甘宁四大气田向东输气干线也已动工。再加上液化石油气、煤层气、电及其他新能源的开发利用，对城市某些区域来说，禁止燃用煤炭是可能的。北京市为解决大气污染问题，已在城区八个区内划定了 40 片"无煤区"，总面积为 105 平方公里。上海市计划将内环线内某些区域划定为禁煤区，西安等其他城市也有类似计划。基于上述两点，第一审草案提出了划定禁煤区的内容。修订草案在全国人民代表大会常务委员会审议过程中，有的常委委员提出，煤炭是我国的主要燃料，在采取洗选、固硫、脱硫和其他措施之后，仍然是可以使用的，该法不宜笼统规定划定禁煤区，而应规定在一定区域内划定禁止使用高污染燃料的区域。根据这一意见，修订后的法律对禁煤区的规定作了调整，改为禁止销售、使用高污染燃料的区域。不过，其实质含义并未改变。[①] 正是基于这样的立法背景，2000 年《大气污染防治法》第 25 条第 2 款规定："大气污染防治重点城市人民政府可以在本辖区内划定禁止销售、使用国务院环境保护行政主管部门规定的高污染燃料的区域。该区域内的单位和个人应当在当地人民政府规定的期限内停止燃用高污染燃料，改用天然气、液化石油气、电或者其他清洁能源。"第 29 条又专门就大、中城市饮食服务企业和其他民用炉灶限期使用清洁能源进行了规定。

3. 国家鼓励和支持煤炭清洁利用

国家采取有利于煤炭清洁利用的经济、技术政策和措施，鼓励和支持使用低硫分、低灰分的优质煤炭，鼓励和支持洁净煤技术的开发和推广。《中国洁净煤技术"九五"计划和 2010 年发展纲要》中，列出了 14 种技术作为我国发展洁净煤技术的主要领域。其中煤炭洗选、型煤、水煤浆、煤层气开发利用、煤矸石和矿井水综合利用属于煤炭开发、生产、加工过程中的洁净煤技术；煤炭气化、煤

---

① 参见《大气污染防治法法条释义》，http：//law1. chinalawinfo. com/index. asp，登录于 2007 年 1 月 15 日。

炭直接液化、循环流化床发电、烟气净化、工业炉窑、粉煤灰综合利用等属于煤炭深加工和有效利用方面的洁净煤技术。

4. 锅炉大气污染防治

国务院有关主管部门应当根据国家规定的锅炉大气污染物排放标准，在锅炉产品质量标准中规定相应的要求；达不到规定要求的锅炉，不得制造、销售或者进口。在我国现有的国家大气污染物排放标准体系中，按照综合性排放与行业性排放标准不交叉执行的原则，锅炉执行 GH13271—91《锅炉大气污染物排放标准》。该标准对锅炉烟尘最高允许排放浓度和烟气黑度限值，锅炉二氧化硫和氮氧化物最高允许排放浓度，燃煤锅炉烟尘初始排放浓度和烟气黑度限值，燃煤、燃油（燃轻柴油、煤油除外）锅炉房烟囱高度，以及监测锅炉烟尘、二氧化硫、氮氧化物排放浓度的采样方法等问题均进行了较为详细的规定。同时还规定，位于两控区内的锅炉，二氧化硫排放除执行该标准外，还应执行所在控制区规定的总量控制标准。

5. 发展集中供热

（1）发展城市集中供热主要目的是为了节约能源和减少由于分散供热所带来的过渡污染。目前我国还有一些地区，采用分散的燃煤小锅炉供热，不仅使能源得不到充分、有效的利用，还加重了大气污染。针对这种问题，2000 年的《大气污染防治法》规定了对城市进行统筹规划，在燃煤供热地区，统一解决热源，发展集中供热。

（2）在集中供热管网覆盖的地区，不得新建燃煤供热锅炉。为了进一步节能降耗和防治污染，法律规定在供热管网覆盖的地区只能进行集中供热，而不得新建燃煤供热锅炉。这是因为如果某个地区已经建设了集中供热的管网，再新建燃煤供热锅炉不仅会使现有的管网得不到充分利用，还易导致重复建设，并可能加重大气污染。因此，该条对在集中供热管网覆盖地区新建燃煤供热锅炉做出了禁止性规定。

6. 控制二氧化硫排放、除尘及国家有关的鼓励性政策

2000 年《大气污染防治法》第 30 条规定，对于新建、扩建排放二氧化硫的火电厂和其他大中型企业，其若超过规定的污染物排放标准或者总量控制指标的，必须建设配套脱硫、除尘装置或者采取其他控制二氧化硫排放、除尘的措施；同时，在酸雨控制区和二氧化硫污染控制区内，属于已建企业超过规定的污染物排放标准排放大气污染物的，则要依法进行限期治理。此外，国家鼓励企业采用先进的脱硫和除尘技术，来尽量减少对大气造成的污染，只要是有利于脱硫和除尘的先进科学技术，国家均予以鼓励实施并于必要时提供一定的政策扶植。

四、防治机动车船排放污染

机动车船行驶过程中排放的污染物主要有氮氧化物、CO、苯并 [a] 芘、铅化物等有害物质。20 世纪八大污染事故之一"洛杉矶光化学烟雾"的发生，汽车排出的大量废气就是构成这一事件的主要原因。随着经济发展，我国机动车船的社会拥有量逐年增加，特别是大量的小汽车进入寻常百姓家，机动车船排气造成的大气污染问题成为城市越来越突出的环境问题。

1987 年颁布的《大气污染防治法》关于机动车船排气污染防治的规定只有一条，1995 年修改后增加为两条，而 2000 年修改后则独立成为一章（第四章"防治机动车船排放污染"）四条，体现出国家对防治机动车船排放污染，保护城市大气环境给予的重视。

其主要规定有：

（一）对机动车船的规定——向大气排放污染物不得超过规定的排放标准

1. 任何单位和个人不得制造、销售或者进口排放超标的机动车船。

2. 在用机动车不符合标准的不得上路。这里所指的标准是"制造时的在用机动车污染物排放标准"。省级政府对在用车实行新的标准，并对其进行改造时，须报经国务院批准。

3. 机动车维修单位维修时，应当使机动车达到规定的污染物排放标准。

（二）对燃料的规定

1. 国家鼓励生产和消费使用清洁能源的机动车船。我国有些城市探索用液化石油气、天然气、太阳能、电能等清洁能源代替目前机动车使用的汽油、柴油，天津市 2001 年建成了年产 10 万吨燃料乙醇的生产装置，并成功投产，预计"车用乙醇"将占领市场 30％的份额。如果清洁能源能在机动车中大规模推广，必将使城市大气环境质量得到明显改善。

2. 限期停止生产、进口、销售含铅汽油。过去汽油中往往加入四乙铅作为防爆剂，这些铅最后都排到大气中，能对人的神经系统、造血系统和血管造成不良影响，还会造成儿童智力发育不良。1995 年修改的《大气污染防治法》就做出了限制生产和使用直至停止生产和使用含铅汽油的规定。2000 年 7 月 1 日起，全国已全面停止含铅汽油的使用。2000 年修改的《大气污染防治法》重申了"停止生产、进口、销售含铅汽油"的规定。

3. 国家鼓励和支持生产、使用优质燃料油。即使是无铅汽油，也还可能含有一些其他的有害物质。1999 年 6 月 1 日国家环境保护总局发布了《车用汽油有毒物质控制标准》，其中规定了对苯、烯烃、芳烃等 9 类有害物质加以控制。

（三）对机动车船排放污染的防治加强监督管理

1. 年检。每年都应该按照规范对机动车船排放污染进行年度检测。对机动车的年检，由省级人民政府环保行政主管部门负责，可以委托已经取得公安机关资质认定的承担机动车年检的单位进行。对机动船舶的年检由交通、渔政等有监督管理权的部门负责，承担年检的单位接受这些部门的委托，也必须取得有关主管部门资质认定。

2. 抽测。除了定期对机动车年检外，县级以上环保行政主管部门还可以随时对在用机动车的污染物排放状况进行监督抽测，抽测在机动车停放地进行。[①]

五、关于防治废气、尘和恶臭污染的规定

原来的《大气污染防治法》这一部分标题为"防治废气、粉尘和恶臭污染"，2000 年修改后，增加了防治城市扬尘和防治焚烧秸秆、落叶的污染，内容更加全面。

（一）防治废气污染

废气主要指工业废气，重点是有毒的废气（如汞蒸气、氟化物、氯气等）、放射性废气、含硫化物气体和可燃性气体。

1. 严格限制向大气排放含有毒物质的废气和烟尘。如果确需排放的，必须经过净化处理，不超过规定的排放标准。

2. 要求回收利用工业生产中产生的可燃性气体。石油化工、炼焦、煤矿开采等工业生产中常常产生大量的可燃性尾气、焦炉煤气、瓦斯等可燃性气体，如果回收利用，不但节约了大量能源，而且大大减轻了大气污染，所以应当尽可能回收利用。回收利用装置不能正常作业的，应当及时修复或更新。确需排入大气的（包括不具备回收利用条件的，或在回收利用装置不能正常作业期间的），应当进行防治污染处理（包括充分燃烧）。对于向大气排放含有害物质的可燃性尾气的（如转炉气、电石气、电炉法黄磷尾气、有机烃类尾气），须报经当地环保行政主管部门批准后才能排放。

3. 排放含硫化物气体，应当先脱硫。石油炼制、合成氨、煤气生产、燃煤焦化、有色金属冶炼等生产过程中产生大量的硫化物，使大气中二氧化硫含量不断增加。这些生产单位应当配备脱硫装置或者采取其他脱硫措施。

4. 排放含放射性物质的气体，不得超标。核电站、核燃料的开采和冶炼等核工业企业产生的气体或气溶胶常常含有放射性的物质，对人和生物会造成严重

损害。《大气污染防治法》规定，这类气体向大气排放前，必须符合国家有关放射性防护的规定。国家这方面的规定不少，例如 1974 年国家计划委员会等部门联合发布的《放射防护规定》中就要求，放射性气体或气溶胶在排入大气前必须采取净化过滤、放置衰变和烟囱排放等措施，使放射性物质浓度符合规定标准后才可以排放。

5. 防治油烟污染。城市饭馆、酒楼、大排档产生的油烟经常会引起附近居民的强烈不满。为此，《大气污染防治法》规定："城市饮食服务业的经营者，必须采取措施，防治油烟对附近居民的居住环境造成污染。"1995 年国家环境保护局和工商行政管理局联合发布的《关于加强饮食娱乐服务企业环境管理的通知》中对饮食服务业"必须采取"的措施作了明确规定，在选址上符合城市规划和环境功能要求；要向当地环保部门办理环境影响申报登记或审批手续；必须设置收集油烟、异味的装置，并通过专门的烟囱排放，禁止利用居民楼内的烟道排放，专用烟囱排放的高度和位置，应以不影响周围的居民生活环境为原则。

（二）防治尘污染和恶臭污染

1. 防治焚烧烟尘污染

近年来，我国广大农村炊事用能由过去主要靠燃烧农作物秸秆改为以燃煤为主，经济发达的农村还用上液化石油气，而大量的农作物秸秆则成了废物，农民往往是在地里就地焚烧，造成收割季节之后田野里处处火光闪闪、浓烟蔽日的景象，不但大气遭到非常严重的烟尘污染，而且降低了空气中的能见度，致使高速公路车祸不断，机场航班无法起降。重庆双流机场、广州（原）白云机场等很多机场都曾因此被迫关闭过。2000 年修改的《大气污染防治法》对焚烧烟尘污染十分重视，规定："禁止在人口集中地区、机场周围、交通干线附近以及当地人民政府划定的区域露天焚烧秸秆、落叶等产生烟尘污染的物质。"为了保证这条措施真正得到落实，各地相继出台了一些具体规定，例如，江苏省省政府办公厅2000 年 5 月通知各市、县，一方面对以机场为中心 15 公里为半径的区域、沿高速公路、铁路两侧各 2 公里和国道、省道公路干线两侧各 1 公里的地带以及人口集中区、自然保护区、文物保护单位、林场、油库、粮库、通信设施等周边地区划定露天焚烧秸秆区域，另一方面要求推广机械化秸秆粉碎还田、秸秆气化、秸秆过腹还田等实用技术，使秸秆化废为宝。

2. 防治城市扬尘污染

（1）防治建筑施工扬尘。我国各地的城市几乎无一例外地都在大搞基本建设，建筑施工工地随处可见。建筑扬尘成为大部分城市首要污染物——悬浮颗粒物的主要污染源。2000 年修改的《大气污染防治法》增加了防治建筑扬尘的规定："在城市市区进行建设施工或者从事其他产生扬尘活动的单位，必须按照当地环境保护的规定，采取防治扬尘污染的措施"。为落实这条规定，国家环境保护总局和建设部 2000 年联合发文要求，建设单位在工程概算中应包括用于施工过程扬尘污染控制的专项资金；市区施工禁止现场搅拌混凝土；现场周边设置围挡；施工车辆出入防止泥土带出现场；渣土堆放必须有防尘措施并及时清运；竣工后及时清理、平整场地；市区道路施工推行合理工期并逐段施工；拆迁后工地绿化等。

（2）减少市区裸露地面，减少地面扬尘。2000 年修改的《大气污染防治法》增加了以下规定：城市人民政府应当采取绿化责任制，提高人均占有绿地面积；扩大地面铺装面积，减少市区裸露地面；控制渣土（如灰土、煤渣、沙石、建筑垃圾等）堆放和清洁运输（如实行密闭运输）。

（3）将城市扬尘污染的控制状况作为城市环境综合整治考核的依据之一。

3. 防止恶臭气体污染居民区

所谓"恶臭气体"，是指能够引起人感觉器官不愉快的甚至厌恶的气体，一些畜禽养殖场、屠宰场、肉类水产加工场、制革场、皮毛加工场、化肥厂等企业经常排放些十分难闻的气体，如硫化氢、氨气等，人长期生活在受到恶臭气体污染的环境中，会感到恶心、食欲下降，心烦意乱，严重的甚至会引起呼吸道等疾病。《大气污染防治法》规定：

（1）向大气排放恶臭气体的排污单位，必须采取措施防止周围居民受到污染。1993 年国家制定了《恶臭污染物排放标准》，排污单位必须遵守这个标准。

（2）在人口集中地区和其他依法需要保护的区域，禁止焚烧产生有毒有害烟尘和恶臭气体的物质。这类物质包括沥青、油毡、橡胶、塑料、皮革、垃圾等。在 1987 年《大气污染防治法》中曾规定，"在特殊情况下确需焚烧的，须报当地环保部门批准"，为焚烧这些物质留了一点余地，1995 年修改时此规定被删除，也就是说，只要是在人口集中地区焚烧上述物质都是不被允许的，任何部门均无权批准。

4. 减少消耗臭氧层物质的生产和使用

臭氧层是地球上一切生命的"保护伞"，能够有效地防止阳光中过多的紫外线对人类及动植物的伤害。而人类生产、生活中排放出大量能消耗臭氧层的物质，使臭氧层出现空洞，对地球上的生命构成威胁（主要指氯氟烃 CFCs 产品，包括作为制冷剂的氟利昂、作为灭火发泡剂的哈龙、清洗剂等，这类物质简称 ODS）。我国一贯积极参与保护臭氧层的国际合作，于 1989 年 9 月加入了《保护臭氧层维也纳公约》，1991 年 6 月加入《关于消耗臭氧层物质的蒙特利尔议定书》，并为履行这些国际公约做了大量工作，1997 年 7 月按照议定书要求，实现了 ODS 生产、消费的冻结目标。2000 年《大气污染防治法》修改时增加了限制 ODS 的规定："国家鼓励、支持消耗臭氧层物质替代品的生产和使用，逐步减少消耗臭氧层物质的产量，直至停止消耗臭氧层物质的生产和使用。""在国家规定的期限内，生产、进口消耗臭氧层物质的单位必须按照国务院有关行政主管部门核定的配额进行生产、进口"。我国淘汰 ODS 目标是，2005 年削减 50％，2010年削减 100％。《大气污染防治法》的上述规定为这个目标的实现提供了法律保障。[①]

六、《大气污染防治法》对法律责任的规定

该法在法律责任方面的规定与《环境保护法》和以前颁布的各部污染防治法相比，在下列方面有了重大变化：

1. 对排污单位不正常使用大气污染物处理设施，或者未经环境保护行政主管部门批准，擅自拆除、闲置大气污染物处理设施的，"责令停止违法行为，限期改正，给予警告或者处以五万元以下罚款"。这一点与原来的《大气污染防治法》相比，有三点变化：一是强调了"责令停止违法行为，限期改正"，其他各条行政处罚也都增加了这个规定，这体现了处罚的目的；第二，规定了具体罚款额度，使执法更具有可操作性；第三，也是最重要的一点，在这个问题上不再强调"后果"，即取消了原来规定中"污染物排放超过规定的排放标准"，也就是说，只要实施了上述违法行为，就要受到行政处罚。与以往的规定相比，现行规定更为严格。

2. 对超标排污的规定。过去《大气污染防治法》中规定，超标排放大气污染物，只要"按国家规定缴纳超标准排污费"，就不会被视为"违法"而受到行政处罚。2000 年《大气污染防治法》则规定："向大气排放污染物的，其污染物排放浓度不得超过国家和地方规定的排放标准。"向大气排放污染物超过排放标准的，该法规定就"应当限期治理，并由所在地县以上地方人民政府环境保护行政主管部门处一万元以上十万元以下罚款。"这意味着：①超标即违法。修改后取消了"超标准排污费"的提法，改为"征收排污费"，也从另一侧面否定了超标排污的合法性。②超标即罚款，而不是过去规定的对限期治理逾期未完成治理任务的，才处以罚款。③超标即要限期治理，而不是修改前规定的"对造成大气严重污染的企业事业单位"才限期治理。

3. 在行政处罚的形式上，增加了"责令拆除"或者"没收设施"、"没收销毁"的规定。例如，对大气污染防治重点城市规定的停止使用限期届满后仍然燃用高污染燃料的，"责令拆除或者没收燃用高污染燃料的设施"；对无法达到规定的污染物排放标准的机动车船"没收销毁"。[②]

---

① 参见张梓太、吴卫星等著：《环境与资源法学》，科学出版社，2002 年版，第 174～177 页。
② 参见张梓太、吴卫星等著：《环境与资源法学》，科学出版社，2002 年版，第 177～178 页。

第六节　关于大气污染防治的国际公约

一、保护臭氧层维也纳公约

该公约是由联合国环境规划署于 1985 年发起签订的，并于 1988 年 9 月 22 日生效，中国于 1989 年 9 月 11 日加入该公约。公约包括前言和 21 条正文及两个附件。主要内容包括：

（一）缔约国的一般义务

该公约第 2 条规定：各缔约国应依照本公约以及它们所加入的并且已经生效的议定书的各项规定采取适当措施，以保护人类健康和环境，使免受足以改变或可能改变臭氧层的人类活动所造成的或可能造成的不利影响。为此目的，缔约国应在研究和资料交换方面，在制定措施执行公约方面进行合作，并采用适当的国内立法或行政措施，为协调有关政策而进行合作，以控制、减少在国家管辖范围内的对臭氧层具有或可能具有的不利影响的活动。

（二）关于研究和有系统地观察臭氧层的规定

该公约第 3 条规定：各缔约国应对臭氧层进行系统观察、研究和评估。观察、研究和评估的具体内容是：①可能影响臭氧层的物理和化学过程；②臭氧层的变化所造成的对人类健康的影响和其他生物影响，特别是具有生物后果的紫外线太阳辐射的变化所造成的影响；③臭氧层的任何变化所造成的气候影响；④臭氧层的任何变化及其引起的紫外线辐射的变化对于人类有用的自然及合成物质所造成的影响；⑤可能影响臭氧层的物质、作法、过程和活动，以及其累积影响；⑥备选物质和技术；⑦相关的社会因素等。

（三）法律、科学和技术方面的合作

该公约第 4 条规定，各缔约国应促进和鼓励公约附件二里详细说明的、与该公约有关的科学、技术、社会经济、商业和法律资料的交换。这种资料应提供给缔约国同意的各组织。任何此种组织收到提供者认为机密的资料时，应保证不发表此种资料。缔约国在符合国家法律、条例和惯例及照顾到发展中国家需要的情况下，直接或通过国际机构进行技术和知识的开发和转让，尤其是关于替代技术的开发和转让。

（四）争端的解决

该公约第 11 条规定：万一缔约国之间在本公约的解释或适用方面发生争端

时，有关缔约国应以谈判方式谋求解决，如果有关的缔约国无法以谈判方式达成协议，它们可以联合寻求第三方进行斡旋或邀请第三方出面调停。该条还规定，缔约国在批准公约时可做出选择，宣布其服从仲裁或国际法院管辖。如缔约国未接受两者中的任何一种争端解决程序，公约允许据争端一方当事国请求，设立一个调解委员会，委员会将作出最后的建议性裁决。[①]

二、关于消耗臭氧层物质的蒙特利尔议定书

自 1985 年维也纳公约签订以后，1987 年《关于消耗臭氧层物质的蒙特利尔议定书》（简称《蒙特利尔议定书》）首次对消耗臭氧层的消费和生产做出限制，从而对臭氧层的保护赋予实质性的内容。此后，《蒙特利尔议定书》分别在 1990年、1992 年、1995 年、1997 年和 1999 年经过了五次调整和修正。我国于 1991年 6 月加入该议定书。

1987 年蒙特利尔议定书以附件 A 规定了两大类 8 种控制物质。该议定书在 1990 年调整和修正时增补了附件 B 和附件 C，其中附件 B 共规定了三大类 12 种物质。附件 C 规定了一大类 35 种氟氯烃物质。而且该议定书在 1992 年修正时为附件 C 增补了 34 种氟氯烃物质。此外，在 1991 年 6 月举行的第三次缔约方大会上对该议定书增补了附件 D。附件 D 对含有附件 A 所列控制物质的产品予以列举。另外，该议定书的 1992 年修正增补了附件 E，将甲基溴列为控制物质。根据 1987 年议定书及其 1990 年调整、修正和 1992 年修正，议定书关于削减和同意控制物质的消费和生产的规定如下：

附件 A 所列第一类 5 种氟氯化碳物质，以 1986 年消费计算数量为基准，到 1984 年削减 75％，到 1996 年削减 100％，此规定不适用于满足宽限条件的发展中国家缔约方。附件 A 所列第二类 3 种哈龙物质，以 1986 年消费计算数量为基准，到 1994 年削减 100％，此规定同样也不适用达到宽限条件的发展中国家缔约方。

附件 B 所列第一类 10 种氟氯化碳物质，以 1989 年消费计算数量为基准，到 1994 年削减 75％，到 1996 年削减 100％。此规定适用于批准蒙特利尔议定书 1990 年调整和修正的缔约方，但不适用于满足宽限条件的发展中国家缔约方基准，到 1994 年削减 75％，到 1996 年削减 100％。此规定适用于批准《蒙特利尔议定书》1990 年调整和修正的缔约方，但不适用于满足宽限条件的发展中国家缔约方。附件 B 所列第二类四氯化碳物质，以 1989 年消费计算数量为基准，到 1994 年削减 85％，到 1996 年削减 100％。此规定适用于批准蒙特利尔议定书 1990 年调整和修正的缔约方，但不适用于满足宽限条件的发展中国家缔约方，

---

① 参见张梓太、吴卫星等著：《环境与资源法学》，科学出版社，2002 年版，第 311～312 页。

附件 B 所列第三类甲基氟仿物质，以 1989 年消费计算数量为基准，到 1994 年削减 50％，到 1996 年削减 100％。此规定适用于批准蒙特利尔议定书 1990 年调整和修正的缔约方，但不适用于满足宽限条件的发展中国家缔约方。

附件 C 所列第一类 35 种氟氯烃物质，在 2004 年削减 35％，到 2010 年削减 65％，到 2015 年削减 90％，到 2020 年削减 99.5％，到 2030 年削减 100％。此规定适用于批准蒙特利尔议定书 1992 年调整和修正的缔约方，但不适用于满足宽限条件的发展中国家缔约方。附件 C 所列第二类 34 种氟溴烃物质，到 1996 年削减 100％，此规定适用于批准蒙特利尔议定书 1992 年调整和修正的缔约方，但不适用于满足宽限条件的发展中国家缔约方。

附件 E 所列甲基溴的消费量和生产量在 1995 年冻结在 1991 年的水平，但用于检疫和消毒的除外。从 2005 年开始，这个消费量和生产量削减到 50％。到 2010 年，该物质的消费量和生产量为零。但对符合宽限条件的发展中国家，甲基溴的消费量和生产量在 2005 年及其之前的各阶段可高于 1991 年水平的 10％，在 2010 年阶段可高于 1991 年水平的 15％。[①]

三、联合国气候变化框架公约及京都议定书

（一）公约的制定背景

近年来，全球气候在人类活动的影响下发生了不正常的变化，温室效应和全球变暖现象就是其中之一。温室效应的形成主要是由于人类社会在生产和生活过程中，大量使用煤、石油和天然气等矿物燃料所排放的二氧化碳气体，导致地球大气中二氧化碳浓度逐渐增高，形成所谓的"二氧化碳罩子"，太阳光可以透入，地球上的热量却不能散发出去，以致地球表面温度逐渐上升，产生气候变暖的现象。[②] 由于全球变暖给人类社会生活带来了严重的不利影响，因此各国的科学家和政府代表在一系列国际会议上讨论气候变化问题。1992 年联合国环境与发展大会上，154 个国家和欧共体成员在会上签署了《联合国气候变化框架公约》。

（二）公约概述

1. 公约的目标。《联合国气候变化框架公约》第 4 条规定公约的最终目标是"将大气中温室气体的浓度稳定在防止气候系统受到危险的人为干扰的水平上"。公约要求尽快达成这一目标，以使生态系统能够自然地适应气候变化、确保粮食生产免受威胁并使经济能够可持续地发展。[③]

---

① 参见戚道孟主编：《国际环境法》，中国方正出版社，2004 年版，第 178～179 页。
② 参见李耀芳著：《国际环境法缘起》，中山大学出版社，2002 年版，第 124 页。
③ 参见王曦编著：《国际环境法》，法律出版社，2005 年版，第 158 页。

2. 公约确立的原则。为实现公约第 4 条所规定的最终目标，公约先后确立了国家自愿开发主权权利和不损害国外环境责任原则、共同但有区别责任原则、风险预防原则、可持续发展原则和国际环境合作原则等。[①]

3. 公约的特点[②]。公约主要表现了以下特点：①"框架性"。它确立了关于控制温室气体排放，将大气中温室气体的浓度稳定在防止气候系统受到危险的人为干扰的水平上。②公约是第一个由国际社会的全体成员参与谈判的国际环境条约，具有广泛的国际社会基础。③公约的影响非常广泛，几乎所有的人类活动都要受到公约的影响。④公约直接关系各国的重大经济、社会和环境利益。

（三）公约的承诺和履行

1. 缔约国的承诺。为了实现公约的最终目的，缔约国在公约中做出一系列的承诺，包括一般性承诺和具体承诺。其中一般性承诺主要包括以下几点：①编制、更新和公布关于蒙特利尔议定书未予管制的所有温室气体的产生源；②为适应气候变化的影响而做好准备，制定关于沿海地区的管理以及受气候变化灾害影响的地区的保护和恢复的计划；③各缔约国应特别针对易受气候变化影响的国家的需要而采取援助行动，如提供资金，技术和保险等。[③]

2. 公约的履行。公约第 13 条对考虑设立一个解决与公约履行有关问题的多边协商程序做了规定，并在第 14 条对缔约国之间有关公约的争端规定了解决程序。它规定缔约方之间的争端应通过和平方式解决，可以通过谈判、调解、仲裁或通过提交国家法院裁决。[④]

（四）京都议定书

《〈联合国气候变化框架公约〉京都议定书》（以下简称《京都议定书》）于 1997 年 12 月 11 日在日本京都召开的《联合国气候变化框架公约》第三次缔约方大会上通过，自 1998 年 3 月 16 日至 1999 年 3 月 15 日在纽约联合国总部开放供签署。

1.《京都议定书》的主要内容。议定书包括 28 条和两个附件，其内容为：①定量减排目标。议定书第 3 条第 1 款规定："附件一缔约方应个别地或共同地确保附件 A 所列温室气体的排放总量（以二氧化碳当量计）不超过按照附件 B 中所登记的其排放量限值、削减承诺和根据本条规定所计算的其分配数量，并使

①　参见杨兴著：《〈气候变化框架公约〉研究——兼论气候变化问题与国际法》，武汉大学 2005 年博士学位论文，http：//202. 114. 65. 57/kns50/index. aspx，登录于 2007 年 1 月 16 日。

②　参见王曦编著：《国际环境法》，法律出版社，2005 年版，第 158 页。

③　参见戚道孟主编：《国家环境法》，中国方正出版社，2004 年版，第 177 页。

④　参见戚道孟主编：《国家环境法》，中国方正出版社，2004 年版，第 177 页。

这类气体的全部排放量在 2008 年至 2012 年的承诺期间削减到 1990 年水平之下 5%。"议定书为附件一国家规定的温室气体减排指标,体现了共同但有区别责任原则和对发达国家率先行动,采取措施减少温室气体排放的要求。② "灵活机制"。基于发达国家,尤其是美国的坚持,议定书在上述硬性的减排指标以外,规定了三个灵活机制,即第 6 条所确立的公约附件一缔约方之间的联合履行机制、第 12 条所确立的附件一缔约方与非附件一缔约方之间的清洁发展机制和第 17 条所确定的附件一缔约方之间的排放贸易机制。这三个机制体现了通过市场机制促进温室气体减排的主张。③ 森林的作用。议定书允许附件一缔约方以"汇"(例如森林)的活动所产生的温室气体的清除量,冲抵其所承诺的温室气体的减排量。议定书第 3 条第 3 款规定:"在自 1990 年以来直接由人引起的土地利用变化和森林活动——限于造林、重新造林和砍伐森林——产生的源的温室气体排放和汇的清除方面的净变化,作为每个承诺期间贮存方面可核查的变化来衡量,应用来达到附件一所列每一缔约国每一缔约方在本条中的承诺。"④ 履约机制。议定书要求《公约》缔约方制定适当且有效的程序和机制用于断定和处理不遵守本议定书的情势。

2. 《京都议定书》的意义。在国际法上,《京都议定书》具有重要的意义。其坚持了"柏林授权"的规定,没有为发展中国家规定减排义务。它是历史上第一个专为发达国家规定温室气体减排义务的具有法律约束力的文件。它以量化的指标和具体的达标时间表落实了发达国家在国际环境事务中的"有区别的"责任。

3. 《京都议定书》的缺陷。首先,它规定的减排目标较低。它规定的减排总目标离 1996 年第二届缔约方会议《日内瓦部长宣言》指出的"为将大气中温室气体浓度维持在两倍于工业化前时代的水平,当前全球温室气体的人为排放需削减 50%"的目标有很大的差距。其次,在减排数量的核算和核查方面,存在很多不确定的因素。例如,森林的作用如何计算,如何避免灵活机制应用中的虚假和不同温室气体之间的"全球增温潜值"如何准确转换,都需要进一步规定。①

---

① 王曦编著:《国际环境法》,法律出版社,2005 年版,第 164～166 页。

第八章　海洋环境保护法

第一节　我国的海洋环境污染

一、海洋对人类的巨大作用

海洋的总面积大约为 3.36 亿平方公里，约占地球总面积的 70.9%，海水约占地球总水量的 97.2%。海洋对于地球上的生命，对于人类具有极重要的意义。浩瀚的海洋，被誉为"生命的摇篮、地球的肺脏、风雨的故乡、气候的调节器、交通的要道、神奇的宝库"。

1. 海洋和森林一样，起到地球之肺的作用。大量海藻进行的光合作用，产生的氧气约占大气总含氧量的 3/4，吸收的 CO_2 占大气中 CO_2 总量的 2/3 左右。

2. 海洋是地球上气候的自然调节器。大量海水蒸发后通过降水补充了地球上消耗的淡水，海洋储存大量的太阳辐射能，通过海水对能量吸收和释放调节着全球的气温。

3. 海洋是人类赖以生存和实现可持续发展的资源宝库。海洋里蕴藏着极其丰富的生物资源、矿产资源、化学资源、能源资源等，合理保护、开发、利用这些资源，将是人类摆脱人口爆炸、资源短缺等困扰的重要出路。

（1）生物资源：海洋生物有十多万至几百万种之多，仅鱼类就有 25000 多种。海洋生物总生产力约为陆地生物总生产力的 7 倍左右。每年海洋的初级生产力约为 6000 亿吨，可供人类食用的鱼、贝、虾、藻类约为 6 亿吨，向人类提供食物能力等于全球所有耕地提供的农产品的 1000 倍，足够 300 亿人食用。

（2）矿产资源：包括海滨砂矿、大洋锰结构、海底矿产等。溴、碘、金、铜、铀、锰、镍等资源十分可观，海洋矿产的种类可以基本覆盖现代社会的需要。

（3）海水化学资源：已知的 90 多种天然元素中，有 80 多种已在海中发现，其中 70 多种利用目前的技术就可以提取。

（4）能源资源：除了蕴藏量十分丰富的石油、天然气及铀、锂、重水等核能外，还蕴藏着潮汐能、波浪能、海流能等无污染的、取之不尽、用之不竭的能量。

4. 海洋为人类交通、旅游、疗养提供了便利。

所以，人类应该珍惜、爱护海洋。

二、海洋环境污染

(一) 海洋环境污染

根据我国《海洋环境保护法》第 95 条第 1 款所下的定义,"海洋环境污染损害,是指直接或者间接地把物质或者能量引入海洋环境,产生损害海洋生物资源、危害人体健康、妨害渔业和海上其他合法活动、损害海水使用素质和减损环境质量等有害影响。"这里"海洋污染损害"包括两方面的含义。

1. 造成海洋污染是由于人为活动向海洋排放了物质和能量。人类每年向海洋排放的污染因素从无机物到有机营养物,从液体到固体,从物质到能量,几乎无所不有。全世界每年倾倒入海洋的固体废物(包括放射性废料、危险废物、工业废渣、生活垃圾等)就达 26 亿多吨,排入海洋的石油及其制品每年达 1000 万吨以上,海洋几乎成了地球上头号"垃圾箱"。

2. 海洋污染损害了海水使用素质,减损了环境质量,导致被污染海域海水低于其适用的海水水质标准,降低了其使用功能。

(二) 海洋环境污染的危害性

海水污染具有很大的危害性,受害最多的是海洋生物资源。由于大量的有机物、重金属排向海域,使内湾渔场严重污染,外海渔场也受到很大威胁,鱼类大量死亡,渔业产量下降,很多滩涂养殖场报废。鱼、贝体内残留毒物增加,这些物质通过食物链的"富集作用",可以在鱼、贝体内积累,其浓度可以相当于环境中的浓度成千上万倍,而最后将危害人类的健康。历史上著名的"世界八大公害"之一——日本"水俣病",就是由于日本熊本县水俣湾的渔民长期食用在该海湾捕获的被含汞废水污染的鱼、贝,造成中枢神经受到损害,严重的甚至失去生命。

(三) 海洋环境污染的特点

1. 造成海洋污染的污染源多。主要污染来自陆源污染物、海岸工程建设项目污染、海洋工程建设项目污染、向海洋倾倒废弃物、船舶污染五个方面。

2. 持续时间长。海洋成了地球上污染物转移的最后场所。

3. 扩散面广。污染物可以随着海洋环流和鱼类活动扩散到世界各个海域。

4. 治理难度大。所以,"预防为主"对海洋污染的控制尤为重要。

三、我国海洋环境污染现状

我国海域辽阔,海岸线长达 18000 公里,总面积 470 万平方公里,海洋资源十分丰富，被誉为富饶的"蓝色国地"。但多年来我国的海洋，特别在某些近岸海域、海湾、河口海域污染现象十分严重。例如渤海几乎成了辽、冀、鲁、津等省、市的藏污纳垢的"污水池"。从渤海到珠江口，因污染导致赤潮频频发生，并有逐年增多和范围扩大的趋势，20 世纪 70 年代赤潮每两年发生一次，80 年代增加到每年 4 次，到了 90 年代之后，每年竟发生 30 次左右，就在新的《海洋环境保护法》颁布后的 2000 年，一年仍发生 28 次之多，累计发生面积达 1 万多平方公里，给渔业生产和人民生活造成严重影响，仅 1998 年初广东沿海发生的一次大赤潮，粤港两地就损失 3.7 亿元。根据《2006 年海洋环境公报》显示，2006 年我国海域总体污染形势依然严峻。近岸海域污染状况仍未得到改善；近海大部分水域水质良好；远海海域水质持续保持良好状态。全海域未达到清洁海域水质标准的面积约 14.9 万平方公里，比 2005 年增加约 1.0 万平方公里，其中较清洁海域、轻度污染海域、中度污染海域和严重污染海域面积分别约为 5.1 万平方公里、5.2 万平方公里、1.7 万平方公里和 2.9 万平方公里。轻度污染海域面积比 2005 年有较大幅度增加，其他各类污染海域面积与上年基本持平。Ⅰ、Ⅱ、Ⅲ、Ⅳ 和劣 Ⅳ 类水质的站位数占全部监测站位数的比例分别为 37.5％、11.7％、23.5％、10.7％和 16.6％。严重污染海域依然主要分布在辽东湾、渤海湾、长江口、杭州湾、江苏近岸、珠江口和部分大中城市近岸局部水域。海水中的主要污染物是无机氮、活性磷酸盐和石油类。2006 年，我国继续在近岸海域实施贻贝监测计划。所监测的主要生物种类为菲律宾蛤仔、文蛤、四角蛤蜊、紫贻贝、翡翠贻贝、毛蚶、缢蛏和僧帽牡蛎等，其体内污染物的残留量是表征近岸环境污染现状与趋势的主要指标。多年监测结果显示，我国近岸海域贝类体内的滴滴涕、铅、砷、镉和石油烃的残留水平总体呈下降趋势，尤以滴滴涕的下降幅度显著，但渤海湾贝类体内的总汞和多氯联苯、宁德近岸贝类体内的镉，其残留水平仍均呈显著上升态势，广西和海南近岸贝类体内多种污染物的残留水平呈上升态势。

第二节　海洋环境保护法立法沿革

运用法律手段保护海洋环境，是防治日益严重的海洋污染和损害的客观需要。自 20 世纪 70 年代以来，我国陆续颁布了一系列保护海洋环境、防治海洋污染的法律、法规、规章及标准。《中华人民共和国环境保护法》中就有关于防治海洋污染的规定（第 21 条）。1982 年 8 月，第五届全国人民代表大会常务委员会第 24 次会议通过了专门的保护海洋环境的法律《海洋环境保护法》。为了更好地实施该法，1983 年国务院颁布了《防止船舶污染海域管理条例》、《海洋石油勘探开发环境保护管理条例》，1985 年颁布了《海洋倾废管理条例》，1988 年颁布了《防止拆船污染环境管理条例》，1990 年颁布了《防治陆源污染物污染损害海洋环境管理条例》、《防治海岸工程建设项目污染损害海洋环境管理条例》等。1982 年颁布了《海水水质标准》，后来又颁布了一些防治海洋污染的污染物排放标准。

1999 年 12 月 25 日，第九届全国人大常委会第 13 次会议通过了新的《海洋环境保护法》，对原法的内容作了重大修改，由原来的 8 章 48 条增加为 10 章 98 条，成为条款最多的污染防治法。与原法相比，新法对海洋环境保护管理的分工更加明确和合理，突出了对海洋生态环境的保护，确立了"重点海域污染物总量控制制度"、"海洋环境标准制度"、"对严重污染海洋环境的落后工艺和严重污染海洋环境的落后设备的淘汰制度"、"海洋环境监测和监视信息管理制度"、"船舶油污保险和油污损害赔偿基金制度"等一系列新的海洋环境保护制度。新法更具可操作性，而且与国际海洋环境保护法更加衔接。对于《海洋环境保护法》的此次修订，1999 年 6 月 22 日全国人大常委会发布的《关于〈中华人民共和国海洋环境保护法（修订草案）〉的说明》对其进行了以下说明：

一、1999 年《海洋环境保护法》修订的必要性

1. 从目前我国海洋环境的整体状况看，由于城市生活污水和工农业废水大量排海，赤潮、溢油、病毒、违章倾倒以及养殖污染等海洋环境灾害发生频率持续增加，加上其他严重破坏海洋环境的活动，我国海洋环境污染损害在不断加剧，海洋资源基础条件破坏严重。主要表现在：海域生态系统退化，局部生态系统失衡，向低质结构演变；近海海域污染程度日趋严重，污染区域不断向外扩展，污染范围日趋扩大；海岸及海岛自然景观环境破坏严重，海岸线环境变异，海岸侵蚀加重；沿岸功能降低，部分海域功能丧失；等等。而现行法的有关规定已不利于遏制海洋环境的持续恶化。

2. 1982 年《海洋环境保护法》的制定正值改革开放初期，当时海洋环境面临的重点问题是工业和农业生产中向海洋排放污染物的污染，控制海洋污染成为当时立法的主要依据。因此，在那样的条件下制定的法律，只能侧重于对防止单个污染源污染海洋环境的规范，未能从整体上对保护海洋环境作出明确、具体的规范。随着沿海经济的迅速发展，开发利用海洋资源和保护海洋环境的矛盾日益尖锐，原法已不能适应实施可持续发展战略的需要。

3. 对于整个海洋环境的监督管理体制，原法的规定也存在着很大的缺陷，使得海上执法机构的责权分散，在很多情况下导致了执法管理工作难以有效实施；同时，由于管理体制不完善，也使得海洋环境科研成果在海洋环境管理工作中，未能得到很好的应用。

4. 现行法颁布以来，我国在法制建设和环境管理上均发生了很大变化，一

些相关法律对保护环境做出了新的规定，在国务院及其有关部门制定的行政法规和规章中，新增加了一些有关环境保护的制度和措施，这些制度和措施对于海洋环境保护也是迫切需要的，应该用法律的形式予以确认。同时，由于法律责任的规定不够完善，使得现行法的可操作性较差，不利于制止严重破坏海洋环境的各类违法行为。

5. 自 1982 年《海洋环境保护法》实施以来，我国相继批准加入了一些国际公约和议定书，特别是我国批准加入《联合国海洋法公约》（以下简称《公约》）后，我国在国际海洋事务中的权利、义务发生了变化。一方面我们享有《公约》赋予参加国的权利和利益，另一方面，也必须履行我们的国际承诺，对此应当在我国相关的法律中予以体现。

二、1999 年《海洋环境保护法》修改的主要内容

（一）为强化海洋环境管理，增加"海洋环境监督管理"一章

鉴于我国建立海上统一管理体制的时机尚未成熟，仍然实行分部门管理的现实，同时，根据宪法和近年来一些相关法律的规定，以及新一届政府机构改革方案对各部门职责分工的规定，主要落实三条原则：第一，在由国务院环境保护行政主管部门对全国环境保护工作统一监督管理和对全国海洋环境工作指导、协调、监督的前提下，有关部门根据各自的职责对海洋环境加强管理；第二，适应知识经济发展的需要，落实我国经济和社会发展的基本战略方针，发挥专业部门的科技优势，保证科学技术成果向管理手段转化，增加规定了涉海有关专业部门的管理职责；第三，充分利用现有海洋环境保护执法队伍及其设备，避免由于重复建设给国家造成浪费。

为了便于国务院进一步理顺各有关部门海洋环境保护工作的关系，修改草案中制定了重点海域污染物总量控制制度，将确定主要污染物排海总量控制指标、制定全国海洋环境保护规划和重点海域区域性海洋环境保护规划和制定国家海洋环境质量标准的三项重要职能交由国务院作出规定。此外，修订草案还在"海洋环境监督管理"一章中，对海洋功能区划、污染物排海标准、收费制度、污染事故应急计划、对海洋污染事故的处理等主要方面作出了规定，以保证海洋环境监督管理制度更为充实和完善，更为严格和有效。

考虑到国家不同海域的经济发展状况和自然特点，以及沿海各地方海洋环境保护的情况，污染源排放的污染物种类等均存在着差异。修订草案规定，允许地方在不低于国家环境保护标准要求的前提下，根据各自的特点采取更严格的标准保护海洋环境，以适应当地的经济发展和保护海洋的需要。

（二）增加和完善了海洋环境保护法律制度的规定

在现行法的基础上，修订草案增加和完善的各项海洋环境保护法律制度，是近年来在国务院及其有关部门制定的行政法规和规章中已经予以确认，并经实践证明是行之有效的。其中，新增加规定的法律制度有重点海域污染物总量控制制度、海洋污染事故应急制度、船舶油污损害民事赔偿制度和船舶油污保险制度、"三同时"制度、对严重污染海洋环境的落后工艺和严重污染海洋环境的落后设备的淘汰制度、排污收费制度，以及申报制度、现场检查制度、环境影响评价制度等。在增加上述这些法律制度的同时，还对限期治理制度和海洋环境污染民事损害赔偿制度的内容作了必要的充实。

需要强调说明的是，"重点海域污染物总量控制制度"是这次修改增加的重要法律制度，为了科学、有效地实施这一制度，修订草案做出了一些限制性规定，即在"重点海域"实施"确定主要污染物排海总量控制指标，并对主要污染源分配排放控制数量，具体办法由国务院制定"。还有一个需要说明的问题是，这次修改将现行法关于"缴纳排污费"的规定作了充实和完善。主要考虑到排污费是环境补偿费用，不等于污染治理费；环境标准是环境法的组成部分，超过标准排污的行为就是违法行为。而对于超标准排污征收超标准排污费，无异于把超标排污合法化，有些全国人民代表大会常务委员会委员曾多次提出过意见，为此，这次修改，明确规定"排污收费，超标罚款"。

（三）增设"海洋生态保护"一章

如前所述，污染和人为破坏使我国海洋生态系统面临越来越大的压力，能否保护好海洋生态，是关系到我国下个世纪发展，甚至生存的重要而迫切的问题。鉴于海洋环境的特殊性，保护海洋生态与保护海洋环境具有密不可分的关系，而我国尚没有法律对保护海洋生态予以规范，为此，修订草案增加了"海洋生态保护"一章，对保护海洋生态提出了适当的要求。明确规定沿海地方各级人民政府必须对本行政区近岸海域海洋生态状况负责；规定对具有重要经济、社会价值，已遭到破坏的海洋生态应当进行整治；并对开发利用海洋资源，利用海水，引进海洋动、植物，海洋养殖、捕捞，开发海岛及周围海域的资源等活动，均做出了必须保护好生态的相应规定；同时，考虑到建立类型齐全的海洋自然保护区和特别保护区，是目前保护海洋生态的有效途径之一，有利于保护重要的生态系统、珍稀物种和海洋生物多样性，可以减缓近岸海域污染和生态系统破坏的趋势。为了逐步改变海洋环境质量与经济发展不协调的局面，修订草案增加了对海洋保护区的规范。

（四）设立"防治海洋工程建设项目对海洋环境的污染损害"一章

现行法根据当时我国海洋开发活动的状况，仅对防止海洋石油勘探开发对海洋环境的污染作出了规范。十几年来，随着海洋开发活动的不断发展，各种类型的海洋工程建设越来越多，诸如开发海底隧道、铺设海底电缆、建设人工岛、在海岸线以下进行围海工程等，未来海洋工程将有更大的发展，一些海洋工程对海洋环境的污染破坏也将越来越严重。对此，这次修改将原法第三章"防止海洋石油勘探开发对海洋环境的污染损害"修改为"防治海洋工程建设项目对海洋环境的污染损害"。需要说明的是，围海工程对海洋环境、海洋生态系统的破坏是较为严重的，考虑到围海工程在海岸线以上施工的为海岸工程，在海岸线以下施工的为海洋工程，所以，修订草案对这项工程的规范分别包括在"防治海岸工程建设项目对海洋环境的污染损害"和"防治海洋工程建设项目对海洋环境的污染损害"两章的内容中。

（五）关于强化法律责任问题

"法律责任"一章，也是此次修改的重点内容之一。鉴于目前我国海洋环境污染的严重性，社会各界呼吁应强化海洋环境管理，加强海洋环境保护法的可操作性，为此，修订草案在这一章中增加了较多条款，由原来的 4 条增加为修改后的 25 条，对于其他各章中有关限制性和禁止性的规定，除个别情况外，这一章均明确了相应的法律责任，并加大了处罚力度，其根本目的，就是要体现严格控制海洋环境污染，保护海洋资源的原则。具体内容为：

1. 增加了行政强制措施和行政处罚手段。原法在行政强制措施和行政处罚手段上，仅限于"限期治理、缴纳排污费、支付消除污染费用，以及警告和罚款"五项。此次修改，增加规定了责令采取补救措施、没收违法所得、限期拆除、责令停止生产或使用、责令停业或者关闭、暂扣或者吊销许可证等，这些规定也使行政处罚行为更为规范和完善。

2. 强化了对破坏海洋生态系统行为的处罚。近年来，我国沿海一些地区破坏海洋生态系统的现象十分严重，其中以破坏珊瑚礁和红树林最为突出，海南岛沿岸80%的珊瑚礁遭到破坏。有些人甚至将这种几百年，甚至上千年形成的宝贵资源制成廉价的石灰和水泥。我国原有红树林 5 万多公顷，由于大规模围滩造田和肆意砍伐，现仅存 1.5 万公顷。为此，这次修改，特别规定对于破坏珊瑚礁、红树林等海洋生态系统的，没收违法所得，并处以罚款；对于情节严重的，依法追究刑事责任。

3. 强化了对污染破坏海洋环境行为的民事赔偿责任。在现行法的基础上，增加了如下内容：第一，由于污染和破坏海洋环境给国家造成的损失极大，针对这个问题在原法规定"赔偿国家损失"的基础上，明确了有关部门代表国家提出赔偿要求，并将赔偿所得用于补偿国家损失和恢复海洋环境的内容；第二，规定了有关船舶承担赔偿责任的内容。

需要说明的是，鉴于污染破坏海洋环境行为的复杂性，造成经济损失的数额也存在较大的差异，我们认为由国务院制定处罚数额较为适宜。

（六）关于与国际公约相衔接的问题

如前所述，为了与国际公约相衔接，以履行我们的国际承诺，保护我国在国际海洋事务中的合法权益，修订草案做出了如下修改：

1. 《公约》规定，国家对大陆架和专属经济区享有海洋环境的保护和保全的管辖权。根据这一规定，修订草案对现行法的适用范围作了补充，并第一次完整地对我国法律适用的海域管辖范围做出了规范，即明确规定了该法适用的我国海域管辖范围为：中华人民共和国内水、领海、毗连区、专属经济区、大陆架以及中华人民共和国管辖的其他海域。

2. 《公约》要求控制各种来源的海洋环境污染，包括由于陆源污染物、船舶、海底矿物资源的勘探开发、倾倒废弃物造成的海洋污染，以及来源于大气的污染。根据《公约》的这些要求，修订草案增加规定了"国家采取必要措施，防止、减少和控制来自大气层或者通过大气层造成海洋环境污染损害"的内容等。

3. 《公约》规定，"各国应共同发展和促进各种应急计划，以应付海洋环境的污染事故"。据此，修订草案增加了有关海洋应急计划的规定，如前所述，明确规定了海洋污染事故应急制度。

4. 根据《1972年防止倾倒废物及其他物质污染海洋公约》和1996年议定书有关向海洋倾倒必须有允许倾倒的废弃物名录的规定，修订草案增加了相应的内容。

5. 根据《1969国际油污损害民事责任公约》1976年和1992年议定书关于船舶所有人应对漏油或排油所造成的污染损害负责的规定，修订草案增加规定了"造成污染事故的船舶，必须承担因进行溢油控制、回收和处理所需费用，以及因污染损害造成的直接损失的赔偿责任"等内容。

第三节　海洋环境保护法基本原则

一、预防为主、防治结合、综合治理原则

"预防为主、防治结合、综合治理"是海洋环境污染防治需要遵循的最主要的原则。[①] 预防为主、防治结合、综合治理原则，是指在环境保护工作中，要把工作重点放在预防环境污染和破坏上，对已发生的环境问题要做好治理，治理时

---

① 参见徐祥民等著：《海洋环境的法律保护研究》，中国海洋大学出版社，2006年版，第53页。

要综合采取各种手段。所谓预防为主,是指在环境污染和破坏发生之前,采取政治、法律、经济和行政等各种预防性手段和措施,防止环境问题的产生和恶化,或者把环境污染和破坏控制在能够维持生态平衡、保护人体健康,保证社会物质财富持续稳定地增长的限度之内。防治结合,是指立足于预防的同时,对已发生的环境问题要认真治理。在环境保护工作中,防和治在一定条件下是相互联系、相互转化的。综合治理,是指从环境整体效益出发,把防和治进行有机结合,综合运用各种手段和方法来保护环境,正确处理好防与治、单项治理与区域治理等方面的关系。[①] 该原则主要体现在《海洋环境保护法》的各章主要法律规定中。《海洋环境保护法》设有"防治陆源污染物对海洋环境的污染损害"(第四章)、"防治海岸工程建设项目对海洋环境的污染损害"(第五章)、"防治海洋工程建设项目对海洋环境的污染损害"(第六章)和"防治倾倒废弃物对海洋环境的污染损害"(第七章),主要规定了防治海洋污染的预防和防治;此外还设有"海洋环境监督管理"(第二章)、"海洋生态保护"(第三章)以及"法律责任"(第八章)分别设置了海洋环境监督管理的各项法律制度、依功能划分海洋生态保护区域,还规定了违反海洋保护法有关规定所应当承担的法律责任,可谓利用了综合性的手段,从各个方面对海洋保护工作进行法律规制。在海洋环境保护领域,也只有将预防为主、防治结合和综合治理结合起来贯彻实施,才能有效保护和改善海洋环境。

二、污染者付费原则

污染者付费原则的核心是要解决因环境污染造成的损害以及治理污染所支付的费用究竟应该由谁来承担的问题。按照这一原则的规定,环境污染造成的损害以及治理污染所支付的费用应当由污染者或加害方支付,而不应当由社会来承担。谁污染了环境,谁就要承担起治理的责任,就要对因自己的污染行为所造成的各种损害或损失赔偿。[②]《海洋环境保护法》主要是通过第11条规定的"排污收费制度"和第八章中规定的各项法律责任来体现该项原则的基本精神的,具体情况笔者将在本章节随后的部分进行阐释和分析,此处不作赘述。

第四节 海洋环境保护法基本制度

一、海洋环境标准制度

(一)海洋环境质量标准

海洋环境质量标准和近岸海域环境质量状况是沿海各级人民政府确定海洋环

---

① 参见张梓太、吴卫星等著:《环境与资源法学》,科学出版社,2002年版,第64~67页。
② 参见张梓太、吴卫星等著:《环境与资源法学》,科学出版社,2002年版,第68页。

境保护目标和任务的依据，各地都要按相应的海洋环境质量标准实施管理。海洋环境质量标准分国家标准和地方标准。

1. 国家标准。我国目前执行的主要是《海水水质标准》（GB3097—1997）。《海洋环境保护法》第 9 条第 1 款规定："国家根据海洋环境质量状况和国家经济、技术条件，制定国家海洋环境质量标准。"而我国目前执行的主要是《海水水质标准》（GB3097—1997），该标准按照海水的用途，将海水水质分为三类：第一类适用于保护海洋生物资源和人类的安全利用（包括盐场、食品加工、海水淡化、渔业和海水养殖等用水），以及海上自然保护区；第二类适用于海水浴场及风景游览区；第三类适用于一般工业用水、港口水域和海洋开发作业区等。同时对于各类海水水质和海水中有害物质最高容许浓度都作了规定。此外，还规定工业废水、生活污水和其他废弃物，禁止直接排入规定的风景游览区、海水浴区、自然保护区和水产养殖场水域。

2. 地方标准。除了执行国家标准以外，沿海各省、自治区、直辖市环境保护机构，还要按照海洋环境保护的需要，规定保护的水域范围及其水质类型。同时，对国家海洋环境质量标准中未作规定的项目，可以制定地方海洋环境质量标准。沿海地方各级人民政府则应根据国家和地方海洋环境质量标准的规定和本行政区近岸海域环境质量状况，确定海洋环境保护的目标和任务，并纳入人民政府工作计划，按相应的海洋环境质量标准实施管理。此外，《海水质量标准》中也规定，在其他海域排放污染物时必须符合国家和地方规定的排放标准。在沿海和海上选择排污地点和确定排放条件时，应考虑与规定保护的海域位置的特点、地形、水文条件和盛行风向及其他自然条件。

（二）水污染排放标准的制定

应当将海洋环境质量标准作为重要依据之一。在国家建立实施排污总量控制制度的重点海域，还应当将主要污染物排海总量控制指标作为制定水污染物排放标准的重要依据。目前我国《污水综合排放标准》（GB8978—1996）中包含了对排入各类海域污水的相关规定。该标准将海域划分为三类，分别是一类、二类和三类海域，同时也将污水的综合排放标准划分为三级，分别是一级、二级和三级标准，规定污水排入二类海域的污水执行一级标准，排入三类海域的执行二级标准，而一类海域则禁止新建排污口，现有排污口应按水体功能要求，实行污染物总量控制，以保证受纳水体水质符合规定用途的水质标准。此外，该标准还将排放的污染物按其性质及控制方式分为两类：第一类污染物，不分行业和污水排放方式，也不分受纳水体的功能类别，一律在车间或车间处理设施排放口采样，其最高允许排放浓度必须达到本标准要求（采矿行业的尾矿坝出水口不得视为车间排放口）；第二类污染物，在排污单位排放口采样，其最高允许排放浓度必须达到本标准要求。该标准还按年限规定了第一类污染物和第二类污染物最高允许排放浓度及部分行业最高允许排水量。

二、海洋排污收费制度

1999 年《海洋环境保护法》第 11 条规定："直接向海洋排放污染物的单位和个人，必须按照国家规定缴纳排污费。向海洋倾倒废弃物，必须按照国家规定缴纳倾倒费。根据本法规定征收的排污费、倾倒费，必须用于海洋环境污染的整治，不得挪作他用。具体办法由国务院规定。"以此确立了征收排污费和倾倒费的制度。关于征收排污费和倾倒费的规定是对原法有关规定的修改。原法将征收排污费作为法律责任予以规定，这次修改将排污收费作为一项海洋环境保护制度予以规定。这主要考虑的是，环境作为人类生存的物质条件和生产的物质基础具有价值，向环境排放污染物的行为一方面是人类活动耗损了环境资源，另一方面是破坏了人类生存的环境质量。国家作为环境资源的拥有者，应该向所有排污者征收排污费。缴纳排污费是排污行为人使用环境资源和对环境造成污染损害的部分经济补偿。① 同时，这两种收费必须用于海洋环境污染的整治，不得挪作他用。

2003 年 1 月 2 日国务院颁布的《排污费征收使用管理条例》中对于排污费的征收和使用作了具体的规定。第 4 条规定："排污费的征收、使用必须严格实行'收支两条线'，征收的排污费一律上缴财政，环境保护执法所需经费列入本部门预算，由本级财政予以保障。"第 5 条规定："排污费应当全部专项用于环境污染防治，任何单位和个人不得截留、挤占或者挪作他用。任何单位和个人对截留、挤占或者挪用排污费的行为，都有权检举、控告和投诉。"此外，第 13 条还规定"依照大气污染防治法、海洋环境保护法的规定，向大气、海洋排放污染物的，按照排放污染物的种类、数量缴纳排污费。"第 18 条规定："排污费必须纳入财政预算，列入环境保护专项资金进行管理，主要用于下列项目的拨款补助或者贷款贴息：（一）重点污染源防治；（二）区域性污染防治；（三）污染防治新技术、新工艺的开发、示范和应用；（四）国务院规定的其他污染防治项目。具体使用办法由国务院财政部门会同国务院环境保护行政主管部门征求其他有关部门意见后制定。"

三、限期治理制度

依据 1999 年《海洋环境保护法》第 12 条的规定："对超过污染物排放标准的，或者在规定的期限内未完成污染物排放削减任务的，或者造成海洋环境严重

---

① 参见《海洋环境保护法法条释义》，http://law1.chinalawinfo.com/index.asp，登录于 2007 年 1 月 15 日。

污染损害的，应当限期治理。限期治理按照国务院规定的权限决定。"即应当限期治理的有三种情况：①超过污染物排放标准排污的；②在规定期限内未完成污染物排放削减任务的；③造成海洋环境严重污染损害的。被责令进行限期治理的责任者，必须按照限期治理决定的要求，在规定的期限内完成治理任务，达到规定的目标；到期未能完成治理任务或者拒不执行限期治理决定要求的，应承担相应的法律责任。

在 1982 年的《海洋环境保护法》中，虽然并未设立专门的"监督管理"一章将限期治理作为一项环境监督管理法律制度予以规定，但是仍然在"防止陆源污染物对海洋环境的污染损害"一章中作为一种局部的行政管理手段，并在"法律责任"一章中作为一种行政处罚手段予以规定。而 1999 年的《海洋环境保护法》中，虽然设"监督管理"专章并将限期治理作为一项环境监督管理法律制度予以规定，但是却将作为法律责任中的行政处罚手段的有关限期治理内容删去，而仅在第 93 条中规定："对违反本法第十一条、第十二条有关缴纳排污费、倾倒费和限期治理规定的行政处罚，由国务院规定。"同时第 12 条还规定："限期治理按照国务院规定的权限决定。"之所以作出这样规定，主要考虑到国务院及其所属有关部门，已就实施限期治理制度进行了长期的实践，形成了一套经验和做法；同时，有关如何更好地完善限期治理制度，对限期治理权限的确定有一套更为科学、有效的办法这一问题，还有待于做进一步的探讨和论证，为此这次修改将这一问题留给国务院做出进一步的规定。①

四、海洋环境监测、监视信息管理制度

中国在海洋环境污染监测监视方面已具备一定能力。海洋污染调查始于 20 世纪 70 年代初；1978 年在渤黄海区实施了统一、定期的环境质量监测。1984 年组建了由海洋、环保、交通、水利、石油、水产、军事等部门的 100 多个单位组成的"全国海洋环境监测网"，监测范围达 200 万平方公里。但是，目前的污染监测工作只能对海洋环境质量状况进行一定程度的定性和定量评价，实用性还较差。不同部门的监视能力发展不平衡，总体上尚不具备包括海岸、海面、空中的立体化监测监视网络的控制能力。沿海经济持续快速发展使中国近海海域面临的环境压力加大，必须提高海洋环境污染的监测监视能力，以满足日益增加的海洋环境管理和保护的需要。②

---

① 参见《海洋环境保护法法条释义》，http://law1.chinalawinfo.com/index.asp，登录于 2007 年 1 月 15 日。

② 参见《中国海洋 21 世纪议程》，http://www.coi.gov.cn/hyfg/hyfgdb/fg8.htm，登录于 2007 年 1 月 16 日。

为了及时掌握海洋环境动态，及时发现海洋污染损害事件，《海洋环境保护法》第14条规定了"环境监测、监视信息管理制度"，即"国家海洋行政主管部门按照国家环境监测、监视规范和标准，管理全国海洋环境的调查、监测、监视，制定具体的实施办法，会同有关部门组织全国海洋环境监测、监视网络，定期评价海洋环境质量，发布海洋巡航监视通报。依照本法规定行使海洋环境监督管理权的部门分别负责各自所辖水域的监测、监视。其他有关部门根据全国海洋环境监测网的分工，分别负责对入海河口、主要排污口的监测。"

（一）负责监测、监视管理的部门

国家海洋行政主管部门按照国家制定的环境监测、监视信息管理制度，负责管理海洋综合信息系统，管理海洋环境的调查、监测、监视，会同有关部门组织全国海洋环境监测、监视网络，定期评价海洋环境质量，发布海洋巡航监视通报，为海洋环境保护监督管理提供服务。

（二）监测与监视网络

各个依法行使海洋环境监督管理权的部门（如海事、渔业的行政主管部门及军队环保部门）分别负责各自所辖水域的监测、监视。入海河口、主要排污口的监测根据全国海洋环境监测网的分工由有关部门负责。

（三）海洋环境监测资料的使用

国务院环境保护行政主管部门编制全国环境质量公报所必需的海洋环境监测资料由国务院有关部门（包括海洋、渔业、海事等行政主管部门）提供。有关部门需要的与海洋环境监督管理有关的资料，由环保行政主管部门提供。

这次修改，之所以对海洋环境监测做出具体的规定，主要有如下一些考虑：第一，多年来，国家花费大量的人力和财力用于海洋环境监测，获取了大量宝贵的数据和信息。但是，由于在法律上没有对这些数据和信息的如何使用作出明确规定，加上地方和部门利益保护，致使监测数据和信息不能充分发挥其在海洋环境保护等方面的应有作用，从而也大大降低了监测数据和信息的利用率。第二，由于没有对海洋环境监测工作作出严格的法律规范，导致一方面，由于受国家财力的制约，我国海洋环境监测系统面临着手段落后，仪器设备老化等一系列困难和问题，在一定程度上限制了海洋环境监测事业的发展及其作用的发挥；另一方面，由于机构重叠，涉海部门监测网、站重叠，往往在同一水域，出现许多部门重复监测的现象，造成人力、财力的浪费。第三，海洋环境监测作为一项复杂的系统工程，由于法律没有对整个监测活动加以规范，导致海洋环境监测技术、方法和标准难以有效实施。各行各业在实施海洋环境监测过程中，各行其是，又由于受专业、仪器设备及人员素质的限制，难以保证监测质量，不能客观地反映海洋环境质量的状况。①

五、海洋污染事故报告及应急制度

海洋的污染事故往往是突发性的，如不能及时妥善处理，后果往往不堪设想。基于此《海洋环境保护法》第 17 条和第 18 条分别规定了海洋污染事故报告和应急制度。

（一）海洋污染事故报告制度

《海洋环境保护法》第 17 条第 1 款规定："因发生事故或者其他突发性事件，造成或者可能造成海洋环境污染事故的单位和个人，必须立即采取有效措施，及时向可能受到危害者通报，并向依照本法规定行使海洋环境监督管理权的部门报告，接受调查处理。"

1. 海洋污染事故的报告人，即造成或可能造成海洋环境污染事故的单位和个人。

2. 必须立即采取措施，防治污染事故的进一步恶化和危害后果的进一步扩大。

3. 必须及时向可能受到危害者通报，并且必须向依照本法规定行使海洋环境监督管理权的部门报告，即向环保、海洋、海事、渔业部门报告。

《海洋环境保护法》第 17 条第 2 款规定："沿海县级以上地方人民政府在本行政区域近岸海域的环境受到严重污染时，必须采取有效措施，解除或者减轻危害。"之所以这样规定，主要是基于两点考虑：第一，任何一件污染事故的发生之初都是进行污染控制和补救的最佳时机，如果错过这一最佳时机再采取的任何污染控制和补救措施，其有效性都会大大降低，所以污染事故发生后的及时控制和补救是必要也是最为重要的，海洋污染事故也不例外；第二，沿海县级以上人民政府地处沿海地带，对于沿海环境情况比较了解，能够较为方便地获悉近岸海域的环境污染情况，也能够及时地开展污染控制和补救工作，所以由沿海地方政府负责实施解除或减轻污染危害的措施也最为可行。

（二）海洋污染事故应急制度

《中国海洋 21 世纪议程》规定："加强海面溢油（包括船舶和石油开发）及有毒化学品泄漏等污染事故应急能力的建设。制定国家级海上溢油应急计划，以

---

① 参见《海洋环境保护法法条释义》，http://law1. chinalawinfo. com/index. asp，登录于 2007 年 1 月 15 日。

及制定油田、船舶、港口等具体的溢油应急计划；建立溢油应急响应系统，建立海上溢油应急示范区工程，并逐步向全海域推广；建立油污灾害防治基金。"在此基础上，《海洋环境保护法》第18条规定了海洋污染事故应急制度。

1. 应急计划的制定和备案。根据海洋污染事故发生原因的不同，将海洋污染事故应急计划划分为海洋石油勘探开发重大海上溢油应急计划和船舶重大海上溢油污染事故应急计划。对于由于海洋石油勘探开发引起的溢油事故的应急计划由国家海洋行政管理部门，即国家海洋局负责制定并报国务院环保行政部门备案；对于由于船舶引起的溢油事故的应急计划由国家海事局负责制定并报国家环保行政部门备案。此外，沿海可能发生重大海洋环境污染事故的单位，也应当依照国家的规定，制定污染事故应急计划，并向当地环境保护行政主管部门、海洋行政主管部门备案。

2. 沿海县级以上地方人民政府及其有关部门在发生重大海上污染事故时，必须按照应急计划解除或者减轻危害。

六、重点海域污染物总量控制制度

实行海域污染物总量控制，就是要根据海洋功能区划和海洋环境容量来确定污染物排入海洋的总量，以保证海水符合相应的水质要求。早在《中国海洋21世纪议程》中就对污染物总量控制提出了原则性的要求，即要逐步实现对已超过海洋环境允许浓度的污染物进行总量控制；开展海域环境质量状况及污染物容纳能力综合评价。对超过或接近环境质量标准的污染物，制定排放标准和区域总量控制标准；科学规划海域使用功能，合理估算海域的环境吸收容量，对主要污染物实施限定排放浓度和总量控制制度。

《海洋环境保护法》第3条规定，"国家建立并实施重点海域排污总量控制制度，确定主要污染物排海总量控制指标，并对主要污染源分配排放控制数量。"这一条规定是从我国的实际情况出发，不是全面铺开，而是先抓重点。一是实施排污总量控制的是"重点海域"；二是确定总量控制指标的不是对所有污染物，而是"主要污染物"；三是排放控制数量分配给"主要污染源"，而不是分配给所有污染源。确定控制指标、分配排放控制数量的工作是由国务院而不是由地方政府来完成的。

污染物总量控制制度是对传统污染控制的改进和提高。长期以来，我国只有《海水水质标准》和《污水综合排放标准》，它们都是以浓度为基础的标准。浓度控制方法，以污染物排放的浓度标准为依据，要求污染物的排放不得超过规定的浓度标准。此方法的缺陷在于，即使单个污染源达到了浓度排放标准，但是如果各个污染源的排放总量汇集起来有可能超过环境容量，仍不能控制环境质量的恶化。从我国的海洋环境污染防治实践看，污染物浓度控制方法不能有效解决和控制海洋环境污染。所以有必要对于入海河口海区、海上自然保护区、水产养殖场以及海滨风景游览区等重点海域通过控制方法来达到防止污染的目的。[①] 因此，在《海洋环境保护法》的修改中，明确规定建立并实施重点海域排污总量控制制度，目的就是对进入国家重点保护海域和已受到严重污染的海域的主要污染物数量进行控制。

七、强制淘汰制度

即对严重污染海洋环境的落后工艺和严重污染海洋环境的落后设备的淘汰制度。落后工艺、设备限期淘汰制度指国家对严重污染环境的落后工艺和严重污染环境的设备实行限期淘汰的制度。过去我国对污染的防治工作主要是强调污染物产生之后的治理，也就是所谓的"末端治理"。这样做往往使人们处于被动应付的局面，不仅成本很高，浪费严重，而且效果一直不理想。我国污染为什么会这么严重，究其原因主要是企业采用的工艺和使用的设备落后，能耗大，物耗大，对环境污染严重。基于此，《海洋环境保护法》第13条规定："国家加强防治海洋环境污染损害的科学技术的研究和开发，对严重污染海洋环境的落后生产工艺和落后设备，实行淘汰制度。企业应当优先使用清洁能源，采用资源利用率高、污染物排放量少的清洁生产工艺，防止对海洋环境的污染。"

为了促成强制淘汰制度的具体实施必须注重以下两项工作的完成：

1. 强制淘汰落后的生产工艺和设备。落后生产工艺和设备的使用，是海洋环境污染损害的源头，淘汰落后生产工艺，是从源头遏制对海洋环境的污染损害，是最有效、最节省的保护海洋环境的措施。主要通过国家加强防治海洋环境污染损害的科学技术的研究和开发，以新型的清洁型工艺和设备代替落后的污染型工艺和设备，以此促进生产工艺和设备的更新换代。

2. 采用清洁能源和生产工艺。企业应当优先使用清洁能源，采用资源利用率高、污染物排放量少的清洁生产工艺，减少污染物的产生。所谓清洁生产工艺，是指在工业生产过程中，摒弃过去传统的"末端控制"方式，从源头抓起，全过程控制，即从产品设计开始，注重采用合理的先进工艺并加强管理，从而能有效地减少海洋污染物的产生。所谓清洁能源，是指在生产和使用过程中对环境危害小甚至无害的能源，如天然气、代天然气、液化石油气、电等。企业在生产过程中因为使用了不清洁能源而极易产生含油废水、含有害重金属废水和其他工业废水，这些废水一旦排入海洋，不易化解，极易造成海洋污染。因此从源头上要求企业使用清洁能源进行生产是必要的。

---

① 参见徐祥民等著：《海洋环境的法律保护研究》，中国海洋大学出版社，2006年版，第56页。

八、海洋环境影响评价制度

在《海洋环境保护法》中涉及环境影响评价制度的主要体现在以下四个方面：

(一) 生态渔业建设项目

《海洋环境保护法》第 28 条第 2 款规定："新建、改建、扩建海水养殖场，应当进行环境影响评价。"发展生态渔业要求以改善海洋环境、增加环境容量为途径，必须对养殖场所的设置，养殖种类、密度、投饵、施肥及使用药物等进行监督管理，防止造成海洋环境污染。因此在新建、改建、扩建海水养殖场时，必须对其行为可能造成的对相应海域环境的影响作事前的分析和报告，以便科学判断其行为是否可行。环境影响评价报告由渔业行政主管部门组织渔业环境监测部门进行。

(二) 海岸工程建设项目

海岸工程建设项目，是指位于海岸或者与海岸连接，为控制海水或者利用海洋完成部分或者全部功能，并对海洋环境有影响的基本建设项目、技术改造项目和区域开发工程建设项目。主要包括：港口、码头，造船厂、修船厂，滨海火电站、核电站，岸边油库，滨海矿山、化工、造纸和钢铁企业，固体废弃物处理处置工程，城市废水排海工程和其他向海域排放污染物的建设工程项目，入海河口处的水利、航道工程，潮汐发电工程，围海工程，渔业工程，跨海桥梁及隧道工程，海堤工程，海岸保护工程以及其他一切改变海岸、海涂自然性状的开发工程建设项目。

1. 负责部门。国务院环境保护行政主管部门，主管全国海岸工程建设项目的环境保护工作。沿海县级以上地方人民政府环境保护行政主管部门，主管本行政区域内的海岸工程建设项目的环境保护工作。"

2. 对海岸工程建设项目环境影响报告书的内容进行了规定，即除按有关规定编制外，还应当包括：①所在地及其附近海域的环境状况；②建设过程中和建成后可能对海洋环境造成的影响；③海洋环境保护措施及其技术、经济可行性论证结论；④建设项目海洋环境影响评价结论。同时，海岸工程建设项目环境影响报告表，应当参照前款规定填报。

3. 环境影响评价报告的审批。兴建海岸工程建设项目的建设单位，必须在可行性研究阶段，编制环境影响报告书（表），按照规定的程序，经项目主管部门和有关部门预审后，报环境保护行政主管部门审批。围海造地或者其他围海工程建设项目，面积在 5 万亩以上的或者基建投资在国家对大型项目规定的投资限额以上的，环境影响报告书经项目主管部门和有关部门预审后，由国务院环境保护行政主管部门审批。禁止在天然港湾有航运价值的区域、重要苗种基地和养殖场所及水面、滩涂中的鱼、虾、蟹、贝、藻类的自然产卵场、繁殖场、索饵场及重要的洄游通道围海造地。在海湾、半封闭海的非冲积型海岸地区不得围海造地。确需围海造地的，环境影响报告书（表）必须报省、自治区、直辖市人民政府环境保护行政主管部门审批。建设砂、石场的，环境影响报告书（表），由省、自治区、直辖市人民政府环境保护行政主管部门审批。[①]

（三）海洋工程建设项目

国家实行海洋工程环境影响评价制度。所谓海洋工程，是指以开发、利用、保护、恢复海洋资源为目的，并且工程主体位于海岸线向海一侧的新建、改建、扩建工程。具体包括：①围填海、海上堤坝工程；②人工岛、海上和海底物资储藏设施、跨海桥梁、海底隧道工程；③海底管道、海底电（光）缆工程；④海洋矿产资源勘探开发及其附属工程；⑤海上潮汐电站、波浪电站、温差电站等海洋能源开发利用工程；⑥大型海水养殖场、人工鱼礁工程；⑦盐田、海水淡化等海水综合利用工程；⑧海上娱乐及运动、景观开发工程；⑨国家海洋主管部门会同国务院环境保护主管部门规定的其他海洋工程。

1. 基本要求。海洋工程的环境影响评价，应当以工程对海洋环境和海洋资源的影响为重点进行综合分析、预测和评估，并提出相应的生态保护措施，预防、控制或者减轻工程对海洋环境和海洋资源造成的影响和破坏。海洋工程环境影响报告书应当依据海洋工程环境影响评价技术标准及其他相关环境保护标准编制。编制环境影响报告书应当使用符合国家海洋主管部门要求的调查、监测资料。

2. 海洋工程环境影响报告书应当包括下列内容：①工程概况；②工程所在海域环境现状和相邻海域开发利用情况；③工程对海洋环境和海洋资源可能造成影响的分析、预测和评估；④工程对相邻海域功能和其他开发利用活动影响的分析及预测；⑤工程对海洋环境影响的经济损益分析和环境风险分析；⑥拟采取的环境保护措施及其经济、技术论证；⑦公众参与情况；⑧环境影响评价结论。海洋工程可能对海岸生态环境产生破坏的，其环境影响报告书中应当增加工程对近岸自然保护区等陆地生态系统影响的分析和评价。

3. 环境影响评价报告的核准。新建、改建、扩建海洋工程的建设单位，应当委托具有相应环境影响评价资质的单位编制环境影响报告书，报有核准权的海

[①]　参见国务院 1990 年 5 月发布的《防治海岸工程建设项目污染损害海洋环境管理条例》第 2 条和《中华人民共和国海洋环境保护法》第 43 条的规定。

洋主管部门核准。海洋主管部门在核准海洋工程环境影响报告书前，应当征求海事、渔业主管部门和军队环境保护部门的意见；必要时，可以举行听证会。其中，围填海工程必须举行听证会。海洋主管部门在核准海洋工程环境影响报告书后，应当将核准后的环境影响报告书报同级环境保护主管部门备案，接受环境保护主管部门的监督。海洋工程建设单位在办理项目审批、核准、备案手续时，应当提交经海洋主管部门核准的海洋工程环境影响报告书。下列海洋工程的环境影响报告书，由国家海洋主管部门核准：①涉及国家海洋权益、国防安全等特殊性质的工程；②海洋矿产资源勘探开发及其附属工程；③50 公顷以上的填海工程，100 公顷以上的围海工程；④潮汐电站、波浪电站、温差电站等海洋能源开发利用工程；⑤由国务院或者国务院有关部门审批的海洋工程。[①]

（四）海洋倾倒废物

所谓"倾倒"，是指利用船舶、航空器、平台及其他载运工具，向海洋处置废弃物和其他物质；向海洋弃置船舶、航空器、平台和其他海上人工构造物，以及向海洋处置由于海底矿物资源的勘探开发及与勘探开发相关的海上加工所产生的废弃物和其他物质。其不包括租用船舶、航空器及其他载运工具和设施正常操作产生的废弃物的排放。[②]

海洋倾倒废弃物评价程序是指废弃物在海上倾倒必须进行的关于废弃物特征、废弃物预防策略、倾倒区选择、倾倒环境影响、倾倒许可证条件、工程监督、环境监测等内容的评价所采取的原则、标准、方式和步骤。[③] 根据《海洋环境保护法》第 56 条第 1 款的规定，国家海洋行政主管部门根据废弃物的毒性特征、所含有毒物质的成分、数量及其对海洋环境的影响状况制定海洋倾倒废弃物评价程序和标准。

九、三同时制度

三同时制度是我国独创的环境保护法律制度，其在海洋环境保护领域主要体现在海岸工程建设项目的环境保护和海洋工程建设项目的环境保护两个方面。

《海洋环境保护法》第 44 条规定："海岸工程建设项目的环境保护设施，必须与主体工程同时设计、同时施工、同时投产使用。环境保护设施未经环境保护行政主管部门检查批准，建设项目不得试运行；环境保护设施未经环境保护行政

---

① 参见国务院 2006 年 9 月发布的《防治海洋工程建设项目污染损害海洋环境管理条例》和《中华人民共和国海洋环境保护法》第 47 条的规定。

② 参见 1985 年 3 月 6 日国务院发布的《中华人民共和国海洋倾废管理条例》第 2 条。

③ 参见《海洋环境保护法法条释义》，http：//law1. chinalawinfo. com/index. asp，登录于 2007 年 1 月 15 日。

主管部门验收，或者经验收不合格的，建设项目不得投入生产或者使用。"

《海洋环境保护法》第48条规定："海洋工程建设项目的环境保护设施，必须与主体工程同时设计、同时施工、同时投产使用。环境保护设施未经海洋行政主管部门检查批准，建设项目不得试运行；环境保护设施未经海洋行政主管部门验收，或者经验收不合格的，建设项目不得投入生产或者使用。拆除或者闲置环境保护设施，必须事先征求海洋行政主管部门的同意。"

第五节 海洋环境保护法其他主要规定

一、《海洋环境保护法》的效力范围

我国《海洋环境保护法》的适用范围，不同于一般环境保护法的适用范围，有其特殊性。

（一）适用区域

1. 《海洋环境保护法》规定："本法适用于中华人民共和国内水、领海、毗连区、专属经济区、大陆架以及中华人民共和国管辖的其他海域。"

根据《联合国海洋法公约》规定，沿海国家的海洋领土包括内海和领海，领海外侧的毗连区、专属经济区也是沿海国家海洋国土的一部分。

"内水"，原法中称为"内海"，是指从领海基线（一般是大比例尺海图表明的沿海低海潮线）向陆地一侧的水域，包括直线基线与海岸之间的海域、直线划入的海湾、海峡、港口、河口湾等，例如渤海、琼州海峡及沿海的港口等的全部海域。

"领海"指沿海国陆地及内水以外邻接的一定宽度的海域，我国领海宽度从领海基线量起为12海里（1海里＝1.85公里）。领海与陆地国土一样，都属于国家的领土，国家对领海有完全的排他主权。我国的领海面积为37万平方公里。

"毗连区"范围位于领海基线向外海量起，不超过24海里。在此范围内，沿海国仍享有实施海关、移民、财政、环境和卫生等法律的权利。

"专属经济区"的外部界限位于领海基线向外200海里。在此范围内，我国享有勘探、开发、养护和管理自然资源的主权权利，有建造、使用人工岛屿、设施和结构的专属权利，还享有海洋科研的管辖权以及对海洋环境的保护和保全的权利。其他国家享有航行、飞越、铺设海底电缆等自由。

"大陆架"为我国领海以外，依我国陆地领土的全部自然延伸、扩展，到大陆边外缘的海底区域的海床和底土。我国1988年颁布的《专属经济区和大陆架法》就规定了，我国主管机关"有权采取必要的措施，防止、减少和控制海洋环境污染，保护和保全专属经济区和大陆架的海洋环境"。

2.《海洋环境保护法》还规定，"在中华人民共和国管辖海域以外，造成中华人民共和国管辖海域污染的，也适用本法。"也就是说，即使排污行为不发生在我国管辖的海域范围内，但污染危害后果波及我国管辖海域，也适用我国的《海洋环境保护法》。做出这样的规定，主要是考虑到海洋环境污染的特殊性。海洋是相互邻接的，要防止污染物从别国海域或公海向我国海域扩散，就必须做出这样的规定，这也是符合国际法规定的。《对公海发生的油污事故进行干预的公约》和《干预公海非油类物质污染议定书》这两个重要的国际公约，都授予沿海国可对在公海上发生的，将对其海岸线或其他利益造成严重的、紧急的危害后果的油污染或非油类污染事故采取必要措施的权力。《联合国海洋法公约》也规定，为保护世界海洋环境，签约国的法律不但对在本国领域内实施污染损害海洋环境的船舶有效，对在本国领域以外实施污染损害本国海域的船舶也适用。

（二）对人的适用范围

《海洋环境保护法》规定，"在中华人民共和国管辖海域内从事航行、勘探、开发、生产、旅游、科学研究及其他活动，或者在沿海陆域内从事影响海洋环境活动的任何单位和个人，都必须遵守本法。"

新法的规定适用对象不但包括了原法中规定的在海域从事活动的行为人，还包括了在沿海陆域从事活动的行为人，只要从事的活动影响海洋环境，无论行为人是单位（包含了船舶、平台、航空器、潜水器、企业事业单位）还是个人（包括外国人在内），都必须遵守本法，都有保护我国海洋环境的义务，有监视海上污染及发现污染事故立即报告的义务，"并有权对污染损害海洋环境的单位和个人，以及海洋环境监督管理人员的违法失职行为进行监督和检举。"

二、关于海洋环境管理体制的法律规定

由于海洋活动涉及很多方面，因而海洋环境管理也涉及多个行政主管部门。现行的《海洋环境保护法》在各部门管理职责分工上作了调整。

（一）国务院环境保护行政主管部门

作为全国环境保护工作统一监督管理部门，国务院环保行政主管部门对全国海洋环境保护工作进行指导、协调和监督。负责全国防治陆源污染物和海岸工程建设项目对海洋污染损害的环境保护工作。

（二）国家海洋行政主管部门

《海洋环境保护法》规定，由国家海洋行政主管部门负责海洋环境的监督管理，包括组织对海洋环境的调查、监测、监视、评价和科学研究。全国防治海洋

工程建设项目和海洋倾倒废弃物对海洋污染损害的防治工作由国家海洋行政主管部门具体负责。

（三）国家海事行政主管部门

现行《海洋环境保护法》中，将原法规定由"港务监督部门"负责的工作改由海事行政主管部门负责。

国家海事行政主管部门负责所辖港区水域内非军事船舶及港区水域外的非渔业、非军事船舶污染海洋环境的监督管理，并负责调查处理。对在我国管辖海域航行、停泊和作业的外国籍船舶造成的污染事故登轮检查处理。

（四）国家渔业行政主管部门

现行法由国家渔业行政主管部门取代了原法中渔政渔港监督部门的职责。

国家渔业行政主管部门负责渔港水域内非军事船舶和渔港水域外渔业船舶污染海洋环境的监督管理，负责保护渔业水域生态环境工作，并调查除船舶污染事故以外的渔业污染事故。对于船舶污染事故造成渔业损失的，渔业行政主管部门参与调查处理。

（五）军队环境保护部门

负责军事船舶污染海洋环境的监督管理，对军事船舶造成的污染事故调查处理。

（六）各监督管理部门之间的配合

1. 国务院环保行政主管部门对全国环境保护工作统一监督管理，当然也包括对海洋环保工作的统一监督管理。海洋环境监测资料由国务院环保行政主管部门收集并编入全国环境质量公报发布；跨部门的重大海洋环境保护工作由该部门协调；各部门对海洋环境保护的监督活动（如制定的应急计划）要向该部门备案；国家海洋主管部门拟定的可向海洋倾倒废弃物名录及选划的海洋倾倒区要经该部门审核并提出意见。

2. 环境保护行政主管部门批准海岸、海洋工程建设项目环境影响评价报告书和批准设置入海排污口之前必须征求海事、渔业行政主管部门和军队环保部门的意见。

3. 各个行使海洋环境监督权的部门在海上可以联合执法。不管是哪个部门，在巡航监视中发现海上污染事故或者违法行为时，都应当予以制止并调查取证，必要时还有权采取有效措施防止污染事故的扩大，并且报告有关主管部门处理。

关于沿海县级以上人民政府各个行使海洋环境监督管理权的部门的职责，

《海洋环境保护法》规定由各省级人民政府根据该法及国务院有关规定确定。

三、关于防治陆源污染物对海洋环境污染损害的规定

陆源污染物数量大，种类极其复杂，几乎包括了陆地上所产生的所有污染物种类及能量，它们通过江、河、沟、渠及排污管网排入海洋，极易造成海洋，特别是近岸海域的污染，赤潮往往就是这样形成的。赤潮是一种海洋污染现象，它是海洋浮游生物在一定条件下暴发性繁殖而引起海水变色的现象。依据 2007 年 1 月国家环境保护总局发布的《2006 年中国海洋环境公报》显示，2006 年全海域赤潮发生次数较上年增加，累计面积减少。有毒藻类引发赤潮的次数和面积与上年相当。东海为我国赤潮的高发区。大面积赤潮集中在渤海湾、长江口外和浙江中南部海域。赤潮主要影响到沿岸鱼类和贝类养殖。全年共发现赤潮 93 次，较 2005 年增加约 13％；赤潮累计发生面积约 19840 平方公里，较 2005 年减少约 27％。其中，在赤潮监控区内发现赤潮 46 次，累计面积约 11590 平方公里，分别约占全海域赤潮累计发生次数和面积的 49％和 58％。全海域共发生 100 平方公里以上的赤潮 31 次，累计面积 18540 平方公里，分别占赤潮发生次数和累计面积的 33％和 93％；其中，面积超过 1000 平方公里的赤潮为 7 次，较上年减少 2 次，累计面积减少 51％。赤潮高发区集中在东海海域，赤潮发生次数和累计发生面积分别占全海域的 68％和 76％。2006 年，我国海域引发赤潮的生物种类主要为具有毒害作用的米氏凯伦藻、棕囊藻和无毒性的中肋骨条藻、具齿原甲藻、夜光藻等，多次赤潮是由两种或两种以上赤潮生物共同形成。有毒赤潮生物引发或协同引发的赤潮 41 次，累计面积约 14970 平方公里，占全年赤潮累计发生次数和面积的 44％和 75％，与上年基本一致。

为了防治陆源污染物对海洋环境造成的污染损害，《海洋环境保护法》规定：

（一）严格达标排放

向海域排放陆源污染物，包括排放含病原体废水、排放含有机物和营养物质的废水、排放含热废水以及沿海农田、林场施用化学农药、化肥和植物生长调节剂等都必须严格执行国家或地方规定的标准和有关规定。

（二）科学设置排污口

1. 科学论证，严格审批。入海排污口的选择，应当根据海洋功能区划、海水动力条件和有关规定，经科学论证后，报设区的市级以上人民政府环保主管部门审查批准。

2. 规定不得新建排污口的区域。海洋自然保护区、重要渔业水域、海滨风景名胜区和其他需要特别保护的区域都不得新建排污口。

3. 改进排污口的设置方法。在有条件的地区，应当将排污口深海设置，实行离岸排放，以减轻对近岸海域的污染损害。

（三）确保入海水质

1. 防治入海河流污染

沿海各省级环保部门和水行政主管部门应当加强入海河流管理，防治污染，使入海河口水质处于良好状态。

2. 严格控制污水排海

（1）禁止排海的有油类、酸液、碱液、剧毒废液和高、中水平放射性废水。

（2）严格限制、控制排海的有低水平放射性废水、含不易降解的有机物和重金属废水。

（3）必须采取处理措施符合国家有关标准后方能排放的有含病原体污水、生活污水、工业废水、含热废水。含有机物和营养物质的工业废水、生活污水，应当严格控制向海湾、半封闭海及其他自净能力较差的海域排放，因为这些区域最容易形成"赤潮"。

此外，这一部分还规定了要防止沿海农田、牧场使用的化学农药、化肥、植物生长调节剂对海洋的污染，防止固体废物、危险废物、大气污染物对海洋环境的污染损害。

四、关于防治海岸工程建设项目对海洋环境污染损害的法律规定

海岸工程建设项目，是指位于海岸或与海岸连接，为控制海水或利用海洋完成部分或全部功能的基本建设项目、技术改造项目和区域开发工程建设项目，例如港口、码头、造船厂、滨海的电厂、矿山、化工、钢铁等产业，向海域排污的建设工程，围海等一切改变海岸、海涂自然性状的开发建设项目。这些建设项目的地理位置和性质决定了它们对海洋环境会产生影响。

《海洋环境保护法》为防治海岸工程建设项目对海洋环境的污染损害，作了下列规定：

（一）新建、改建、扩建海岸工程建设项目，必须遵守国家有关建设项目环境保护的规定

1. 把防治污染所需资金纳入投资计划。

2. 严格执行环境影响评价制度。环境影响评价报告书由海洋行政主管部门提出审核意见后，报环保行政主管部门审批。

3. 合理选址。在海洋自然保护区、海滨风景区、重要渔业水体及其他需要特别保护的区域，不得从事污染环境、破坏景观的海岸工程建设项目或其他

活动。

4. 严格执行建设项目"三同时"制度。

（二）禁止在沿海陆域内新建不具备有效治理措施的、严重污染海洋环境的工业生产项目（如印染、电镀、炼油等）。

（三）保护资源，防止污染

1. 兴建海岸工程建设项目，必须采取保护国家和地方重点保护的野生动植物（包括其生存环境）和海洋水产资源的有效措施。

2. 防止采矿污染，严格限制在海岸采挖砂矿、露天开采海滨砂矿或从岸上打井开采海底矿产资源，都要采取防止污染海洋环境的有效措施。

五、关于防治海洋工程建设项目对海洋环境污染损害的法律规定

这一部分内容在原法中为"防止海洋石油勘探开发对海洋环境的污染损害"，现行提法比原来的更科学、更严密、更周到。

1. 严格执行环境影响评价制度和"三同时"制度。海洋环境影响报告书由海洋行政主管部门核准，报环保行政主管部门备案，并接受其监督。（这是与一般的建设项目环境影响评价报告书的审批不同之处）。

2. 使用材料要符合环保要求。不得使用含超标准放射性物质或易溶出有毒有害物质的材料。

3. 施工过程中注意保护海洋资源，防止污染海洋环境。爆炸作业时必须采取保护海洋资源的有效措施。海洋石油勘探是最主要的海洋工程建设项目，残油、废油、钻井使用的油基泥浆和其他有毒复合泥浆、含油工业垃圾、试油时的油和油性混合物不得排放入海。其他危害性较小的废物排放必须符合国家规定。要避免溢油事故发生，并编制溢油应急计划。

2006 年 8 月国务院发布的《防治海洋工程建设项目污染损害海洋环境管理条例》中设置专章规定了"污染物排放管理"，规定向海洋排放油气矿产资源勘探开发作业中产生的污染物、水基泥浆和钻屑的必须达到国家规定的标准，并对排污收费及海洋环境监测等环境法律制度进行了具体规定。

六、关于防治倾倒废弃物对海洋环境污染损害的法律规定

向海洋倾倒废弃物，是指利用船舶、航空器、平台及其他载运工具，向海洋处置废弃物和其他有害物质的行为。弃置船舶、航空器、平台及其辅助设施和其他浮动工具的行为也包括在内。海洋具有巨大的自然净化能力，能够为人类处置、消纳大量废物。但废弃物的数量、毒害性超过了其承受能力，就会污染损害

海洋环境。为此,《海洋环境保护法》规定:

1. 实行许可证制度,国内单位必须领取到国家海洋行政主管部门审批发放的许可证方可倾倒。禁止我国境外的废弃物在我国管辖的海域倾倒。

2. 按废弃物类别、数量分级管理。由国家海洋行政主管部门经过评价,拟定可以倾倒的废弃物的名录。禁止在海上处置放射性的废弃物或者其他放射性物质。禁止在海上焚烧废弃物。

3. 选划海洋倾倒区和临时性海洋倾倒区。获准倾倒废物的单位必须到指定区域倾倒,并实行报告、核实、记录等一整套管理办法。

七、关于防治船舶及其有关作业活动对海洋环境污染损害的法律规定

航行海上或停靠港口的各种船舶,它们的作业活动经常产生油类、混合物和其他有毒有害物质,如不加以严格管理,往往会对海洋造成污染损害,甚至重大的污染事故。

《海洋环境保护法》规定:

1. 禁止向海洋排放有害物质。任何船舶及相关作业不得向海洋排入污染物、废弃物和压载水、船舶垃圾及其他有害物质。

2. 船舶必须具有防止污染的能力。必须配置相应的防治设备和器材,持有防止海洋污染物的证书或文书并如实做好记录。从事接收船舶污染物、废弃物、垃圾、清舱、洗舱等活动的,必须具备接受处理污染物的能力。

3. 完善并实施油污损害民事赔偿责任制度,建立船舶油污保险、油污损害赔偿基金制度。这些制度的建立,将有助于船舶造成海洋油污染损害的民事赔偿责任承担问题得到及时、合理的解决。

4. 加强对载运具有污染危害性货物船舶的管理。实行危害性事先评估、进出港先申报等制度,载运船舶结构与设备应当能够防止或减轻所载货物对海洋环境的污染。

5. 进行可能污染海洋环境的作业活动应当经过事先核准,包括在港区使用焚烧炉、使用化学消油剂、洗舱、冲洗沾有污染物的甲板、船舶施工、过驳散装的具有污染危害性的液体货物等。

6. 防止海难事故造成海洋环境污染。油船搁浅、触礁、相撞火灾、爆炸等海难事故造成的大量原油泄漏往往给海洋环境带来灾难性影响,1978~1999年的10起90万桶以上海上原油泄漏事件就泄漏原油3300万桶以上,2000年我国海域就发生10起溢油事件,最严重的为11月14日珠江口两艘外轮相撞,受污染海域达390平方公里。因此,依据该法的规定:①船舶应当遵守海上交通安全法律、法规。船舶违反海上交通法规是造成撞船等事故的主要原因;②一旦事故发生,包括在公海上发生的可能污染我国管辖海域的海难事故,"国家海事行政

主管部门有权强制采取避免或者减少污染损害的措施。"①

第六节 关于海洋环境保护的国际公约

中国加入的国际海洋环境保护公约主要包括 1954 年《防止海洋石油污染的国际公约》、1969 年《国际干预公海油污染事件公约》及其 1973 年议定书、1972 年《防止因倾倒废物及其他物质污染海洋公约》及其 1996 年议定书、1974 年《国际海上人命安全公约》、1973 年/1978 年《防止船舶污染海洋公约》及其有关修正案等国际公约、1989 年《国际救援公约》、1990 年《国际油污防备、反应和合作公约》以及 1982 年《联合国环境法公约》。② 但在中国加入的这些国际公约中，《联合国海洋法公约》是对我国的海洋环境保护立法影响最大，也是最为重要的一项公约。

一、联合国海洋法公约

《联合国海洋法公约》是 1982 年 12 月 10 日签订的，1994 年 11 月 26 日生效。中国于 1982 年 12 月 10 日签署，1996 年 6 月 7 日批准。该公约有 17 个部分、320 条和 9 个附件，其中第 12 部分"海洋环境的保护和保全"对海洋环境保护作了集中规定。第 12 部分共分 11 节、45 条，主要包括：缔约国的一般义务，各国开发其自然资源的主权权利，防止、减少和控制海洋环境污染的措施，全球性和区域性合作，技术援助，监测和环境评价等。其中对国家的权利和义务的一般规定是：

1. 各国有保护和保全海洋环境的义务。

2. 各国有依据其环境政策和按照其保护和保全海洋环境的职责开发其自然资源的主权权利；各国应在适当情形下个别或联合地采取一切符合本公约的必要措施，防止、减少和控制任何来源的海洋环境污染；各国应采取一切必要措施，确保在其管辖或控制下的活动的进行不致使其他国家及其环境遭受污染的损害，并确保在其管辖或控制范围内的事件或活动所造成的污染不致扩大到其按照本公约行使主权权利的区域之外；各国采取措施防止、减少或控制海洋环境的污染时，不应对其他国家依照本公约行使其权利并履行其义务所进行的活动有不当的干扰。

3. 各国在采取措施防止、减少和控制海洋污染时采取的行动不应直接或间

---

① 参见张梓太、吴卫星等著：《环境与资源法学》，科学出版社，2002 年版，第 196~201 页。

② 参见《中国海洋事业的发展》白皮书，1998 年 5 月；转引自王曦著：《国际环境法》，法律出版社，2005 年版，第 217 页。

接将损害或危险从一个区域转移到另一个区域，或将一种污染转变成另一种污染。

4. 各国应采取一切必要措施以防止、减少和控制由于在其管辖或控制下使用技术而造成的海洋环境污染，或由于故意或偶然在海洋环境某一特定部分引进外来的或新的物种致使海洋环境可能发生重大和有害的变化。

二、防止因倾倒废物及其他物质污染海洋公约

该公约于 1972 年 12 月 29 日签订于伦敦、墨西哥城、莫斯科和华盛顿。该公约是唯一的一项关于海洋倾倒废物污染问题的全球性公约，它规定了公约所适用的水域范围并对倾倒的含义做了规定，而且它还规定了船舶，航空器，平台或其海上人工构筑物及其设备的正常操作以及由于海底矿物资源的勘探，开发及相关的海上加工所产生的或与此有关的废物或其他物质的处置，不受本公约的约束。此外，该公约还以三个附件列举了三大类受管制的物质，并对这些物质的倾倒规定了特别许可和一般许可制度。1993 年 12 月 12 日该公约缔约国协商大会在伦敦召开，通过了《关于逐步通知公约废弃物的海上处置问题的决议》，该决议对 1972 年《伦敦倾废公约》的两个海上焚烧问题的决议和关于海上处置放射性废弃物的决议由协商大会于 1993 年 11 月 12 日通过，于 1994 年 2 月 20 日生效，对 1972 年《伦敦倾废公约》及其附件作了进一步的修正。1996 年 11 月 7 日《防止倾倒废物及其他物质污染海洋公约》的议定书于伦敦订立。[①]

2006 年 6 月，我国十届全国人大常委会第二十二次会议表决通过了"全国人民代表大会常务委员会关于批准《〈防止倾倒废物和其他物质污染海洋的公约〉1996 议定书》（简称《议定书》）的决定"。《议定书》的通过表明了我国对海洋倾废进行规范化管理和保护海洋环境的决心，在国际海洋环境保护舞台展现了负责任的国家形象，将促进我国海洋倾废管理的国际化进程。

三、防止船舶污染海洋公约

《防止船舶污染海洋公约》是 1973 年 11 月由 70 个国家的代表和 7 个国家的观察员在伦敦签订的。《防止船舶污染海洋公约》对防止由船舶引起的海洋污染做出一系列规定。1978 年在国际油轮安全和防止污染会议上产生了《关于 1973 年国际防止平舶污染海洋公约的 1978 年议定书》。议定书修改了 1973 年伦敦《防止船舶污染海洋公约》内的各项规定，特别是"附件一"内的规定。我国是该公约 1978 年议定书的缔约国，该公约及议定书于 1983 年 10 月 2 日对我国生效。

---

① 参见戚道孟主编：《国际环境法》，中国方正出版社，2004 年版，第 190～191 页。

《防止船舶污染海洋公约》代表着防止海洋环境污染方面质的飞跃，对缔约国的船舶有着很强的约束力。海上事故的增加迫使公约在生效之前进行修改，这就是 1978 年的附加议定书。公约和这个议定书于 1983 年 10 月 2 日同时生效。《防止船舶污染海洋公约》及其 1978 年议定书的目的是"彻底消除有意排放油类和其他有毒物质而污染海洋环境并将这些物质的意外排放减至最低限度"。该公约及其议定书适用于"有权悬挂一缔约国国旗的船舶"和"无权悬挂一缔约国的国旗但在一缔约国的管辖下进行营运的船舶"，不适用于"任何军舰、海洋辅助船舶或其他国有或国营并暂时只用于政府非商业性服务的船舶"。①

四、国际干预公海油污染事件公约

《国际干预公海油污染事件公约》于 1969 年 11 月在布鲁塞尔通过，1975 年 5 月生效。该公约规定，沿海国有权对在公海上发生的可能危害其所居海域的油污染事件采取必要的措施。

经验表明，只有通过适当手段迅速进行干预才能控制事故的后果。《国际干预公害油污染事件公约》规定，"各缔约国可以在公海采取必要的措施，防止、减轻或消除由于海上事故，或与事故有关的行动所产生的海上油污或油污威胁对它们的海岸线或有关利益的严重和紧迫的危险，上述事故或有关的行动都可以合理地被认为将会导致重大的有害后果"（第 1 条第 1 款）。"有关利益"被定义为沿海国直接受到海上事故影响或威胁的利益，例如海岸、港口或海湾的活动包括渔业活动、旅游、海岸居民的健康和有关地区的福利，包括对海洋生物资源和野生物的养护。沿海国有权对事故所涉及的或造成事故的船舶采取措施，包括拖曳船舶、填补船体裂缝以及销毁遇难船舶残骸。但是，沿海国在采取任何措施之前，应同受海上事故影响的其他国家，特别是船旗国进行协商；应通知那些可能受其措施影响的人，并避免任何人命危险（第 3 条）。沿海国采取的措施应同实际损害或损害威胁相适应，不超过合理必要的程度（第 5 条）。任何缔约国采取违背公约的措施而对其他国家商业性服务的船舶采取措施。这个公约对传统的公海上船旗国专属管辖的法律创设了一个重要的例外，使环境受到威胁的国家可以进行自我保护。②

1973 年，《国际干预公海油污染事件公约》的缔约国在国际海事组织的支持下签订了一项《关于油类以外物质造成污染时在公海上进行干涉的议定书》。该议定书规定缔约国可在公海上采取必要措施，以防止、减轻或消除因发生海难事故而发生除油类以外的物质对海岸线或有关利益造成严重和紧急危险。该议定书

---

① 参见林灿铃著：《国际环境法》，人民出版社，2004 年版，第 371 页。
② 参见亚历山大·基斯著，张若思编译：《国际环境法》，法律出版社，2000 年版，第 160～161 页。

以附件对这类物质予以列举，附件中对此类物质的列举已于 1991 年、1996 年和 2002 年先后三次被修订。[①]

五、国际油污防备、反应和合作公约

《国际油污防备、反应和合作公约》的目的是促进各国在对付重大石油污染事故方面的合作。该公约适用于由船舶、近海设施、海港和石油处理设施引起的石油污染事故。该公约承认预防石油污染事故的重要性和污染者负担原则。公约要求缔约国采取一切适当措施准备对付石油污染事故，其中包括应急计划、石油污染报告程序以及国家的和区域的防备和反应措施。公约以附件规定对援助行动的代价予以补偿的原则。[②]

---

① 参见王曦编著：《国际环境法》，法律出版社，2005 年版，第 216 页。
② 参见王曦编著：《国际环境法》，法律出版社，2005 年版，第 216 页。

第九章　水污染防治法

第一节　我国的水环境污染

一、水体

水是一种非常重要的自然资源，同时又是人类和其他一切生物生存、发展不可缺少和不能替代的一种基本环境要素。在环境科学中，人们把水中的悬浮物、溶解物质、水中生物、底泥和水作为一个整体的生态系统或完整的自然综合体对待，称之为"水体"。陆地水体包括河流、湖泊、沼泽、地下水体等。我们平常所说的"水污染"实际上是"水体污染"。例如，大量重金属污染物进入水中，会很快沉入底泥。如果仅检测水中的含量，似乎并未受到污染，但该水体则已被污染。水污染防治法所要保护的也不仅是"水"，而是完整的"水体"。"水污染"是指因某种或某几种物质的介入，而导致水体化学、物理或生物等方面特性改变，使水体的使用价值降低，影响水的正常利用，对人体健康或生物环境产生不利影响的现象。随着现代工业的快速发展，大量的工业废水和生活污水以及农业生产所使用的化肥农药排入水体，不同程度地污染了地表水和地下水，造成了水环境质量的恶化，使人类可利用的水资源大大减少，不少城市因地表水污染无法利用转而依靠地下水。有时因突发严重水污染事故，甚至影响社会稳定。[①]

二、水污染物

（一）水污染物

1. 需氧污染物。主要包括碳水化合物（糖类）、蛋白质、脂肪、木质素等。虽然这些物质基本上没有毒性，但水中微生物在分解它们时会消耗大量的溶解氧，使水生生物缺氧。

2. 植物营养物。主要是氮、磷、钾、硫等植物所需要的营养物质。进入江、河、湖、泊、水库等水体的植物营养物过多，使水体"富营养化"，形成"水华"，影响鱼类等生物的生存，甚至水体"衰亡"。

---

① 应当注意的是，水与水体是不同的。水体是水的积聚体，不仅包括水，而且包括水中的悬浮物、溶解物、底泥和水生生物等。区分水和水体的概念十分重要，因为在许多情况下，水的污染并不能从水本身反映出来，而是从整个水体反映出来。

3. 重金属污染物，包括汞、铬、镉、铅及类金属砷等，能通过食物链的富集作用，最终进入人体，危害健康。

4. 病原微生物，主要来自生活污水、食品工业、屠宰场、医院等。

5. 石油类污染物。

6. 农药。

7. 氰化物。

8. 酸、碱、盐类化合物。

9. 酚类。

10. 放射性污染物。

11. 热污染，主要是电厂等单位冷却水。这是一种能量污染。

（二）水体主要污染源

1. 点源，包括工矿企业排放的废水和生活污水。

2. 非点源，主要是农田灌溉退水、农村养殖业、农副产品加工业的废水。农田退水中含有大量化肥、农药和植物营养物质。[①]

三、我国水环境污染现状

依据 2006 年 7 月 27 日国家环境保护总局发布的《2005 年淡水环境公报》显示，2005 年，长江、黄河、珠江、松花江、淮河、海河和辽河等七大水系总体水质与上年基本持平。国家环境监测网（简称国控网）七大水系的 411 个地表水监测断面中，Ⅰ～Ⅲ类、Ⅳ～Ⅴ类和劣Ⅴ类水质的断面比例分别为 41%、32% 和 27%。其中，珠江、长江水质较好，辽河、淮河、黄河、松花江水质较差，海河污染严重。主要污染指标为氨氮、五日生化需氧量、高锰酸盐指数和石油类。该公报并对 2005 年七大水系省界断面水质类别比例分布进行分析，分析显示长江和珠江水系水质良好，松花江水系轻度污染，黄河和淮河水系中度污染，而海河和辽河水系则重度污染；各个水系主要污染指标为石油类、氨氮、五日生化需氧量、高锰酸盐指数等。浙闽区河流总体水质良好，西南和西北诸河水质良好。2005 年，28 个国控重点湖（库）中，满足Ⅱ类水质的湖（库）2 个，占 7%；Ⅲ类水质的湖（库）6 个，占 21%；Ⅳ类水质的湖（库）3 个，占 11%；Ⅴ类水质的湖（库）5 个，占 18%；劣Ⅴ类水质湖（库）12 个，占 43%。其中，太湖、滇池和巢湖水质均为劣Ⅴ类。主要污染指标为总氮和总磷。10 个重点国控大型淡水湖泊中，兴凯湖为Ⅱ类水质，洱海和博斯腾湖为Ⅲ类水质，镜泊湖和鄱阳湖为Ⅳ类水质，洞庭湖和南四湖为Ⅴ类水质，白洋淀、达赉湖和洪泽

---

① 参见张梓太、吴卫星等著：《环境与资源法学》，科学出版社，2002 年版，第 178～179 页。

湖为劣Ⅴ类水质。主要污染指标为总氮、总磷和高锰酸盐指数等。监测统计的 5
个城市内湖中，昆明湖（北京）和玄武湖（南京）为Ⅴ类水质，西湖（杭州）、
东湖（武汉）和大明湖（济南）为劣Ⅴ类水质，主要污染指标是总氮和总磷；昆
明湖和西湖处于轻度富营养状态，玄武湖、东湖和大明湖处于中度富营养状态。
监测统计的 10 座大型水库中，石门水库（陕西）为Ⅱ类水质；千岛湖（浙江）、
丹江口水库（湖北）、密云水库（北京）和董铺水库（安徽）为Ⅲ类水质；于桥
水库（天津）为Ⅳ类水质，松花湖（吉林）为Ⅴ类水质；门楼水库（山东）、大
伙房水库（辽宁）和崂山水库（山东）为劣Ⅴ类水质。其中，千岛湖为贫营养状
态，于桥水库为轻度富营养状态，其他 7 座大型水库均为中营养状态（石门水库
因数据不全未做富营养状态评价）。113 个环保重点城市中，泰安、曲靖和铜川
水量不足未统计，其他 110 个重点城市的 360 个集中式饮用水源地的监测结果表
明，重点城市集中式饮用水源地总体水质良好。113 个环保重点城市月均监测取
水总量为 16.1 亿吨，达标水量为 12.9 亿吨，占 80%；不达标水量为 3.2 亿吨，
占 20%。河流型主要污染指标为粪大肠菌群，湖库型主要污染指标为总氮。与
上年相比，全国主要城市和平原区的地下水水质状况相对稳定，局部地区有继续
恶化的趋势。监测表明，地下水污染存在加重趋势的城市有 21 个（主要分布在
西北、东北和东南地区），污染趋势减轻的城市 14 个（主要分布在华北和西北地
区），地下水水质基本稳定的城市 123 个。

第二节　水污染防治法的立法沿革

水污染防治法的立法，一直以来受到立法界的重视。1984 年 5 月，第六届
全国人民代表大会常务委员会第 5 次会议通过了《水污染防治法》。1996 年 5
月，第八届全国人民代表大会常务委员会第 19 次会议修改并重新颁布了《水污
染防治法》。2000 年 3 月，国务院发布了新的《水污染防治法实施细则》（以下
简称《实施细则》），代替了 1989 年由国务院批准、国家环境保护局发布的旧的
《实施细则》。1996 年的《水污染防治法》经修订由原来的 7 章 46 条改为 7 章 65
条，修改的重点主要为三个方面：①

一、加强水污染防治的流域管理

从全国来看，流域污染和水域水质恶化问题已十分突出，跨行政区域的流域
污染问题及纠纷更是层出不穷且久拖不决。随着大中城市用水量的不断增长，长

---

①　参见《关于〈中华人民共和国水污染防治法修正案（草案）〉的说明》（1995 年 10 月 23 日），ht-
tp：//law1. chinalawinfo. com/index. asp，登录于 2007 年 1 月 15 日。

距离引水已成为许多城市供水的主要来源，跨行政区域的流域污染已成为这些城市的心腹之患。由于水体的流动性，原有单纯按照行政区域进行水污染防治规划和管理的做法，已不能有效解决迅速发展的流域污染问题，非常有必要协调好江河湖泊跨行政区域的污染防治工作，建立和健全按照流域或者区域进行统一规划的法律制度，通过流域规划，明确各地方人民政府保护水环境质量的责任，将流域的水环境保护目标和任务纳入地方人民政府的国民经济和社会发展计划。同时，还需要建立和健全解决跨行政区域污染纠纷的法律制度。

从流域及区域水质保护的要求来看，在一些类似淮河的重污染水体和重点保护区域的水体，需要实施水污染物排放总量控制及排污许可证制度，以保证该水域环境质量达到规定的水质标准；在类似太湖流域的农用化肥和农药等非点源污染较严重的地区，有必要采取控制化肥和农药流失等措施。

二、加强对城市污水的集中治理

我国城市水环境保护的基础设施十分薄弱，城市污水总处理率不足 17％，大量污水未经处理直接排入江河湖泊。近年来，随着城市数量、城市人口和城市规模的急剧扩大，城市污水排放量迅速增长，而城市排水管网和污水处理设施远远跟不上城市的发展；加上管理体制和政策上的原因，花费巨资兴建的一些污水处理厂由于管网不配套、运行费用无来源，运行率很低，有的形同虚设。按照国际上通行的"污染者付费"原则，建立有关城市污水处理厂的建设和污水处理收费及管理的法律制度，是控制水污染、改善水环境的迫不得已的要求。

三、强化对饮用水源的保护

随着水污染物排放量的迅速增加和水污染由城市向乡村广大区域的蔓延，对生活饮用水水源构成越来越严重的威胁。因此，强化对生活饮用水源地的保护，已成为事关公众健康和工农业生产的突出问题。我国现阶段，在经济技术实力上还不能全面控制水污染的情况下，有必要在法律上做出特别规定，采取严格措施控制对这些水域的污染。控制污染严重又缺乏有效治理措施的小造纸厂、小制革厂等小型企业的盲目发展，对那些污染饮用水水源的企业坚决实行"关、停、转、迁"，是保护公众健康和社会发展的必要措施。

通过对《水污染防治法》的贯彻实施，我国的水环境领域的执法已经初见成效。表现在：第一，依法制定了与《水污染防治法》配套的地方法规、规章；第二，认真贯彻落实《水污染防治法》规定的有关制度；第三，严格控制工业污染源对水资源的污染，工业污染治理初见成效；第四，城市生活污水治理取得进展，但进展缓慢；第五，农业非点源污染防治工作开始受到重视。但同时也存在着一些问题，主要表现在：第一，长江流域的水环境形势不容乐观，水污染造成的危害日益明显；第二，城市生活污水处理设施建设滞后，不能适应水污染防治的要求；第三，垃圾处理滞后，严重威胁长江和三峡库区的水环境；第四，农业非点源污染仍然是一个亟待解决的问题，需要进一步加大防治工作力度；第五，船舶污染问题突出，需要采取更为有效的解决措施等。[①]

第三节　水污染防治法基本原则

水污染的防治具有自身的特点，因此《水污染防治法》除了应遵循环境保护法的基本原则外，还应遵循以下原则：

一、水污染防治与水资源管理相协调的原则

水资源保护和水污染防治是水环境保护的两个侧面，二者相辅相成，相互制约。水污染降低了水资源的质量，影响了水资源的利用价值。而水资源的枯竭，水位线下降，也会降低水体稀释作用，削弱水体自然净化能力，从而会使水体污染程度加剧。

《水污染防治法》规定，各级人民政府"在开发、利用和调节、调度水资源的时候，应当统筹兼顾，维护江河的合理流量和湖泊、水库以及地下水体的合理水位，维护水体的自然净化能力。"2000年，黄河干流合理调配水资源，加强了生态用水管理工作，从而在黄河干流多年出现断流的情况下，全年未再发生断流，不但确保了工农业生产基本用水，也促进了水质改善，干流7个监测断面水质Ⅱ、Ⅲ类占71.4%。

《实施细则》还规定，水行政主管部门在确定大、中型水库坝下最小流量时，应当维护下游水体的自然净化能力，并征求同级人民政府环保部门意见。

二、水污染防治同城市市政建设相结合的原则

《水污染防治法》要求，各级人民政府"必须把保护城市水源和防治城市水污染纳入城市建设规划，建设和完善城市排水管网，有计划地建设城市污染集中处理设施，加强城市水环境的综合整治。"城市水源，主要指流经市区的河流，给城市供水的水库、城市地下水等。由于城市人口集中，工业发达，污染源也特别多，加上多数城市污水处理普及率低，大量工业污水、生活废水和雨水一起直接排入排水系统，城市水源也就成了水污染的"重灾区"。城市市政建设必须把

---

① 参见邹家华：《全国人大常委会执法检查组关于检查〈中华人民共和国水污染防治法〉实施情况的报告》（2001年12月27日），http://law1.chinalawinfo.com/index.asp，登录于2007年1月15日。

防治水污染作为自己的重要任务，城市建设规划中必须把水源保护和水污染防治作为重要内容，建设、完善排水管网，实行雨污分流，兴建足够的污水处理厂，大幅度提高污水处理率，使城市水源变清变净。

三、水污染防治与企业的整顿和技术改造相结合的原则

工业企业选址不当，生产设备和工艺技术落后，是工业废水污染的主要原因。《水污染防治法》要求各级人民政府，"应当合理规划工业布局，对造成水污染的企业进行整顿和技术改造，采取综合防治措施，提高水的重复利用率，合理利用资源，减少废水和污染物排放量。"

"减少废水和污染物排放量"的目标是要实现"达标排放"。《水污染防治法》及其《实施细则》，以及1996年《国务院关于环境保护若干问题的决定》对"达标排放"都作了一系列具体规定。

1. 排放达标是为了水质达标，符合有关水质量标准（如《地面水环境质量标准》、《地下水质标准》、《渔业水质标准》、《农用灌溉水质标准》等）。

2. 排放达标不但指浓度达标，而且也适用于总量控制，即排放总量应达标。

3. 对超标排放的，排污单位应说明超标原因并提出限期治理达标的措施。这些措施包括限期淘汰严重污染水环境的落后生产工艺和落后设备，采用原材料利用效率高、污染物排放量少的清洁生产工艺，并加强管理，减少水污染的产生。

4. 对逾期未完成限期治理达标任务的，采取严厉的整顿措施，责令其关闭、停业或者转产。[①]

第四节　水污染防治法基本制度

一、水环境标准制度

《水污染防治法》以专章（第二章）规定了水环境质量标准和污染物排放标准的制定，由此确立了本法的水环境标准制度。

（一）水环境质量标准

《水污染防治法》第6条规定了水环境质量标准的制定权限，即"国务院环境保护部门制定国家水环境质量标准。省、自治区、直辖市人民政府可以对国家水环境质量标准中未规定的项目，制定地方补充标准，并报国务院环境保护部门备案。"我国的水环境质量标准实行两级制定的模式，即国家环保部门制定全国

---

① 参见张梓太、吴卫星等著：《环境与资源法学》，科学出版社，2002年版，第180～181页。

的水环境标准，省级人民政府制定地方补充标准并报国家环保部门备案。这里需要注意的是省级水环境质量标准的制定只能由省级人民政府来完成，而不能由省级环保部门完成；省级以下的地方人民政府没有水环境质量标准的制定权限。

（二）污染物排放标准

《水污染防治法》第 7 条规定了污染物排放标准的制定权限，这里需要明确几点内容：

1. 制定依据。国家级污染物排放标准的制定依据是国家水环境质量标准和国家经济、技术条件。这主要是考虑到由于不同的地区在同一时期的经济、技术水平不同，如果为了达到水环境质量标准的严格要求制定严格的水污染排放标准，就将严重影响其经济的发展，因此为了促进环境与经济的协调发展，在制定污染物排放标准时就要兼顾到经济、技术水平和水环境质量多个方面的要求。

2. 省级的制定权限。省、自治区、直辖市人民政府对国家水污染物排放标准中未作规定的项目，可以制定地方水污染物排放标准；对国家水污染物排放标准中已作规定的项目，可以制定严于国家污染物排放标准的地方污染物排放标准。地方水污染物排放标准须报国务院环境保护部门备案。

同时，国务院环境保护部门和省、自治区、直辖市人民政府，应当根据水污染防治的要求和国家经济、技术条件，适时修订水环境质量标准和污染物排放标准。

二、水体保护区制度

（一）重要用水保护区

《水污染防治法》第 12 条规定了重要用水保护区制度，即县级以上人民政府可以对风景名胜区水体、重要渔业水体和其他具有特殊经济文化价值的水体，划定保护区，并采取措施，保证保护区的水质符合规定用途的水质标准。将保护区的划定权、保护措施的实施权以及保证水质符合标准的责任下放到县一级人民政府，由县级以上人民政府对风景名胜区和重要渔业水体等进行区域的划定和保护。

（二）生活饮用水地表水和地下水水源保护区

1. 生活饮用水地表水水源保护区。省级以上人民政府可以依法划定生活饮用水地表水源保护区。生活饮用水地表水源保护区分为一级保护区和其他等级保护区。在生活饮用水地表水源取水口附近可以划定一定的水域和陆域为一级保护区。在生活饮用水地表水源一级保护区内可以划定一定的水域和陆域为其他等级保护区。各级保护区应当有明确的地理界限。禁止向生活饮用水地表水源一级保护区的水体排放污水。禁止在生活饮用水地表水源一级保护区内从事旅游、游泳和其他可能污染生活饮用水水体的活动。禁止在生活饮用水地表水源一级保护区内新建、扩建与供水设施和保护水源无关的建设项目。在生活饮用水地表水源一级保护区内已设置的排污口，由县级以上人民政府按照国务院规定的权限责令限期拆除或者限期治理。

2. 对生活饮用水地下水源保护区。对生活饮用水地下水源应当加强保护，同时《水污染防治法实施细则》规定，生活饮用水地下水源保护区，由县级以上地方人民政府环境保护部门会同同级水利、国土资源、卫生、建设等有关行政主管部门，根据饮用水水源地所处的地理位置、水文地质条件、供水量、开采方式和污染源的分布提出划定方案，报本级人民政府批准。生活饮用水地下水源保护区的水质，适用国家《地下水质标准》Ⅱ类标准。禁止在生活饮用水地下水源保护区内从事下列活动：①利用污水灌溉；②利用含有毒污染物的污泥作肥料；③使用剧毒和高残留农药；④利用储水层孔隙、裂隙、溶洞及废弃矿坑储存石油、放射性物质、有毒化学品、农药等。

三、水污染物排放申报登记制度

《水污染防治法》第 14 条规定了水污染排放物申报登记制度。

1. 申报主体，即直接或者间接向水体排放污染物的企业事业单位。企业事业单位正是造成水污染的最主要来源。

2. 登记部门是该企业事业单位所在地的环境保护部门。

3. 登记内容。向水体排放污染物的企事业单位必须根据法律的规定，向登记部门申报登记拥有的污染物排放设施、处理设施和在正常作业条件下排放污染物的种类、数量和浓度，并提供防治水污染方面的有关技术资料。

4. 申报种类。分为及时申报和事前申报两种，这是本法修订时新增加的内容。排污单位排放水污染物的种类、数量和浓度有重大改变的，应当及时申报；其水污染物处理设施必须保持正常使用，拆除或者闲置水污染物处理设施的，必须事先报经所在地的县级以上地方人民政府环境保护部门批准，也即事前申报。

四、排污收费制度

《水污染防治法》第 15 条确立了"排污即收费"的制度，即不论企业事业单位的排污是否超标都要缴纳排污费，而不是只征收超标排污费。该法之所以规定"排污即收费"的这种特殊的排污收费制度，是由水资源本身的特征和我国水资源的特点决定的。水既是一个重要的环境要素，又是一种有限的自然资源，这种有限性决定了对其必须节约使用，而节约用水的一个重要方法和表现就是减少废水的排放。实行排放废水即收费的制度，无疑会从经济上促使企业减少废水排放。[①] 同时，该法对于超标排污行为也规定了特别的法律责任，该法第52条规定："造成水体严重污染的企业事业单位，经限期治理，逾期未完成治理任务的，除按照国家规定征收两倍以上的超标准排污费外，可以根据所造成的危害和损失处以罚款，或者责令其停业或者关闭。"

五、水污染物排放总量控制制度

传统的污染源管理一般采取"浓度控制"的方法，要求排污单位污染物排放浓度不得超过有关的排放标准。但随着污染源数量的增加和污水排放总量的猛增，往往所有排污单位都实现了达标排放而累计排放的污染物数量却超过该水体的环境容量，致使水体的水质达不到规定的环境标准。实行污染物排放总量控制制度能比较好地解决这一矛盾。

《水污染防治法》在环境保护法律中首先提出了水污染防治实行总量控制制度的规定，《实施细则》对总量控制的具体做法作出了规定。

（一）实施总量控制的确定

1. 由省级以上人民政府确定。

2. 实施总量控制的范围：实现水污染物达标排放仍不能达到国家规定的水环境质量标准的水体。

3. 控制对象：重点污染物。

（二）总量控制计划的编制

1. 负责编制的部门，国家确定的重要江河流域的总量控制计划由国务院会同国务院有关部门同有关省级人民政府编制，其他水体由省级环保部门会同同级有关部门同有关地方政府编制。其中，跨省级行政区域的水体由有关省级人民政府协商确定。

2. 总量控制计划的内容：包括总量控制区域、重点污染物的种类及排放总量、需要削减的排污量及削减时限。

（三）总量控制实施方案的制定

为了使总量控制计划落到实处，县级以上人民政府依据计划分配的排放总量

---

① 参见王灿发著：《中华人民共和国水污染防治法阐释》，中国环境科学出版社，1997年版，第23页。

控制指针，组织制定本行政区域内该水体的总量控制实施方案。

由于总量削减是总量控制制度的核心，所以实施方案应当包括需要削减排污量的单位、每一排污单位重点污染物的种类及排放总量控制指标、需要削减的排污量以及削减时限。

（四）排放总量控制指标分配原则

对企业来说，所获得的污染物排放指标既有经济价值，也体现出其对环境容量的使用程度和对公共环境资源权益的享有范围，直接影响到企业的经济效益。因此分配总量控制指标应遵循公开、公平、公正的原则，并按照科学、统一的标准执行。

（五）对不超过排放总量控制指针的排污单位发放排污许可证

（略）

（六）排放总量控制的保障措施

为给总量控制的实施提供技术条件和监测保障，使政府能够准确掌握企业的排污总量，有效监督和规范企业的排污行为，《实施细则》规定：总量控制实施方案确定的削减污染物排放量的单位，必须按照国务院环保部门的规定设置排污口，并安装总量控制的监测设备。[①]

六、清洁生产制度

清洁生产工艺是不排放污染物或者污染物排放量少的生产工艺。清洁生产制度是我国环境保护理念由"末端治理"转为"源头控制"的最好体现。《水污染防治法》规定，企业应当采用原材料利用效率高、污染物排放量少的清洁生产工艺，并加强管理，减少水污染物的产生。为此，国家对严重污染水环境的落后生产工艺和严重污染水环境的落后设备实行淘汰制度。国务院经济综合主管部门会同国务院有关部门公布限期禁止采用的严重污染水环境的工艺名录和限期禁止生产、禁止销售、禁止进口、禁止使用的严重污染水环境的设备名录。生产者、销售者、进口者或者使用者必须在国务院经济综合主管部门会同国务院有关部门规定的期限内分别停止生产、销售、进口或者使用列入前款规定的名录中的设备。生产工艺的采用者必须在国务院经济综合主管部门会同国务院有关部门规定的期限内停止采用列入前款规定的名录中的工艺。另外，被淘汰的设备，不得转让给他人使用。

---

① 参见张梓太、吴卫星等著：《环境与资源法学》，科学出版社，2002年版，第180页。

第五节　水污染防治法的主要规定

一、水污染防治法的效力范围

《水污染防治法》第 2 条规定："本法适用于中华人民共和国领域内的江河、湖泊、运河、渠道、水库等地表水体以及地下水体的污染防治。海洋污染防治另由法律规定，不适用本法。"由此，可以明确本法适用的空间效力。

1. 该法仅适用于陆地水体。陆地水体分为地表水体和地下水体。地表水体包括江河、湖泊、运河、渠道、水库等。地下水体则是指存在于地表以下岩土孔隙、裂隙和洞穴中的各种不同形态的水体。[①]

2. 海洋污染防治不适用本法的规定。《水污染防治法》是于 1984 年颁布并实施的（修订后的《水污染防治法》于 1996 年 5 月 15 日实施），此前的 1982 年《海洋环境保护法》就已经颁布并实施，因此涉及海洋环境保护的相关内容由《海洋环境保护法》进行调整，而不适用本法。

二、关于水污染防治监督管理体制的法律规定

由于水污染防治与水资源的开发、利用关系密切，工作中常常涉及多个行政主管部门的职责范围，为了提高水污染防治工作的效率，《水污染防治法》规定实行统一监督管理、分工负责和协同管理相结合的监督管理体制。

1. 各级人民政府的环保部门实施统一监督管理。

2. 各级交通部门的航政机关分工负责对船舶污染实施监督管理。

3. 各级水利、卫生、地质矿产、市政行政管理部门及重要江河水源保护机构，结合各自职责，协同环保部门对水污染防治实施监督管理。例如，水利部门要做好水资源合理调节、调度，维护合理流量和合理水位；地质矿产部门应协同环保部门监督地下勘探，采矿等活动，防止污染地下水；卫生行政管理部门要协同环保部门监督医院等单位防治含病原体污水对水体的污染。

三、关于重要江河水污染防治管理的法律规定

我国多数江河都流经多个行政区域，不同区域经济发展水平不同，对水体功能要求也不同，如一些地区地方保护主义盛行，上游地区以牺牲下游利益换取自身经济效益的现象屡见不鲜，跨行政区的流域水污染纠纷层出不穷，且久拖不

---

① 参见王灿发著：《中华人民共和国水污染防治法阐释》，中国环境科学出版社，1997 年版，第 2 页。

决。例如 1999 年 9 月由于山东临沐县两家企业排放的大量超标废水进入江苏连云港石梁河水库，造成特大污染事故，近百户渔民养殖的鱼死亡总量达 50 多万千克。由此引起的污染赔偿纠纷直拖到 2001 年才以法院判决污染企业赔偿 560 万元损失宣告结束。随着大中城市用水量不断增长，长距离引水（如即将实施的南水北调）已成为越来越多城市供水的重要来源，跨行政区的流域水污染问题将会更加突出。由于江河水体具有流动性与整体性，原来单纯按照行政区域实行水污染防治管理的做法已不能有效地解决流域水体污染问题。所以，现行《水污染防治法》提出了重要江河水污染防治实行流域管理与区域管理相结合。

（一）重要江河流域水污染防治规划的制定及其法律地位

1. 规划的编制部门

国家确定的重要江河是国家整体水环境的主要组成部分，其水污染防治应当按流域统一进行，由国务院环境保护部门会同计划主管部门、水利管理部门等有关部门和有关省、自治区、直辖市人民政府编制，报国务院批准。

2. 规划的内容

《水污染防治法实施细则》（以下简称《实施细则》）规定，流域水污染防治规划应包括下列内容：①水体的环境功能要求；②分阶段达到的水质目标及时限；③水污染防治的重点控制区域和重点污染源，以及具体实施措施；④流域城市排水与污水处理设施建设规划。

3. 规划的法律地位

经批准的流域水污染防治规划是防治水污染的基本依据，也是有关的县级以上人民政府制定本行政区域水污染防治规划的依据，从而把流域水污染防治和区域水污染防治结合起来，将区域防治工作融入整个流域的防治工作。规划的修订须经原批准机关批准。

（二）省界水体水环境质量标准的确定

为了协调流域的统一管理和整合区域利益，保证全流域的水环境质量，必须明确跨界河流水环境质量的管理责任和具体标准。《水污染防治法》及其《实施细则》规定：

1. 确定标准的部门

由国务院环境保护部门会同国务院水利部门及有关省级人民政府确定省界水体适用的水环境质量标准，报国务院批准。

2. 确定标准的依据

根据两个方面来确定省界水体水质标准：①水体使用功能。这种功能是由国家在流域水污染防治规划中确定的，而不是由地方政府自行确定的。②有关地区的经济、技术条件。

3. 标准的法律地位

《实施细则》规定，重要江河流域所在地省级人民政府，应当执行国务院批准的省界水体适用的水环境质量标准。

（三）省界水体水质监测

1. 为了体现监测数据的公正性，并为上游和下游省份都能接受，《水污染防治法》规定，省界水体水环境质量状况由上、下游两省之外的第三方，即该流域的水资源保护工作机构负责。

2. 为了确保监测数据具有科学性、可比性和统一性，《实施细则》明确，省界水体水环境状况的监测，"必须按照国务院环境保护部门制定的水环境质量监测规范执行"。

（四）跨行政区域水污染纠纷的处理

一旦不同行政区域之间发生跨区域的水污染纠纷，《水污染防治法》指出了两种解决途径：一种是由有关地方人民政府"协商解决"，另一种是由其共同的上级人民政府"协调解决"。当然，也可以寻求司法解决（就如同前述的山东临沭与江苏连云港之间的那场水污染纠纷一般，由法院判决）。

四、关于城市污水集中治理的法律规定

《水污染防治法》规定，"城市污水应当进行集中处理"，要"有计划地建设城市污水集中处理设施"。1996 年国务院的决定中明确要求"九五"期间设市的城市，特别是非农业人口 50 万以上的城市要建设城市污水集中处理设施。集中处理城市污水，不仅可以提高污水的处理率，而且可以大大提高处理的效率，降低处理的成本，是改善城市水环境的有效措施。

（一）对城市污水集中处理设施水质的要求

1. 出水水质按照国家或地方规定的污染物排放标准执行。
2. 处理的营运单位，应当对出水水质负责。
3. 环保部门应当对处理设施的出水水质和水量进行抽测检查。

（二）污水处理费用的收取和使用

1. 污水处理设施提供有偿服务，向排污者收取污水处理费。
2. 污水处理费的使用：必须用于城市污水集中处理设施的建设和运行，不得挪作他用，以保证污水集中处理设施正常运行。

3. 向集中处理设施排放污水，缴纳污水处理费用的，不再缴纳排污费。

五、关于防治地表水污染的法律规定

（一）禁止向水体排放有毒有害物质

对于一些可能严重污染水环境的有毒有害物质，《水污染防治法》做出了禁止性规定，不允许有任何例外，违反这些规定的排放行为都是违法的。主要禁止范围为：

1. 向水体排放油类、酸液、碱液或者剧毒废液。

2. 向水体排放、倾倒废弃物，包括工业废渣、城市垃圾、含汞、镉、砷、氰化物、黄磷等的可溶性剧毒废渣、放射性固体废物、含有高、中放射性物质的废水等废弃物（可溶性剧毒废渣也不得直接埋入地下，存放场所必须采取防水、防渗漏、防流失的措施）。

3. 在各种水体的最高水位线以下的滩地和岸坡堆放存储固体废弃物和其他污染物。

（二）限制向水体排放的物质

有些种类废水虽然允许向水体排放，但必须预先进行处理以符合国家有关的规定和标准。主要包括下列几类：

1. 含低放射性物质废水；

2. 含热废水；

3. 含病原体污水；

4. 用于农田污灌的工业废水和城市污水，要防止污染土壤、地下水、农产品，应保护其下游最近的灌溉取水点水质符合农田灌溉水质标准。

（三）防治非点源水污染

农村大量使用的农药、化肥从无数个点上不定时不定量地排入水体，形成庞大的非点源污染，使水体中硝酸盐、有机磷、有机氮等有毒化学物质含量增加，富营养化程度加剧。非点源污染约占我国水污染总负荷的50%以上，所以只抓点源污染控制仍不能从根本上解决水质改善的问题。

为了防治农药、化肥对水体的污染，《水污染防治法》规定：

1. 使用农药，应当符合国家有关农药安全使用的规定和标准；

2. 加强对农药运输、存储和过期失效农药处置的管理；

3. 县级以上的农业等有关管理部门应采取措施，指导化肥和农药的合理施用，控制过量使用。

（四）防治船舶对水体的污染

1. 所有船舶，包括进入内河、港口的从事海洋航运的船舶，排放含油污水、生活污水，必须符合内河的船舶污染排放标准。注意，此处的排放标准比海洋上适用的标准要严格。

2. 禁止向水体排放残油、废油，倾倒船舶垃圾。

3. 装载运输油类或有毒货物，必须采取措施，防止溢流、渗漏、货物落水造成水污染。

六、关于防治地下水污染的法律规定

地下水指地表以下的潜水和承压水。潜水层是地表以下第一个含水层，极易污染。承压水上下都有隔水层，水质较好。地下水在我国不少地区，特别是东北、华北、西北地区是水资源的重要来源。近年来这些地区因为降水量偏少，大、中城市地下水开采量不断增加，地下水位不断下降，至 2000 年，华北已形成包括京、津在内的 4 万平方公里面积的地下水漏斗区，且部分城市、地区地下水污染加重。

为了保护地下水资源，《水污染防治法》规定：

（一）防渗漏污染地下水

1. 禁止利用渗井、渗坑、裂隙、溶洞排放、倾倒含有毒污染物的废水、含病原体的污水和其他废弃物。

2. 禁止在无良好隔渗地层的情况下，使用无防止渗漏措施的沟渠、坑塘等输送或存贮含有毒污染物的废水、含病原体的污水和其他废弃物。

（二）地下水分层开采

地下水往往分多层，各含水层水质差异大，有的为半咸水、咸水，有的为卤水层，有的则为利用价值高的矿泉水、热水、温泉水；在污染程度方面各层也有差异，混合开采地下水往往降低水的利用价值，增加使用成本，扩散污染。所以地下水应当分层开采，尤其在潜水、承压水已受污染的情况下，更不得混合开采。

（三）防止地下工程污染地下水

在兴建地下工程设施、进行地下勘探、采矿等活动时，应当采取分层止水、封孔、外围设置集水工程等措施，防止造成地下水污染。

（四）防止回灌污染地下水

为了防止地下水位过度下降，避免造成地面沉降，采取人工回灌补给地下水是一项有效的措施。但如果用于回灌的水是被污染的，含有有毒有害污染物，就会恶化地下水的水质。《水污染防治法》规定："人工回灌补给地下水，不得恶化地下水质"。《实施细则》要求，回灌补给地下饮用水的水质，应当符合生活饮用水水源的水质标准，并经县级以上人民政府卫生行政主管部门批准。

第十章 固体废物污染环境防治法

第一节 我国的固体废物污染

一、固体废物污染的概念

固体废物是指从生产、生活和其他活动中产生的固态、半固态废弃物质。另外按《固体废物污染环境防治法》规定，除直接排入水体的废水和排入大气的废气外，液态废物和置于容器中的气态废物的防治均适用该法。所谓废弃物质，是相对于一定时间、空间和特定活动而言的，而当时间、空间改变，该物质又可能成为有用的物质。

二、固体废物污染的类型

固体废物按来源可分为工业固体废物（包括工业、交通等活动中产生的），城市生活垃圾和其他活动产生的固体废物，如农业废物等；按环境污染危害严重程度可分为一般固体废物和危险废物。危险废物是指具有各种毒性（急性、慢性或生态毒性）、爆炸性、易燃性、化学反应性、腐蚀性或传染性的废物。

三、固体废物污染的危害

我国由于长期采用大量消耗原料、能源的粗放经营模式，生产工艺、技术和设备较落后，管理水平低，资源利用不合理、不充分，未得到利用的大多都以固体废物的形式产生，进入环境。据1993年统计，全国工业（不包括乡镇企业）固体废物产生量达6.2亿吨，其中危险废物约占5%，除少部分进行综合利用外，大部分只是简单地堆放在环境中，约有2000万吨未经采取任何防治污染的措施直接排入环境，其中1000万吨进入江河湖海。历年来全国工业固体废物累积量高达60多亿吨，占地5.5万公顷，其中占用农田3700公顷，绝大部分未进行无害化处置，三分之二的城市陷入垃圾包围之中。固体废物污染事故时有发生，仅1990年就发生较大的事故100多起，损失惨重，后果严重。有些地区固体废物引起的环境纠纷长期难以解决。

固体废物特别是含有重金属的工业固体废物和危险废物，含有性质复杂的有害成分。这些有害成分长期存在于固体废物之中，并且不易被破坏和衰减，从而使固体废物在某种意义上成为有害成分的最终存在状态。这些固体废物被排放到环境中，对土壤、水体、大气及生态环境等造成严重的污染和破坏，并对人体健康造成严重危害。固体废物的产生数量大、种类繁多、性质复杂、产生源分布广泛，可被易地运输、甚至跨国间转移。这就使固体废物污染环境的途径多样、形式多样，既可能直接污染环境，又可能产生、释放气体和液体，间接污染环境。另外与废水、废气不同，固体废物既有即时性污染，又存在潜在的和长期的威胁。

第二节　固体废物污染环境防治的立法沿革

1995 年我国通过了《中华人民共和国固体废物污染环境防治法》，随后又相继出台了《危险废物转移联单管理办法》、《医疗废物管理条例》、《危险废物经营许可证管理办法》、《废物进口环境保护管理暂行规定》、《国家危险废物名录》等法规，使《固废防治法》的实施得到具体的落实。随着全球环境保护形势的发展，对固体废物污染防治不断增加了诸如清洁生产和循环经济，再生资源和生产者责任延伸制等新的内容和内涵。几经努力，修订后的《中华人民共和国固体废物污染环境防治法》从 2005 年 4 月 1 日起施行。修订后的《固废防治法》由原来的六章 77 条增加到六章 91 条，主要增加了以下内容：

一、明确规定促进清洁生产、促进固体废物污染防治产业发展和循环经济发展

明确应当遵守国家有关清洁生产的规定，促进清洁生产，防止或者减少固体废物对环境的污染。鼓励单位和个人购买、使用再生产和可重复利用产品。大力发展循环经济，使资源得到最有效利用，最大限度地减少废物排放，实现经济社会的可持续发展具有十分重要的意义。同时鼓励、支持采取有利于保护环境集中处置固体废物的措施，促进固体废物污染环境防治产业的发展，并投资建设危险废物集中处置设施，在各省建立集中的危险废物填埋场和焚烧厂，促进固体废物污染防治产业的发展。

二、建立生产者责任延伸制度

为了适应国际新形势，国家发改委正在制定《废旧家用电器回收处理管理条例》，其中的重要内容是建立生产者责任延伸制度，在修订的《固废防治法》中规定，国家对固体废物污染环境防治实行污染者依法负责的原则，对部分产品、包装物实行强制回收制度，生产、进口、销售被列入强制回收目录的产品和包装物的企业，必须按规定对该产品和包装物进行回收、处置，也可委托有关单位进行回收或者处置。

三、完善危险废物管理制度

我国 1999 年颁布了危险废物名录共 47 类，对产生危险废物的单位，实行申报登记制度，即必须向环保部门申报危险废物的种类、产生量、流向、贮存、处置等有关资料；制定了危险废物转移联单制度和危险废物经营许可证制度，将危险废物利用行为纳入许可证管理体系。通过危险废物的名录制、申报登记制、转移联单制、许可证制，从而完善了危险废物的管理制度。

四、完善进口废物环境管理制度

明确规定禁止进口不能用作原料或者不能以无害化方式利用的固体废物；对可以用作原料的固体废物实行限制进口和自动许可进口的分类管理。国务院环境保护行政主管部门会同有关部门制定、调整并公布禁止进口、限制进口和自动许可进口的固体废物目录。规定了进口的固体废物必须符合国家环境保护标准，并经质量监督检验检疫部门检验合格；进口固体废物的具体管理办法，由国务院环境保护行政主管部门会同国务院对外贸易主管部门，国务院经济综合宏观调控部门、海关总署、国务院质量监督检验检疫部门制定；进口者对海关将其所进口的货物纳入固体废物管理范围不服的，可以依法申请行政复议，也可以向人民法院提请行政诉讼。从而全面地完善了进口废物的管理制度。

五、加强了生活垃圾污染环境的管理

生活垃圾污染环境的防治由原来的 7 条增加到现在的 12 条，主要明确了管理机构和职责，如增加了县级以上地方人民政府环境卫生行政主管部门应当组织对城市生活垃圾进行清扫、收集、运输和处置；从事公共交通运输的经营单位，应当按照国家有关规定，清扫、收集运输过程中产生的生活垃圾；从事城市新区开发、旧区改建和住宅小区开发建设的单位，以及机场、码头、车站、公园、商店等公共设施、场所的经营管理单位，应当按照国家有关环境卫生的规定，配套建设生活垃圾收集设施。

六、强化了有关执法措施和处罚措施

法律责任由原来的 15 条增加到目前的 21 条，对处罚的内容和金额作了更具体的规定。增加了固体废物污染环境的民事赔偿责任，规定造成固体废物污染环境的，应当排除危害，依法赔偿损失，并采取措施恢复环境原状；因固体废物污染环境引起的损害赔偿诉讼，由加害人就法律规定的免责事由及其行为与损害结果之间不存在因果关系承担举证责任。国家鼓励法律服务机构对固体废物污染环境诉讼中的受害人提供法律援助；明确了固体废物污染环境的民事责任，将大大

增加污染企业的法律责任和经营责任，因为一般情况下，造成污染后，消除污染的费用和成本远远高于废物处置的成本，这将有利于扭转违法成本低，执法和守法成本高的局面。[①]

第三节　固体废物污染环境防治法基本原则

《固体废物污染环境防治法》的基本原则，是该立法的指导准则和基本要求，集中体现了法律的基本精神和主导倾向。这些基本原则，有的是以具体条款的形式直接确认、表现，有的则需从整部法律所表明的倾向和主要内容中加以归纳、把握。其主要有：

一、"三化原则"

"三化原则"是指对固体废物的污染防治，采用减量化、资源化、无害化的指导思想和基本战略。《固体废物污染环境防治法》第 3 条第 1 款规定了这一原则，即国家对固体废物污染环境的防治。实行减少固体废物的产生量和危害性、充分合理利用固体废物和无害化处置固体废物的原则，促进清洁生产和循环经济发展。

（一）减量化

减量化意味着采取措施减少固体废物的产生量和排放量，从源头上直接减少或减轻固体废物对环境和人体健康的危害。减量化不只是减少固体废物的数量和减少其体积，还包括尽可能减少其种类、降低危险废物有害成分的浓度、减轻或消除其危害特性等，是对固体废物的数量、体积、种类、有害性质的全面性管制。就国家而言，应当改变粗放经营的发展模式，鼓励和支持清洁生产；就产生和排放固体废物的单位和个人而言，法律要求其合理选择和利用原材料、能源和其他资源，采用可使废物产生最小量的生产工艺和设备。

（二）资源化

资源化是指对已产生的固体废物进行回收、加工、循环利用或其他再利用等，即通常所称的废物综合利用，使废物经过综合利用后直接变为产品或转化为可供再利用的二次原料。在《固体废物污染环境防治法》中，不仅规定了对废物的回收和合理利用，而且将资源化的要求前移，规定产品采用易回收利用、易处

[①] 参见李治珉等著：《浅析〈固体废物污染环境防治法〉的修订》，载于《有色金属再生与利用》2005 年第 2 期。

置或在环境中易消纳的资源或原材料。

（三）无害化

无害化是指对已经产生又无法或暂时尚不能进行综合利用的固体废物，进行对环境无害或低危害的安全处理、处置，以防止、减少或减轻固体废物的危害。固体废物中虽有些可以综合利用，但最终也有相当部分废物需要进行处置，将固体废物焚烧和用其他改变固体废物的物理、化学、生物特性的方法，达到减少已产生的固体废物数量、缩小固体废物体积、减少或者消除其危险成分的活动，或者将固体物最终置于符合环境保护规定要求的填埋场，并应当逐步提高垃圾无害化处理水平。在废物处置过程中，必须符合标准和技术要求，防止发生二次污染。[①]

"三化原则"是该法的首要原则，集中体现了固体废物既有环境危害性又有可利用性、可控制性的特点，以及污染防治的目的。

二、全过程管理原则

这一原则是指对固体废物的产生、收集、运输、利用、贮存、处理和处置的全过程及各个环节，都实行控制管理和开展污染防治。由于这一原则包纳了从固体废物的产生到最终处置的全部过程，故也被称为"从摇篮到坟墓"的管理原则。实行这一原则是基于固体废物从产生到最终处置的各个环节都有产生污染危害的可能，因而有必要对整个过程及其每一环节都施以控制和监督。

三、危险废物严格管制原则

固体废物的种类繁多，危害方式各不相同，因此，必须根据不同废物的危害程度区别对待、分类管理，对具有特别严重危害性质的危险废物实施严格控制和重点管理，对其污染防治比一般废物的污染防治提出更为严厉的特别要求和实行特殊控制。在《固体废物污染环境防治法》中对危险废物的污染防治专辟一章（第四章）做出严格的特别规定。实行这一原则，体现了"因废制宜"的要求，使监督管理方便、可行，降低执法成本，提高经济效益。

四、鼓励集中处置原则

根据国内外固体废物污染防治的经验，对固体废物处置采取社会化区域控制的形式，既可从整体上改善环境质量，又可以较少的投入获取尽可能大的效益，

---

① 参见《固体废物污染环境防治法法条释义》，http：//law1.chinalawinfo.com/index.asp，登录于 2007 年 1 月 15 日。

还利于监督管理。《固体废物污染环境防治法》第 3 条第 3 款规定，国家鼓励、支持有利于保护环境的集中处置固体废物的措施。集中处置的形式多样，其中主要有：

1. 建设区域性专业性的集中处置设施，如城市生活垃圾贮存、填埋场所及危险废物区域性专业处置场所等。

2. 企业事业单位的贮存、处置设施，除处理、处置本单位的固体废物外，也可依规定对他人开放，接收处置其他单位的固体废物。

五、污染防治责任原则

污染防治责任原则，也即"谁污染谁治理"原则。该原则一直贯穿于整部《固体废物污染防治法》的始终，2004 年该法修订时设置了"生产者延伸责任制度"，又一次清晰地体现了该原则在整部法律中的重要作用。

污染者依法负责，是指污染环境造成的损失及治理污染的费用或者责任应当由污染者承担，而不转嫁给国家和社会。这里所讲的"污染者"既可以是单位，也可以是个人；"依法"是指依照有关环境保护的法律、法规。这一原则明确了只要造成污染，污染者就应当承担责任，如何承担责任要依法来确定。该法在相关条款中对污染者的污染防治责任作了具体规定。贯彻这一原则有利于提高污染者防止、治理环境污染的责任感，促进资源合理利用和环境保护。[①]

第四节　固体废物污染环境防治法基本制度

一、生产者延伸责任制度

2005 年《固体废物污染环境防治法》第 5 条第 2 款规定："产品的生产者、销售者、进口者、使用者对其产生的固体废物依法承担污染防治责任。"由此，在我国的环境保护相关立法中首次确立了生产者延伸责任制度，这也是本次《固体废物污染环境防治法》修订的一大亮点。

生产者延伸责任是指生产者在产品的生命周期内不仅要对生产产品过程中的环境污染承担责任，还要对报废后的产品和使用过的包装物承担回收或者处置的责任。生产者延伸责任制度的确立可以比较有效地解决生产、消费与废物处置责任割裂带来的问题，它将废弃物的管理与生产有机地联系起来，完善了企业环境保护社会责任的承担机制，是"污染者付费原则"的深化和延伸，是我国环境保

---

① 参见《固体废物污染环境防治法法条释义》，http：//law1. chinalawinfo. com/index. asp，登录于 2007 年 1 月 15 日。

护制度创新与发展的重要成果，对我国的环境保护具有重要意义。[1]

进入信息化时代以来，工业制成品的产出越来越快，每年都有数以万计的新工业产品投放市场，这些产品使用之后成为废物，废物数量越来越多，品种也越来越多，成分则越来越复杂，污染风险加大；处理废物的工作量越来越大，处理成本越来越高；处理所需的专业技术和知识要求也越来越高。我国的"电子垃圾"已进入高峰期。据统计，目前我国主要家用电器的社会保有量分别为：电视机 3.7 亿台、电冰箱 1.5 亿台、洗衣机 1.9 亿台。另据有关资料显示，我国目前电脑的社会保有量约 2000 万台、手机约 1.9 亿部。从 2003 年起，我国每年至少有 500 万台电视机、400 万台冰箱、600 万台洗衣机报废。有 500 万台电脑、千万部手机进入淘汰期。电脑的年淘汰量主机 6 万～10 万吨、显示器 3 万～5 万吨。废弃电子、电器产品如何回收与处理，需要从立法上加以规范。"电子垃圾"处理得当，是宝贵的再生资源，"电子垃圾"中含有大量可回收的黑色金属、有色金属、贵金属及其他宝贵资源。有关资料介绍，一台电脑主机，黑色金属约占 54％，有色金属约占 20％，塑料约占 17％，线路板约占 8％。线路板中含金、银、钯等贵重金属，回收利用价值更高。对我们这样一个人均资源相对贫乏、矿产资源又逐步衰竭的国家来说，"电子垃圾"是宝贵的可再生资源。[2] 由此，确立生产者延伸责任制度，将生产与最终环境责任的承担联系起来是必要的。

二、历史遗留污染责任制度

针对因企业终止、变更出现的固体废物污染责任问题，2004 年《固体废物污染环境防治法》增加了历史遗留污染责任的规定。产生固体废物的单位发生分立、合并、转让、撤销、解散或者破产时，由谁继续履行污染防治责任，以前的法律没有明确规定，解决纠纷时无法可依。修订后的《固体废物污染环境防治法》第 35 条对此规定：一是要求产生固体废物的单位终止之前，必须妥善处置固体废物以及有关场所和设施；二是除了当事人另有约定的情形外，变更后的单位应当按照有关规定对原单位的工业固体废物负责处置；三是对该法施行前已经终止的单位未处置的工业固体废物及其贮存、处置设施、场所进行安全处置的费用，由有关人民政府承担。但是，该单位享有的土地使用权依法转让的，应当由受让人承担处置费用。当事人另有约定的，从其约定。[3]

---

①　参见赵建林著：《〈固体废物污染环境防治法〉修订的新亮点——生产者延伸责任制度》，载于《中国环境管理》2005 年 6 月。

②　参见《固体废物污染环境防治法法条释义》，http://law1. chinalawinfo. com/index. asp，登录于 2007 年 1 月 15 日。

③　参见陈明义著：《〈固废法〉涵盖诸多新领域》，载于《环境与发展报》2005 年 5 月 27 日。

三、环境监测及信息发布制度

《固体废物污染环境防治法》第 12 条规定："国务院环境保护行政主管部门建立固体废物污染环境监测制度，制定统一的监测规范，并会同有关部门组织监测网络。大、中城市人民政府环境保护行政主管部门应当定期发布固体废物的种类、产生量、处置状况等信息。"依据国家环保总局制定和发布了一系列管理规则和技术规范，环境监测的内容主要包括环境监测的性质与任务，环境监测的种类、范围与形式，环境监测机构的组织、性质与职责，环境监测活动程序，环境监测方法和技术规范，环境监测结果的效力与作用，环境监测数据的管理，环境监测报告及质量保证，环境监测网络的组织与管理等方面。

四、环境影响评价制度和三同时制度

《固体废物污染环境防治法》第 13 条规定，建设产生固体废物的项目以及建设贮存、利用、处置固体废物的项目，必须依法进行环境影响评价，并遵守国家有关建设项目环境保护管理的规定。同时，该法第 14 条规定，建设项目的环境影响评价文件确定需要配套建设的固体废物污染环境防治设施，必须与主体工程同时设计、同时施工、同时投入使用。固体废物污染环境防治设施必须经原审批环境影响评价文件的环境保护行政主管部门验收合格后，该建设项目方可投入生产或者使用。对固体废物污染环境防治设施的验收应当与对主体工程的验收同时进行。由此确立了固体废物污染防治领域的环境影响评价制度和三同时制度。

五、现场检查制度

《固体废物污染环境防治法》第 15 条规定，县级以上人民政府环境保护行政主管部门和其他固体废物污染环境防治工作的监督管理部门，有权依据各自的职责对管辖范围内与固体废物污染环境防治有关的单位进行现场检查。被检查的单位应当如实反映情况，提供必要的资料。检查机关应当为被检查的单位保守技术秘密和业务秘密。检查机关进行现场检查时，可以采取现场监测、采集样品、查阅或者复制与固体废物污染环境防治相关的资料等措施。检查人员进行现场检查，应当出示证件。

六、清洁生产制度

《固体废物污染环境防治法》对于清洁生产制度的规定体现在该法第 18 条和第 19 条的相关规定中。第 18 条规定："产品和包装物的设计、制造，应当遵守国家有关清洁生产的规定。国务院标准化行政主管部门应当根据国家经济和技术

条件、固体废物污染环境防治状况以及产品的技术要求，组织制定有关标准，防止过度包装造成环境污染。生产、销售、进口依法被列入强制回收目录的产品和包装物的企业，必须按照国家有关规定对该产品和包装物进行回收。"第19条规定："国家鼓励科研、生产单位研究、生产易回收利用、易处置或者在环境中可降解的薄膜覆盖物和商品包装物。使用农用薄膜的单位和个人，应当采取回收利用等措施，防止或者减少农用薄膜对环境的污染。"

七、农村固体废物污染防治制度

此次《固体废物污染防治法》的修订增加了规模化畜禽养殖的污染防治要求，首次将农村生活垃圾纳入管理范围，强化了农村固体废物污染防治的规定。据调查，1999年我国畜禽养殖产生的粪便达到17.3亿吨，而且全国80％的规模化畜禽养殖场缺乏必要的污染防治设施，严重污染了大气和水环境。该法第20条规定了从事畜禽规模养殖应当对产生的畜禽粪便进行收集、贮存和利用，在人口集中地区、机场周围、交通干线附近以及当地人民政府划定的区域禁止露天焚烧秸秆。同时将第三章第三节的适用范围由城市生活垃圾扩展至所有生活垃圾，部分条款如第38条、第44条、第45条均适用于农村生活垃圾。考虑到我国现阶段区域发展的不平衡性，大部分农村经济发展水平不高、基础设施薄弱、基本没有垃圾处理能力，但也有一些地方的农村发展十分迅速，具有相当的实力和能力控制固体废弃物污染的现实情况，将垃圾污染环境防治的具体办法交由各地自行规定（第49条）。这样规定，既可以将农业和农村的污染问题纳入法律调整的范围，避免出现法律调整空白，又可以通过授权立法方式，使法律规制更为科学、更加合理。[①]

八、固体废物申报登记制度的规定

1. 申报登记的范围。《固体废物污染环境防治法》第32条和第53条规定：固体废物申报登记的范围是工业固体废物和危险废物，对于生活垃圾、农业固体废物、商业废物等都不需申报登记。

2. 申报登记的项目。固体废物的申报登记制度是我国整个排污申报登记制度的一个组成部分，但它不同于其他方面的排污申报登记。从登记的项目来看，它不限于排放的固体废物，还包括对固体废物产生的数量和种类、排放情况、利用情况、贮存情况、处置情况以及固体废物的去向等进行全面的申报登记。[②]

---

① 参见陈明义著：《〈固废法〉涵盖诸多新领域》，载于《环境与发展报》2005年5月27日。
② 参见张梓太、吴卫星等著：《环境与资源法学》，环境科学出版社，2002年版，第211页。

第五节　固体废物污染环境防治法的主要规定

一、关于固体废物污染环境防治监督管理的规定

（一）固体废物污染环境防治工作管理体制

国务院环境保护行政主管部门对全国固体废物污染环境的防治工作实施统一监督管理。国务院有关部门在各自的职责范围内负责固体废物污染环境防治的监督管理工作。县级以上地方人民政府环境保护行政主管部门对本行政区域内固体废物污染环境的防治工作实施统一监督管理。县级以上地方人民政府有关部门在各自的职责范围内负责固体废物污染环境防治的监督管理工作。国务院建设行政主管部门和县级以上地方人民政府环境卫生行政主管部门负责生活垃圾清扫、收集、贮存、运输和处置的监督管理工作。

国务院经济综合宏观调控部门应当会同国务院有关部门组织研究、开发和推广减少工业固体废物产生量和危害性的生产工艺和设备，公布限期淘汰产生严重污染环境的工业固体废物的落后生产工艺、落后设备的名录。

（二）监督管理制度

2004 年《固体废物污染环境防治法》除了重申现行环境保护法律法规已有的环境影响评价制度、"三同时"制度、限期治理制度、征收超标排污费制度、排污申报登记制度和现场检查制度外，还针对固体废物污染环境的特点，规定了一些特别的监督管理制度。其中主要有：转移固体废物的报告制度、限期淘汰落后生产工艺和设备名录制度、固体废物进口许可证和危险废物经营的许可证制度、危险废物行政代为处置制度等，并新增加了危险废物集中处置设施、场所规划和建设的相关规定。这些制度将在后面的内容中作详细阐述。

二、关于控制固体废物污染转移的规定

固体废物污染转移是指将固体废物或可能产生严重污染的工业固体废物的工艺和设备，从一地转移到另一地，从而造成环境污染的扩散和蔓延的活动。其包括越境转移和境内转移。转移的对象，可以是固体废物本身，也可以是污染源。固体废物具有可转移的特点。在一定条件下，固体废物的转移是必要的、有益的。例如，在对固体废物实行集中或区域性处理或处置时或进行废物交换时，需要进行固体废物的转移，这种转移是为了更为有效、经济、合理地利用、处置固体废物，是防治固体废物污染环境的主要措施之一。但是，如果转移失控或不当，则可能生成污染扩散和蔓延，对环境和人体健康造成严重的污染危害。因

此，必须对转移采取必要的管制措施，使转移符合环境保护的要求，将转移置于对环境无害的监督管理之下。《固体废物污染环境防治法》明确规定：

1. 对越境转移的控制。固体废物进出口和过境问题，已发展成为国际社会普遍关注的环境污染转移问题。一些国家和地区出于自身利益，通过各种手段和途径将废物大量出口，转移污染，引起国际社会特别是废物进口直接受害的发展中国家的不满和愤怒。国际社会采取包括签订《控制危险废物越境转移及其处置的巴塞尔公约》在内的各种措施来严格控制固体废物特别是危险废物的越境转移。

《固体废物污染环境防治法》维护和确认了坚决控制境外固体废物向我国转移的原则，明确规定了两种管制制度：

（1）禁止进口的废物。该法规定：禁止中华人民共和国境外的固体废物进境倾倒、堆放、处置；禁止进口不能用作原料或者不能以无害化方式利用的固体废物；禁止进口列入禁止进口目录的固体废物；禁止经我国过境转移危险废物。

（2）对作为原料但必须严格限制进口的废物的管制。对此该法规定了若干制度，主要有：对可以用作原料的固体废物实行限制进口和自动许可进口分类管理。进口列入限制进口目录的固体废物，应当经国务院环境保护行政主管部门会同国务院对外贸易主管部门审查许可。进口列入自动许可进口目录的固体废物，应当依法办理自动许可手续。进口的固体废物必须符合国家环境保护标准，并经质量监督检验检疫部门检验合格。进口属于禁止进口的固体废物或者未经许可擅自进口属于限制进口的固体废物用作原料的，由海关责令退运该固体废物，可以并处 10 万元以上、100 万元以下的罚款；构成犯罪的，依法追究刑事责任。

2. 对境内转移的控制。主要规定有：①转移固体废物。转移固体废物出省、自治区、直辖市行政区域贮存、处置的，应当向固体废物移出地的省、自治区、直辖市人民政府环境保护行政主管部门提出申请。移出地的省、自治区、直辖市人民政府环境保护行政主管部门应当商经接受地的省、自治区、直辖市人民政府环境保护行政主管部门同意后，方可批准转移该固体废物出省、自治区、直辖市行政区域。未经批准的，不得转移。②转移危险废物。转移危险废物的，必须按照国家有关规定填写危险废物转移联单，并向危险废物移出地设区的市级以上地方人民政府环境保护行政主管部门提出申请。移出地设区的市级以上地方人民政府环境保护行政主管部门应当商经接受地设区的市级以上地方人民政府环境保护行政主管部门同意后，方可批准转移该危险废物。未经批准的，不得转移。转移危险废物途经移出地、接受地以外行政区域的，危险废物移出地设区的市级以上地方人民政府环境保护行政主管部门应当及时通知沿途经过的设区的市级以上地方人民政府环境保护行政主管部门。

三、关于对危险废物特别管理的规定

在《固体废物污染环境防治法》中，不仅规定了危险废物污染环境防治的特别原则和要求，还规定了一些特别的法律制度和具体的法律措施，主要有：

1. 危险废物名录和鉴别制度。危险废物名录制度是指将危险废物予以统一、具体分类，列出名单并予以公布的制度。凡列入名录的废物，均属危险废物应予严格控制和管理。故这种制度又称"危险废物黑名单"制度。对废物是否具有危险特性进行分析、测定、试验和确认的制度，即鉴别制度。鉴别制度是名录制度的补充。由于名录和鉴别制度，需要其具有权威性、统一性，《固体废物污染环境防治法》第51条规定危险废物名录只限国家名录，由国务院环境保护行政主管部门会同国务院有关部门制定，并规定统一的危险废物鉴别标准、鉴别方法。

2. 危险废物识别标志制度。危险废物识别标志是指以文字、图案、色彩等综合形式表明危险废物的种类和危险的制度，是危险废物污染防治的制度和措施。《固体废物污染环境防治法》第52条规定："对危险废物的容器和包装物以及收集、贮存、运输、处置危险废物的设施、场所，必须设置危险废物识别标志。"该法还规定，对不设置危险废物标志的，应限期改正，并处以罚款。同时，该法第51条规定，国务院环境保护行政主管部门应当会同国务院有关部门制定国家危险废物名录，规定统一识别标志。

3. 危险废物代为处置制度。《固体废物污染环境防治法》第55条规定，产生危险废物的单位必须按国家规定处置；对不处置并经限期改正逾期仍不处置或处置不符合国家规定的，实行代为处置，即代为处置危险废物制度。代为处置的性质是一种间接的行政强制执行措施，是强制和保证危险废物产生者履行处置义务的有效法律措施，是保证危险废物得到妥善、适当处置的法律手段。为使代为处置制度规范、合理和有效实施，该法规定，实行代为处置的，由县级以上环保部门负责指定代行单位，并按规定代为处置，处置费用由危险废物产生者付费。对不承担依法应当承担的代为处置费用的，应给予行政处罚。

4. 危险废物经营许可证制度。危险废物的危险特性，决定了并非任何单位和个人都能从事危险废物的收集、贮存、处置等经营活动。从事此类活动的单位，必须要具备相应的专业技术条件，具有相应的活动能力，拥有相应的设备和设施；从事此类活动的人员，应具备一定的专业技术知识和能力。这样，才能在进行此类活动时防止发生污染危害。

因此，必须对从事此类经营活动的单位和个人的资格予以限制。《固体废物污染环境防治法》第57条规定："从事收集、贮存、处置危险废物经营活动的单位，必须向县级以上人民政府环境保护行政主管部门申请领取经营许可证；从事利用危险废物经营活动的单位，必须向国务院环境保护行政主管部门或者省、自

治区、直辖市人民政府环境保护行政主管部门申请领取经营许可证。具体管理办法由国务院规定。"禁止无经营许可证或者不按照经营许可证规定从事危险废物收集、贮存、利用、处置的经营活动。禁止将危险废物提供或者委托给无经营许可证的单位从事收集、贮存、利用、处置的经营活动。

5. 危险废物转移联单制度。为控制危险废物的转移，《固体废物污染环境防治法》第59条规定了危险废物转移联单制度，要求转移危险废物的，必须按国家有关规定填写危险废物转移联单，并向移出地和接受地县级以上环保部门报告。

6. 危险废物管理计划和危险废物申报登记制度。《固体废物污染环境防治法》第53条规定，产生危险废物的单位，必须按照国家有关规定制定危险废物管理计划，并向所在地县级以上地方人民政府环境保护行政主管部门申报危险废物的种类、产生量、流向、贮存、处置等有关资料。所谓危险废物管理计划应当包括减少危险废物产生量和危害性的措施以及危险废物贮存、利用、处置措施。危险废物管理计划应当报产生危险废物的单位所在地县级以上地方人民政府环境保护行政主管部门备案。这里之所以在原有的危险废物申报登记制度的基础之上建立危险废物管理制度，目的是促使有关企业加强对危险废物的管理，便于环保部门的监督管理。

7. 危险废物集中处置相关新增规定。这主要包括一般的危险废物和重点危险废物的集中处置，是2004年本法修订时新加的内容。①关于危险废物集中处置设施、场所的规划和建设的规定。《固体废物污染环境防治法》第54条规定，国务院环境保护行政主管部门会同国务院经济综合宏观调控部门组织编制危险废物集中处置设施、场所的建设规划，报国务院批准后实施。县级以上地方人民政府应当依据危险废物集中处置设施、场所的建设规划组织建设危险废物集中处置设施、场所。②关于重点危险废物集中处置设施、场所退役费用的规定。《固体废物污染环境防治法》第65条规定，重点危险废物集中处置设施、场所的退役费用应当预提，列入投资概算或者经营成本。具体提取和管理办法，由国务院财政部门、价格主管部门会同国务院环境保护行政主管部门规定。

8. 危险废物污染事故应急制度。《固体废物污染防治法》第63条规定，因发生事故或者其他突发性事件，造成危险废物严重污染环境的单位，必须立即采取措施消除或者减轻对环境的污染危害，及时通报可能受到污染危害的单位和居民，并向所在地县级以上地方人民政府环境保护行政主管部门和有关部门报告，接受调查处理。这是关于危险废物污染事故应急制度的具体规定。此外该法第64条还对发生危险废物严重污染事故时有关政府部门采取的紧急措施进行了规定。即在发生或者有证据证明可能发生危险废物严重污染环境、威胁居民生命财产安全时，县级以上地方人民政府环境保护行政主管部门或者其他固体废物污染环境防治工作的监督管理部门必须立即向本级人民政府和上一级人民政府有关行政主管部门报告，由人民政府采取防止或者减轻危害的有效措施。有关人民政府可以根据需要责令停止导致或者可能导致环境污染事故的作业。

四、固体废物污染环境防治法律责任

2004 年《固体废物污染环境防治法》以第五章专章规定固体废物污染环境防治的法律责任。主要从以下几个方面对固体废物污染环境的行为进行规制：

1. 民事责任方面[①]。污染损害赔偿责任实行举证责任倒置，并增强了环境污染损害民事责任的规定。该法规定受到固体废物污染损害的单位和个人，有权要求依法赔偿损失。国家鼓励法律服务机构对固体废物污染环境诉讼中的受害人提供法律援助；因固体废物污染环境引起的损害赔偿诉讼，由加害人就法律规定的免责事由及其行为与损害结果之间不存在因果关系承担举证责任。当事人可以委托环境监测机构提供监测数据。环境监测机构应当接受委托，如实提供有关监测数据。[②] 这些规定都有助于公民环境权益的保障与实现。同时，该法第 85 条规定："造成固体废物污染环境的，应当排除危害，依法赔偿损失，并采取措施恢复环境原状。"首次对造成固体废物污染环境的致害人规定了恢复环境原状的责任。

2. 行政责任方面。增加了违法行为及其处罚的种类，并较大幅度地提高了罚款的数额，充实和加强了行政法律责任。[③] 这主要规定于该法的第 68 条至第 82 条的内容之中。主要是对固体废物污染防治中涉及到的基本制度和具体法律规定的违反行为进行处罚，其中涉及的行政处罚手段有责令停止违法行为、责令限期改正和罚款。

3. 刑事责任方面。主要是该法第 83 条的规定："违反本法规定，收集、贮存、利用、处置危险废物，造成重大环境污染事故，构成犯罪的，依法追究刑事责任。"

第六节　关于固体废物污染环境防治的国际公约

在有害废物的国际交易领域，我国主要受到《控制危险废物越境转移及其处置巴塞尔公约》的管制。该公约于 1989 年 3 月 22 日在瑞士巴塞尔签订，1989年 5 月 24 日生效。我国于 1990 年 3 月 22 日签署，1991 年 9 月 4 日批准。该公

---

① 参见陈明义著：《新〈固废法〉凸显民事责任》，载于《环境与发展报》2005 年 6 月 17 日。
② 参见 2004 年《固体废物污染环境防治法》第 84、86、87 条。
③ 参见钱水苗等著：《环境资源法》，高等教育出版社，2005 年版，第 205 页。

约包括序言、29 条正文和 6 个附件。正文包括国家对危险废物的定义、一般义务、指定主管当局和联络点、缔约国之间的越境转移、从缔约国通过非缔约国的越境转移、再进口的责任、非法运输、国际合作等。公约的主要内容有：

一、定义

该公约第 2 条对"废物"、"越境转移"等分别进行界定，其中将"废物"定义为"处置的或打算予以处置的或按照国家法律规定必须加以处置的物质或物品"。根据公约第 1 条的规定"废物"包括两大类，第一类是"危险废物"指的是公约附件一列举的 45 类废物（除非它们不具备公约附件三所列举的危险特性）和缔约国的国内法视为危险废物但不包括在公约附件一中的危险废物。第二类是"其他废物"，指的是公约附件二列举的从住家收集的废物和从焚化住家废物产生的残余物。该公约不适用于放射性废物和船舶正常作业产生其排放已由其他国际文书作出规定的废物。

"越境转移"，则是指危险废物或其他废物从一国的国家管辖地区移至或通过另一国的国家管辖地区的任何转移，或移至或通过不是任何国家的国家管辖地区的任何转移，但该转移须涉及至少两个国家。

二、缔约国的一般义务

公约第 4 条规定了缔约国 13 项一般义务，主要包括：

1. 做出禁止危险废物或其他废物进口处置的决定的缔约国应将该决定通知其他缔约国；其他缔约国应尊重该国的决定，禁止向该国出口危险废物或其他废物；对尚未禁止进口危险废物和其他废物的缔约国，在得到该国对某一种废物进口的书面同意之前，其他缔约国应禁止对该国出口该种废物。

2. 各缔约国应采取措施，保证将其国内生产的危险废物和其他废物减至最低限度；保证提供充分的设施用以危险废物和其他废物的无害管理；保证防止在危险废物和其他废物管理过程中发生污染并尽量减少污染对人类和环境的影响；保证将废物越境转移减至最低限度；禁止向属于一经济（或）政治一体化组织而且在法律完全禁止危险废物和其他废物的进口的某一缔约国或一组缔约国，特别是发展中国家，出口危险废物或其他废物；向有关国家提供拟议转移的危险废物或其他废物的资料，并详细说明拟议的转移对人类和环境的影响；如果有理由相信危险废物和其他废物将不会以对环境无害的方式加以管理时，防止该废物的进口；直接地并通过秘书处同其他缔约国和有关组织合作，以改善对危险废物和其他废物的环境无害管理并防止非法运输。

3. 各缔约国应将危险废物或其他废物的非法运输定为犯罪行为。

4. 各缔约国应采取适当的法律、行政和其他措施，实施本公约的各项规定，包括采取措施防止和惩办违反本公约的行为。

5. 缔约国应不许可将危险废物或其他废物从其领土出口到非缔约国，亦不许可从一缔约国进口到其领土。

6. 各缔约国协议不许可将危险废物或其他废物出口到南纬 60 度以南地区（即南极地区）。

7. 缔约国应禁止得到国家授权或许可从事危险废物或其他废物的运输或处置工作的人以外的人从事此类工作；应对涉及越境转移的危险废物和其他废物的包装和标签按照国际公认的规则予以规定；应规定在危险废物和其他废物的越境转移中，从越境转移起点至处置地点皆随附一份转移文件。

8. 缔约国应采取适当措施，确保危险废物和其他废物必须以对环境无害的方式在进口国或他处处理。公约所涉废物的环境无害管理技术准则由缔约国大会决定。

9. 缔约国应采取适当措施，确保危险废物和其他废物越境转移仅在下列情况下才予以许可：出口国没有技术能力和必要的设施、设备能力或适当的处置场所以无害于环境而且有效的方式处置有关废物；进口国需要有关废物作为再循环或回收工业的原材料；有关的越境转移符合由缔约国决定的、符合本公约目标的其他标准。

第十一章 环境噪声污染防治法

第一节 我国的环境噪声污染

一、环境噪声

（一）概述

在人类生活环境里有各种声音存在，其中有的是人类传递信息、交流情感所必需的，有的则会影响人们的工作、学习和休息，甚至损害人体健康，是人类所不需要的。

从环境科学角度来说，凡是声音接受者当时所不需要的声音就是噪声。不管多悦耳的音乐，如果影响了人的休息、工作，就会成为噪声。通常40分贝的环境声音被认为是噪声的卫生标准。超过40分贝的便是有害的噪声，会影响休息、工作，损伤听力，甚至引起心血管系统、神经系统、消化系统等方面的疾病。

在《环境噪声污染防治法》中规定，环境噪声"是指在工业生产、建筑施工、交通运输和社会生活中所产生的干扰周围生活环境的声音"。这个法定的"环境噪声"定义排除了自然原因形成的噪声（如惊雷、风暴、山崩等产生的声音），也排除了未对周围环境产生影响的声音。这个定义还明确了"环境噪声"对环境的干扰，是指对"生活环境"而不包括"生产环境"。

（二）环境噪声的公害特性

噪声是一种"物理污染"，与水污染、大气污染、固体废物污染等"物质污染"相比有下列特点：

1. 是暂时性公害。只要噪声源停止发出噪声，环境噪声的污染就会立即停止，没有残留物，也不会积累、迁移。

2. 是感觉公害。其对人的危害不仅取决于噪声的强弱，而且人的生理、心理状况不同感觉也不一样，老人、病人、脑力劳动者、儿童往往对噪声承受能力较差。对同样强度的噪声，夜深人静时人们往往更敏感。

3. 是局部性公害。噪声的能量向四周传播，随着距离的增加和障碍物的阻隔，噪声会显著衰减。

4. 是分散性公害。环境中噪声源往往多而分散，给集中控制造成困难。

二、环境噪声污染

《环境噪声污染防治法》中对"环境噪声污染"做出了界定，是指所产生的环境噪声超过国家规定的环境噪声排放标准，并干扰他人正常生活、工作和学习的现象。这个定义规定了作为"环境噪声污染"，须符合两个条件：

1. 所排放出的噪声必须是"超过国家规定的环境噪声排放标准的"。不超标则不构成污染。

2. 环境噪声污染必须是该噪声对他人正常生活、工作和学习产生干扰。也就是说环境噪声即使超过了排放标准，但未对他人的正常生活、工作和学习产生干扰，例如有些远离居住点的工厂产生的超标噪声，则也不构成噪声污染。

三、我国环境噪声污染现状

2006 年 7 月 27 日国家环境保护总局发布的《2005 年中国声环境状况公报》从以下两个方面对我国 2005 年的环境噪声污染进行了分析：

（一）区域环境噪声

全国 351 个市（县）中，城市区域声环境质量好的城市有 11 个（占 3.1%）、213 个城市区域声环境质量为较好（占 60.7%）、118 个城市为轻度污染（占 33.6%）、6 个城市属中度污染（占 1.7%）、3 个城市为重度污染（占 0.9%）。46 个重点城市（拉萨市未监测）区域环境噪声等效声级范围在 52.1～57.9 分贝（A）之间，等效声级面积加权平均值 54.5 分贝（A）。46 个重点城市中，城市区域声环境质量处于较好水平的有 26 个城市（占 56.5%），处于轻度污染水平的有 20 个城市（占 43.5%）。与上年相比，重点城市区域声环境质量无显著变化。

（二）道路交通噪声

全国 364 个市（镇）中，道路交通噪声平均等效声级不高于 68.0 分贝（A）的有 185 个城市（占 50.8%）；高于 68.0～70.0 分贝（A）的有 130 个城市（占 35.7%）；高于 70.0～72.0 分贝（A）的有 27 个城市（占 7.4%）；高于 72.0～74.0 分贝（A）的有 16 个城市（占 4.4%）；高于 74.0 分贝（A）的有 6 个城市（占 1.7%）。47 个重点城市共监测道路长度 7153.2 公里，其中 2034.5 公里路段等效声级超过 70 分贝（A），占监测路段总长度的 28.4%；平均等效声级范围在 66.3～72.0 分贝（A）之间。道路交通噪声长度加权平均等效声级为 68.7 分贝（A）。2005 年，47 个重点城市道路交通噪声平均等效声级较上年增加超过 1 分贝（A）的城市有拉萨、昆明市；较上年降低超过1分贝（A）的城市有秦皇岛、银川、北海市。

第二节　环境噪声污染防治法立法沿革

随着我国工业的飞速发展和城市的迅猛膨胀，环境噪声污染的问题也越来越突出，引起了广大人民群众的强烈不满，成了人民投诉的主要热点之一，并有逐年上升的趋势，城市居民对噪声污染的投诉比例已占整个环境投诉的第一位，北京市1995年噪声投诉比例占到62%。有些地方环境噪声污染已引发环境纠纷和厂群冲突。

国家对防治环境噪声污染的立法做了大量工作，最重要的立法是1989年9月26日国务院发布的《环境噪声污染防治条例》，1996年10月29日第八届全国人民代表大会常务委员会第22次会议通过了《环境噪声污染防治法》（从1997年3月1日起施行），取代了《环境噪声污染防治条例》，成为我国第一部防治环境噪声污染的专门法律。其立法重点确定为以下四个方面：①

一、从城市规划和建设布局上提出噪声防治要求

环境噪声同城市规划和建设布局有着极为密切的关系，规划和布局的好坏直接影响到噪声污染程度，尤其是交通运输噪声和社会生活噪声。没有合理的城市规划和建设布局，仅仅针对单个污染源采取防治措施，是无法从根本上解决噪声污染的。广州、上海、北京等城市的发展过程充分证明了这一点。对因城市规划和建设布局的不合理而导致的环境噪声污染，只能通过重新调整建设布局或进行搬迁等加以解决。因此，噪声污染防治必须从单纯的点源治理转变为整体的区域防治，法律必须在城市规划和建设布局上提出明确的噪声污染防治要求。立法贯彻这一指导思想，从以下几个方面做出规定：一是要将声环境保护的目标和任务以及相关的经济措施纳入各级政府的国民经济和社会发展计划；二是地方各级人民政府在制定城乡建设规划时，应当统筹考虑，合理安排功能分区和建设布局；三是城市规划部门在确定建设布局时，应当按照国家有关规定，合理划定建筑物与交通干线的防噪声距离，并提出相应的隔声要求；四是对道路和机场的建设提出了噪声污染防治要求；五是规定建设项目的开发建设，必须严格执行环境影响评价和"三同时"制度。

---

① 参见《关于〈中华人民共和国环境噪声污染防治法（草案）〉的说明》，全国人民代表大会常务委员会1996年8月23日发布，http：//law1. chinalawinfo. com/index. asp，登录于2007年1月15日。

二、加强对设备和产品的噪声控制

我国的环境噪声污染，除人为活动产生的噪声以外，主要来自各类设备和产品在运行过程中发出的噪声。由于我国工业生产技术比较落后，设备比较陈旧，管理水平不高，致使各类设备和产品在运行时的噪声声级较高，机电设备和产品更是如此。根据国家有关部门的统计，我国的机电设备和产品与国外同类产品相比，其噪声声级平均要高出 5～10 分贝。如空压机的进气排气噪声一般为 93～126 分贝，木工机械负载噪声一般为 85～110 分贝。因此，推行清洁生产，强调从源头控制噪声污染，具有十分重要的意义。立法规定，凡可能产生环境噪声污染的工业设备和产品，其铭牌必须注明噪声限值，否则，不得销售和使用。同时，对环境噪声污染严重的落后设备和产品，国家实行淘汰制度，并由国务院经济综合主管部门会同有关部门公布限期禁止生产、销售、进口、使用的环境噪声污染严重的设备和产品目录。

三、加强对交通运输噪声的控制管理

根据国家的城市区域环境噪声标准，交通干线道路两侧的噪声标准值为昼间 70 分贝（A）、夜间 55 分贝（A）。但依据国家环境保护局的统计，我国重点城市交通干线道路两侧的噪声近十年来居高不下，1995 年交通干线道路两侧区域超标的城市达 71.4％。实际情况表明，随着我国经济的持续高速增长，城市道路和基础设施建设得到了很大加强，但由此所带来的交通运输噪声污染问题却未能得到很好的解决，反而呈恶化的趋势。其原因包括：道路建设的规划和设计失当；机动车辆以每年近 100 万辆的速度猛增，但对车辆运行时造成的噪声却缺乏有效的控制；道路和基础设施的质量不足以承受日益增长的车流量。这样就加剧了严重的交通噪声污染。立法将交通噪声污染作为重点来处理。一方面从规划上对防治交通运输噪声提出要求，另一方面对生产、使用和运行过程中的机动车辆、铁路机车、船舶、航空器均规定相应的噪声污染防治措施，以达到控制交通运输噪声的目的。

四、加强对社会生活噪声的控制管理

从国家环境保护局 1994 年的统计数字来看，社会生活噪声已经由"七五"末期的占各类噪声源总量的 30％左右上升为 46.8％，广大群众对此反映强烈。因此，对饮食服务、娱乐场所等社会生活噪声的控制必须加强。为解决这方面的问题，立法要求发挥公安、环保等部门的作用，并规定了比较严格的噪声污染防治措施，以使各类社会生活噪声达到规定的标准。

第三节　环境噪声污染环境防治法基本制度

与原有的《环境噪声污染防治条例》（以下简称《噪声条例》）相比，《环境噪声污染防治法》在以下两项制度中作了较为不同的规定，现从其立法本意的角度进行分析：[①]

一、环境噪声排放标准制度

《环境噪声污染防治法》实行环境噪声排放标准制度，但是环境噪声排放标准的制定权只集中于中央，而没有赋予地方任命政府制定地方环境噪声排放标准的权利。

原有《噪声条例》规定，省、自治区、直辖市人民政府对国家环境噪声排放标准中已作规定的项目，因特殊需要，又具有经济、技术条件的，可以制定严于国家环境噪声排放标准的地方环境噪声排放标准。一些部门和地方提出，我国的国家标准本身就比较严格，地方执行起来有一定的困难。当前的噪声污染防治工作，主要是促进各地方、各企业达到国家标准。在国家标准尚难以完全做到的情况下，授权地方制定严于国家排放标准的地方排放标准没有实际意义。综合各方面的意见，并考虑到环境噪声污染的特殊性，立法没有规定省、自治区、直辖市人民政府对国家环境噪声排放标准中已作规定的项目，可以制定严于国家标准的地方环境噪声排放标准。

二、限期治理制度

根据原有《噪声条例》的规定，限期治理仅限于工业噪声污染，并且限期治理的决定只能由市、县以上人民政府作出。但是，从执行情况看，这一规定可操作性较差。主要是市、县以上人民政府工作任务过于繁重，不可能对各类污染源，特别是分布面较广的小型污染源一一审查并做出限期治理决定。在实践当中，由于环保部门没有限期治理的决定权，往往导致污染源得不到及时、有效的治理，从而加重了环境噪声污染。而且，限期治理也不应仅限于工业噪声。因此，有必要对限期治理的决定权进行调整。为此立法规定：对噪声敏感建筑物造成严重环境噪声污染的单位，限期治理。限期治理由县级以上人民政府或者其授权的环境保护行政主管部门按照国务院规定的权限决定。

[①]　参见《关于〈中华人民共和国环境噪声污染防治法（草案）〉的说明》，全国人民代表大会常务委员会 1996 年 8 月 23 日发布，http://law1.chinalawinfo.com/index.asp，登录于 2007 年 1 月 15 日。

第四节　环境噪声污染环境防治法的主要规定

一、关于该法适用范围的规定

《环境噪声污染防治法》适用于我国领域内环境噪声污染的防治。但"因从事本职生产、经营工作受到噪声危害的防治",不适用该法,而由《劳动法》的有关规定调整。

二、关于环境噪声污染防治监督管理的规定

（一）声环境质量标准的制定

由国务院环境保护行政主管部门制定国家声环境质量标准。县级以上地方人民政府根据国家声环境质量标准,划定本行政区域内各类声环境质量标准的适用区域,并进行管理。按照 1993 年修订后的《城市区域环境噪声标准》（GB3096—1993）规定,城市区域分为 5 类（见表 11-1）。

表 11-1　城市区域 5 类环境噪声标准值（等效声级 L_{Aep},分贝）

类别	适　用　区　域	昼　间	夜　间
0	疗养区、高级别墅区、高级宾馆区等	50	40
1	以居住、文教机关为主区域	55	45
2	居住、商业、工业混杂区	60	50
3	工业区	65	55
4	交通干线、内河航道两侧区域	70	55

（二）环境噪声排放标准的制定

《环境噪声污染防治法》规定,由国务院环境保护行政主管部门制定国家环境噪声排放标准,取消了原《环境噪声污染防治条例》中关于省级人民政府可以制定地方环境噪声排放标准的规定。地方政府如果要对当地噪声排放水平更严格控制,可以在划定声环境质量标准适用区域时从严掌握。

（三）合理划定防噪声距离

为了减轻交通干线噪声对生活环境的影响,城市规划部门在确定建设布局时,应根据声环境质量标准和民用建筑隔声设计规范,合理划定建筑物与交通干线的防噪声距离,并提出相应的规划设计要求。

（四）对环境噪声污染的限期治理

1. 限期治理的对象是"噪声敏感建筑物集中区域内造成严重环境噪声污染的企业事业单位。"这里的"噪声敏感建筑物集中区域"是指医疗区、文教科研区和以机关或居民住宅为主的区域。

2. 限期治理决定权：由县级以上人民政府按国务院规定的权限决定。但对小型企事业单位的限期治理，可以由县级以上人民政府在国务院规定的权限内授权其环境保护行政主管部门决定。这条规定对及时、有效地防治面广量大的小型污染源具有十分重要的意义。

（五）环境噪声污染防治的监督管理制度

防治环境噪声污染，要执行建设项目环境影响评价制度、"三同时"制度、征收超标排污费制度、落后设备淘汰制度、现场检查制度、环境监测制度、限期治理等制度。对在城市排放偶发性强烈噪声，实行公安机关审批并公告的制度。

三、关于工业噪声污染防治的规定

工业噪声，是指在工业生产活动中使用固定的设备时产生的干扰周围生活环境的声音"，是我国主要的噪声污染源。国家环保总局公布的《2005 年中国声环境状况公报》中虽然未提及工业噪声，但是基于以往我国工业噪声污染较为严重的状况，工业噪声污染仍然是环境噪声污染防治的一个重点。

（一）城市工业企业的工业噪声排放应当符合排放标准

工业噪声，是指在工业生产活动中使用固定的设备时产生的干扰周围生活环境的声音。依据《环境噪声污染防治法》第 23 条的规定，在城市范围内向周围生活环境排放工业噪声的，应当符合国家规定的工业企业厂界环境噪声排放标准。

（二）执行噪声污染申报制度

申报的内容包括造成环境噪声污染设备的种类、数量、正常作业条件下发出的噪声值、防治噪声污染的设施情况及有关技术资料。

（三）规定工业设备噪声限值

国务院有关主管部门对可能产生环境噪声污染的工业设备，应在产品的国家标准、行业标准中规定噪声限值，在生产的这些工业设备有关部门技术文件中应注明运行时发出的噪声值（见表 11-2）。

表 11-2　工业企业厂界噪声标准中各类厂界噪声标准值（等效声级 L_{Aep}，分贝）

类型	适　用　范　围	昼　间	夜　间
Ⅰ	居住、文教机关为主的区域	55	45
Ⅱ	居住、商业、工业混杂区及商业中心区	60	50
Ⅲ	工业区	65	55
Ⅳ	交通干线道路两侧区域	70	55

四、关于建筑施工噪声污染防治的主要规定

由于我国基本建设发展很快，建筑施工造成的噪声污染相当突出，很多建筑工地离居民居住区很近，加之有些施工单位为赶工期而日夜施工，发出的噪声严重影响了附近居民正常生活和休息，群众反映十分强烈。

《环境噪声污染防治法》规定：

（一）在城市市区范围内向周围生活环境排放建筑施工噪声的，都应符合国家建筑施工场界环境噪声排放标准

和工业噪声一样，这一条没有"协商余地"和"例外"。《建筑施工噪声限值》（GB12523—90）规定了建筑施工厂界噪声限值中不同施工阶段作业噪声限值（见表 11-3）。

表 11-3　建筑施工场界噪声限值中不同施工阶段作业噪声限值（等效声级 L_{Aep}，分贝）

施工阶段	主要噪声源	噪声限制	
		昼间	夜间
土石方	推土机、挖掘机、装载机等	75	55
打桩	各种打桩机等	85	禁止施工
结构	混凝土搅拌机、振捣棒、电锯等	70	55
装修	吊车、升降机等	65	55

（二）执行申报制度

1. 申报内容：项目名称、施工场所和期限、可能产生的环境噪声及噪声污染防治措施等。

2. 申报时间：施工单位在工程开工 15 日以前向工程所在地县级以上人民政府环保行政主管部门申报。

（三）禁止夜间作业的规定

1. 在城市市区噪声敏感建筑物集中区域内，禁止夜间进行产生环境噪声污

染的建筑施工作业。这里的"夜间",指 22 点到次日晨 6 点。

2. 因特殊需要(如抢修、抢险、生产工艺特殊需要等)必须连续作业的,必须有县级以上政府或其有关主管部门的证明,夜间作业必须公告附近居民。

五、关于交通运输噪声污染防治的主要规定

机动车、船及铁路机车、航空器等交通工具运行造成的交通噪声已经成为城市主要的噪声来源。《环境噪声污染防治法》对交通噪声的防治主要有下列规定:

(一)保持机动车辆的良好车况,减少机动车噪声的排放

1. 对超过规定的噪声限值的汽车禁止制造、销售或进口。

2. 机动车必须加强维修、保养,保持良好的技术性能。在市区范围内行驶的机动车辆消声器和喇叭必须符合国家规定。

(二)控制机动车、船声响装置使用

1. 在市区行驶的机动车、船及铁路机车,必须按照规定使用声响装置。

2. 警车等特种车辆警报器的安装、使用必须符合国务院公安部门规定,在执行非紧急任务时,禁止使用。

3. 公安机关划定禁止机动车辆行驶和禁止使用声响装置的路段和时间。

4. 车站、码头等处指挥交通的广播喇叭应当控制音量。

(三)减轻、避免交通噪声对噪声敏感建筑物集中区的影响

1. 应设置声屏障或采取其他有效措施,减轻车船经过该区域的高速公路、城市高架、轻轨道路可能产生的环境噪声污染。

2. 在已有的城市交通干线两侧建设噪声敏感建筑物,应按照国家规定间隔一定距离。

(四)铁路、民航部门应采取有效措施,减轻机车、航空器噪声污染。

除起飞、降落或依法规定的情况以外,民用航空器不得飞越城市市区上空。

六、关于社会生活噪声污染防治的规定

城市社会生活噪声,包括商业、娱乐业、居民生活等方面产生的噪声,近年来已成为城市中的一个突出问题,1998 年就已占到整个城市环境噪声的 47%,位居第一。

《环境噪声污染防治法》主要作了下列规定:

（一）控制商业噪声

1. 在市区噪声敏感建筑物集中区域内使用的固定设备造成环境噪声污染的必须向环保行政主管部门申报，并采取措施，使其边界噪声不超过国家规定的排放标准。

2. 禁止用高音广播喇叭等发出高噪声方法招揽顾客。

（二）控制文化娱乐场所噪声污染

营业性文化娱乐场所边界噪声必须不超过国家规定的环境噪声排放标准。达不到要求的新建文化娱乐场所，有关部门不得核发文化经营许可证和营业执照。

（三）禁用高音喇叭

禁止任何单位和个人在市区噪声敏感建筑物集中区域使用高音广播喇叭。

（四）控制家庭噪声

控制城市居民生活中产生的噪声污染，包括家用电器、乐器等家庭娱乐活动要控制音量，室内装修应限制作业时间。

七、关于法律责任的规定

《环境噪声污染防治法》在法律责任的规定方面，与其他污染防治法相比，有几个特点：

1. 对未经公安部门批准产生偶发性强烈噪声的，对机动车辆不按照规定使用声响装置的，对在城市市区噪声敏感建筑物集中区域内使用高音广播喇叭的，对违反当地公安部机关规定，在城市市区街道、广场、公园等公共场所组织娱乐、集会等活动，使用音响器材，产生干扰周围生活环境的过大音量的，对从家庭室内发出严重干扰周围居民生活的环境噪声的，由公安机关给予警告、罚款。罚款数量依据《治安管理处罚条例》第 25 条规定执行，而不像其他污染防治法依据环境保护单行法或其细则规定执行。

2. 该法没有像《水污染防治法》和《大气污染防治法》等法那样规定"重大环境污染事故罪"。只有对滥用职权、玩忽职守、徇私舞弊构成犯罪的才追究刑事责任。这点体现了噪声的公害特点，不像其他污染那样容易酿成重大污染事故。

3. 关于行政处分，除和其他污染防治法规定的一样，适用于滥用职权、玩忽职守、徇私舞弊的"环境噪声污染防治监督管理人员"外，只适用于铁路部门对违反机动车辆使用音响装置规定的有关责任人。对其他企事业单位违反本法的有关责任人则没有规定可给予行政处分。

4. 关于损失赔偿的规定，该法第 61 条规定："受到环境噪声污染危害的单位和个人，有权要求加害人排除危害；造成损失的，依法赔偿损失。"这里的前提是"受到环境噪声污染危害"，按照该法对环境噪声污染的界定，必须具备噪声超标和干扰他人两个条件才算污染，也就意味着，不超标的噪声即使对他人的健康造成损害，也不负赔偿责任。

第十二章 放射性物质污染防治法

第一节 我国的放射性物质污染

一、放射性

自然界中有一些元素，如铀、钍、镭等，其原子核能发生衰变，在衰变的过程中同时释放出肉眼看不见的射线，这种现象称为"放射性"。具有放射性的物质称为"放射性物质"。

射线主要有 α、β、γ 三种。α 射线是高速运动的氦核流，穿透能力较小，一张普通纸就能挡住，外照射对人体伤害不大，但其电离能力强，进入人体后会因内照射造成较大伤害。β 射线是穿透能力较强的高速运动的电子流。γ 射线是波长较短、能量高的电磁波，穿透能力最强，外照射对人的伤害最大，往往要用铁、铅、混凝土来作防护屏障。

二、放射性污染

放射性污染，指因人类的生产、生活排放的放射性物质所释放的射线，改变了环境中的放射性水平（即超过了射线天然本底值），从而危害人体健康的现象。

（一）放射性污染源

放射性污染源主要来自三个方面：

1. 核利用过程中产生的核污染，包括核原料开采、冶炼，核设施运行、核废料处理、核试验等过程中产生的放射性污染。

2. 放射性同位素和射线装置使用造成的放射性污染。

"放射性同位素"指除作为核燃料、核原料、核材料以外的放射性物质，如钴-60、铯-137 等，在工业、农业、国防、医学、科研等方面，放射性同位素得到越来越广泛使用。但近年来，放射性同位素的污染事故也发生较频繁，多次发生放射源散失，甚至造成人员伤亡事件。2002 年 2 月 27 日四川省攀枝花市某发电厂 63 枚钴-60 被盗，险些酿成惊天大祸。

"射线装置"指 X 射线机、加速器及中子发生器，以及不以产生 X 射线为目的，但在生产或使用过程中产生 X 射线的电器产品。例如，医院用于诊断的 X 射线机对操作人员和病人的健康都有不良影响。彩色电视机也能产生对人体有害的射线。

3. 伴生放射性矿物资源开发利用中产生的放射性污染。有些矿石，如一些花岗岩、铁矿石、煤、稀土等矿中铀、钍等放射性元素含量较高，尾矿、矿渣成了环境中重要的污染源。

（二）放射性污染的特点

1. 放射性污染影响面广，特别是核事故危害更大。例如 1986 年苏联切尔诺贝利核电站爆炸，大量放射性物质外泄，对周围地区和邻国造成巨大损失。

2. 对人体损害严重。放射性污染，可以引起白血病、皮肤病、骨癌等重症，使人寿命大大缩短。人体受到急性大剂量照射死亡率高。

3. 放射性污染难于消除且危害时间长。切尔诺贝利核事故虽然经各方面努力消除污染，但到 20 世纪末残存的污染仍十分严重。放射性污染能引起基因突变和染色体畸变，不但危害当代人，还会影响后代人健康。

由于放射性污染具有上述特点，因此各国均将其作为特殊污染类型，专门立法，采取特殊的污染防治对策。

第二节　放射性物质污染防治法的立法沿革

我国对放射性污染防治十分重视。1974 年颁布了《放射防护规定》，国务院于 1979 年颁布了《放射性同位素工作卫生防护管理办法》。1986 年发布了《民用核设施安全监督管理条例》，1987 年发布了《核材料管理条例》，1989 发布了《放射性同位素与射线装置放射防护条例》。国家环境保护局在 1987 年发布了《城市放射性废物管理办法》，1990 年发布了《放射环境管理办法》。在其他环境保护法律、法规中，也对放射性废水、废液、废渣、废气等的污染防治作了专门规定。国家有关部门还颁布了一系列与此相关的环境标准。如《放射卫生防护基本标准》[G(2) 4792—84]、《核电站环境辐射防护规定》[G(2) 6249—86] 等。2003 年 6 月 28 日，全国人民代表大会常务委员会发布了《中华人民共和国放射性污染防治法》，这是我国关于放射性污染防治领域的第一部法律，该法已经于 2003 年 10 月 1 日正式实施。《放射性污染防治法》在以下几个方面值得注意：[①]

一、立法的指导思想和原则

起草放射性污染防治法的指导思想是：认真总结我国 50 多年来放射性污染

---

① 参见 2002 年 12 月 24 日国家环境保护总局发布的《关于〈中华人民共和国放射性污染防治法（草案）〉的说明》，http://law1.chinalawinfo.com/index.asp，登录于 2007 年 1 月 15 日。

防治的实践经验、借鉴国外防治放射性污染的成功经验，适应新形势下环境保护和核产业发展的需要，建立和完善我国放射性污染防治的法律制度，强化对放射性污染的防治，保障人体健康，促进核能、核技术的安全利用和经济社会的可持续发展。

根据上述指导思想，在放射性污染防治法立法中坚持了以下五条原则：①预防为主，防治结合，严格管理，安全第一；②既要防治放射性污染，又要促进核能、核技术开发利用；③从实际出发，建立严格的放射性污染防治法律制度；④明确法律责任，从严查处违法行为；⑤注意与相关法律、行政法规的衔接。

二、关于核设施的污染防治

核设施的潜在危害较大，一旦发生放射性污染事故，后果比较严重。为了加强对核设施的污染防治，预防和避免放射性污染事故的发生，立法确立了以下管理制度：

1. 核设施营运单位应当在取得核设施建造、运行许可证件和办理选址、装料、退役等审批手续后，方可进行核设施的选址、建造、装料、运行、退役等活动。

2. 核设施营运单位在申请领取核设施建造、运行许可证件和办理选址、退役审批手续前，应当编制环境影响报告书报国务院环境保护行政主管部门审查批准，未经批准的，有关部门不得颁发有关许可证件和批准文件。

3. 与核设施相配套的放射性污染防治设施的建设，应当执行建设项目"三同时"制度。

4. 在核动力厂等重要核设施的外围地区划定规划限制区，尽量减少放射性污染造成的损失。

5. 对核设施周围环境中所含的放射性核素的种类、浓度及核设施的流出物，实行国家监督性监测和核设施营运单位自行监测相结合的监测制度。

6. 要求核设施营运单位和有关部门按照国务院的有关规定做好核事故应急工作。

此外，为了保证核设施退役后污染防治工作正常进行，立法规定：核设施营运单位应当制定核设施退役计划并预提核设施的退役费用和放射性废物处置费用。

三、关于核技术利用的污染防治

目前，我国的核技术已经在医疗卫生、教学科研和工农业等领域广泛利用，尤其是放射性同位素和射线装置应用最为广泛。为了加强对放射性同位素和射线装置的污染防治，立法主要作了以下规定：

1. 生产、销售、使用放射性同位素和射线装置的单位，应当按照国务院的规定申请领取许可证件、办理登记手续。

2. 有关单位应当在申请领取许可证件前编制环境影响报告书（表），报省级人民政府环境保护行政主管部门批准。

3. 配套的放射防护设施，应当严格执行建设项目的"三同时"制度。

4. 生产、使用放射性同位素和射线装置的单位应当按照规定收集、包装、贮存放射性废物；生产放射源的单位应当回收和利用废旧放射源；使用放射源的单位应当将废旧放射源交回生产单位或者送交放射性废物贮存、处置单位。

国务院决定对核技术利用的污染防治由国务院环境保护行政主管部门归口管理，在该法审议通过后，对国务院发布的《放射性同位素与射线装置放射防护条例》进行了修改，进一步明确归口管理的具体措施。

我国放射源类型多、数量大。为了进一步加强对放射源的管理，防止放射源的丢失、被盗，减少污染事故的发生，立法还确立了放射性同位素备案制度，规定：订购、销售、转让和借用放射性同位素的单位，应当将放射性同位素的种类和标号报所在地县级以上地方人民政府环境保护行政主管部门、卫生行政部门和公安部门备案。同时，立法强化了有关单位的管护责任，规定：有关单位应当建立相应的安全管理保卫制度，指定专人负责，落实安全责任制，制定必要的事故应急措施，并明确规定了相应的法律责任。

四、关于铀（钍）矿和伴生放射性矿开发利用的污染防治

针对铀（钍）矿和伴生放射性矿开发利用过程中对放射性污染防治重视不够和放射性污染事故时有发生等问题，立法主要作了以下规定：

1. 开采或者关闭铀（钍）矿的单位，应当在申请领取采矿许可证件或者办理退役审批手续前编制环境影响报告书，报国务院环境保护行政主管部门审查批准；开发利用伴生放射性矿的单位，应当在申请领取采矿许可证件前编制环境影响报告书，报省级以上人民政府环境保护行政主管部门审查批准。

2. 开发利用单位应当按照建设项目"三同时"制度的要求，建设配套的放射性污染防治设施，对铀（钍）矿的流出物和周围的环境进行监测并定期报告。

3. 对铀（钍）矿和伴生放射性矿开采过程中产生的尾矿应当按照要求建造尾矿库贮存、处置。

此外，为了保证铀（钍）矿退役后污染防治工作的顺利进行，立法还规定：铀（钍）矿的开发利用单位负责制定铀（钍）矿的退役方案，由国家财政预算安排退役费用。

五、关于放射性废物的管理

放射性废物的处理和处置是放射性污染防治的重要环节。为了保证放射性

废物及时得到处置，防止其对环境和公众健康构成威胁，立法主要作了以下规定：

1. 明确规定核设施营运单位、核技术利用单位以及铀（钍）矿和伴生放射性矿开发利用单位，应当合理选择和利用原材料，采用先进的生产工艺和设备，尽量减少放射性废物的产生量。

2. 规定放射性废气、废液排放单位应当向有关环境保护行政主管部门申请放射性核素的排放量，并定期报告排放计量结果。

3. 向环境排放放射性废气、废液，应当符合国家放射性污染防治标准。产生放射性废液的单位，应当对不符合国家放射性污染防治标准的放射性废液进行处理或者妥善贮存，对符合国家放射性污染防治标准的放射性废液按照规定方式排放。

4. 对高、中、低水平和 α 放射性固体废物实行分类处置。

5. 产生放射性固体废物的单位，应当按照规定将其产生的放射性固体废物进行处理后，送交废物处置单位进行处置并承担处置费用；对于不按照规定处置的，有关环境保护行政主管部门指定有处置能力的单位代为处置，所需费用由产生放射性固体废物的单位承担。

6. 专门从事放射性固体废物贮存、处置的单位，应当向国务院环境保护行政主管部门申请经营许可证，并按照经营许可证的规定从事放射性废物贮存和处置的经营活动。

为了防止境外放射性废物流入我国，导致放射性污染在我国的扩散，立法规定：禁止放射性废物和被放射性污染的物品进入我国境内或者经我国境内转移。

此外，为了增强放射性污染防治的执法力度，加大对违法行为的处罚，立法明确规定了应当给予处罚的违法行为和具体的处罚种类和幅度，并注意了与刑法的衔接。

第三节　放射性物质污染防治法基本原则

《放射性污染防治法》第 3 条规定："国家对放射性污染的防治，实行预防为主、防治结合、严格管理、安全第一的方针。"这基本上可以认定为我国防治放射性污染的基本原则。各种放射性污染对环境和人体的危害极大，必须进行严格的控制，实行预防为主的方针，尽力避免危害结果的发生，保障人民的生命财产安全。该法规定的颁布放射性污染防治标准；建立放射性污染监测制度；对各种活动进行事前审批；在各种活动被批准前必须先编制环境影响评价文件并得到相关环境保护行政主管部门的批准；配套的放射性污染防治、防护设施与主体工程同时设计、同时施工、同时投入使用等无不体现了"预防为主"的方针。该法还规定一旦发生放射性污染则启动应急机制，对其进行治理，减少对环境的污染和人体健康的损害，体现了"防治结合"的方针。该法还在第二章专门规定了放射性污染防治的监督管理，建立各种监测制度和防范措施，对有关行政主管部门和运营单位的责任作了严格的规定，对其进行"严格管理"。该法规定的各种制度、措施归结为一点就是保护环境、保障人民的生命财产安全，体现了社会主义国家注重人民群众生命财产的"安全第一"的方针。①

第四节　放射性物质污染防治法基本制度

一、放射性污染防治标准制度

《放射性污染防治法》第9条规定："国家放射性污染防治标准由国务院环境保护行政主管部门根据环境安全要求、国家经济技术条件制定。国家放射性污染防治标准由国务院环境保护行政主管部门和国务院标准化行政主管部门联合发布。"该条涉及国家放射性污染防治标准的制定和发布。

1. 国家放射性污染防治标准的制定。国家放射性污染防治标准由国家环境保护行政主管部门，即国家环境保护总局负责制定。同时国家环境保护总局在制定该标准的时候必须考虑到环境安全的要求以及国家经济技术条件，也就是说，国家放射性污染防治标准的制定必须符合我国目前的基本环境要求和经济技术要求，制定出的标准必须切实可行和符合我国的客观现实。

2. 国家放射性污染防治标准的发布。国家标准化管理委员会和国家标准化管理局，是国务院组建并授权履行行政管理职能，统一管理全国标准化工作的主管机构。2001年10月11日，国家标准化管理委员会在京成立。其设立目的在于，要通过加强国家标准委的工作，提高我国标准化工作的水平，更好地发挥标准化在我国经济和社会发展中的技术基础作用，促进我国质量整体水平的提高。而由国家环保总局和国家标准委联合承担国家放射性污染防治标准的发布工作，无疑是体现该标准权威性和专业性的最好方式。

二、放射性污染监测制度

放射性监测制度具有科学性、客观性和可靠性，是促进我国核能和核技术利用可持续发展的不可或缺的一项重要制度。《放射性污染防治法》中有关辐射监测制度的具体规定如下：

1. 建立环境监测网络。鉴于放射性污染无色、无味、仅靠肉眼观测难以辨

---

① 参见赖中茂编著：《中华人民共和国放射性污染防治法释义》，中国法制出版社，2003年版，第7页。

别、认定，但又对人体、畜禽和生态具有严重危害的特点，建立放射性污染监测制度具有现实的必要性。同时，由于我国已经建立了一些放射性污染监测点，具有一定的实践基础，因此，建立放射性污染监测制度、组织建设环境监测网络也具有现实可行性。该法第 10 条对此进行了规定。

2. 监测机构实行资质管理。由于放射性污染工作技术性强、危险程度高、社会敏感性大，对从事有关工作的人员和机构实行资质管理既是对国家环境安全和公众健康负责的需要，也是国际通行惯例。该法第 14 条对此进行了规定。

3. 核设施的辐射监测。核设施虽然在选址、设计、建造和运行各个阶段都受到非常严格的控制，但在正常运行期间其液态和气态流出物仍会有很少量的放射性核素释放到周围环境中。同时由于核动力厂等大型核设施潜在影响较大，因此必须实行双轨监测，即核设施自身进行的监测和环保部门组织进行的监督性监测相结合。该法第 24 条规定对此进行了规定。

4. 铀（钍）矿的辐射监测。对铀（钍）矿的流出物和周围环境实施监测是指开发利用单位在矿的采冶过程中应对其液态排除物中的放射性核素的浓度和总量进行取样测量，在矿周围环境中进行各类环境介质和生物中放射性核素的取样测量。测量结果应按照有关规定定期向国家和省级环保部门报告，以确认铀（钍）矿的开发对环境的影响，满足有关国家规定或批准的限值。该法第 36 条对此进行了规定。

5. 违反放射性监测制度的法律责任。该法第 49 条规定："违反本法规定，有下列行为之一的，由县级以上人民政府环境保护行政主管部门或者其他有关部门依据职权责令限期改正，可以处二万元以下罚款：（一）不按照规定报告有关环境监测结果的；（二）拒绝环境保护行政主管部门和其他有关部门进行现场检查，或者被检查时不如实反映情况和提供必要资料的。"[1]

三、核事故应急制度

《放射性污染防治法》第 25 条第 3 款还规定："出现核事故应急状态时，核设施营运单位必须立即采取有效的应急措施控制事故，并向核设施主管部门和环境保护行政主管部门、卫生行政部门、公安部门以及其他有关部门报告。"同时，该法第 26 条规定："国家建立健全核事故应急制度。核设施主管部门、环境保护行政主管部门、卫生行政部门、公安部门以及其他有关部门，在本级人民政府的组织领导下，按照各自的职责依法做好核事故应急工作。中国人民解放军和中国人民武装警察部队按照国务院、中央军事委员会的有关规定在核事故应急中实施

---

[1] 参见何燕著：《〈放射性污染防治法〉三项基本制度研究》，湖南师范大学硕士学位论文，http://202.114.65.37/kns50/index.aspx，登录于 2007 年 1 月 16 日。

有效的支援。"这主要涉及以下几个问题：

1. 核事故发生时核设施营运单位的应急措施和报告义务。出现核事故应急状态时，核设施营运单位必须立即采取有效的应急措施控制事故，并向有关部门报告。根据事态的严重程度，可以将核事故应急状态分为：①应急待命。出现可能导致危及核设施营运单位和安全的某些特定情况或者外部事件，核设施营运单位有关人员进入戒备状态。②厂房应急。事故后果仅限于核设施营运单位的局部区域，核设施营运单位人员按照场内核事故应急计划的要求采取核事故应急响应行动，通知厂外有关核事故应急响应组织。③场区应急。事故后果蔓延至整个场区，场区内的人员采取核事故应急响应行动，通知省级人民政府指定的部门，某些厂外核事故应急响应组织可能采取核事故应急响应行动。④场外应急。事故后果超越场区边界，实施场内和场外核事故应急计划。①

2. 国家核事故应急制度。全国的核事故应急管理工作由国务院指定的部门负责，必要时，由国务院领导、组织、协调全国的核事故应急管理工作。核设施主管部门、环境保护行政主管部门、卫生行政部门、公安部门以及其他有关部门，是核事故应急制度实施的主要机关部门，而中国人民解放军和中国人民武装警察部队按照国务院、中央军事委员指令在特殊情况下发挥支援作用。

四、核设施退役制度

核设施退役的环境安全是退役的最终目标，是制约整个退役活动的关键，已成为世界各国公众关注的问题。我国在核设施退役活动中，在方案设计中采取了有效的安全措施，且退役活动严格遵照预定的安全措施实施，因而退役活动对环境安全的影响完全控制在预定值以下，对公众及其后代是安全的。②《放射性污染防治法》第 27 条规定："核设施营运单位应当制定核设施退役计划。核设施的退役费用和放射性废物处置费用应当预提，列入投资概算或者生产成本。核设施的退役费用和放射性废物处置费用的提取和管理办法，由国务院财政部门、价格主管部门会同国务院环境保护行政主管部门、核设施主管部门规定。"

该法在制定过程中曾经对"核设施的退役费用和放射性废物处置费用"问题产生过争议。草案中规定的是"新建核设施的退役费用和放射性废物处置费用"，而一些常委委员、环境与资源保护委员会和有的地方、部门提出，该法还应对已建成运营的核设施的退役费用和放射性废物处置费用问题做出规定。法律委员会

---

①　参见赖中茂编著：《中华人民共和国放射性污染防治法释义》，中国法制出版社，2003 年版，第 52 页。

②　参见任宪文著：《核设施退役的环境安全》，载于《辐射防护通讯》2006 年 2 月。

经同国务院有关部门研究、协调，达成一致意见，建议将这一款中的"新建"二字删去；① 还有的常委委员提出，国防科学技术工作委员会作为核设施的主管部门应当参与核设施退役费用和放射性废物处置费用提取和管理办法的制定工作。② 因而，经过两次修改，第三次审议稿才将"核设施的退役费用和放射性废物处置费用"问题确定下来。

第五节　放射性物质污染防治法的主要规定

一、放射性污染防治的监督管理

（一）国家建立放射性污染监测制度

国务院环境保护行政主管部门会同国务院其他有关部门组织环境监测网络，对放射性污染实施监测管理。

（二）开发利用单位的职责

核设施营运单位、核技术利用单位、铀（钍）矿和伴生放射性矿开发利用单位，负责本单位放射性污染的防治，接受环境保护行政主管部门和其他有关部门的监督管理，并依法对其造成的放射性污染承担责任。

（三）安全教育

核设施营运单位、核技术利用单位、铀（钍）矿和伴生放射性矿开发利用单位，必须采取安全与防护措施，预防发生可能导致放射性污染的各类事故，避免放射性污染危害。核设施营运单位、核技术利用单位、铀（钍）矿和伴生放射性矿开发利用单位，应当对其工作人员进行放射性安全教育、培训，采取有效的防护安全措施。

（四）资格管理和资质管理

国家对从事放射性污染防治的专业人员实行资格管理制度；对从事放射性污染监测工作的机构实行资质管理制度。

---

① 参见全国人民代表大会常务委员会 2003 年 6 月 23 日发布的《全国人大法律委员会关于〈中华人民共和国放射性污染防治法（草案）〉审议结果的报告》，http：//law1. chinalawinfo. com/index. asp，登录于 2007 年 1 月 15 日。

② 参见全国人民代表大会常务委员会 2003 年 6 月 27 日发布的《全国人大法律委员会关于〈中华人民共和国放射性污染防治法（草案）〉主要问题修改意见的书面报告》，http：//law1. chinalawinfo. com/index. asp，登录于 2007 年 1 月 15 日。

（五）运输中的防止污染

运输放射性物质和含放射源的射线装置，应当采取有效措施，防止放射性污染。具体办法由国务院规定。

（六）放射性标志和警示说明

放射性物质和射线装置应当设置明显的放射性标志和中文警示说明。生产、销售、使用、贮存、处置放射性物质和射线装置的场所，以及运输放射性物质和含放射源的射线装置的工具，应当设置明显的放射性标志。

（七）对含有放射性物质的产品的管理

含有放射性物质的产品，应当符合国家放射性污染防治标准；不符合国家放射性污染防治标准的，不得出厂和销售。使用伴生放射性矿渣和含有天然放射性物质的石材作建筑和装修材料，应当符合国家建筑材料放射性核素控制标准。

二、核设施的放射性污染防治

（一）核设施审批制度

核设施选址，应当进行科学论证，并按照国家有关规定办理审批手续。核设施营运单位在进行核设施建造、装料、运行、退役等活动前，必须按照国务院有关核设施安全监督管理的规定，申请领取核设施建造、运行许可证和办理装料、退役等审批手续。核设施营运单位领取有关许可证或者批准文件后，方可进行相应的建造、装料、运行、退役等活动。

（二）核设施环境影响评价制度

在办理核设施选址审批手续前，应当编制环境影响报告书，报国务院环境保护行政主管部门审查批准；未经批准，有关部门不得办理核设施选址批准文件。核设施营运单位应当在申请领取核设施建造、运行许可证和办理退役审批手续前编制环境影响报告书，报国务院环境保护行政主管部门审查批准；未经批准，有关部门不得颁发许可证和办理批准文件。

（三）"三同时"制度

与核设施相配套的放射性污染防治设施，应当与主体工程同时设计、同时施工、同时投入使用。放射性污染防治设施应当与主体工程同时验收；验收合格的，主体工程方可投入生产或者使用。

（四）核设施的进口

进口核设施，应当符合国家放射性污染防治标准；没有相应的国家放射性污染防治标准的，采用国务院环境保护行政主管部门指定的国外有关标准。

（五）在重要核设施外围划定限制区

核动力厂等重要核设施外围地区应当划定规划限制区。规划限制区的划定和管理办法，由国务院规定。

（六）监督性监测

核设施营运单位应当对核设施周围环境中所含的放射性核素的种类、浓度以及核设施流出物中的放射性核素总量实施监测，并定期向国务院环境保护行政主管部门和所在地省、自治区、直辖市人民政府环境保护行政主管部门报告监测结果。国务院环境保护行政主管部门负责对核动力厂等重要核设施实施监督性监测，并根据需要对其他核设施的流出物实施监测。监督性监测系统的建设、运行和维护费用由财政预算安排。

三、核技术利用的放射性污染防治

（一）核技术利用的登记手续

生产、销售、使用放射性同位素和射线装置的单位，应当按照国务院有关放射性同位素与射线装置放射防护的规定申请领取许可证，办理登记手续。 转让、进口放射性同位素和射线装置的单位以及装备有放射性同位素的仪表的单位，应当按照国务院有关放射性同位素与射线装置放射防护的规定办理有关手续。

（二）核技术利用的许可证

生产、销售、使用放射性同位素和加速器、中子发生器以及含放射源的射线装置的单位，应当在申请领取许可证前编制环境影响评价文件，报省、自治区、直辖市人民政府环境保护行政主管部门审查批准；未经批准，有关部门不得颁发许可证。国家建立放射性同位素备案制度。具体办法由国务院规定。

（三）放射防护设施

新建、改建、扩建放射工作场所的放射防护设施，应当与主体工程同时设计、同时施工、同时投入使用。放射防护设施应当与主体工程同时验收；验收合格的，主体工程方可投入生产或者使用。

（四）放射性同位素的安全存放

放射性同位素应当单独存放，不得与易燃、易爆、腐蚀性物品等一起存放，其贮存场所应当采取有效的防火、防盗、防射线泄漏的安全防护措施，并指定专人负责保管。贮存、领取、使用、归还放射性同位素时，应当进行登记、检查，做到账物相符。

（五）放射性废物的收集、包装、贮存

生产、使用放射性同位素和射线装置的单位，应当按照国务院环境保护行政主管部门的规定对其产生的放射性废物进行收集、包装、贮存。生产放射源的单位，应当按照国务院环境保护行政主管部门的规定回收和利用废旧放射源；使用放射源的单位，应当按照国务院环境保护行政主管部门的规定将废旧放射源交回生产放射源的单位或者送交专门从事放射性固体废物贮存、处置的单位。

（六）核技术利用的安全保卫

生产、销售、使用、贮存放射源的单位，应当建立健全安全保卫制度，指定专人负责，落实安全责任制，制定必要的事故应急措施。发生放射源丢失、被盗和放射性污染事故时，有关单位和个人必须立即采取应急措施，并向公安部门、卫生行政部门和环境保护行政主管部门报告。公安部门、卫生行政部门和环境保护行政主管部门接到放射源丢失、被盗和放射性污染事故报告后，应当报告本级人民政府，并按照各自的职责立即组织采取有效措施，防止放射性污染蔓延，减少事故损失。当地人民政府应当及时将有关情况告知公众，并做好事故的调查、处理工作。

四、铀（钍）矿和伴生放射性矿开发利用的放射性污染防治

（一）铀（钍）矿和伴生放射性矿开发利用的审批

开发利用或者关闭铀（钍）矿的单位，应当在申请领取采矿许可证或者办理退役审批手续前编制环境影响报告书，报国务院环境保护行政主管部门审查批准。开发利用伴生放射性矿的单位，应当在申请领取采矿许可证前编制环境影响报告书，报省级以上人民政府环境保护行政主管部门审查批准。

（二）配套设施

与铀（钍）矿和伴生放射性矿开发利用建设项目相配套的放射性污染防治设施，应当与主体工程同时设计、同时施工、同时投入使用。放射性污染防治设施

应当与主体工程同时验收；验收合格的，主体工程方可投入生产或者使用。

（三）监测

铀（钍）矿开发利用单位应当对铀（钍）矿的流出物和周围的环境实施监测，并定期向国务院环境保护行政主管部门和所在地省、自治区、直辖市人民政府环境保护行政主管部门报告监测结果。

（四）尾矿的贮存、处置

对铀（钍）矿和伴生放射性矿开发利用过程中产生的尾矿，应当建造尾矿库进行贮存、处置；建造的尾矿库应当符合放射性污染防治的要求。

（五）铀（钍）矿退役

铀（钍）矿开发利用单位应当制定铀（钍）矿退役计划。铀矿退役费用由国家财政预算安排。

五、放射性废物管理

放射性废物，是指含有放射性核素或者被放射性核素污染，其浓度或者比活度大于国家确定的清洁解控水平，预期不再使用的废弃物。《放射性污染防治法》以第六章专章规定了放射性废物的管理，规定的内容较为全面，主要涉及以下几个方面：

1. 原材料、生产工艺和设备的选用。核设施营运单位、核技术利用单位、铀（钍）矿和伴生放射性矿开发利用单位，应当合理选择和利用原材料，采用先进的生产工艺和设备，尽量减少放射性废物的产生量。

2. 放射性废气、废液的排放标准。向环境排放放射性废气、废液，必须符合国家放射性污染防治标准。

3. 放射性废气、废液的排污许可制度。产生放射性废气、废液的单位向环境排放符合国家放射性污染防治标准的放射性废气、废液，应当向审批环境影响评价文件的环境保护行政主管部门申请放射性核素排放量，并定期报告排放计量结果。

4. 放射性废液的排放方式。产生放射性废液的单位，必须按照国家放射性污染防治标准的要求，对不得向环境排放的放射性废液进行处理或者贮存。产生放射性废液的单位，向环境排放符合国家放射性污染防治标准的放射性废液，必须采用符合国务院环境保护行政主管部门规定的排放方式。禁止利用渗井、渗坑、天然裂隙、溶洞或者国家禁止的其他方式排放放射性废液。

5. 放射性固体废物的处置。低、中水平放射性固体废物在符合国家规定的区域实行近地表处置。高水平放射性固体废物实行集中的深地质处置。α放射性固体废物依照前款规定处置。禁止在内河水域和海洋上处置放射性固体废物。

6. 放射性固体废物处置场所的选址。国务院核设施主管部门会同国务院环境保护行政主管部门根据地质条件和放射性固体废物处置的需要，在环境影响评价的基础上编制放射性固体废物处置场所选址规划，报国务院批准后实施。有关地方人民政府应当根据放射性固体废物处置场所选址规划，提供放射性固体废物处置场所的建设用地，并采取有效措施支持放射性固体废物的处置。

7. 放射性固体废物的处置费用。产生放射性固体废物的单位，应当按照国务院环境保护行政主管部门的规定，对其产生的放射性固体废物进行处理后，送交放射性固体废物处置单位处置，并承担处置费用。放射性固体废物处置费用收取和使用管理办法，由国务院财政部门、价格主管部门会同国务院环境保护行政主管部门规定。

8. 放射性固体废物贮存处置单位。设立专门从事放射性固体废物贮存、处置的单位，必须经国务院环境保护行政主管部门审查批准，取得许可证。具体办法由国务院规定。禁止未经许可或者不按照许可的有关规定从事贮存和处置放射性固体废物的活动。禁止将放射性固体废物提供或者委托给无许可证的单位贮存和处置。

9. 放射性废物和被污染物品入境、境内转移的禁止。禁止将放射性废物和被放射性污染的物品输入中华人民共和国境内或者经中华人民共和国境内转移。

第六节　关于放射性物质污染防治的国际公约

中国政府一贯高度重视核安全，签署、批准或核准了《国际原子能机构及早通报核事故公约》、《核事故或辐射紧急情况援助公约》、《核安全公约》、《核材料实物保护公约》等公约，认真履行公约义务，承担对本国核电厂的安全责任，并为达到和维护国际公认的高水平的核安全而不懈努力。[①]

一、1980 年《核材料实物保护公约》

1980 年《核材料实物保护公约》是一项以保护用于和平目的的核材料的国际运输为主要目的的公约。公约通过附件二将受保护的核材料分为三类，其中钚、铀 235 和铀 233 按不同的质量组分别归入此三类，经辐射的燃料归入第二类。公约以附件一对上述核材料在国际运输过程中的存放地规定不同严格程度的

---

① 参见王曦编著：《国际环境法》，法律出版社，2005 年版，第 318 页。

保护。对于其中第三类核材料，附件一要求控制对该材料存放地的进入。对于其中第二类核材料，附件一要求将其存放地置于卫兵和电子监视器的连续监视之下，并在其周围布置具有受控制的有限入口的物质障碍物，或将其存放于任何具有同等物质保护水平的地点。对于其中第一类核材料，附件一除要求将其存放在与第二类核材料同等保护水平的地点之外，还要求只允许被认定可靠的人进入，并且其进入必须处于同适当的反应队伍保持密切联系的卫兵的监视之下。此外，为保护此类材料的安全，还可采取以发现和预防任何攻击、非法进入或非法移动核材料为目的的特定措施。

公约的附件一还对核材料的国际运输作了具体规定。第二类和第三类核材料的运输必须有特别的警惕措施，包括发货人、收货人或承运人的事先安排和出口国和进口国管辖之下的有关自然人或法人之间的事先协议，尤其是对运输责任转移的时间、地点和程序的规定。第一类核材料的运输除采取第二类、三类核材料的警惕措施外，还应处于押运人的不断监视和确保与适当的反应队伍的密切联系的条件之下。对于除矿石渣之外的天然铀，如运输量超过 500 千克，则须事先通知装运方式和预计到达时间并要求收货确认。

公约规定除非得到关于符合附件一规定的核材料国际运输的保护水平的保证，成员国不得出口或允许出口核材料。除非得到关于符合附件一规定的核材料国际运输的保护水平的保证，成员国不得从非成员国进口或允许进口核材料。除非得到关于符合附件一规定的核材料国际运输的保护水平的保护，成员国不得允许非成员国的核材料在其领土，包括土地、内水、航空港和海港过境。成员国在得到有关过境核材料运输保护的保证后，应查明并事先通知该核材料将要进入的国家。

公约还对在发生核材料的偷盗、抢劫或其他非法取得行为时的国家合作作了规定。成员国必须确定并直接地或通过国际原子能机构公布其负责核材料实质保护的国家主管机构。在发生核材料偷盗、抢劫或其他非法取得行为或出现发生此类行为的可信的危险时，成员国必须在符合其国内法的前提下对任何要求协助的国家提供最大可行的协助，包括尽可能快地通知其他国家和有关的国际组织和交换有关保护受威胁的核材料、查验转运容器的完好性或收回非法取得的核材料的情报。

公约规定各成员国应以其国内法规定故意构成的下列行为为应受法律制裁之罪行：①非法接收、拥有、使用、转让、改变、处置或扩散核材料并引起或可能引起任何人的死亡或严重伤害或对财产的严重损害的行为；②盗抢核材料的行为；③盗用或诈取核材料的行为；④以威胁使用或使用物理或以其他形式的威胁所取核材料的行为；⑤以使用核材料引起任何人的死亡或严重伤害或严重财产损害的威胁，或者以盗抢核材料强迫自然人或法人或国际组织为或不为一定行为的威胁；⑥企图从事上述前三项之行为；⑦参与上述一至六项所列行为之行为。①

二、1986 年《国际原子能机构及早通报核事故公约》（简称《通报公约》）

《通报公约》是切尔诺贝利核电站事故所引起的一个条约，1986 年 9 月 26 日制定于维也纳，1986 年 10 月 27 日正式生效。公约的目的是使成员国尽早提供有关核事故的情报。现在几乎所有核国家都加入了公约。通报公约涉及所有民用核设施事故，包括"由此而引起或可能引起的放射性物质释放、并已经造成或可能造成对另一国具有重大辐射影响的跨国界的任何事故"。公约的局限性有两点：第一，由各国来解释什么是"重大"影响；第二，没有包括军用核设施事故的通知。后一个问题在五个核国家宣言中得到了改进。他们宣布公约将扩展到军用核设施事故中。成员国在核事故发生时必须"立即直接或通过国际原子能机构（以下简称为'机构'），将该核事故及其性质、发生时间和地点通知实际受影响或可能会受影响的国家"。各成员国必须迅速提供所有可以减少放射性事故影响的信息，例如，可能的事故起因、放射性的特点以及环境监测的结果。成员国必须"迅速地"回应受影响的缔约国要求进一步提供情报和进行协商的请求，以尽量减少对邻国的辐射后果。②

三、1986 年《核事故或辐射紧急情况援助公约》（简称《援助公约》）

《援助公约》于 1986 年 9 于 26 日签订于维也纳，1986 年 10 月 27 日正式生效。它是《通告公约》的补充。公约建立了一个发生核事故迅速提供援助以尽量减少其后果的国际合作体制，为便于进行这种合作，各缔约国可达成双边或多边安排，或达成双边和多边相结合的安排，以防止或尽量减少在发生核事故或辐射紧急情况时可能造成的伤害和损失。条约要求请求援助的缔约国应详细说明所需援助的范围和种类，并按实际可能向援助方提供必要的情报，以便援助方确定其能满足请求的程度。在请求缔约国不能详细说明所需援助的范围和种类的情况下，请求缔约国和援助方应协商决定所需援助的范围和种类。受请求的每一缔约国，应迅速决定并直接或通过机构通知请求国，它是否能够提供所请求的援助以及可能提供的范围和条件。国际原子能机构应向各缔约国和成员国收集和传播有关下列情报：在发生核事故或辐射紧急情况时可以动用的专家、设备和物质；应请求援助国的要求，提供核事故或辐射紧急情况应急的办法、技术和可供使用的研究成果。请求国应给予援助方的人员和代表以必要的豁免和便利，以便履行其援助职务。各国对此条款可以保留。总之，此公约建立了各国间在发生核事故或

---

① 参见王曦编著：《国际环境法》，法律出版社，2005 年版，第 295～297 页。
② 参见那力编著：《国际环境法》，科学出版社 2005 年版，第 192 页。

辐射紧急情况时迅速提供援助的机制，扫清了国家间进行援助的行政与立法的障碍。①

四、1994 年《核安全公约》

《核安全公约》由五部分组成：序言；第一章，目的、意义和范围；第二章，义务；第三章，缔约方会议；第四章，最后条款和其他规定。序言部分集中了各国政府和代表最关心的原则问题。虽然只有 10 条，却反映了公约的宗旨和在起草、讨论中费时颇多的其他重要问题。序言部分除强调"确保核能安全、有良好的监督管理和很好保护环境对国际社会的重要性"、"不断促进世界范围内核安全达到高水平的必要性"、"促进有效的核安全素养"等条款之外，还包括"重申核安全的责任由核设施所在国家承担"。序言指出"利用现有的双边或多边机制和制定这一鼓励性公约增强核安全国际合作的重要性"，"承认本公约仅要求承诺应用安全基本原则而非详细的安全标准，并承认存在着国际编制的各种安全指导文件"。序言部分的最后两段提到"确认一旦正在进行的制订放射性废物管理安全基本原则的工作达成国际广泛一致，便立即开始制订有关放射性废物管理的国际公约的必要性"；"承认进一步开展与核燃料循环其他部分的安全有关的技术工作是有用的，并承认这一工作迟早会有利于当前或未来的国际文件制订"。第一章明确指出公约的运用范围是核电站。"就本公约而言：'核设施'系指每一缔约方的在其管辖下的陆基民用核电站，包括设在同一场址并与核电站的运行直接有关的辅助设施，如贮存、装卸和处理放射性的设施"。第二章规定每一缔约方应在本国的法律框架内采取履行本公约规定义务所必需的立法、监管和行政措施及其他步骤；每个缔约国应就其为履行本公约的各项义务已采取的措施提交报告，供"审议会议"审议；每个缔约国要采取适当步骤，使已有核电站的安全状况能尽快得到审查；采取合理可行的改进措施提高其安全性，等等。

中国对《核安全公约》的态度是极为严肃认真的，积极参与了从公约起草开始至公约通过、签署的全过程的所有活动。公约的主要条款我们是赞同的，基本反映了我们的观点。在此，借用我国代表的一次发言来表明中国政府的态度"核安全是国际社会关切的问题，在世界上任何地方发生严重核事故，不但其放射性影响可能超越国界，而且会动摇公众信心，严重影响国际核能事业的发展。因此在确认核安全是国家责任的基础上，通过制定国际公约来建立和加强国际核安全是十分必要的，是符合国际社会的根本利益的"。②

① 参见那力编著：《国际环境法》，科学出版社，2005 年版，第 192～193 页。
② 参见冷瑞平著：《核安全公约的主要内容及其含义》，载于《辐射防护通讯》1995 年第 4 期。

五、1997 年《乏燃料管理安全和放射性废物管理安全联合公约》

《乏燃料管理安全和放射性废物管理安全联合公约》是在国际原子能机构于 1997 年 9 月 1 日至 5 日举行的外交会议上通过的，是国际社会处理放射性废物和乏燃料的管理和贮存安全问题的第一份国际文件。根据公约规定的条件，该公约已于 2001 年 6 月 18 日生效。我国积极参加了公约的起草和磋商，目前已启动加入公约的有关工作。公约的目标主要是：通过加强本国措施和国际合作，包括情况合适时与安全有关的技术合作，以在世界范围内达到和维持乏燃料和放射性废物管理方面的高安全水平。公约适用于民用核反应堆运行所产生的乏燃料的管理安全和民事应用产生的放射性废物的管理安全。缔约方的义务分为两个部分：一是乏燃料管理安全和放射性废物管理安全方面的义务；而是针对前两个方面的安全规定。

在燃料管理安全和放射性废物管理安全方面，公约要求每一缔约方采取适当步骤，以确保在乏燃料管理和放射性废物管理的所有阶段充分保护个人、社会和环境免受放射危害。为此，各缔约方应对已存在的乏燃料管理设施和放射性废物管理设施的安全性予以审查。同时，对拟议中的乏燃料管理设施和放射性废物管理设施进行安全评估，并对其选址、设计、建造和运行予以严格管理。

在安全规定方面，公约要求每一缔约方在本国的法律框架内采取为履行本公约规定义务所必需的立法、监管和行政管理措施及其他步骤。为此，各缔约方应建立并维持一套管理乏燃料和放射性废物管理安全的立法和监管框架，并为之建立或制定一个监管机构。另外，公约还对乏燃料管理安全和放射性废物管理安全方面的许可证持有者的责任、人力与财力的保障、质量保障、运行辐射防护、应急准备、核设施退役、跨国界运输等内容进行了具体规定。

保障公约实施的相关辅助条款包括：有关缔约方大会和秘书处的规定，其中公约规定了一项有约束力的国家报告制度；有关争端的解决的规定；有关公约的签署、批准、接受、核准或加入、生效、保留、修正、表决权、退出、保存人和作准文本的规定。[1]

---

[1]　参见王曦编著：《国际环境法》，法律出版社，2005 年版，第 299～300 页。

第十三章 化学品物质污染防治法

第一节 我国的化学品污染

一、化学品

（一）化学品

化学品，又称化学物品，是指人工制造的或者从自然界取得的化学物质，包括化学物质本身，化学混合物或者化学配制物中的一部分，以及作为工业化学品和农药使用的物质。

化学品污染防治法所指的"化学品"，不包括食品添加剂、医药、兽药、化妆品和放射性物质。

（二）对环境有影响的化学品

化学品中，有的对人、畜及环境没有什么不良影响。而化学品污染防治主要是控制有害化学品对环境的污染损害。这类化学品在法律上又分为：

1. 有毒化学品。是指进入环境后通过环境蓄积、生物积累、生物转化或化学反应等方式损害健康和环境，或者通过接触对人体具有严重危害和具有潜在危险的化学品。

2. 化学危险物品：指我国《化学危险物品安全管理条例》和关于危险货物分类与品名编号的国家标准中所列的"爆炸品、压缩气体和液化气体、易燃液体、易燃固体、自燃物品和遇湿易燃物品、氧化剂和有机过氧化物、毒害品和腐蚀品"七大类，具有易爆、易燃、易氧化、易腐蚀、有毒等危险性的物品。

二、化学品污染

有毒有害化学品对环境造成的污染，具有以下特点：

1. 有毒有害化学品不同于污染的废水、废气和固体废物，它具有两重性，一方面对人类有害，另一方面又是对人有用的物品，而非被弃置的废物，它们可能是人们生活、生产中需要的生产成品，也可能是原料、半成品。

2. 污染的产生主要由于在生产、运输、贮存、使用过程中，管理不善、控制不力、使用不当，造成泄漏、溢出、渗透、散失，进入环境产生污染危害。因此，对有毒有害化学品的污染防治，重点在于加强管理、加强预防。

3. 有毒有害化学品危害性大。许多有毒有害的化学品不但能造成人、畜急性中毒，而且有致畸、致癌、致突变的作用。很多种类的化学性质特别稳定，具有生物难降解或不能降解的特性，一旦进入环境，便能通过生物累积、富集、生物转化等方式长期危害人类健康，这种影响甚至可以殃及几代人。危险物品更容易酿成重大伤亡事故。

有毒化学品造成的事故损失之大，往往是其他的污染所不及的。例如，1984年12月，美国联合碳化物公司设在印度博帕尔的农药厂毒气泄漏，死亡2000多人，20万人受害。1986年11月，位于瑞士的山度士公司化学品泄漏，20吨有毒化学品进入莱茵河，仅保险公司就为此支付赔偿费1.75亿美元。1999年比利时1400家饲养场使用的饲料被剧毒化学物品"二　英"污染，食用这些饲料的850万只鸡以及大量猪、牛不得不被屠宰销毁，造成的直接损失达3.55亿欧元，加上相关食品工业的损失，达10亿欧元。

我国随着化学工业日益发展，化学品对环境的污染越来越突出，特别是近年来由于一些单位管理不力，不按章办事，违规操作，致使泄漏、散失的重大恶性事故频频发生，严重危害人民生活，污染环境，社会影响十分恶劣。2001年11月1日河南洛宁县一辆大卡车翻车，11.67吨氰化钠坠入水中，流进洛河，幸亏当地驻军抢筑三条拦截大坝，才使黄河避免了一场污染大劫难。2002年元旦南京某电镀材料设备经营部失窃，400千克氰化钠被偷，后被遗弃在公路边，包装桶被拾荒者捡走。若非警方迅速破案，找回全部氰化钠及包装物，这种0.1～0.3克即可致人死亡的化学品不知要酿成多大的灾难。

三、我国的化学品进出口管理

依据国家环境保护总局2006年7月27日发表的《2005年中国环境状况公报》显示，2005年我国共批准免于申报新化学物质728份，核发29份新化学物质环境管理登记证；核发116份新化学物质环境监管通知单。更新、发布了《已在中国生产和进口的现有化学物质名单》，增补收录1465种化学物质，总数达到44500余种。2005年6月，国家环境保护总局与海关总署联合发布《中国禁止或严格限制的有毒化学品目录（第二批）》，将可能严重危害环境的7种有毒化学品纳入有毒化学品进出口环境管理范围，自7月10日起实施。2005年12月，国家环境保护总局与海关总署联合发布《中国严格限制的有毒化学品目录》，使纳入环保登记的有毒化学品达到188种，自2006年1月1日起实施。2005年12月，国家环境保护总局与商务部、海关总署联合发布《禁止进口货物目录（第六批）》和《禁止出口货物目录（第三批）》，将中国淘汰和国际公约禁止使用的20种有毒化学品列入禁止进出口货物目录，自2006年1月1日起实施。

第二节　化学品物质污染防治的立法沿革

许多国家都很重视防治化学品污染的立法,如美国制定了《有毒物质控制法》、瑞典制定了《化学品管理法》、法国制定了《化学物质控制法》等,联合国环境规划署还起草了《关于化学品管理立法模式》。

我国虽然目前还没有化学品污染防治的综合性法律,但是我国对这项工作一直比较重视。早在 1955 年,国家有关部门下发了《关于严防农药中毒的联合通知》。1965 年,国务院批转了化工部等部门的六个有关化学危险物品管理规定。进入 20 世纪 80 年代后,国家相继出台了一系列有关有毒有害化学品污染防治的法规、规章:有关部门 1982 年联合发布《农药安全使用规定》和《农药登记规定》,1984 年发布《农药安全使用标准》,1994 年国家环境保护局等单位联合发布《化学品首次进口及有毒化学品进出口管理规定》,1981 年国家环境保护局和能源部联合发布《防止含多氯联苯电力装置及其废物污染环境的规定》,1992 年化工部和国家环境保护局联合发布的《关于防治铬化物生产建设中工业毒物环境污染管理办法(试行)》等。其中,国务院发布的行政法规就有 1987 年发布的《化学危险品安全管理条例》、1995 年发布的《监控化学品管理条例》、1997 年发布的《农药管理条例》。此外,国家有关部门还制定颁布了一系列有关的安全标准和环境标准。

2002 年国务院发布了《危险化学品污染安全管理条例》,并于 2002 年 3 月 15 日开始实施,由此代替了 1987 年发布的《化学危险品安全管理条例》。《危险化学品安全管理条例》与原有的《化学危险品安全管理条例》相比,最大的不同在于增设了第五章"危险化学品的登记与事故应急救援",由此设立了危险化学品的登记制度和事故应急制度,加强了危险化学品的管理,并为危险化学品安全管理、事故预防和应急救援提供技术、信息支持,同时也提高了对于危险事故的应急处置能力。

为了加强医疗废物的安全管理,防止疾病传播,保护环境,保障人体健康,国务院于 2003 年 6 月 16 日发布并实施了根据《中华人民共和国传染病防治法》和《中华人民共和国固体废物污染环境防治法》制定的《医疗废物管理条例》;此后,为加强对新化学物质的环境管理,防止环境污染,保障人体健康,保护生态环境,2003 年 9 月 12 日国家环境保护总局颁布了《新化学物质环境管理办法》。这两部法律文件的出台为新型化学品的污染防治工作提供了法律依据。

第三节　危险化学品安全管理

危险化学品，包括爆炸品、压缩气体和液化气体、易燃液体、易燃固体、自燃物品和遇湿易燃物品、氧化剂和有机过氧化物、有毒品和腐蚀品等。危险化学品列入以国家标准公布的《危险货物品名表》（GB12268）；剧毒化学品目录和未列入《危险货物品名表》的其他危险化学品，由国务院经济贸易综合管理部门会同国务院公安、环境保护、卫生、质检、交通部门确定并公布。

《危险化学品安全管理条例》主要从以下几个方面进行了规定：

一、危险化学品监督管理体制

对危险化学品的生产、经营、储存、运输、使用和对废弃危险化学品处置实施监督管理的有关部门，依照下列规定履行职责：

1. 国务院经济贸易综合管理部门和省、自治区、直辖市人民政府经济贸易管理部门，依照本条例的规定，负责危险化学品安全监督管理综合工作，负责危险化学品生产、储存企业设立及其改建、扩建的审查，负责危险化学品包装物、容器（包括用于运输工具的槽罐，下同）专业生产企业的审查和定点，负责危险化学品经营许可证的发放，负责国内危险化学品的登记，负责危险化学品事故应急救援的组织和协调，并负责前述事项的监督检查；设区的市级人民政府和县级人民政府的负责危险化学品安全监督管理综合工作的部门，由各该级人民政府确定，依照本条例的规定履行职责。

2. 公安部门负责危险化学品的公共安全管理，负责发放剧毒化学品购买凭证和准购证，负责审查核发剧毒化学品公路运输通行证，对危险化学品道路运输安全实施监督，并负责前述事项的监督检查。

3. 质检部门负责发放危险化学品及其包装物、容器的生产许可证，负责对危险化学品包装物、容器的产品质量实施监督，并负责前述事项的监督检查。

4. 环境保护部门负责废弃危险化学品处置的监督管理，负责调查重大危险化学品污染事故和生态破坏事件，负责有毒化学品事故现场的应急监测和进口危险化学品的登记，并负责前述事项的监督检查。

5. 铁路、民航部门负责危险化学品铁路、航空运输和危险化学品铁路、民航运输单位及其运输工具的安全管理及监督检查。交通部门负责危险化学品公路、水路运输单位及其运输工具的安全管理，对危险化学品水路运输安全实施监督，负责危险化学品公路、水路运输单位、驾驶人员、船员、装卸人员和押运人员的资质认定，并负责前述事项的监督检查。

6. 卫生行政部门负责危险化学品的毒性鉴定和危险化学品事故伤亡人员的

医疗救护工作。

7. 工商行政管理部门依据有关部门的批准、许可文件，核发危险化学品生产、经营、贮存、运输单位营业执照，并监督管理危险化学品市场经营活动。

8. 邮政部门负责邮寄危险化学品的监督检查。

二、危险化学品的生产、储存和使用

1. 危险化学品生产、贮存企业，必须具备下列条件：①有符合国家标准的生产工艺、设备或者贮存方式、设施；②工厂、仓库的周边防护距离符合国家标准或者国家有关规定；③有符合生产或者贮存需要的管理人员和技术人员；④有健全的安全管理制度；⑤符合法律、法规规定和国家标准要求的其他条件。

2. 依法设立的危险化学品生产企业，必须向国务院质检部门申请领取危险化学品生产许可证；未取得危险化学品生产许可证的，不得开工生产。国务院质检部门应当将颁发危险化学品生产许可证的情况通报国务院经济贸易综合管理部门、环境保护部门和公安部门。

3. 任何单位和个人不得生产、经营、使用国家明令禁止的危险化学品。

4. 生产危险化学品的，应当在危险化学品的包装内附有与危险化学品完全一致的化学品安全技术说明书，并在包装（包括外包装件）上加贴或者拴挂与包装内危险化学品完全一致的化学品安全标签。

5. 使用危险化学品从事生产的单位，其生产条件必须符合国家标准和国家有关规定，并依照国家有关法律、法规的规定取得相应的许可，必须建立、健全危险化学品使用的安全管理规章制度，保证危险化学品的安全使用和管理。

6. 生产、贮存、使用危险化学品的，应当根据危险化学品的种类、特性，在车间、库房等作业场所设置相应的监测、通风、防晒、调温、防火、灭火、防爆、泄压、防毒、消毒、中和、防潮、防雷、防静电、防腐、防渗漏、防护围堤或者隔离操作等安全设施、设备，并按照国家标准和国家有关规定进行维护、保养，保证符合安全运行要求。危险化学品的生产、贮存、使用单位，应当在生产、贮存和使用场所设置通信、报警装置，并保证在任何情况下处于正常适用状态。

7. 危险化学品的包装必须符合国家法律、法规、规章的规定和国家标准的要求。

8. 危险化学品必须贮存在专用仓库、专用场地或者专用贮存室（以下统称专用仓库）内，贮存方式、方法与贮存数量必须符合国家标准，并由专人管理。

三、危险化学品的经营

国家对危险化学品经营销售实行许可制度。未经许可，任何单位和个人都不得经营销售危险化学品。危险化学品经营企业，必须具备下列条件：①经营场所和储存设施符合国家标准；②主管人员和业务人员经过专业培训，并取得上岗资格；③有健全的安全管理制度；④符合法律、法规规定和国家标准要求的其他条件。经营危险化学品，不得有下列行为：①从未取得危险化学品生产许可证或者危险化学品经营许可证的企业采购危险化学品；②经营国家明令禁止的危险化学品和用剧毒化学品生产的灭鼠药以及其他可能进入人民日常生活的化学产品和日用化学品；③销售没有化学品安全技术说明书和化学品安全标签的危险化学品。

经营剧毒化学品和其他危险化学品的，应当分别向省、自治区、直辖市人民政府经济贸易管理部门或者设区的市级人民政府负责危险化学品安全监督管理综合工作的部门提出申请；省、自治区、直辖市人民政府经济贸易管理部门或者设区的市级人民政府负责危险化学品安全监督管理综合工作的部门接到申请后，应当依照本条例的规定对申请人提交的证明材料和经营场所进行审查。

四、危险化学品的运输

国家对危险化学品的运输实行资质认定制度；未经资质认定，不得运输危险化学品。危险化学品运输企业，应当对其驾驶员、船员、装卸管理人员、押运人员进行有关安全知识培训；驾驶员、船员、装卸管理人员、押运人员必须掌握危险化学品运输的安全知识，并经所在地设区的市级人民政府交通部门考核合格（船员经海事管理机构考核合格），取得上岗资格证，方可上岗作业。危险化学品的装卸作业必须在装卸管理人员的现场指挥下进行。运输、装卸危险化学品，应当依照有关法律、法规、规章的规定和国家标准的要求并按照危险化学品的危险特性，采取必要的安全防护措施。剧毒化学品在公路运输途中发生被盗、丢失、流散、泄漏等情况时，承运人及押运人员必须立即向当地公安部门报告，并采取一切可能的警示措施。公安部门接到报告后，应当立即向其他有关部门通报情况；有关部门应当采取必要的安全措施。

五、危险化学品的登记与事故应急救援

1. 登记。国家实行危险化学品登记制度，并为危险化学品安全管理、事故预防和应急救援提供技术、信息支持。危险化学品生产、储存企业以及使用剧毒化学品和数量构成重大危险源的其他危险化学品的单位，应当向国务院经济贸易综合管理部门负责危险化学品登记的机构办理危险化学品登记。

2. 事故应急救援。县级以上地方各级人民政府负责危险化学品安全监督管理综合工作的部门应当会同同级其他有关部门制定危险化学品事故应急救援预案，报经本级人民政府批准后实施。危险化学品单位应当制定本单位事故应急救援预案，配备应急救援人员和必要的应急救援器材、设备，并定期组织演练。发

生危险化学品事故，单位主要负责人应当按照本单位制定的应急救援预案，立即组织救援，并立即报告当地负责危险化学品安全监督管理综合工作的部门和公安、环境保护、质检部门。发生危险化学品事故，有关地方人民政府应当做好指挥、领导工作。负责危险化学品安全监督管理综合工作的部门和环境保护、公安、卫生等有关部门，应当按照当地应急救援预案组织实施救援，不得拖延、推诿。有关地方人民政府及其有关部门并应当按照下列规定，采取必要措施，减少事故损失，防止事故蔓延、扩大：①立即组织营救受害人员，组织撤离或者采取其他措施保护危害区域内的其他人员；②迅速控制危害源，并对危险化学品造成的危害进行检验、监测，测定事故的危害区域、危险化学品性质及危害程度；③针对事故对人体、动植物、土壤、水源、空气造成的现实危害和可能产生的危害，迅速采取封闭、隔离、洗消等措施；④对危险化学品事故造成的危害进行监测、处置，直至符合国家环境保护标准。

第四节　其他化学品管理

一、关于农药污染防治的主要法律规定

农药指用于预防、消灭或控制危害农业、林业的病、虫、草和其他有害生物以及有目的地调节植物、昆虫生长的生长调节剂，包括化学合成或来源于生物、其他天然物质的一种物质或几种物质的混合物及其制剂。化学农药是有毒化学品中使用量最大、施用面最广、毒性最高的一类化合物。近年来，我国每年生产的农药约 200 多个品种，原药产量达 40 万吨（折纯药），居世界第二，每年使用农药 45 亿亩次。农药引起中毒伤亡事故非常突出。1995～1996 两年内黑龙江、广东、江苏等省因农药中毒伤亡就达数万人，死亡数千人。据 1992～1996 年对 26 个省、市的统计，发生农药中毒 247349 例，死亡 24612 人。农药是一种主要的环境"三致性"物质，其致畸作用直接危害后代正常发育，致癌、致突变作用潜伏期可达数十年，很多化学农药还是环境激素，能影响人和动物生殖机能。农药还能使生物遭遇灭顶之灾，特别是处于食物链较高位的天敌往往遭受更大的毒害，农药大量使用区青蛙、鸟类、捕食性昆虫数量锐减，致使生态平衡遭到破坏。农药的滥用使农产品中农药残留量超标，大大影响我国对外农副产品贸易，致使我国出口的茶叶、蜂蜜、水果、冷冻肉类屡屡发生被拒收、退货、索赔、撤销合同的事件。

（一）我国防治农药污染的立法

许多国家都制定了控制农药污染的法律，如美国制定的《联邦环境农药控制法》、日本制定的《农药控制法》、荷兰制定的《农药法》等。

迄今为止，我国尚未制定专门的防治农药污染的法律，但国家历来还是十分重视农药安全问题的。早在 1956 年国家卫生部等部门就联合发出了《关于严防农药中毒的联合通知》1959 年以后，中央各部先后发布了《关于加强农药安全管理的规定（试行）》、《农药安全使用标准（试行）》、《农药登记规定》、《农药安全使用规定》等。在《水污染防治法》等污染防治法律中也有涉及防治农药污染的条款。1997 年国务院颁布了《农药管理条例》，这是目前我国专门用于防治农药污染的最高级别的法律规范文件。《条例》对农药的"安全"管理作了具体的、严格的、严密的规定，对防治农药对环境污染也作了一些规定。

（二）农药管理的原则

《农药管理条例》中规定，"国家鼓励和支持研究、生产和使用安全、高效、经济的农药"，这里把"安全"放在首位。而在 1982 年颁布的《农药登记规定》中三者的顺序是"高效、安全、经济"，把高效放在首位。这说明了保障安全是农药管理的核心。

所谓"安全"，不但包括对人、畜安全无害，而且还应包括对有益生物、对农作物、对生态环境也是无害的。这就不但要求在生产、使用过程中执行安全防毒的规定，而且要求农药具有低毒、低残留的特性，即对人、畜的毒性低，在环境中能较快地降解为无毒的物质，不长期残留在环境中。过去在农业及卫生除害领域最广泛使用的 DDT、六六六、氯丹等农药在土壤中都能存留 11～12 年，长期污染环境，这一类农药在我国已被禁止生产和使用。

所谓"高效"，是指对病、虫、草害的防治效果好。过去不少农药，如 1605、3911、1059 等广谱性农药，除害效果很好，但对害虫的天敌杀伤力也强，这类农药是不能继续提倡使用的。好的农药应该针对性强，不伤及"无辜"及"友军"。

所谓"经济"，主要指降低用药成本，不但农药本身不能昂贵，超出农民承受能力，使用中也要注意不要滥用，不要浪费，讲究科学、合理用药，把药用在"刀口"上。

（三）实行农药登记制度

1. 登记的对象
（1）国内生产的所有农药新品种；
（2）生产其他厂家已经登记的相同农药产品，包括制剂加工、包装；
（3）外国厂商向我国销售的农药。
2. 登记程序
厂商提出登记申请后，分别由国务院化工、卫生、环境、农业、商业等有关部门审查并签署意见，然后由"国家农药登记评审委员会"综合评价，符合条件的，由农业部发给登记证。

未经批准登记的农药不得生产、销售、进口和使用。

首次生产和进口的农药要分田间试验、临时登记、正式登记三阶段办理登记。

3. 登记的撤销

在登记有效期间凡证实对环境、人、畜及其他有益生物有严重危害的农药，经农药登记评审委员会审议，提出妥善处理意见，由农业部宣布限用或撤销登记。

（四）严格农药生产的环境管理

1. 实行农药生产许可证制度。

2. 要有符合国家环保要求的污染防治设施和措施，并且污染物排放不超过国家和地方规定的排放标准。

（五）严格农药经营中的环境管理

1. 经营的农药属于化学危险物品的，应按国家有关规定，办理经营许可证。

2. 经营单位应具有与经营相适应的条件，包括有相适应的技术人员、营业场所、设备、仓储设施、安全防护措施和环境污染防治设施、措施。

3. 经营单位应向使用者正确说明农药的用途、使用方法、用量、中毒急救措施和注意事项。

（六）严格农药使用中的环境管理

《农药管理条例》规定"使用农药应注意保护环境、有益生物和珍稀物种"。主要措施包括：

1. 贯彻"预防为主，综合防治"的植保方针，做好病虫害预测预报工作，加强对使用农药的指导，提高施药技术水平，确保用尽量少的农药取得尽量好的防治效果。

2. 遵守国家安全、合理使用农药的规定。要按照规定的用药量、用药次数、用药方法和安全间隔期用药，防止污染产品。

3. 限制农药使用范围

剧毒、高毒农药不得用于防治卫生害虫，不得用于蔬菜、瓜果、茶叶和中草药材。严禁用农药毒鱼、虾、鸟、兽等。

4. 遵守农药防毒规程，正确配药、施药，做好废弃物处理和安全防护工作，防止农药污染环境和农药中毒事故。清洗药械的污水应选择安全地点妥善处理，不准随地泼洒，防止污染饮用水源和养鱼池塘。

5. 妥善处理废弃农药，包括假农药、劣质农药、过期报废农药、禁用农药、废弃农药包装和其他含农药的废弃物。必须严格遵守环保法律、法规的有关规定，防止污染环境。剩余的拌药毒种应销毁。

（七）防止农药残毒污染

1. 加强检测。县级以上各级人民政府应当做好农副产品中农药残留量的检测工作。

2. 禁止销售农药残留量超过标准的农副产品。

3. 施用过高毒农药的地方要竖立标志，在一定时间内禁止放牧、割草、挖野菜，以防人、畜中毒。

二、医疗废物的管理规定

医疗废物，是指医疗卫生机构在医疗、预防、保健以及其他相关活动中产生的具有直接或者间接感染性、毒性以及其他危害性的废物。国务院 2003 年 6 月 16 日发布并实施的《医疗废物管理条例》规定，医疗废物分类目录由国务院卫生行政主管部门和环境保护行政主管部门共同制定、公布，同时从以下方面进行了规定：

（一）一般规定

1. 医疗卫生机构和医疗废物集中处置单位的责任。包括：①应当建立、健全医疗废物管理责任制；②应当制定与医疗废物安全处置有关的规章制度和在发生意外事故时的应急方案；③应当对相关工作和管理人员进行培训；④应当采取卫生防护措施，为相关工作和管理人员配备必要的防护用品和定期进行健康检查和进行免疫接种；⑤应当执行危险废物转移联单管理制度；⑥应当对医疗废物进行登记；⑦应当采取有效措施，防止医疗废物流失、泄漏、扩散等。

2. 禁止性行为。禁止任何单位和个人转让、买卖医疗废物；禁止在运送过程中丢弃医疗废物；禁止在非贮存地点倾倒、堆放医疗废物或者将医疗废物混入其他废物和生活垃圾；禁止邮寄、通过铁路、航空运输医疗废物；禁止将医疗废物与旅客在同一运输工具上载运；禁止在饮用水源保护区的水体上运输医疗废物。

（二）医疗卫生机构对医疗废物的管理

《医疗废物管理条例》以第 16 条至第 21 条明确规定了医疗卫生机构对于医

疗废物的管理。包括医疗卫生机构对医疗废物的收集、放置、包装、贮存、运送、处置、消毒，以及自行处置废弃物所应符合的基本要求等。

（三）医疗废物的集中处置

医疗废物采取集中处置的制度。从事医疗废物集中处置活动的单位，应当取得医疗卫生许可证，并符合下列条件：

1. 具有符合环境保护和卫生要求的医疗废物贮存、处置设施或者设备；

2. 具有经过培训的技术人员以及相应的技术工人；

3. 具有负责医疗废物处置效果检测、评价工作的机构和人员；

4. 具有保证医疗废物安全处置的规章制度。

医疗废物集中处置单位的贮存、处置设施，应当远离居（村）民居住区、水源保护区和交通干道，与工厂、企业等工作场所有适当的安全防护距离。医疗废物集中处置单位应当至少每 2 天到医疗卫生机构收集、运送一次医疗废物，并负责医疗废物的贮存、处置。医疗废物集中处置单位在运送医疗废物过程中应当确保安全，不得丢弃、遗撒医疗废物。医疗废物集中处置单位应当按照环境保护行政主管部门和卫生行政主管部门的规定，定期对医疗废物处置设施的环境污染防治和卫生学效果进行检测、评价。检测、评价结果存入医疗废物集中处置单位档案，每半年向所在地环境保护行政主管部门和卫生行政主管部门报告一次。

（四）监督管理

县级以上地方人民政府卫生行政主管部门、环境保护行政主管部门，对医疗卫生机构和医疗废物集中处置单位进行监督检查。卫生行政主管部门应当对医疗卫生机构和医疗废物集中处置单位从事医疗废物的收集、运送、贮存、处置中的疾病防治工作，以及工作人员的卫生防护等情况进行定期监督检查或者不定期的抽查；而环境保护行政主管部门则仅对医疗卫生机构和医疗废物集中处置单位从事医疗废物收集、运送、贮存、处置中的环境污染防治工作进行定期监督检查或者不定期的抽查。卫生行政主管部门、环境保护行政主管部门履行监督检查职责时，有权采取下列措施：

1. 对有关单位进行实地检查，了解情况，现场监测，调查取证；

2. 查阅或者复制医疗废物管理的有关资料，采集样品；

3. 责令违反本条例规定的单位和个人停止违法行为；

4. 查封或者暂扣涉嫌违反本条例规定的场所、设备、运输工具和物品；

5. 对违反本条例规定的行为进行查处。

三、新化学物质环境管理的规定

新化学物质，是指在申报时，尚未在中华人民共和国境内生产或者进口的化学物质。国家环境保护总局负责收录并适时公布已在中华人民共和国境内生产或者进口的化学物质名单，新化学物质则是在这些已经收录并公布的化学物质名单中没有记录的。《新化学物质环境管理办法》主要从新化学物质的申报、登记和监督管理三个方面进行了规定。

（一）申报

申报人应当在生产前或者进口前向国家环境保护总局化学品登记中心（以下简称登记中心）提交新化学物质申报表、测试数据报告和测试机构的资质证明等资料。申报人对其提交的申报材料中涉及商业秘密或者技术秘密要求保密的，应当在申报材料中注明。有下列情形之一的，可以申请办理免于申报手续：

1. 以科学研究为目的，每年生产或者进口新化学物质数量不超过 100 千克的；

2. 新化学物质单体含量低于 2% 的聚合物；

3. 为了进行工艺研究、开发而生产或者进口新化学物质数量不超过 1000 千克的，可以申请为期一年的免于申报，不予延续；

4. 为了在中国境内用中国的供试生物进行新化学物质生态毒理学测试而进口新化学物质测试样品的。

（二）登记

登记中心自收到申报人提交的申报材料之日起 15 日内，根据本办法的规定对申报材料进行形式审查，符合规定的，予以受理并书面通知申报人；对不符合规定的，不予受理，并书面通知申报人。评审委员会自收到申报材料之日起 60 日内，按照国家环境保护总局有关新化学物质环境管理标准与技术规范的规定，对该化学物质的环境影响进行评估，并将书面评估意见提交国家环境保护总局。国家环境保护总局自收到评审委员会的书面评估意见之日起 30 日内对申报材料作出是否予以登记的决定。对予以登记的，签发登记证；不予登记的，说明理由。对于办理免于申报的，登记中心自收到申请材料之日起 15 日内提出处理建议，报国家环境保护总局审核。

（三）监督管理

县级以上环境保护部门是监督管理机关。环境保护部门在审批生产新化学物质或者用进口的新化学物质从事生产的新建、改建、扩建项目环境影响评价文件时，应当将该项目是否取得登记证作为审查的重要依据。县级以上环境保护部门应当对本行政区域内的新化学物质进行监督检查，发现新化学物质严重危害环境的，应当责令生产者、进口者或者使用者立即采取应急措施，消除危害，并将有关情况径报国家环境保护总局，同时报告上一级环境保护部门。国家环境保护总局接到报告后，应当进行核查，并可以撤销该新化学物质生产者或者进口者持有的登记证。

第五节　关于化学品物质污染防治的国际公约

一、《关于在国际贸易中对某些危险化学品和农药采用事先知情同意程序的鹿特丹公约》

《关于在国际贸易中对某些危险化学品和农药采用事先知情同意程序的鹿特丹公约》（简称《鹿特丹公约》）2005 年 6 月 20 日正式对我国生效。该公约的实施可以有效限制或禁止某些对我国生态环境和人民身体健康危害严重的化学品进入我国，还能规范化学品进出口秩序，降低健康和环境风险，是我国化学品环境管理的良好契机。

《鹿特丹公约》是由联合国环境规划署和联合国粮农组织，组织各国政府谈判，并于 1998 年 9 月通过的。其核心内容是要求各缔约方对公约管制的化学品未来是否同意进口做出决定，并通报本国所禁止或严格限制使用的化学品，旨在控制某些危险化学品和农药在国际贸易中可能的健康和环境影响。该公约可以说是人类抵御健康和环境危害的第一道防线，尤其对发展中国家而言，可以起到预防预警作用。目前已有包括我国在内的 90 个国家和 1 个区域经济一体化组织（欧盟）批准了《鹿特丹公约》。《鹿特丹公约》管制清单中现有 41 种化学品，其中农药 24 种、工业化学品 11 种、农药制剂 6 种。各国还可以根据其掌握的最新数据提请公约秘书处对清单进行增补。[①]

我国在 1998 年就签署了《鹿特丹公约》，国内由国家环境保护总局和农业部共同组织《鹿特丹公约》的执行，由国家环境保护总局化学品登记中心和农业部农药检定所具体实施。作为《鹿特丹公约》的缔约国，中国一直致力于保护生态环境和维护人类健康，同时也一直积极地进行着相关工作。《鹿特丹公约》给发展中国家提供了一个更有效管理工业化学品和农药的工具，允许他们可以自己选择哪些有害化学品可以进口，哪些因为不好治理而拒绝进口。《鹿特丹公约》为人类维护地球环境安全和人类健康而防止工业化学品和农药的危害提供了第一道

---

① 参见《〈鹿特丹公约〉6 月 20 日正式对我国生效》，载于《环境保护》2005 年 7 月。

防线。《鹿特丹公约》对提倡可持续发展和保护野生动物的支持者也是一个强有力的鼓励。随着越来越多的国家加入《鹿特丹公约》，今后在工业化学品和农药的贸易和使用上将更加规范，更便于管理。[①]

目前，根据国家农业部、国家发展与改革委员会、国家工商行政管理总局、国家质量监督检验检疫总局联合发布的 632 号公告，2007 年 1 月 1 日起，我国已经全面禁止在国内销售和使用甲胺磷、对硫磷、甲基对硫磷、久效磷和磷胺 5 种高毒有机磷农药。

二、《关于持久性有机污染物的斯德哥尔摩公约》

中国于 2001 年 5 月 22 日签署了《关于持久性有机污染物的斯德哥尔摩公约》（简称 POPs 公约），并于 2004 年 6 月 25 日予以批准。该公约 90 天后的 2004 年 11 月 11 日正式对中国生效。

鉴于持久性有机污染物（POPs）已对人类健康和环境构成日趋严重的威胁，联合国环境署于 1995 年 5 月要求着手对 12 种持久性有机污染物进行国际评估，并就相应的国际行动拟定建议。1996 年 6 月，政府间论坛得出结论认为：已有资料足以表明需要针对这 12 种持久性污染物，采取包括制定一项具有法律约束力的全球性文件在内的国际行动，以减轻这些持久性污染物的排放对人类健康和环境构成的危害。2001 年 5 月 22 日至 23 日，联合国环境署在瑞典首都斯德哥尔摩组织召开了《POPs 公约》的外交全权代表会议。会议通过《POPs 公约》，并开放供各方签署。至今，已有 156 个国家签署了该公约。

《POPs 公约》旨在减少或消除持久性有机污染物的排放，保护人类健康和生态环境免受其危害。第一批受控化学物质包括 3 类 12 种：①杀虫剂，包括滴滴涕（DDT）、氯丹、灭蚁灵、艾氏剂、狄氏剂、异狄氏剂、七氯、毒杀酚和六氯苯；②工业化学品，包括多氯联苯；③副产物，包括二　英、呋喃。公约规定，各缔约方应采取必要的法律和行政措施，消除或限制 POPs 的有意生产和使用，并对这类 POPs 的进出口进行严格管制；应采用最佳可行技术和最佳实践在内的措施，持续减少并在可行情况下最终消除可能无意生产排放的 POPs；以安全、有效和环境无害化的方式，管理 POPs 的库存和处置含有 POPs 的废物。

除上述基本控制义务外，公约还规定了几项常规性义务，包括：制定并努力执行旨在履行本公约各项义务的国家行动计划；指定国家信息联络归口机构；提供公众宣传和教育，促进公众对防治 POPs 意识的提高；开展研究、开发和监

---

① 参见许恒智等著：《〈鹿特丹公约〉限制出口工业化学品和农药》，载于《环境与可持续发展》2006 年第 1 期。

测；各缔约方应向缔约方大会汇报；建立成效评估机制等。

鉴于目前经济和技术条件的限制，公约中规定允许某些 POPs（如滴滴涕、氯丹等）可以在某些国家、在某些限定的情况下生产和使用，即豁免条例。然而，豁免并不等于可以长期不加控制地继续使用。一方面，公约规定豁免的有效期限为 5 年；另一方面，公约对登记豁免 POPs 做出了各种限制规定。考虑到共同但有区别的原则，公约中还对技术和资金援助机制进行了规定。这些规定有助于发展中国家和经济转型国家缔约方能及时获得适当的技术援助和资金支持，以便更好地实施公约。①

三、《生物安全议定书》

中国于 1993 年加入《生物多样性公约》，2000 年 8 月 8 日签署了《生物安全议定书》，2005 年 5 月 19 日正式成为《卡塔赫纳生物安全议定书》的缔约国。

该议定书主要针对安全转移、处理和使用凭借现代生物技术获得的、可能对生物多样性的保护和持续使用产生不利影响的改性活生物体，确保采取充分的保护措施，并顾及对人类健康构成的风险。1999 年 2 月，在哥伦比亚卡塔赫纳举行的《生物多样性公约》临时缔约国会议讨论了有关问题。参加联合国生物安全问题国际会议的 134 个国家与地区的代表 2000 年 1 月在加拿大蒙特利尔市就缔结议定书进行了充分讨论。凭借现代生物技术获得的改性活生物体包括转基因动物、植物、微生物等，在医药、农牧业、食品领域的应用已带来巨大的经济效益和社会影响。同时，潜在的新问题应运而生：大规模释放转基因生物是否会破坏现有的自然界生态系统，使生物多样性受到威胁；转基因生物及其制品，包括食品和药物等是否安全；转基因生物的商业化如何保护农民和消费者的权益；是否及如何对转基因食品加注标签，保证消费者的知情权和选择权；现有的专利法是否会产生对基因资源和生物技术的垄断等。《生物安全议定书》针对当前实际情况，特别侧重改性活生物体越境运输的问题。议定书规定，改性活生物体越境运输前，出口国必须命令出口商将有关情况及时、准确地通知进口国政府。通知的内容至少应有出口商的名字、地址、联系方法，所出口的改性活生物体的名字、安全等级、数量，改性技术的简介、结果，等等。进口国在收到通知后 90 天内，必须出具回执。回执至少应写明收到通知的日期，通知的内容是否符合规定，等等。进口国在收到通知后 270 天内，必须做出书面决定，是否同意进口。当新的成果、现象表明改性活生物体对生物多样性有副作用或对人体健康有害时，进口国可在 30 天内重作决定。进口之后，进口国必须向各国通报所进口的改性活生物体的最终用途。该议定书还决定设立专门机构，推动相关信息的交流，帮助各

---

① 参见张爱军著：《认识 POPs 与〈斯德哥尔摩公约〉》，载于《人类与环境》2003 年 9 月。

国尤其是发展中国家贯彻议定书。目前除发展中国家、处于经济转型期的国家外，各国都应向这个专门机构通报国内对改性活生物体的管理办法、各国参加有关生物安全的双边、多边、地区协议，也应向此机构通报。[①]

---

① 参见杉木著：《联合国〈生物安全议定书〉是咋回事》，载于《上海科技报》2000年9月8日。

第十四章　自然资源法

第一节　自然资源概述

一、自然资源的概念

自然资源由"自然"和"资源"两部分组成，其中"资源"一词处于中心位置，成为对自然资源进行内涵界定的基础。因此，对自然资源概念的分析，应首先从"资源"一词入手，从语义上分析，资源的基本涵义是指资财的来源。[①] 不难看出，上述看似简单的定义却因其在内涵和外延方面的不确定性，使得难以对资源一词进行准确的把握和定性。针对该问题，有学者提出，资源一词是具有向度（dimension）的一个观念，一种物质被称为资源是由时间、社会制度、目的与手段设计及技术的向度的。[②] 也就是说，对资源一词的把握和认识必须是在外部条件既定的前提下，根据研究的需要确定其意义的归属，只有这样才能有效避免在认识中的混淆。这实际上也为我们对自然资源含义的理解提供了一个有益的可供遵循的思路。

根据资源一词的基本含义，可以简单地认为自然资源主要是指自然界中资财的来源，主要是指在自然界中可以为人类带来财富的自然条件和自然要素，如土地、水、矿藏、森林、草原、野生动植物、阳光、空气等。根据资源一词含义的向度要求，我们对自然资源的认识也必须基于特定的前提和条件。首先，在技术方面，随着人类社会科学技术水平的不断提高，对自然资源开发利用的深度、广度和精度也在不断地扩大，比如在人类历史上，结构材料曾经历过多次变化，起初青铜代替石头，铁代替青铜、后来钢又代替铁，现在铝和强化的塑料正在取代钢作某些结构原料，[③] 这从一个侧面有力说明了技术能力与自然资源的密切相关性；其次，在经济方面，经济能力的强弱也在一定程度上影响着对自然资源的开发利用程度，比如尽管地球的两极地区蕴涵了世界上绝大多数的淡水资源，但由于开采和运输的成本问题，它目前还不能成为世界大多数国家的淡水来源；还

[①] 《辞海》上海辞书出版社第 2122 页。

[②] 于宗先主编：《经济学百科全书（第七编）·人力资源、资源经济学、农业经济学》，台湾联经出版事业公司出版，第 2422 页。

[③] 肖乾刚主编：《自然资源法》，法律出版社，1992 年版，第 1 页。

有，公共决策和制度的因素也会在一定程度上对可开发利用的自然资源范围产生影响，比如目前世界上有些国家或地区出于多种的考虑，往往在一定时间和空间内对某些种类的自然资源进行封存，这已经成为当前国际社会一种比较通行的做法，姑且不对此进行优劣评价，但这种做法本身势必对自然资源所涵盖的外延产生明显的影响。除了上述因素之外，还会有其他的外部条件会对自然资源的认识和了解产生不同程度的影响，我们应该根据不同研究的目的和需要对自然资源进行理论上的合理定位。

除此之外，在对自然资源的理解方面还有一个问题必须需要指出的是，目前人们对自然资源的认识主要还是从经济角度出发的，体现出明显的实用主义的价值倾向，这种认识问题的思路无疑是片面的。把自然资源界定为自然界中可以为人类带来财富的来源，这只是从社会的角度对自然资源的一种定义方式，但这并不意味着为人类社会提供财富是自然资源的唯一存在价值，从某种程度上来说，自然资源对于自然界的生态价值与功能更能体现其内涵的质的规定性。因此，对自然资源的认识和把握，必须摆脱实用主义的影响，重视自然资源的生态价值与功能。只有以自然资源的经济与生态双重属性为起点，所展开的相关制度设计才可能是科学和有效的，否则一切的理论分析和论证必将偏离正确的方向。

二、自然资源的分类

自然资源是一个外延非常宽泛的概念，为保证针对性的研究能够得以顺利展开，并为围绕自然资源衍生的各种开发利用和保护行为设置合理的制度规范，我们应该根据研究的需要，根据不同的划分标准，对自然资源进行多种的科学分类。

按照自然资源的自然赋存条件为标准，可以将其分为地下资源和地表资源两类。地下资源又称地壳资源，主要是指赋存在地表以下的金属、非金属原料资源和石化燃料资源，包括铝、铁、石油、煤炭、天然气等；地表资源又称生物圈资源，主要是指构成地表生物圈的自然因素和自然条件，包括土地、水、气候、生物资源等。

按照自然资源的再生程度为标准，可以将其分为可再生资源、不可再生资源和恒定资源三类。第一类，可再生资源，主要是指那些基于自身特质，在适宜的外部条件中能够具有自我更新和恢复能力的自然资源形态，根据再生能力的特点不同，可再生资源又可分为两种：一种是生物资源，主要表现为由动物、植物、微生物及其与周围环境相互作用形成的不同层次的生态系统，如森林、草原、野生动物群落等。生物资源的再生能力来自于其自身的生命力，只要外部条件适宜，其自身的繁衍与进化即可形成生生不息的生命过程，维持生态系统和生物物种的持续存在。另外一种是非生物资源，比如土地、水等，它们虽然没有生命，但其具备在一定条件下进行恢复和更新的客观规律，只要人类的活动不破坏这些规律，同样可以保证对这些非生物资源的循环使用。第二类，不可再生资源，主要是指那些经历过若干地质年代形成在人类可预期的时限内无法再生，并随人类开发强度的增大不断枯竭的资源，主要包括各种金属和非金属矿物以及石化燃料矿物。尽管不可再生资源在人类社会的发展史上曾经和正在发挥着不可替代的支持作用，但这类资源没有生命力，也没有再生能力，而且其总储量也正在随着开发利用而逐渐耗竭。因此，如何加强对不可再生资源的合理利用并尽可能延长其使用期限，是当前摆在人类面前的一个重要课题。第三类，恒定资源，是指那些在自然界大量存在，而且在人类可预期的时限内无论怎么利用，都不会引起数量减少的自然资源类型，太阳能即为一种典型的恒定资源。对于恒定资源，应不断扩大对其开发利用的效率和范围，逐步增加其在整个自然资源利用过程中的比例。

自然资源还可以按照其存续状态划分为存量资源和流量资源；按照其对人类社会的用途划分为工业资源、农业资源、旅游资源等；也可以按照其基本属性划分为土地资源、水资源、矿物资源、生物资源等。究竟采用如何的分类标准，主要取决于研究的目的与要求。

就自然资源法而言，对自然资源的分类研究将对自然资源开发利用的有关行为规范设计及单行法的形成产生积极的影响，但这种分类研究"并不意味着按自然资源品种进行立法并构建法律制度就是可取的"。[①] 因此，虽然基于不同自然资源类型开发利用的特殊性进行特殊的法律规则设计是必要的，但自然资源赋存的整体性与关联性也决定了统一的法律规范也是必需的。这个问题在一定程度上存在于我国目前的自然资源立法中，单行法的迅速发展和综合性立法的欠缺，导致了我国自然资源法制的结构性失衡，这一点应是在今后自然资源法的理论研究和立法实践中必须予以着力解决的重要问题。

三、自然资源的特征

自然资源的特征是一种规律性的存在，它不仅从根本上决定了人类对自然资源进行开发利用及保护的内容和方式，同时更是自然资源法进行法律制度构建的起点和内在的决定性因素。因此，应当从不同角度出发，对自然资源的特征进行较为全面的把握和认识。

（一）自然资源的自然性

从根本上来说，自然资源都是不依赖于人类的主观意识而客观存在与自然界

----
① 肖国兴、肖乾刚著：《自然资源法》，法律出版社，1999年版，第15页。

的自然要素和自然条件，它们的产生、发展和变化都必然遵循一定的自然规律，而不以人的意志为转移。尽管随着人类社会对自然资源开发利用的深度和广度在不断的拓展，在一定程度上使得自然资源的赋存和利用越来越多地带上了人化作用的烙印，但对自然资源而言，从根本上对其演变发决定性作用的依然是自然规律，人类围绕自然资源展开的各种社会经济活动只是对自然规律的认识和掌握，对自然规律的违背只能带来灾难性的后果，当前我们所面临的严峻的自然资源局势就很好地说明了这个问题。同时，自然资源的自然性还决定了尽管自然资源是人类社会财富的来源，但它们并不凝结必要的社会劳动，从某种意义上来说自然资源是大自然对人类社会的恩赐，这就使其区别与一般的物和社会财富，在加之自然资源本身所具有的在质、量、形态、时间、空间等多种自然属性，使得将其纳入法律调整的范围必然困难重重。所以，相对于传统的法律部门，自然资源法的理论创新与进化也就成为必然。

（二）　自然资源的社会性

尽管自然性是自然资源存在的基础，但围绕着对自然资源的开发利用，自然资源的社会性也日益明显。这是主要是因为，虽然人类围绕自然资源展开的各种社会经济活动只是对自然规律的认识和掌握，但这个对自然规律认识和掌握的过程却是一个社会过程，在这个过程中，社会个体及群体的主观能动性在发挥着积极的推动作用。尤其是人类进入工业社会之后，随着社会需求的不断扩大和经济技术水平逐步提高，越来越多的自然资源要素被纳入社会生产的循环过程中，这不仅为人类社会的发展进步提供了有力的支撑，同时也衍生出了诸多负面的社会影响，比如自然资源的浪费与破坏、环境污染等社会经济发展过程中的外部性问题，这是这种情况的存在，才逐步产牛了对自然资源进行法律调整的社会需求。因此，必须重视当今社会对自然资源越来越深入的社会性影响，这也是自然资源与法律的基本连接点之一。

（三）　自然资源的整体性

虽然可以从不同的角度，对自然资源进行多种分类，但对于自然赋存状态中的自然资源而言，它们之间有着相互的、内在的和有机的联系，是一个赋存相连的统一整体，共同构成自然环境不可分割的组成部分。自然资源的整体性在两个方面表现的尤为明显：首先，不同自然资源类型存在形态的相连性。森林、河流、矿藏、草原、野生动物等多种自然资源都附着于土地之上或蕴涵在土地之中，其中的任何一种都不可能脱离之外而独立存在，任何一种自然资源类型的存在都为其他自然资源提供了存在的物质基础和前提，从形成了一种共生共存的相互关系。其次，不同自然资源类型功能的相关性。在自然的生态系统中，各种自然资源的功能是相互影响、相互制约和相互促进的，其中任何一种自然资源的变化，都必将对其他自然资源的存在和功能发挥产生影响，甚至影响到整个生态系统的正常运行。比如在一个生态系统中，森林资源的变化将直接影响到与之相关的土地、草原、河流、野生动植物等多种自然资源类型的存在状态和功能发挥的程度。因此，自然资源整体性特征所决定的其存在形态的相连性和功能的相关性，要求我们必须用整体和系统的观念看待自然资源，在相关的法律规范设计上也应该有整体性，并以此为基础，不断推动自然资源立法的体系化发展。

（四）自然资源的相对性

面对人类社会日趋增长的需求，如何对当前乃至未来自然资源供给的总体状况做出一个合理的判断与评价，将直接影响到自然资源法学研究的理论定位和相关立法实践的基本思路。笔者认为，对这个问题的认识应把握以下两个方面：首先，绝大部分自然资源的存量是有限的。对于不可再生资源来说，其形成的地质年代过程远远超过人类社会的预期时限，因此就现有的不可再生资源而言，只能是越用越少。对于可再生资源来说，其再生能力的维持和实现是需要一定条件的，而人类社会对自然资源开发利用的扩张性倾向往往会削弱甚至破坏可再生资源的自我更新和恢复能力，导致可再生资源数量和质量的长期性衰落。其次，自然资源的供给能力在一定程度上也具备拓展的可能。随着人类社会经济技术水平的不断提高，人类对自然的认识和了解能力也在不断增强，一方面会对现有的自然资源的开发利用方式和内容进行不断改进，提高对自然资源的利用效率，另一方面还会不断发现新的自然资源形态，不断扩大对自然资源开发利用的领域和范围，通过这两方面的努力有效拓展自然资源的供给能力。将自然资源的有限性和拓展性结合起来看，从根本上来说自然资源在供给上是具有明显相对性的，既存在有不利因素，同时也有有利因素。因此，围绕自然资源的各种制度设计就是要充分调动人类的主观能动性，尽量克服不利因素，充分发挥有利因素，尽最大可能保持自然资源的稳定赋存和持续供给。

第二节　自然资源法概述

一、自然资源法的概念

自然资源法是调整人们在自然资源开发利用、保护和管理过程中所发生的各种社会关系的法律规范的总称。这是从内涵的角度出发对自然资源法做出的理论限定，从外延方面来看，自然资源法主要包括各种不同自然资源类型方面的法律，就我国现行的法律而言，主要有水法、土地管理法、矿产资源法、渔业法、森林法、草原法、野生动物法、水土保持法和防沙治沙法等，以及相关的行政法规、规章和地方性法规。

对自然资源法的认识和理解，至少应把握以下两个方面：

（一）自然资源法的调整对象是特定的社会关系

自然资源法调整的社会关系是人们在自然资源开发利用、保护和管理过程中所发生的各种社会关系，及自然资源社会关系。凡不与自然资源开发利用、保护和管理有关的社会关系，就不属于自然资源法的调整范围。应当指出的是，由于自然资源社会关系的综合性和复杂性，在对其进行判断和取舍时不应受传统法学思维定势的局限，因为在自然资源社会关系中，既包含了横向的财产关系和交易关系，同时还大量存在有纵向的管理关系，在同一个法律领域纵向和横向社会关系的并存，已经超越了在传统法学理论中以公法和私法的划分为基础所形成的部门法对社会关系的选择与取舍。因此，我们在对自然资源法的调整对象做出判断时，只需分析和考察该社会关系是否形成于自然资源开发利用、保护和管理的过程之中，至于其是横向的还是纵向的，其归属于公的范畴还是具有私的性质，则都无关紧要，并不能列入考虑之列。

（二）自然资源法是特定法律规范的总称

自然资源法虽然是一个新兴的法律领域，但它和其他部门法在法的质的规定性上是一样的，具有法的一般性特征，它也是以国家意志出现的，以国家强制力保证实施的行为规范，并以规定法律关系主体的权利与义务为其主要内容。因此，某些虽然与自然资源的开发利用后保护管理相关的政策性文件，但并非是国家机关通过立法程序颁布实施的，就不能将其归入自然资源法的范围之中。比如《中国自然保护纲要》，虽然也在自然资源的开发利用和保护管理过程中起着重要的作用，但因其缺乏法的基本特征，所以就不是自然资源法的组成部分。同样道理，某些和自然资源开发利用及保护管理密切相关的技术性规范，由于其并不是以权利和义务的规定为主要内容，所以也不能算是自然资源法的组成部分。做出这样的划分，其重要原因在于，基于自然资源开发利用和保护管理的战略性、综合性和技术性，在对自然资源进行有效社会控制方面除了自然资源法以外，还会有很多并行的政策性和技术性规范，但不能把自然资源法与这些文件或规范进行混淆，否则就容易迷失对自然资源法的正确研究方向。

二、自然资源法的调整对象

如前文所述，自然资源法所调整的社会关系是十分广泛和复杂的，所有围绕自然资源开发利用和保护管理而产生的社会关系，无论其是纵向的还是横向的，也无论其具有公的或私的属性，都属于自然资源法的调整对象。为有利于从整体上认识和把握自然资源法的调整对象，可以大致把其划分为以下几类：

（一）自然资源的权属关系

自然资源的权属关系是自然资源法调整对象的核心与基础。所有围绕自然资源展开的社会经济活动首先必须解决的问题是，谁有对自然资源进行占有、使用、收益和处分的权利，也就是如何确定自然资源的权利归属的问题，只有在这个问题得到有效解决的前提下，所有对自然资源的社会社会活动才有可能得以进一步展开，并形成稳定的自然资源开发利用和保护管理的社会秩序。因此，合理确定自然资源的权属关系，是对自然资源进行法律制度设计与安排的基本起点。

自然资源的权属是一个概括性的说法，基于自然资源的多功能性和对其开发利用的多目标需求，决定了自然资源的权属必然是一个多种权利形态组成的权利体系，其中包括自然资源的所有权、使用权、经营管理权和其他权益等。另外，如何在法律上确定和维持一定的自然资源权属关系，一方面取决于一国的基本社会经济制度，另一方面也与国家在不同时期对自然资源管理不同的指导思想有关。

（二）自然资源的流转关系

自然资源的流转关系是从动态的角度对自然资源的社会配置所进行的理论描述和概括。基于专业的社会分工和对自然资源的不同的开发利用要求，为保证自然资源开发利用水平和效率的不断提高，必须实现自然资源在不同社会主体之间的流转。① 在市场化条件下，自然资源的流转关系在现实中主要表现为不同社会主体基于平等自愿、等价有偿等原则所进行的自然资源的权利交易。自然资源的流转是实现其自然价值向社会价值转化的基本环节和途径，从某种意义上来说，"自然资源价值不是在支配和利用中产生，而是在交易中产生的。"② 因此，自然资源的流转关系是自然资源法调整对象的重点所在。我国目前正处于计划经济向市场经济的转型时期，如何形成和确立在市场化条件下自然资源的流转关系，并以此为基础不断提高我国的自然资源开发利用水平和效率，是我国自然资源法当前理论与实践必须着力解决的主要问题之一。

（三）自然资源的管理关系

为保证自然资源开发利用的有序进行，并有效协调围绕自然资源开发利用所产生的经济利益、社会利益和生态效益的冲突，必须由国家对自然资源开发利用

---

① 当然，自然资源毕竟不等同于一般的物，其社会化流转还是要受到一定程度和范围限制的。

② 肖国兴、肖乾刚：《自然资源法》，法律出版社，1999 年版，第 35 页。

和保护管理的过程进行必要的介入和干预，这是国家对自然资源进行有效管理的根本原因。由于与自然资源有关的社会活动的广泛性，决定了自然资源的管理关系也十分广泛和复杂。概括地说，主要包括各级人民政府的管理、各级人民政府中各种自然资源行政主管部门的管理、各级人民政府中的各有关部门对各种自然资源的辅助管理等三个主要方面。其中，在各级人民政府中的各种自然资源行政主管部门的管理中又有两种不同的自然资源管理关系：自然资源行业管理关系和专项自然资源管理关系。[①] 自然资源行业管理关系是指在自然资源的利用中，形成了一些独立的经济行业，如林业、牧业、矿业、渔业等，行业的特殊需求需要产生的行业管理关系是自然资源法的重要内容。专项资源管理是指对土地和水等自然资源的管理，不是某一种经济行业，它关系到整个国计民生和多种经济活动，这种对特定自然资源类型形成的专项自然资源管理关系，也是自然资源法的调整对象。

（四）自然资源的其他关系

因自然资源的开发利用和保护管理所产生的社会关系是十分复杂的，除了上述关系之外，还会涉及其他一些诸如财政、税收、金融、劳动、保险等关系，这些社会关系大多有其他法律调整，但其中有些内容却需要由自然资源法予以特别调整。当然，这里面还存在着一个自然资源法与其他法律部门的协调问题。

---

① 肖乾刚主编：《自然资源法》，法律出版社，1993 年版，第 11 页。

第十五章　土地资源法

第一节　概　说

一、土地和土地资源的概念

（一）土地的概念

根据联合国粮农组织 1975 年发表的《土地评价纲要》的叙述，"一片土地是指地球表面的一个特定地区，其特性包含着此地面以上和以下垂直的生物圈的一切比较稳定或周期循环的要素。"所以，土地是一个由气候、土壤、地貌、岩石、水文、动植物等自然要素组成的自然综合体，而不能仅仅理解为土壤或者耕地。

土地与土壤的含义不同。土壤是指土地表面具有一定肥力，可以生长植物的疏松表层，是土地表面的一部分，可以移动。

耕地是与人类关系最密切，主要用于耕作的一类土地。

土地的功能：

1. 土地给人类和动植物提供了生存、繁衍的场所和空间。

2. 土地为绿色植物——生态系统的生产者生长发育提供了所必需的水分和养分，而绿色植物是其他生命物质存在基础；土地养育了万物，也养育了人类，所以人们常把土地喻为"母亲"。

3. 土地是人类进行物质生产（特别是农业生产）不可缺少的生产资料。

4. 土地具有分解、净化功能。很多废弃物和生物残体在土地系统中经过生物、物理、化学的作用可以分解和转化为无害物质，从而起到了净化环境的效果。

（二）土地资源的概念

土地资源是指对人类有利用价值的土地。由于人类活动范围的扩大，能力的增强，几乎所有土地都可以成为土地资源。土地资源的特点：

1. 土地是不可再生资源（而土壤则是可再生的）。

2. 土地地理位置固定性。土地位置由其地理位置决定，不可能移动，所以被称为"不动产"。因此，人们对土地资源的开发利用，要注意其自然条件，扬长避短，不可违背客观规律，破坏土地自然属性，影响土地价值的真正发挥。

3. 数量的有限性，一种用途用地量增加必然导致另一种用途用地量的减少。

4. 不可替代性。一旦土地资源因为人为污染或破坏而丧失，将无法以别的要素来替代。

5. 土地利用的长久性。土地资源虽然是不可再生资源，但只要在使用的过程中真正做到"合理"，注重投入，不断培育其肥力，土地资源不但不会像其他生产资料那样被"磨损"变旧，甚至报废，相反，可以越使用土质状况越好，生物生产力越高。

二、中国的土地资源状况

（一）中国土地资源的特点

1. 人均占地少。我国国土虽然占全球陆地总面的 1/15，但人均土地只有约 0.9 公顷，相当于世界人均数 2.76 公顷的 1/3，其中，耕地人均面积仅为 0.11 公顷，只及世界人均数 0.29 公顷的 29%。在全世界 26 个 5000 万人口以上的国家里，我国人均耕地居 24 位，相当于美国的 1/9、泰国的 1/4。

2. 总体质量差。土地总面积的 69% 是山地（包括高原、丘陵），而平原（包括盆地）只占 34%；耕地中好地只占不到 40%，坡度在 15 度以上的占 13.6%。[1]

3. 资源匹配失衡。东部占国土的 47.6%，耕地却占全国的 90%；西部虽占国土面积 52.4%，难利用的土地却占全国难利用土地的 72%；长江流域及其以南水资源占全国水资源的 80% 以上，耕地却只占全国的 38%，而水资源不足的淮河流域及其以北地区，耕地却占全国的 62%。[2]

4. 后备资源不足。全国尚未开发利用的土地中，可以作为后备耕地资源的只有 1300 万公顷，沙漠、冰川、裸岩等难以利用的占 73%。[3]

（二）我国土地资源开发、利用、保护存在的问题

1. 水土流失严重，土地沙化、盐渍化、次生潜育化面积大。
2. 人口增加，使人地矛盾更加突出。
3. 盲目、违法批地，浪费土地现象严重。
4. 城镇建设外延扩张，村庄建设分散无序，土地被乱占滥用的现象突出。
5. 非农业建设占用耕地数量过多。
6. 土地粗放经营，忽视生态保护，土地质量下降。
7. 耕地抛荒、闲置现象时有发生。

---

[1] 张梓太等编：《环境与资源法学》，科学出版社，2003 年版，第 234 页。
[2] 卞耀武主编：《中华人民共和国土地管理法释义》，法律出版社，2003 年版，第 43 页。
[3] 卞耀武主编：《中华人民共和国土地管理法释义》，法律出版社，2003 年版，第 43 页。

第二节　我国土地资源的立法沿革

一、我国土地资源立法的历史进程

土地资源对于人类和国家生存发展至关重要，世界各国各地区都十分重视土地资源的立法。土地资源保护就是要通过合理利用土地，切实保护耕地，防止土地数量减少和质量下降，维持和改善土地的功能，提高生物生产能力，促进经济社会的可持续发展。

我国土地资源立法工作于 20 世纪 50 年代起步，期间历经曲折，在走过了近50 年的历程之后，已经基本上形成了一个完整的法律体系。

1950 年 6 月，中央人民政府颁布了《土地改革法》，规定："大森林、大水利工程、大荒地、大荒山、大盐田及矿山、湖、沼、河港为国家所有"。这是中华人民共和国成立后颁布的第一部重要的土地法律。1953 年，政务院公布了《国家建设征收土地办法》，提出了国家建设征收土地，必须贯彻节约用地的原则。1957 年，国务院还发布了《水土保持暂行纲要》，对水土保持工作的管理、水土保持的措施、规划以及违反规定的法律责任等作了比较详细的规定。

1982 年《宪法》做出了"一切使用土地的组织和个人，必须合理利用土地"的规定。同年，国务院颁发了《国家建设征收土地条例》和《水土保持工作条例》。1986 年 6 月 25 日第六届全国人民代表大会常务委员会第十六次会议审议通过了《土地管理法》，该法 1987 年 1 月 1 日起正式施行。《土地管理法》共 7章 57 条。它的公布和实施，结束了我国长期以来主要依靠行政手段和多部门分散管理土地的局面，城乡土地开始进入依法、统一运用综合手段全面、科学管理的轨道。后来又分别于 1988 年 12 月和 1998 年 8 月两次进行修订，修改后的《土地管理法》共 8 章 86 条，比较全面地对土地资源的开发利用和保护工作做出了科学的规定。

1997 年 3 月 14 日，在党中央的建议下，第八届全国人民代表大会常务委员会第五次会议通过修改的《刑法》，第一次设立了 3 项土地犯罪条款，即"破坏耕地罪"、"非法批地罪"和"非法转让土地罪"，这是我国土地立法的重大突破。修订后的《刑法》于 1997 年 10 月 1 日起正式实施。随后，1998 年 4 月 29 日，第九届全国人民代表大会常务委员会第二次会议决定，将《土地管理法》的修订工作交由全民讨论。这是继《宪法》之后我国第一部让全民讨论的法律。1998年 8 月 29 日，第九届全国人民代表大会常务委员会第四次会议通过修订的《土地管理法》，第一次将土地基本国策写进法律，即以立法形式确认了土地基本国策的法律地位，该法第 3 条明确规定："十分珍惜、合理利用土地和切实保护耕地是我国的基本国策。"

　　2004 年 8 月 28 日第十届全国人民代表大会常务委员会第十一次会议对《中华人民共和国土地管理法》作如下修改：第 2 条第 4 款修改为："国家为了公共利益的需要，可以依法对土地实行征收或者征收并给予补偿。"将第 43 条第 2 款、第 45 条、第 46 条、第 47 条、第 49 条、第 51 条、第 78 条、第 79 条中的"征用"修改为"征收"。

二、我国土地资源立法现状

　　目前，我国关于土地资源的立法主要由《土地管理法》及其实施条例、《水土保持法》及其实施条例、《土地复垦规定》、《城镇国有土地使用权出让和转让暂行条例》、《外商投资开发经营成片土地管理办法》、《基本农田保护条例》、《土地违法案件处理暂行办法》等组成。另外，在《农业法》、《矿产资源法》、《环境保护法》等法律中，也有一些保护土地资源的条款，同时还有一些关于土地资源的地方性立法。

第三节　我国土地资源的主要法律规定

一、土地权属规定

（一）土地所有权

　　我国土地管理法第 3 条明确规定"十分珍惜、合理利用土地和切实保护耕地是我国的基本国策"。从而以法律形式确认了土地保护基本国策的地位。这不仅表明土地管理在国家行政管理中具有十分重要的地位，而且表明作为基本国策的土地管理方针具有长期性、稳定性的特点，是今后制定具体政策必须遵循的一条准则。

　　1. 土地所有权公有制。《土地管理法》规定，我国实行土地的社会主义公有制。城市市区的土地属于国家所有。农村和城市郊区的土地（包括宅基地，自留地，自留山）除由法律规定属于国家所有的以外，属于农民集体所有。因此，国家和农民集体是我国土地所有权的主体。土地公有制是我国土地制度的基础。

　　2. 规定国家所有土地的所有权由国务院代表国家行使。这明确了地方政府无权擅自处置国有土地，只有国务院才能代表国家行使国有土地占有、使用、收益和处分权力。

　　3. 农民集体所有的土地，由县级人民政府登记造册，核发证书，确认所有权。土地可以依法确定给单位或个人使用。

　　4. "国家依法实行国有土地有偿使用制度"。这样做真正保障了国家对土地所有权在经济上的体现，能够促进土地资源合理配置，实现最大的土地利用效益，并确保土地资产的保值、增值。

国有土地有偿使用制度主要指国家将国有土地使用权在一定年限内出让给使用者，由使用者向国家支付土地使用权出让金。

5. 农民集体所有土地由本集体经济组织的成员承包经营，从事种植业、林业、畜牧业、渔业生产。土地承包经营期限为 30 年。

这项关于承包期限的规定有利于调动长期承包土地的农民珍惜土地，悉心经营和保护耕地的积极性、自觉性。

6. 土地权属登记制度

土地权属登记是国家依照法律程序将土地的权属关系、坐落、面积、用途、等级、价格等在专门簿册上进行记载的一项重要的土地行政管理工作与制度。土地权属登记的概念有广义和狭义之分，广义的土地权属登记包括对土地现状的描述和对土地权利归属及其变化情况进行审查、记载并确权发证；狭义的权属登记仅指对土地权利现状及变更流转情况的记载及登记确认。

（二）土地使用权

1. 土地使用权出让制度

土地使用权出让是土地使用权流转的一种形式，是我国土地使用制度的一项重大改革，它的出现标志着我国土地有偿使用制度的确立和土地供给制度的根本转变。这一制度对社会、个人，对土地的利用及价值创造有着非同寻常的意义。1990 年 5 月 19 日国务院发布《国有土地使用权出让和转让暂行条例》，标志着我国土地使用权出让制度的确立。该条例对土地使用权出让和转让的概念、范围、方法、出让年限方式等做出了明确规定。根据 1995 年开始实施的《城市房地产管理法》第 7 条的规定，土地使用权出让具体表述为："土地使用权出让是指国家将国有土地使用权在一定年限内出让给土地使用者，由土地使用者向国家支付土地使用权出让金的行为。"依据该定义，土地使用权出让具有以下特征：

（1）具有特定的土地使用权出让主体

在土地使用权出让法律关系中，出让方只能是代表国家行使出让权的地方各级人民政府的土地管理部门，只有代表国家的各级人民政府具有法定的出让权，即土地的一级市场实行国家垄断。而土地受让方的主体则是不特定的，受让方可以是任何具有民事权利能力和民事行为能力的法人、自然人和其他经济组织。

（2）特定的出让标的

目前出让的土地只能是国有土地使用权。现行《土地管理法》规定："国有土地和集体所有的土地使用权可以依法转让。"但该条款同时规定："土地使用权转让的具体办法，由国务院另行规定。"同时，《土地管理法》第 63 条还明确规定："农民集体所有的土地使用权不得出让、转让或者出租用于非农业建设。"可见，集体土地使用权目前还不能进入出让市场。

（3）法律关系的双重性

一般情况下，在同一当事人之间，就同一权利义务内容只能形成一种法律关系。要么是平等主体之间的民事法律关系，要么是不平等主体之间的管理与被管理的行政法律关系。但是土地出让法律关系则具有特殊性。其中既包含有平等主体之间的民事法律关系；也包含有非平等民事主体之间的管理与被管理的行政法律关系，有些情况下，出让方则是以管理者的身份出现的，也就是说，出让方与受让方之间所构建的法律关系并非仅仅是一份出让合同，他们之间同时还存在着一种管理与被管理的行政关系。

（4）土地出让的有期限性

土地使用权是在"一定年限内"出让给土地使用者使用，而非永久的或无期限的使用。这一点也是与土地使用权划拨的一个重要区别。同时《城镇国有土地使用权出让和转让暂行条例》还按照不同的土地使用用途，规定了不同的使用期限。该《暂行条例》第12条规定，下列用途的土地使用权出让最高年限为：居住用地70年；工业用地50年；教育、科技、文化、卫生、体育用地50年；商业、旅游、娱乐用地40年；综合或者其他用地50年。

（5）出让金交纳的一次性

受让方在领取《土地使用权证》时，则必须将全部出让金交齐。这一规定，是与土地出租制度的一个重要区别，租金可按年交纳，而土地使用权出让金无论使用期限有多长，均应在领取证书前一并交齐。

现行土地使用权的出让，根据《城市房地产管理法》和国土资源部2002年发布的《招标拍卖挂牌出让国有土地使用权的规定》，土地使用权出让分为协议出让、招标出让、拍卖出让和挂牌出让等方式。这几种出让方式的共同点在于是在多方竞争条件下签订合同的方式，体现了公开、公平、公正、透明原则，有利于防止国有土地资产流失，有利于在严格控制供应总量的条件下，充分发挥市场配置土地资源的基础性作用，优化城市土地资源配置、充分实现土地资产价值，提高土地资源利用效率，对城市发展建设也将产生重要影响。

2. 划拨土地使用权制度

划拨土地使用权是指土地使用权人通过行政划拨方式无偿取得的土地使用权。具体是指经县级以上人民政府依法批准，在土地使用者缴纳补偿、安置等费用后将特定的某幅土地交付其使用，或者将国有土地使用权无偿交付给土地使用者使用的行为。国家土地管理局《城镇国有土地使用权出让和转让暂行条例》第2条规定："划拨土地使用权，是指土地使用者通过除出让土地使用权以外的其他各种方式依法取得的国有土地使用权。"第八届全国人民代表大会常务委员会第八次会议通过，1995 年 1 月 1 日起施行的《城市房地产管理法》第 22 条进一步规定："土地使用权划拨，是指县级以上人民政依法批准，在土地使用者缴纳补偿、安置等费用后将该幅土地交付其使用，或者将土地使用权无偿交付给土地使用者使用的行为。"划拨土地使用权是无偿取得的，所以应当只限于为社会公共利益目的和国家利益目的的用地。根据《城市房地产管理法》第 22 条规定，以划拨方式取得土地使用权的，除法律、行政法规另有规定外，划拨土地使用权没有使用期限限制。划拨土地使用权原则上不得转让、出租、抵押或投资入股等。

划拨土地使用权属于政府的行政行为，具有其特殊性。划拨土地使用权是以行政划拨方式取得的；划拨土地使用权无法定存续期限的限制；划拨土地使用权不能转让、出租或抵押；划拨土地使用权可以通过土地使用权出让程序变更为出让土地使用权，但应当补交土地使用权出让金；当划拨土地使用权的单位消灭或停止使用划拨土地时，土地由国家无偿收回。

划拨土地使用权是我国土地的社会主义公有制条件下的特有方式。为了防止划拨方式的滥用，《城市房地产管理法》对划拨的适用范围做出了限定，该法第 23 条将划拨土地使用权适用范围规定为 4 个大类：国家机关用地和军事用地；城市基础设施用地和公益事业用地；国家重点扶持的能源、交通、水利等项目用地；行政法规规定的其他用地。作为补充，2001 年 10 月国土资源部通过《划拨用地目录》，在前法 4 个大类基础上细化为 19 类 121 项：党政机关和人民团体用地；军事用地；城市基础设施用地；非营利性邮政设施用地；非营利性教育设施用地；公益性科研机构用地；非营利性体育设施用地；非营利性公共文化设施用地；非营利性医疗卫生设施用地；非营利性社会福利设施用地；石油天然气设施用地；煤炭设施用地；电力设施用地；水利设施用地；铁路交通设施用地；公路交通设施用地；水路交通设施用地；民用机场设施用地；特殊用地。

随着新的土地管理制度的出台，土地划拨这种特殊的土地使用权获取方式越来越不适应市场化的要求。

3. 土地使用权转让制度

土地使用权转让是指土地使用者通过买卖、交换、赠与或者其他合法方式，将其土地使用权转移给他人的行为，即指土地使用者将土地使用权再转移的行为。在我国，只有以出让方式取得的国有土地使用权才可转让，没有按照土地使用权出让合同规定的期限和条件投资开发、利用土地的，土地使用权不得转让。《城镇国有土地使用权出让和转让暂行条例》第 2 条规定："国家按照所有权与使用权分离的原则，实行城镇国有土地使用权出让、转让制度，但地下资源，埋藏物和市政公用设施除外。"这里明确转让的土地属于国有土地，该条第 2 款"前款所称城镇国有土地是指市、县城、建制镇、工矿区范围内属于全民所有的土地。"可见，转让的土地是特指的国有土地，而取得该转让土地使用权人却没有特指，根据该法第 3 条规定："中华人民共和国境内外的公司、企业、其他组织和个人，除法律另有规定者外，均可依照本条例的规定取得土地使用权，进行土地开发、利用、经营。"土地使用权转让受法律约束，任何单位及个人不得私下非法进行土地使用权转让。《宪法》第 10 条规定，任何组织或者个人不得侵占、买卖或者以其他形式非法转让土地。土地的使用权可以依照法律的规定转让。

从土地使用权转让的定义来看，土地使用权转让是有条件的。土地使用权转让方必须具备以下条件：①须持有土地使用证或依法批准使用土地的文件；②土地使用权转让后的用途必须符合土地利用总体规划和城乡建设规划；③交清地价款或有关的税费；④除地价款和上缴的税、费外，在该幅土地投入的开发建设资金，应达到土地出让合同规定的建设投资总额的 25% 以上。另外，土地使用权受让方需要具备实际的购买能力和经营条件；土地使用权转让应当签订转让合同，转让合同必须经市、县土地管理部门办理土地使用权变更登记手续，土地使用权转让时，土地使用权出让合同所载明的权利、义务随之转移；涉及地上建筑物、其他附着物转让的，还应经房管部门办理房产过户登记手续。这些条件分别在《城镇国有土地使用权出让和转让暂行条例》、《城市房产管理法》等法规中有规定。特别是在《城市房产管理法》中规定得比较具体，该法第 37 条首先规定了不得转让的限制条件：（一）以出让方式取得土地使用权的，不符合本法第 38 条规定的条件的；（二）司法机关和行政机关依法裁定、决定查封或者以其他形式限制房地产权利的；（三）依法收回土地使用权的；（四）共有房地产，未经其他共有人书面同意的；（五）权属有争议的；（六）未依法登记领取权属证书的；（七）法律、行政法规规定禁止转让的其他情形。第 38 条对可以转让的条件做出规定：（一）按照出让合同约定已经支付全部土地使用权出让金，并取得土地使用权证书；（二）按照出让合同约定进行投资开发，属于房屋建设工程的，完成开发投资总额的 25% 以上，属于成片开发土地的，形成工业用地或其他建设用地条件。对于转让后的使用年限，该法第 42 条规定，以出让方式取得土地使用权的，转让房地产后，其土地使用权的使用年限为原土地使用权出让合同约定的使用年限减去原土地使用年限后的剩余年限。由此可见，土地使用权转让必须符合相关的条件，凡是不具备合法条件的土地转让行为不予登记。通过登记对土地转让的期限、土地的面积、用途、地价款、开发期限进行审查，对转让土地的状况加以记载。这样才能有利于买卖双方了解土地的实际流转状况，保障交易安全，保护当事人的合法权益。

二、土地利用总体规划

土地利用总体规划是在一定区域内，对土地的开发、利用、保护在空间上和时间上所作的总体安排和布局。

1. 编制土地利用总体规划的依据

（1）国民经济和社会发展规划。

（2）国土整治和资源环境保护的要求。

（3）土地供给能力及各项建设对土地的需求。

（4）上一级土地利用总体规划。

2. 土地利用总体规划编制原则

（1）严格保护基本农田，控制非农业建设占用农用地。

（2）提高土地利用率。

（3）统筹安排各类、各区域用地。

（4）保护和改善生态环境，保障土地的可持续利用。

（5）占用耕地与开发复垦耕地相平衡。

3. 土地利用总体规划与其他规划的关系。城市总体规划、村镇规划、江河湖泊综合治理和开发利用规划都应当与土地利用总体规划相衔接。

4. 县、乡级土地利用总体规划应当依据土地特点对土地利用分区，明确土地用途，这是县、乡总体规划主要内容和实施土地用途管制制度的主要依据。

三、土地用途管制制度

1. 划分土地用途：按土地用途将土地分为三种，即农用地（包括耕地、林地、草地、农田水利用地、养殖水面等）、建设用地和未利用地。

2. 对改变土地用途的国家实行管制："严格限制农用地转为建设用地，控制建设用地总量，对耕地实行特殊保护"。使用土地单位和个人必须严格按照总体规划确定的用途使用土地，未经批准不得改变用途。

3. 为了保证土地用途管制制度的实施，国家建立土地调查制度，土地统计制度，并对土地利用状况进行动态监测。

四、耕地保护的法律规定

保护耕地是《土地管理法》的中心内容，也是实行土地用途管制的主要目的。

1. 对耕地数量实行总量控制，即严格控制耕地转为非耕地，确保耕地总量不减少。根据我国国民经济和社会发展规划确定的目标，到 2010 年我国粮食总产量要达 5400 亿～5600 亿千克。按照现有生产力水平，要达到这一目标，必须保证耕地总量只能增加，不能减少。

2. 省级政府负有确保耕地总量不减少的责任。"省、自治区、直辖市人民政府应当执行土地利用总体规划和土地利用年度计划，采取措施，确保本行政区域内耕地总量不减少"。对于耕地总量减少的，由国务院责令限期组织开垦与所减少耕地同质等量的耕地补充。

3. 耕地保护的重点是基本农田。《土地管理法》规定，"国家实行基本农田保护制度"，确定了划入基本农田保护区的耕地范围，基本农田按《基本农田条例》规定严格管理。划定后由县级人民政府设立保护标志。

各省、自治区、直辖市划定的基本农田应当占本行政区域内耕地的80%以上。

禁止任何单位和个人在基本农田保护区内建窑、建房、建坟、挖砂、采石、采矿、取土、堆放固体废弃物或其他破坏基本农田的活动。发展林果业、挖塘养鱼禁止占用基本农田。

4. 推行"耕地占用补偿制度"，实现耕地总量动态平衡。补偿的办法是：非农业建设经批准占用耕地的，按照"占多少，垦多少"的原则，由占地单位负责开垦补偿，新开垦耕地应与所占耕地同质等量。没有条件做到的，应当按省、自治区、直辖市规定，缴纳耕地开垦费，专款用于开垦新的耕地。

5. 非农业建设必须节约使用土地。可以利用荒地的，不得占用耕地；可以利用劣地的，不得占用好地。禁止占用耕地建窑、建坟或者擅自在耕地上建房、挖砂、采石、采矿、取土等。

6. 严禁抛荒。任何单位和个人禁止闲置、荒芜耕地。承包经营耕地者连续两年弃耕抛荒的，原发包单位应终止承包合同，收回发包耕地。对非农业建设占用耕地占而不用的，根据闲置时间长短可以采取恢复耕种，缴纳闲置费，无偿收回使用权等措施。

7. 破坏土地者复垦。因挖损、塌陷、压占等造成土地破坏，用地者应负责复垦，恢复到可供利用状态。做不到的应缴纳土地复垦费用来复垦土地。复垦土地优先用于农业。

耕作层是耕地的精华。占用耕地单位应将所占耕地耕作层的土壤用于新开垦耕地、劣地或其他耕地土壤改良。

8. 保护和提高土地生产能力，防止水土流失。《土地管理法》规定，各级人民政府应当采取措施，维护排灌工程设施，改良土壤，提高地力，防止土地荒漠化、盐渍化、水土流失和污染土地。《水土保持法》规定，禁止陡坡开荒（指25度以上的陡坡和当地政府规定的低于25度的坡）已经在陡坡开垦种植的，要根据实际情况，逐步退耕，植树种草，恢复植被，或修建梯田；禁止在生态脆弱地区开荒、挖沙、开山炸石；禁止滥伐森林；禁止毁林、烧山和在放牧地开荒等。

国家鼓励进行土地整理，改造生产力不高的中、低产田，整治闲散地和废弃地，提高耕地质量，增加有效耕地面积。

五、有关建设用地的规定

1. 建设用地必须依法申请使用国有土地，农民集体所有的土地使用权不得出让、转让、出租用于非农业建设。但兴办乡镇企业、村民建住宅、乡村公共设施和公益事业建设可依法经批准使用农民集体所有土地。

2. 严格实行农用地转用审批制度。这是实施土地用途管制的关键。农用地转建设用地，必须符合土地利用总体规划和土地利用年度计划，按规定的权限审批。

下列农用地转建设用地须经国务院审批：

(1) 省级人民政府批准的道路、管线工程和大型基础设施建设项目；

(2) 国务院批准的建设项目；

(3) 涉及农用地改为建设用地的。

其余的由省级政府审批。

3. 严格规定征地审批权限

征地，是指因建设需要将属于农民集体所有的土地强制转变为国有土地的行为。成为国有土地后，建设单位才能申请使用。征地必须经国务院或省级人民政府批准，省级以下政府无权批准。其中须经国务院批准方可征收的土地为：

(1) 全部基本农田；

(2) 基本农田以外耕地超过 35 公顷的；

(3) 其他土地超过 70 公顷的。

征收其他土地的，由省级人民政府审批，但须报国务院备案。

4. 征收土地要按原土地用途给予补偿。征收耕地的补偿费用包括土地补偿费，安置补偿费及地上附着物和青苗补偿费。

(1) 征收耕地土地补偿费标准为该耕地被征收前三年平均年产值的 6～10 倍。

(2) 征收耕地安置补偿费标准按需安置的农业人口数计算，每个人口补偿费为该耕地征收前三年平均年产值的 4～6 倍，但每公顷被征耕地安置补偿费不得超过征收前三年平均年产值的 15 倍。

如果上述两种补偿费尚不能维持需安置农民原有生活水平，经省级人民政府批准可适当增加，但两者总数不能超过征收前三年平均年产值的 30 倍。

5. 征收城市郊区菜地的，还须缴纳新菜地开发建设基金。

6. 加强对农民兴建住宅基地的控制。农民一户只能拥有一处宅基地，其面积不得超过省、自治区和直辖市规定。宅基地要尽量使用原有宅基地和村内空闲地。

7. 国有土地租赁制度。土地租赁是国有土地有偿使用的一种方式。1998 年

2 月国家土地管理局通过的《国有企业改革中划拨土地使用权管理暂行规定》，对国有土地有偿使用的方式做出了明确规定。该法第 3 条："国有企业使用的划拨土地使用权，应当依法逐步实行有偿使用制度。对国有企业改革中涉及的划拨土地使用权，根据企业改革的不同形式和具体情况，可分别采取国有土地使用权出让、国有土地租赁、国家以土地使用权作价出资（入股）和保留划拨用地方式予以处置。"对于国有土地租赁，该法第 3 条第 3 款规定："是指土地使用者与县级以上人民政府土地管理部门签订一定年期的土地租赁合同，并支付租金的行为。土地租赁合同经出租方同意后可以转让，改变原合同规定的使用条件，应当重新签订土地租赁合同。签订土地租赁合同和转让土地租赁合同应当办理土地登记和变更登记手续。租赁土地上的房屋等建筑物、构筑物可以依法抵押，抵押权实现时，土地租赁合同同时转让。"1998 年 12 月颁布的《土地管理法实施条例》也将国有土地租赁明确纳入国有土地有偿使用的一种方式，第 29 条规定："国有土地有偿使用的方式包括：（1）国有土地使用权出让；（2）国有土地租赁；（3）国有土地使用权作价出资或者入股。"1999 年 7 月国土资源部颁发《规范国有土地租赁若干意见》，对国有土地租赁制度有更明确定义，该法第 1 条规定："国有土地租赁是指国家将国有土地出租给使用者使用，由土地使用者与县级以上政府土地行政主管部门签订一定年期的土地租赁合同，并支付租金的行为。国有土地租赁是国有土地有偿使用的一种形式，是出让方式的补充。"

　　有偿使用国有土地是土地使用制度的一项重要改革，土地使用权出让和国有土地租赁是土地使用制度改革所采取的两种新的重要方式。国有土地租赁制度是在土地使用权出让制度基础上进行的，是土地使用权出让制度的完善和补充。这两种土地有偿使用制度都是社会主义市场经济发展到一定阶段的产物，其根本目的都在于通过市场机制实现土地资源的合理配置和流动。

第四节　土地资源的国际公约或条约

一、1994 年《防治荒漠化公约》

　　《防治荒漠化公约》的全称是《联合国关于在发生严重干旱和/或荒漠化的国家特别是在非洲防治荒漠化的公约》。

　　公约共包括序言、六个部分和四个附件。序言主要指出了国际社会对干旱和荒漠化问题的严重关注。第一部分"导言"界定了有关的术语如荒漠化、干旱、土地退化等，并宣布了公约的目的和四个指导原则。第二部分规定三类义务，即所有缔约方的一般义务，受影响国家缔约方的义务和发达国家缔约方的义务。规定发达国家应积极支持受影响发展中国家缔约方尤其是其中的非洲国家和最不发达国家。公约第三部分对行动方案，科技合作和支持措施作了规定，要求各国制定国家行动方案并对其内容作了具体规定；行动方案要求各国对技术转让、获得、改造和开发以及情报合作，分析和交流等方面进行合作；要求各国加强能力建设、教育和提高公众觉悟。第四部分是关于机构的规定，决定设立缔约方大会，此机构有权为促进公约的有效实施作必要的决定；还设立了一个常设秘书处和科学技术委员会。第五部分规定了有关的事项，如争端解决办法等。第六部分规定了公约的签署、生效等事项。公约的四个附件分别对公约在非洲、亚洲、拉丁美洲和加勒比海地区、北地中海地区的实施作了具体规定。

《防治荒漠化公约》是关于防治干旱和荒漠化问题最主要的国际公约，有着独特之处。它强调了国家行动过程而非国家行动的重要性，并且保障公众参与到防治荒漠化计划的制定和实施中来，规定受影响国家有义务谋求解决荒漠化的深层原因和要求那些采取错误政策促成荒漠化的发展中国家承担责任。

二、《保护阿尔卑斯山公约》

阿尔卑斯山是欧洲最壮观的自然景观，是动植物生活的重要地方，有着独特的价值。因此，为了保护和合理利用这一山脉，1991 年于奥地利签订了这一公约。

《保护阿尔卑斯山公约》于 1995 年 3 月 6 日生效，其目标是保护自然资源的同时也维持这个环境中的人类对资源的持久管理。要求各缔约国采取行动保障生态系统，以持久运作的方式恢复自然，保存动植物生境，并以传统的自然保护方式对国家的生产能力进行严格控制，承认阿尔卑斯各国的平等利益并保障其可持续地利用自然资源。公约确认了环境保护的预防原则和国际合作原则，并期望缔约国议定书对具体的环境问题做出具体的规定，其中包括保护期生动植物和森林的规定。公约设立缔约方大会，保证公约的实施和监督。

第十六章 水 资 源 法

第一节 概 说

一、水与水资源的概念

（一）水的概念

水是重要的自然资源和环境要素。水是构成生物细胞原生质的主要组成部分，生物体内水的含量占 60%～80%，有些生物体内（如水母）甚至占到 90% 以上。[①] 水参与生物体内一切生理活动，营养运输、新陈代谢，体温调节、废物排泄都离不开水。可以说，没有水就没有包括人类在内的任何生命。

水是工农业生产中耗费最大的物质。无论在食品、造纸、印染、纺织等轻工业，还是冶金、机械、采煤、发电等重工业，都需要大量的水用作原料、动力、冷却、洗涤、介质等。在农业生产中，水更是能否获得收成的关键因素之一。由于水具有蒸发潜热大、热容高、固态时相对密度小于液态、沸点较高，能溶解的物质类型多等特点，地球上水的存在对调节气候、稳定气温、维持生态平衡、美化景观、净化环境起着不可替代的巨大作用。

（二）水资源的概念

水面约占地球总面积的 71%，水总量约有 139 亿立方米，但 97.5% 的水是海洋中的咸水，淡水大部分是人类不能直接利用的南北极冰盖、高山冰川、750米以下深层地下水，而能参与全球水循环，在陆地上逐年可以得到恢复和更新的淡水资源，数量不到总水量的 1%。[②] 这部分淡水与人类关系最密切，在目前经济技术条件下，具有实际利用价值，环境科学中被称为"水资源"。

我国《水法》第 2 条规定："本法所称水资源，包括地表水和地下水"。地表水包括河流、冰川、湖泊、沼泽等水体中的水；地下水是地下含水层动态含水量，由地表水的下渗水和降水补给。土壤含水未包括在内。

水资源具有流动性、时空分布不均性、可重复利用性、可再生性、多功能性、利害双重性等特点。

---

① 刘青松编：《生态保护》，中国环境科学出版社，2003 年版，第 93 页。
② 张梓太等编：《环境与资源法学》，科学出版社，2003 年版，第 240 页。

1. 流动性

水是可以流动的，地表水和地下水之间、陆地水和海洋水之间、江河左右岸之间、上下游之间，水都是相通的，水量和水质相互都有影响。

2. 时空分布不均性

降水量年度之间、季节之间、地区之间差异往往很多，造成水资源时间、空间的分布不均。有的年份有的地区可能是江河干涸，赤地千里，另外一些年份或地区又会洪水肆虐，江河泛滥。

3. 可重复利用性

人类使用的水大部分没有消耗掉，而是又返回水体。例如热电站冷却水的取水量一般为 4.5 亿米³/天，而消耗量只有 0.03 亿米³/天。如果用后的水不过分污染，可以被多次重复利用。

4. 可再生性

自然界的水形成一个大的循环系统，蒸发、利用消耗的水可以从降水得到补充。

5. 多功能性

水不但可以用于生活、灌溉、渔业养殖、工业发电、航运，而且对维持生态系统平衡发挥巨大作用。

6. 利害双重性

水既能兴利，造福人类，又能为害。水太多了会发洪涝灾害，缺水了又会闹干旱，水"脏"了会影响生态环境、影响人类的生命健康和经济发展。

二、中国的水资源状况

我国是一个缺水大国，水资源总量约 2.8 万亿立方米，人均水资源占有量 2200 立方米左右，仅为世界人均水量的 1/4。全国常年缺水量 300 亿～400 亿立方米，受旱减产粮食 200 亿～300 亿千克，668 座城市中，有 400 多座缺水。而且水资源在时空的分布上很不平衡，地区之间，年度之间差异很大。一方面，旱年江河断流，湖泊、水库枯竭。20 世纪 90 年代后，黄河几乎年年断流，1997 年断流长达 226 天。另一方面洪涝灾害却发生频繁，90 年代，就有 6 年发大水，每年洪涝灾害都造成上千亿元的经济损失。此外，严重水污染导致水环境的恶化，水的使用价值大幅度下降，加剧了水资源的短缺。

一方面，随着地球上人口的增长、生产的发展、城市化进程的加快，消费水平的提高，对水资源的需求迅猛增加；另一方面，由于植被破坏、水土流失、水体污染、水资源的浪费等因素的严重影响，水资源急剧减少，水资源的供需矛盾越来越突出，缺水已成为全世界很多国家面临的突出问题。

第二节　我国水资源的立法沿革

一、我国水资源立法的历史进程

中华人民共和国建立之后，在 50 多年的发展历程中，水资源立法有了巨大的发展，取得了巨大成就。大致分为三个阶段：

1949～1966 年恢复水法制时期。水资源的开发利用仅根据当时的经济技术条件，为满足当地的生产发展需要，进行灌溉、航运、防洪等单目标开发。其决策的依据也常限于某一地区或局部的直接利益，很少进行以整条河流或整个流域为目标的开发利用规划。在这一阶段中，水资源可利用量远大于社会经济发展对水的需求量，同时社会经济发展对水的需求量相对较少，水给人们以"取之不尽、用之不竭"的传统印象。我国有关水事业管理活动的依据主要是行政性的规范文件。比如，1957 年国务院制定了《水土保持暂行纲要》，专门对保护水资源、防止水土流失等做出规定。1961 年中央批转了林业部、水利电力部《关于加强水利管理工作的十条意见》；1962 年 3 月中共中央批准水利电力部《关于五省一市平原地区水利问题处理原则的报告》，同年 11 月中共中央、国务院发出《关于继续解决边界水利问题的通知》；1965 年国务院批准水利电力部《水利工程水费征收使用和管理试行办法》等。[①]

1966～1978 年十一届三中全会前的发展阶段，为我国水法发展的停顿时期。

1978 年十一届三中全会以后的发展阶段。这一阶段开始强调水资源开发利用要与生产力布局及产业结构的调整紧密结合，进行统一的管理和可持续的开发利用。规划目标要求从宏观上统筹考虑社会、经济、环境等各个方面的因素，使水资源开发、保护和管理有机结合，使水资源与人口、经济、环境相协调发展，争取实现水资源总供给与总需求的基本平衡。由于该阶段人口迅速增长和经济的快速发展，对水资源的需求量越来越大，部分地区水资源紧缺现象日趋严重，并出现愈来愈严重的水环境问题。水的问题日益引起人们的广泛关注，水的资源意识和有限性为大家所接受。为解决水资源短缺问题，开展了大量工作，采取了一系列措施，包括开展水资源法律体系建设。在这一阶段，先后颁布实施了《水法》、《水土保持法》、《水土保持法实施条例》、《水污染防治法》、《水污染防治法实施细则》、《防洪法》、《水利工程水费核定、计收和管理办法》、《防汛条例》、《取水许可制度实施办法》、《国务院办公厅关于征收水资源费有关问题的通知》、《国务院办公厅关于治理开发农村"四荒"资源进一步加强水土保持工作的通

---

① 吴兴南、孙月红著：《自然资源法》，中国环境科学出版社，2004 年版，第 193 页。

知》、《国务院关于印发〈水利产业政策〉的通知》等一系列法律、法规，水资源管理机构也得到了加强。水资源开发利用和保护工作进入法制化轨道。

二、我国水资源的立法现状

为了合理开发利用和保护水资源，防治水害，充分发挥水资源的综合效益，适应国民经济的发展和人民生活的需要，我国的水资源的立法主要有《中华人民共和国水法》、《水土保持法》、《防洪法》；《水土保持法实施条例》、《取水许可制度实施办法》、《城市供水条例》、《河道管理条例》等。

第三节　我国水资源的主要法律规定

一、水资源权属的规定

水资源的所有权是指所有者对水资源的占有、使用和收益处分的权利。《宪法》第 9 条、《水法》第 3 条都明确规定"水资源属国家所有，即全民所有"。这是国家凭借政治权力用法律的形式明确规定的。水资源归国家所有，国家是水资源的所有者。国家对水资源的占有、使用和收益的权利，是通过国家（由国务院代为行使）对水资源所有权进行管理（如配置、征税等）方式实现的。

伴随所有权同时产生的是水资源的处分权，即处置分配的权力。谁具有所有权，谁就拥有分配权。水资源分配权同样属于国家。1993 年 8 月《取水许可制度实施办法》可以看作调整国家与取用水资源者的关系，体现国家对水资源拥有分配权的一个法规。该办法对水资源的分配权利的规定体现在：第 2 条一切取水单位和个人都应当依照本办法申请取水许可证，并按规定取水；第 6 条取水应遵守经批准的水量分配方案；第 9 条国务院水行政主管部门负责全国取水许可制度的组织实施和监督管理；第 10 条建设项目需要申请或者重新申请取水许可证的，建设单位向县级以上人民政府水行政主管部门提出许可申请；第 21 条水行政主管部门根据权限，经县以上人民政府批准，可以对取水许可证持有人的取水量以核减或限制。这些规定，充分体现了水资源统一分配和集中管理的原则。该办法还就相关水资源分配权的其他问题做出了规定，具体包括调整对象、非调整对象、取水许可、分配顺序。

二、水资源管理体制的规定

水资源管理制度是国家管理水资源的组织体系和权限划分的基本制度，是实现国家治水方针、政策、目标的组织制度。《水法》从水资源的自身特性和我国的政治体制出发，按照水资源管理与水资源开发、利用、节约、保护工作相分离的原则，确立了流域管理与行政区域管理相结合、统一管理与分级管理相配套的水资源管理制度。《水法》涉及水资源管理体制制度方面的条款较多，其中主要体现在第3条、第12条、第13条规定之中。

1.《水法》第3条规定："水资源属于国家所有。水资源的所有权由国务院代表国家行使"由于我国水资源短缺，且时空分布不均，对水资源实行单一的国家所有制，更有利于国家加强对水资源的统一管理，在全流域甚至跨流域进行水资源合理配置、统一调度，从而有利于最大限度地满足水资源供应，维护水资源安全。

2.《水法》第12条规定："国家对水资源实行流域管理与行政区域管理相结合的管理体制"在国家统一制定的水资源战略规划下，以流域为单元，对水资源实行统一规划、统一配置、统一监督管理，同时，按行政区域实施水资源的管理和监督工作。

3.《水法》规定了水资源分级管理的职责。第12条第2款规定："国务院水行政主管部门负责全国水资源的统一管理和监督工作"；第3款规定："国务院水行政主管部门在国家确定的重要江河、湖泊设立的流域管理机构，在所管辖的范围内行使法律、行政法规规定的和国务院水行政主管部门授予的水资源管理和监督职责；第4款规定："县级以上地方人民政府水行政主管部门按照规定的权限，负责本行政区域内水资源的统一管理和监督工作"。这些规定明确了各级水行政主管部门的管理和监督职能，有利于在共同目标下，各司其职、各负其责。

4.《水法》规定了有关部门在水资源有关工作中的关系。第13条规定："国务院有关部门按照职责分工，负责水资源开发、利用、节约和保护的有关工作。县级以上地方人民政府有关部门按照职责分工，负责本行政区域内水资源开发、利用、节约和保护的有关工作"。

为了加强水资源管理，国家建立了水行政管理机构与体系。1988年3月，重新组建水利部，作为国务院的水行政主管部门，负责全国水资源统一管理工作。依据《水法》规定和水利部的职责，水利部又明确了7大流域（长江流域、黄河流域、淮河流域、海河流域、松辽流域、珠江流域、太湖流域）机构作为水利部的派出机构，在流域范围内代表水利部行使水行政职能。各省（自治区、直辖市人民政府也相继明确了省水利部门为省级政府的水行政主管部门。市、县两级的水资源管理机构也相应成立。从而使全国水行政管理体系基本建立。依据《水法》第12、13条等的规定，各级水行政主管部门的职责是：统一管理地表水与地下水、水量与水质，江河湖库与岸线；统一进行水的立法、调查评价、规划、水量调配、制定水的长期供求计划，实施取水许可制度以及其他重要的水行政管理工作；促进水资源综合开发利用，对开发利用和保护实行统一监察管理；协调水事矛盾；节约用水的监督管理。

三、水资源开发利用的规定

为了充分发挥水资源的综合效益，防止在开发利用过程中对水资源的损害和引发水害，《水法》对水资源的开发利用做出了一系列原则要求和具体规定。

（一）开发利用水资源实行统一规划，多方兼顾

即兼顾河流上下游、左右岸；兼顾工农业和生态用水；兼顾水资源调出入地区的需要；兼顾防洪、供水、灌溉、航运、竹木流放和渔业等方面的需要；等等。《水法》第 20 条规定："开发、利用水资源，应当坚持兴利与除害相结合，兼顾上下游、左右岸和有关地区之间的利益，充分发挥水资源的综合效益，并服从防洪的总体安排。"第 21 条规定："开发、利用水资源，应当首先满足城乡居民生活用水，并兼顾农业、工业、生态环境用水以及航运等需要。"

"在干旱和半干旱地区开发、利用水资源，应当充分考虑生态环境用水需要"。第 22 条规定："跨流域调水，应当进行全面规划和科学论证，统筹兼顾调出和调入流域的用水需要，防止对生态环境造成破坏。"第 26 条规定："建设水力发电站，应当保护生态环境，兼顾防洪、供水、灌溉、航运、竹木流放和渔业等方面的需要。"从这些规定来看，充分考虑到了各方水资源的需要。

（二）开发利用水资源遵循的原则

根据《水法》规定，开发利用水资源应当坚持：①坚持兴利与除害相结合原则。在开发利用水资源过程中，应当服从防洪的总体安排，实行兴利和除害相结合的原则，兼顾上下游、左右岸和地区之间的利益，充分发挥水资源的综合效益。②按照地表水与地下水统一调度开发、开源与节流相结合、节流优先和污水处理再利用的原则。③生活用水优先原则。凡是灌溉、航运、城市和工业用水、水力发电、竹木流放、水产养殖、生态净化等方面都需要消耗大量的水资源。而在各种需要当中，人的生存是第一需要，因此，开发利用水资源，应当首先满足城乡居民生活用水，统筹兼顾生产用水和生态用水需要。在水源不足的地区，应当对某些行业加以限制。④因地制宜原则。各地区应当根据水土资源条件，发展灌溉、排水和水土保持事业，促进农业稳产、高产。在水源不足地区，应当采取节约用水的灌溉方式。在容易发生盐碱化和渍害的地区，应当采取措施，控制和降低地下水的水位。

（三）水工程建设项目的管理

水工程建设项目意味着水域或者水体环境的变化，必然会对水资源的保护和开发利用、水害防治以及项目所在地的生态环境和人民生活产生影响。为了防止

对水资源综合效益的损害，《水法》就各种水工程建设项目的管理作了具体的规定：①在鱼、虾、蟹洄游通道修建拦河闸坝，对渔业资源有严重影响的，建设单位应当修建过鱼设施或者采取其他补救措施。②修建闸坝、桥梁、码头和其他拦河、跨河、临河建筑物，铺设跨河管道、电缆，必须符合国家规定的防洪标准、通航标准和其他有关的技术要求。③兴建水工程或者其他建设项目，对原有灌溉用水、供水水源或者航道水量有不利影响的，建设单位应当采取补救措施或者予以补偿。④兴建跨流域引水工程，必须进行全面规划和科学论证，统筹兼顾引出和引入流域的用水需求，防止对生态环境的不利影响。⑤兴建水工程，必须遵守国家规定的基本建设程序和其他有关规定。凡涉及其他地区和行业利益的，建设单位必须事先向有关地区和部门征求意见，并按照规定报上级人民政府或者有关主管部门审批。⑥国家兴建工程需要移民的，由地方人民政府负责妥善安排移民的生活和生产。安置移民所需的经费列入工程建设投资计划，并应当在建设阶段按计划完成移民安置工作。

（四）水能资源的开发利用

水能属于可更新资源，又是对环境无污染的清洁能源。我国水能资源开发潜力具有巨大潜力，只要科学规划，合理布局，就能够提供洁净的水动力能源，保证生产生活对能源的需求。为此，《水法》第 26 条规定："国家鼓励开发、利用水能资源。在水能丰富的河流，应当有计划地进行多目标梯级开发。"同时要求，建设水力发电站，应当保护生态环境。

（五）水运资源的开发与保护

水运是水资源的主要用途之一，也是主要的运输方式之一。《水法》规定了国家鼓励开发、利用水运资源。同时也规定了保护水运资源的具体措施：①在水生生物洄游通道、通航或者竹木流放的河流上修建永久性拦河闸坝，建设单位应当同时修建过鱼、过船、过木设施，或者经国务院授权的部门批准采取其他补救措施，并妥善安排施工和蓄水期间的水生生物保护、航运和竹木流放，所需费用由建设单位承担。②在不通航的河流或者人工水道上修建闸坝后可以通航的，闸坝建设单位应当同时修建过船设施或者预留过船设施位置。③现有的碍航闸坝，由县级以上人民政府责成原建设单位在规定的期限内采取补救措施。

四、水域和水工程保护的规定

（一）水道的保护

水是一个整体，水具有流动性。保障水的畅通流动是水资源更新的需要，也是预防水害的重要措施。江河、湖泊、水库、渠道等地表水体，既是水资源的主体，也是水流的通道，必须严加保护。《水法》规定："（1）禁止在江河、湖泊、水库、运河、渠道内弃置、堆放阻碍行洪的物体和种植阻碍行洪的林木及高秆作物；禁止在河道管理范围内建设妨碍行洪的建筑物、构筑物以及从事影响河势稳定、危害河岸堤防安全和其他妨碍河道行洪的活动。（2）在河道管理范围内建设桥梁、码头和其他拦河、跨河、临河建筑物、构筑物，铺设跨河管道、电缆，应当符合国家规定的防洪标准和其他有关的技术要求并报有关部门审批同意。（3）国家实行河道采砂许可制度；在河道管理范围内采砂，影响河势稳定或者危及堤防安全的，有关县级以上人民政府水行政主管部门应当划定禁采区和规定禁采期，并予以公告。

（二）地下水的保护

地下水是陆地水资源的两大组成部分之一，是生活和生产用水的重要来源，就某种意义而言，也是淡水资源的战略储备库。由于地下水在环境中所处的位置，其保护和开发利用与一些其他的自然资源的保护及开发利用有着密切关系。因此，地下水保护应当根据具体情况，有针对性地采取保护措施。《水法》对于地下水的保护规定：①要求开采地下水必须在水资源调查评价的基础上，实行统一规划，加强监督管理。在地下水已经超采的地区，应当严格控制开采，并采取措施，保护地下水资源，防止地面沉降。②开采矿藏或者兴建地下工程，因疏于排水导致地下水位下降、枯竭或者地面塌陷，对其他单位或者个人的生活和生产造成损失的，采矿单位或者建设单位应当采取补救措施，赔偿损失。③水域的保护。

（三）水工程的保护

水工程包括合理开发利用水资源的工程、保护水资源的工程和防治水害的工程等。《水法》对保护水工程的措施包括：①规定国家保护水工程及堤防、护岸等有关设施，保护防汛设施、水文监测设施、水文地质监测设施和导航、助航设施，任何单位和个人不得侵占、毁坏。②规定在河道范围内因建设工程设施，需要扩建、改建、拆除或者损坏原有水工程设施的，建设单位应当负担扩建、改建的费用和损失补偿。③规定单位和个人有保护水工程的义务，不得侵占、毁坏堤防、护岸、防汛、水文监测、地质监测等工程设施。④规定国家所有的水工程应当按照批准的设计，由县级以上人民政府依照国家规定，划定管理和保护范围；集体所有的水工程应当依照省级人民政府的规定，划定保护范围。在水工程保护范围内，禁止进行爆破、打井、采石、取土等危害水工程安全的活动。

五、用水管理的规定

为了保护水资源，加强节约用水管理，保护和合理利用水资源，促进国民经济和社会发展，必须加强用水管理。用水管理主要包括这样一些措施：

（一）实行水中长期供求规划和制定水量分配方案

水资源相对于不断增长的需求来说，面临着总量不足的问题。在正常的气候情况下，一定区域范围内每年的地表径流水量大致相等，是一个定数。有限的水资源面对众多的需求，就产生了计划和分配的必要。水资源的重要性对于任何地区、任何单位以及任何个人来说都是不言而喻的，因此其计划和分配应当由法律依据。《水法》对此规定：①全国和跨省区域的水长期供求计划，由国务院水行政主管部门会同有关部门制定，报国务院计划主管部门审批；地方的水长期供求计划，由县级以上地方人民政府水行政主管部门会同有关部门，依据上一级人民政府主管部门制定的水长期供求计划和本地区的实际情况制定，报同级人民政府计划主管部门批准后执行。水中长期供求规划应当依据水的供求现状、国民经济和社会发展规划、流域规划、区域规划，按照水资源供需协调、综合平衡、保护生态、厉行节约、合理开源的原则制定。②调蓄径流和分配水量，应当依据流域规划和水中长期供求规划，以流域为单元制定水量分配方案。兼顾上下游和左右岸用水、航运、竹木流放、渔业和保护生态环境的需要。跨行政区域的水量分配方案，由上一级人民政府水行政主管部门征求有关地方人民政府的意见后制定，报同级人民政府批准后执行。县级以上地方人民政府水行政主管部门或者流域管理机构应当根据批准的水量分配方案和年度预测来水量，制定年度水量分配方案和调度计划，实施水量统一调度；有关地方人民政府必须服从。国家确定的重要江河、湖泊的年度水量分配方案，应当纳入国家的国民经济和社会发展年度计划。

（二）国家对用水实行总量控制和定额管理相结合的制度

《水法》规定：省、自治区、直辖市人民政府有关行业主管部门应当制定本行政区域内行业用水定额，报同级水行政主管部门和质量监督检验行政主管部门审核同意后，由省、自治区、直辖市人民政府公布，并报国务院水行政主管部门和国务院质量监督检验行政主管部门备案。县级以上地方人民政府发展计划主管部门会同同级水行政主管部门，根据用水定额、经济技术条件以及水量分配方案确定的可供本行政区域使用的水量，制定年度用水计划，对本行政区域内的年度用水实行总量控制。

用水总量控制和定额管理的基础，是正确评价水资源的数量及质量，认识和掌握水资源的开发利用情况，分析用水水平、效率与缺水情况，预测规划水平年的水资源供需状况。早在 1980 年由水利部牵头组织完成了《中国水资源评价》及《中国水资源利用》第一次查明全国水资源的数量、质量及时空变化规律，并把地面水、地下水作为统一的水资源进行分析。水资源评价使人们认识到水是有限的资源，并建立起水的数量概念。1989 年进行了北方缺水的 7 省（市）水中长期供求计划，作为全国水中长期供求计划的试点工作。1997 年完成了《全国水中长期供求计划》工作，分析预测了 2000 年和 2010 年社会经济各部门的需水要求，系统地考虑了缺水对整个社会和经济的影响及供水工程建设的资金来源，分析研究了我国供水工程发展战略布局，为国家与地方制定社会经济发展计划和水利发展规划提供了科学依据。

用水总量控制和定额管理需要通过水资源的分配调控来实现。其中包括宏观分配和建立部分流域分水方案。为此，1987 年国务院办公厅就转发了国家计委和水电部"关于黄河可供水量分配方案报告的通知"。这是我国首次由中央政府批准的黄河可供水量分配方案。1998 年进一步完善了黄河可供水量分配方案；区分丰、平、枯水平年来水情况下各省区的分配水量，编制了不同保证率内各时段的水量分配控制指标，并要求各省、区在此基础上制定工农业发展规模。1989 年国务院批准了海河流域漳河分水方案等。国务院《取水许可制度实施办法》和水利部《取水申请审批程序规定》实际上就是为了配合用水总量控制和定额管理这一制度的实施。

（三）取水许可证的规定

取水许可制度是国家加强水资源管理的一项重要措施。《水法》规定：国家对直接从地下或者江河、湖泊取水的，实行取水许可制度。都应当按照国务院颁发的《取水许可制度实施办法》和水利部颁发的《取水许可申请审批程序规定》，获得取水许可证方能取水。为家庭生活、畜禽饮用取水和其他少量取水的不需要申请取水许可。实行取水许可制度的步骤、范围和办法，由国务院规定。对于新建、扩建、改建的建设项目，需要申请取水许可的，建设单位在报送设计任务书时，应当附有审批取水申请的机关的书面意见。

1990 年水利部开始组织进行实施取水许可制度基础工作，要求查清各地水资源开发利用的现状，并对其合理性进行评价，为实施取水许可制度奠定了基础；1993 年 8 月国务院颁布《取水许可实施办法》后，水利部发布了《取水许可申请审批程序规定》及《授予各流域机构取水许可管理权限的通知》等，全国各流域机构和省（自治区、直辖市）分别制定了《取水许可管理细则》。

取水权是以对水资源享有取水权利为客体的水权，属于准物权的范畴。取水许可制度的推行，明确提出"水权"、"水使用权"，使水资源合理分配、有效利用有了可操作的行政措施，对制止不合理饮用、促进高效用水发挥了作用。而进行统一的取水登记、发证工作，使取水许可监督管理工作步入规范化轨道。

（四）有偿用水的规定

用水收费是解决水资源浪费的一项重要措施，只有当用水者支付成本时，人们才能意识到，水资源并非免费的午餐，消耗水资源必须付出代价。因此，我国从 1982 年开始，首先在大中城市实施水资源有偿使用制度，对直接从城市地下取水的用户征收水资源费。除了使用供水工程供应的水，使用者应当按照规定向供水单位缴纳水费外，《水法》还规定：直接从江河、湖泊或者地下取用水资源的单位和个人，应当按照国家取水许可制度和水资源有偿使用制度的规定，向水行政主管部门或者流域管理机构申请领取取水许可证，并缴纳水资源费，取得取水权。实施取水许可制度和征收管理水资源费的具体办法，由国务院规定（第48 条）。到目前为止，全国各省（自治区、直辖市）都已制定并颁布了《水资源费征收办法》，已有两千多市县开始征收水资源费。地方各级水行政主管部门征收水资源费，对维护水资源国有、促进资源合理配置和节约用水具有重要作用。

（五）水资源管理年报制度

国家水利部为了加强对水资源的管理，从 1995 年起专门建立水资源管理年报制度，为计划用水、节约用水、取水许可审批发证、水资源公报的编制等水资源管理工作及领导决策提供科学依据。

（六）依法解决水事纠纷

水事纠纷是指在水资源开发、利用、管理和保护过程中因为当事人之间的利益、职权冲突而产生的纠纷。水资源的短缺，是发生水事纠纷的最根本原因。水事纠纷主要表现在：地区与地区之间、个人与个人之间、个人与单位之间、单位与单位之间的纠纷，有的国际河流甚至出现国家之间的纠纷。纠纷的结果是引发群众械斗及严重破坏水利工程，造成地区冲突，影响单位之间的协调，甚至导致国家之间的和睦。水事纠纷不仅影响社会秩序的稳定，影响当地社会安定和经济发展，而且往往造成水资源的浪费和水资源综合效益的降低，甚至构成对水资源本身的危害。因此，依法解决水事纠纷，是水资源保护的重要工作。《水法》对水事纠纷，根据纠纷的具体情况、性质及严重程度，规定可以采取相应的处理办法。第56 条规定："不同行政区域之间发生水事纠纷的，应当协商处理；协商不成的，由上一级人民政府裁决，有关各方必须遵照执行。在水事纠纷解决前，未经各方达成协议或者共同的上一级人民政府批准，在行政区域交界线两侧一定范围内，任何一方不得修建排水、阻水、取水和截（蓄）水工程，不得单方面改变

水的现状"：第 57 条规定："单位之间、个人之间、单位与个人之间发生的水事
纠纷，应当协商解决；当事人不愿协商或者协商不成的，可以申请县级以上地方
人民政府或者其授权的部门调解，也可以直接向人民法院提起民事诉讼。县级以
上地方人民政府或者其授权的部门调解不成的，当事人可以向人民法院提起民事
诉讼。"协商处理、政府裁决、部门调解、提起民事诉讼是解决水事纠纷的不同
方式。

六、保护水资源的规定

水资源是稀缺的自然资源，是人类生存和自然生态循环不可缺少的因素。为
了确保水资源的可持续利用，必须建立水资源保护制度，依法开展水资源的开发
利用和保护。《水法》对水资源的保护作出了明确规定，突出了在保护中开发，
在开发中保护的基本特点，其中涉及水资源保护的内容主要包括：

1. 明确规定"国家保护水资源，采取有效措施，保护植被、植树种草，涵
养水源，防治水土流失和水体污染，改善生态环境"；要"协调好生活、生产经
营和生态环境用水"，"注意维持江河的合理流量和湖泊、水库以及地下水的合理
水位，维护水体的自然净化能力"。这些条款界定了水资源保护的范围和目标，
提出了解决水资源开发利用及保护的处理原则，即"兼顾三水，统筹量质，地表
地下，生态为本"。

2. 确立了江河湖泊水功能区划制度。按照流域综合规划、水资源保护规划
和经济社会发展要求，拟定国家确定的重要江河、湖泊的水功能区划。跨省、自
治区、直辖市的其他江河、湖泊的水功能区划，由有关流域管理机构会同江河、
湖泊所在地的省、自治区、直辖市人民政府水行政主管部门、环境保护行政主管
部门和其他有关部门拟定。

3. 规定了国家建立饮用水水源保护区制度。要求划定饮用水水源保护区，
并采取措施，防止水源枯竭和水体污染，保障城乡居民饮用水安全。

4. 规定在江河、湖泊新建、改建或者扩大排污口，应当经过有管辖权的水
行政主管部门或者流域管理机构同意。向江河湖库排污是导致水体污染的主要原
因，监控排污口是为水资源保护把门守关。

5. 明确了各级政府、水行政主管部门及其流域管理机构、环境保护行政主
管部门和其他有关部门在水资源保护工作中的职责、权限和相互关系。

第四节　水资源的国际公约或条约

一、《国际河流利用规则》（赫尔辛基规则）

国际水资源的全球性保护经历了一个由禁止污染、要求对河流的利用进行协

商的简单规则转向对水资源进行共同管理并适用和发展共享资源的过程，建构了一整套的原则和规则，签订了一系列的条约协议等。1966年，国际法学会制定并通过了《国际河流利用规则》。1984年11月的世界环境会议在世界淡水资源污染严重的情况下召开，这是第一次世界性的国际水环境保护会议，会上通过了《琵琶湖宣言》。1997年联合国国际法委员会通过了《国际水道非航行利用法公约》，它的制定是国际水资源利用和保护法律制度发展史上一个具有里程碑性质的重大事件。下面就仅对《国际河流利用规则》和《国际水道非航行利用法公约》做一下简单的介绍。

1966年国际法协会第52届会议通过的《国际河流利用规则》不仅对国际河流利用的规则作了系统的编纂，而且其规定的各种规则所依据的各项原则制度，例如对等享有原则、有利的利用原则等，对指导各国对其他形式的国际水资源的利用和保护起着承前启后的作用。

《赫尔辛基规则》的重要性体现在，第一，它规定了国际河流的概念。"国际河流是指跨越两个或两个以上国家，在水系的分水线内的整个地理区域，包括该区域内流向同一终点的地表水和地下水。"这一定义为国际河流的综合利用提供了法律基础。第二，它编纂并宣告适用于国际流域内的水域利用的国际法一般规则。规则第一条规定："本规则各章所宣告的国际法一般规则适用于国际河流和水域的利用，除流域国之间有条约、协定或有约束力的习惯另行规定外"。第三，确认了国际河流的公平利用原则。规则第四条规定，国际河流内的每个国家有权合理公平地利用国际流域内的水。"公平合理"是指在考虑水量、流域的气候、河流利用的影响和其他国家的经济需要的基础上加以利用，特别是不应该对其他国家造成损害。第四，它规定了国家有责任防止和减轻对国际流域水体的污染，采取合理措施保护水体，对于利用国际河流所产生的争端，应予以和平解决并规定了解决程序。

赫尔辛基规则规定的规则被认为是对管理、分享和保护国际水道的习惯规则和表述，对建立国际水资源管理制度具有重要意义。它在以后的国际会议中得到了进一步的发展，如1972年的人类环境会议上呼吁为防止水污染和保护水资源进行国际合作的《关于一国以上管辖的共用水资源的第51号建议书》，1979年联合国环境规划署以它为蓝本，批准了《指导国家保护和谐利用两个或多个国家共享资源的环境行为规则》。

二、《国际水道非航行利用法公约》

1997年联合国国际法委员会通过的《国际水道非航行利用法公约》是国际水资源保护中最重要的一个公约，它与《赫尔辛基规则》不同，它被各国所接受，成为一项有约束力的国际法文件。它的目的是"保障国际水道的利用、开发、保存、管理和保护，并为当代人及其后代而促进对国际水道的最佳和可持续利用。"

《公约》除序言外共七部分 37 条和一个附件，主要内容有三个方面：

1. 适用于所有国际水道的非航行利用的一般规则，主要包括平等、合理利用和参与原则、不引起严重损害原则、合作原则、定期交流数据和信息原则和不同用途之间的关系原则。平等、合理利用和参与原则是指水道国应在其领土上以平等的和合理的方式利用国际水道，参与国际水道的利用、开发和保护，并进行合作；不引起严重损害原则是指水道国在本国领土利用国际水道应采取一切适当措施防止该利用对其他水道国造成严重损害；合作原则是指通过联合机制或联合委员会的方式，在主权平等，领土完整，互利善意的基础上，实现国际水道的最佳利用和充分保护；定期交流数据和信息原则是指水道国之间应定期交流有关水道的易于得到的数据和信息，对于不易得到的数据和信息，水道国应尽力满足，并有权索取合理费用；不同用途之间的关系原则是指在不存在相反的协议或惯例的情况下，国际水道的任何一项用途都不对其他用途享有固有的优先。

2. 实施这些规则的程序规则。这些程序规则的目的在于防止和减轻计划中的有关国际水道的各种措施的不利影响，要求水道国之间就其计划中的措施对国际水道的可能影响进行信息交换和磋商，如有必要，甚至进行谈判；在水道国实施或许可实施一项计划中的可能对其他水道国带来严重的不利影响的措施之前，它应及时通知其他水道国；在发生有害状况和紧急情况下，各水道国应联合制定应急计划。

3. 关于国际水道的保护、保存和管理的规定。公约要求水道国保护、保全和管理国际水道及其水体，特别是保护水道的生态系统；要求防止对国际水道的生态系统引进外来的或新的对生态系统有害并对水道国造成严重损害的物种；通过磋商建立国际水道联合管理机制；通过平等的合作管制和调节国际水道的水流的规定和安全操作和保养国际水道的各种工程设施；这一部分的特点是注重生态系统的保护，强调个别地保护同联合地保护相结合。

第十七章　矿产资源法

第一节　概　　说

一、矿产资源的概念

（一）矿产资源的概念

矿产资源，是天然赋存于地球表面或地壳内部的聚集物，是由地质作用形成的，具有利用价值的一种自然资源，形态有呈固态、液态和气态三种。

《矿产资源法实施细则》把矿产资源分成四类：

1. 能源矿产。包括煤、石油、天然气、煤成气、地热、油页岩、铀、钍等。

2. 金属矿产。指从其中可以提取出金属元素的矿产资源。《矿产资源法实施细则》中列举了 59 种，包括黑色金属（如铁、锰、铬、钛等，为钢铁工业所需的主要金属原料），有色金属及贵金属（如铜、铅、锌、铅土矿、镍、钨、锡、钴、钼、汞、铋、金、银、铂等）以及稀有、稀土和分散元素矿产（如钽、硒、镓、锗、镉等数量较少的矿产）。

3. 非金属矿产。从这类矿产中可以提取非金属元素，有些可以供直接利用。《矿产资源法实施细则》中列举了 92 种，包括常用于冶金工业作为辅助原料的白云岩、砂岩、石英等；常用于作为化工原料的硫铁矿、钾盐、明矾石、芒硝、天然碱等；常用于作为建材生产的花岗岩、高岭土、石棉、石灰岩等。

4. 水气矿产。包括地下水、矿泉水、二氧化碳气、硫化氢气、氦气、氡气。

其中，地下水资源具有水资源和矿产资源的双重属性，其勘查适用《矿产资源法》，开发、利用、保护和管理，适用《水法》和有关的行政法规。

（二）矿产资源的特点

1. 不可再生性

矿产资源是地壳形成后经过长期地质年代（几千万年、几亿甚至几十亿年）的地质作用才形成的，无法再生，无法更新，一旦被人类开发利用其储量就会减少，是一种地地道道的"耗材"。

2. 有限性

由于人类长期以来对矿产任意开采和挥霍无度，很多种矿产储量急剧下降，金、汞、银、钨、铜、锡等需求量增长很快，这些资源离耗竭已不太遥远。所以要十分珍惜，节约使用。

　　3. 赋存状态多样性

　　矿产资源大多数埋藏在地下的不同深度，地质条件复杂多样，一般必须经过勘查、开采和加工，才能为人类所利用。

二、我国矿产资源的现状

　　我国矿产资源总量丰富，种类齐全，目前地球上已探明的可采矿物种类我国几乎都有。我国已探明有储量的矿产 155 种，其中能源矿产 8 种、金属矿产 54 种、非金属矿产 90 种、水气矿产 3 种。其中钨、钛、稀土等十多种矿产储量占世界首位。我国已探明的矿产资源总量约占世界的 12％，仅次于美国和俄罗斯，居世界第 3 位，但我国矿产资源也存在下列严重问题：

　　1. 人均占有量低，仅为世界平均水平的 58％，列世界第 53 位。国民经济对矿产资源依赖性强。我国经济建设中 95％的能源和 80％的工业原料都依赖矿产资源供应。部分重要矿产利用价值低。有一些对国民经济有重大意义的矿产，如铁、铜、铝、锰、铀等，均以贫矿居多，品位低，富矿少，很多不能直接供冶炼利用。伴生、共生矿多，单一矿少。全国 1/4 的铁矿，4/5 的有色金属矿均属于伴生、共生矿，给开采和加工带来困难。

　　2. 分布不均，很多矿产处于自然条件和生活条件十分恶劣的偏远山区，开采和运输困难。开采、利用技术水平、管理水平低，浪费和破坏严重。不合理的开采导致和加剧了生态环境破坏。因采矿废弃物乱堆放而损毁的土地面积已超过了 200 万公顷，且每年仍以 2.5 万公顷的速度增加。采矿业对大气、水体、土壤造成污染，对植被造成破坏，导致水土流失，地面塌陷，经常引发滑坡、泥石流等生态灾难、地质灾难。

第二节　我国矿产资源的立法沿革

一、我国矿产资源立法的历史进程

　　我国政府早在 1950 年就由当时的政务院颁布了《矿业暂行条例》，1965 年底国务院针对矿产资源保护专门制定、公布了《矿产资源保护试行条例》；此外，国务院有关部门还分别就煤矿和矿山安全、金属矿和非金属矿管理、小煤窑和小煤矿的管理等相继建立了一些规章制度。[①]

　　进入 20 世纪 80 年代以后，我国在大力开展矿产资源勘查，积极发展矿业，以满足国民经济发展需要的同时，也十分重视矿产资源开发利用的监督管理工作

---

　　① 吴兴南、孙月红著：《自然资源法》，中国环境科学出版社，2004 年版，第 289 页。

和有关环境污染的治理工作。我国于 1986 年制定颁布了《矿产资源法》。到 1996 年，我国对《矿产资源法》做出了修改。2002 年全国人大常委会对《矿产资源法》实施情况进行了执法检查，提出"要进一步加快《矿产资源法》的修订工作"。

根据《矿产资源法》的规定，国务院及其主管部门于 1987 年制定了《矿产资源勘查登记管理暂行办法》和《全民所有制矿山企业采矿登记管理暂行办法》（1990 年修改）、《矿产资源监督管理暂行办法》、《石油及天然气勘查、开采登记管理暂行办法》；1990 年制定了《中外合作开采陆上石油资源缴纳矿区使用费暂行规定》；1994 年制定了《矿产资源法实施细则》、《矿产资源补偿费征收管理办法》等行政法规。

煤炭资源作为矿产资源的一种，本来应当与其他矿产资源一样按照《矿产资源法》的规定进行保护管理，但由于煤炭资源存在许多特殊性，国家专门制定了《煤炭法》，规范煤炭资源的生产、经营、保护和管理。

1996 年，我国政府制定了《中国洁净煤技术"九五"计划和 2010 年发展纲要》，明确了发展洁净煤技术的长远规划和战略步骤；与此同时，1996 年 8 月 29 日第 8 届全国人大常委会第 21 次会议通过了《煤炭法》，自 1996 年 12 月 1 日起施行。

继《煤炭法》出台后，《煤炭生产许可证管理办法》、《乡镇煤矿管理条例》、《煤炭经营管理办法》等法律法规相继制定实施，这些规范煤炭生产行为和煤炭经营行为、调整煤炭经营领域各种关系的重要立法，成为初步形成的煤炭法规体系的重要组成部分。

二、我国矿产资源的立法现状

现行矿产资源管理的法律法规主要包括《矿产资源法》、《煤炭法》、《矿产资源勘查区块登记管理办法》、《矿产资源开采登记管理办法》、《探矿权、采矿权转让管理办法》、《煤炭生产许可证管理办法》、《乡镇煤矿管理条例》、《煤炭经营管理办法》等。

第三节　我国矿产资源的法律规定

一、矿产资源所有权的规定

《宪法》规定，矿产资源属于国家所有。《矿产资源法》第 3 条明确规定："矿产资源属于国家所有，由国务院行使国家对矿产资源的所有权。"矿产资源的国家所有权既指所有权本身，也包括由之派生的国家对矿产资源享有的占有、使用、收益和处分的权利。排除它与土地所有权或者使用权的依附关系。

所有权的客体，凡在中华人民共和国领域及管辖海域的矿产资源，不论其现已被发现或将来被发现的均为所有权的客体，都属国家所有。

国家矿产资源所有权的行使，不是在事实上占有、使用矿产资源，而是依照法定方式将矿产资源的占有、使用的权能授让给他人，来间接实现其收益和处分权。探矿权人或采矿权人依据国家授予的探矿权和采矿权来实现占有、使用矿产资源，并按国家法律规定从事地质勘查和矿产开发活动，以达到矿产资源合理开发利用和取得矿业收益的目的。国家根据法律规定，以资源税和资源补偿费的形式征收采矿权人因开采矿产资源所获得的经济收入的一部分，实现其对矿产资源的收益权。

矿产资源所有权的保护，是指法律保证国家对矿产资源的各项权能的实现。《矿产资源法》第3条规定："国家保障矿产资源的合理开发利用。禁止任何组织或者个人用任何手段侵占或者破坏矿产资源。各级人民政府必须加强矿产资源的保护工作。"该法还规定，对于未取得采矿许可证擅自采矿的，擅自进入国家规划矿区，对国民经济具有重要价值的矿区采矿的，或擅自开采国家规定实行保护性开采的特定矿种的，或超越批准的矿区范围采矿，或采取破坏性的开采方法开采矿产资源造成浪费的，给予相应的处罚。

二、探矿权和采矿权的规定

（一）探矿权与采矿权的取得

我国实行探矿权、采矿权申请和审批、实行许可证制度。这是与矿产资源国家所有权相适应的制度安排。探矿权，是指在依法取得的勘查许可证规定的范围内，勘查矿产资源的权利。我国法律将取得勘查许可证的单位或者个人称为探矿权人。采矿权，是指在依法取得的采矿许可证规定的范围内，开采矿产资源和获得所开采的矿产品的权利。我国法律将取得采矿许可证的单位或者个人称为采矿权人。对勘查、开采矿产资源实行许可证制度。从矿产资源的勘查直到开采，都必须依法分别申请，以取得探矿权、采矿权，并办理登记。

《矿产资源法》第3条规定："国家保护探矿权和采矿权不受侵犯，保障矿区和勘查作业区的生产秩序、工作秩序不受影响和破坏。"国家对矿产资源的勘查实行统一规划、综合勘查。国家鼓励矿产资源勘查、开发的科学技术研究，推广先进技术，提高矿产资源勘查、开发的科学技术水平。对在矿产资源勘查和科学技术研究中的有功单位和个人给予奖励。

与勘查登记相配套的法规是《矿产资源勘查登记管理暂行办法》和《石油及天然气勘查、开采登记管理暂行办法》。《矿产资源勘查登记管理暂行办法》第2条规定："在中华人民共和国领域及管辖海域内从事下列各项勘查工作，必须申报登记，取得探矿权。"探矿权内容包括：1：20 万和大于 1：20 万比例尺的区域地质调查；金属矿产、非金属矿产、能源矿产的普查和勘探；地下水、地热、矿泉水资源的勘查；矿产的地球物理、地球化学的勘查；航空遥感地质调查。第 3 条规定，属于矿山企业在划定或者核定的矿区范围内进行的生产勘探工作；地质踏勘及不进行勘探工程施工的矿点检查可不进行登记。第 30 条规定，"国务院石油工业、核工业主管部门分别负责石油、天然气、放射性矿产的勘查登记、发证工作，并向国务院地质矿产主管部门备案"。

勘查登记手续按照《矿产资源勘查登记管理暂行办法》规定，在办理登记手续时，勘查单位或其主管部门应当向登记管理机关提交包括：批准的地质勘查计划或者承包合同的有关文件；勘查申请登记书；以坐标标定的勘查工作区范围图等文件和资料。外商投资勘查项目的申请办理登记手续，按《矿产资源勘查登记管理暂行办法》第 29 条规定，"在签订合同前，应当由登记管理机关按照本办法的规定进行复核并签署意见，在签订合同后，由中方有关单位向登记管理机关办理登记手续。"

根据《矿产资源勘查登记管理暂行办法》规定，勘查许可证由国务院地质矿产主管部门代表国家统一印制。勘查单位在获得勘查许可证后 6 个月（高寒地区 8 个月）内应当进行施工，如有特殊情况不能按期施工，应向登记管理机关申报理由。勘查单位施工后，应及时将开工情况报告登记管理机关。勘查单位应在核准的工作区范围内按核定内容施工。勘查许可证的有效期一般以勘查项目工作期为准，最长不超过 5 年；需要延长工作时间的，应当在有效期满前 3 个月内办理延续登记手续。勘查单位因故要求撤销勘查项目，应当向登记管理机关报告项目撤销原因，办理注销勘查许可证；如勘查项目已经完成任务，应填报项目完成报告，并办理注销登记手续。

《石油及天然气勘查、开采登记管理暂行办法》第 2 条规定："在中华人民共和国领域及管辖海域勘查、开采下列各项石油、天然气资源，必须根据本办法申请登记，取得探矿权或采矿权：一、石油；二、烃类天然气（包括共生、伴生的非烃类天然气）；三、油砂、沥青。"第 3 条明确，在石油、天然气资源勘查、开采登记管理工作中，凡本办法未明确的事项，应比照国务院颁布的《矿产资源勘查登记管理暂行办法》和《全民所有制矿山企业采矿登记管理暂行办法》执行。第 4 条，办理石油、天然气勘查登记手续，应当由具有法人资格的单位，按照项目提出申请，并领取许可证。

（二）探矿权、采矿权有偿取得和依法转让的规定

《矿产资源法》第 5 条规定："国家实行探矿权、采矿权有偿取得制度；但是，国家对探矿权、采矿权有偿取得的费用，可以根据不同情况规定予以减缴、

免缴。具体办法和实施步骤由国务院规定。"第 6 条规定："除按下列规定可以转让外，探矿权、采矿权不得转让：（一）探矿权人有权在划定的勘查作业区内进行规定的勘查作业，有权优先取得勘查作业区内矿产资源的采矿权。探矿权人在完成规定的最低勘查投入后，经依法批准，可以将探矿权转让他人。（二）已取得采矿权的矿山企业，因企业合并、分立、与他人合资、合作经营，或者因企业资产出售以及有其他变更企业资产产权的情形而需要变更采矿权主体的，经依法批准可以将采矿权转让他人采矿。前款规定的具体办法和实施步骤由国务院规定。禁止将探矿权、采矿权倒卖牟利。"第 42 条规定："违反本法第 6 条的规定将探矿权、采矿权倒卖牟利的，吊销勘查许可证、采矿许可证，没收违法所得，处以罚款。"

与探矿权、采矿权有偿取得和依法转让制度相配套的法规是《探矿权采矿权转让管理办法》。该法第 3 条、第 5 条、第 6 条对《矿产资源法》关于矿产资源探矿权、采矿权转让条件进一步具体化。第 5 条规定："转让探矿权，应当具备下列条件：（一）自颁发勘查许可证之日起满 2 年，或者在勘查作业区内发现可供进一步勘查或者开采的矿产资源；（二）完成规定的最低勘查投入；（三）探矿权属无争议；（四）按照国家有关规定已经缴纳探矿权使用费、探矿权价款；（五）国务院地质矿产主管部门规定的其他条件。"第 6 条规定："转让采矿权，应当具备下列条件：（一）矿山企业投入采矿生产满 1 年；（二）采矿权属无争议；（三）按照国家有关规定已经缴纳采矿权使用费、采矿权价款、矿产资源补偿费和资源税；（四）国务院地质矿产主管部门规定的其他条件。国有矿山企业在申请转让采矿权前，应当征得矿山企业主管部门的同意。"

探矿权、采矿权转让分别由国务院地质矿产主管部门和省、自治区、直辖市人民政府地质矿产主管部门审批。其中，国务院地质矿产主管部门负责由其审批发证的探矿权、采矿权转让的审批；省、自治区、直辖市人民政府地质矿产主管部门负责《探矿权采矿权转让管理办法》第 4 条第 2 款规定以外的探矿权、采矿权转让的审批。申请探矿权或者采矿权转让时，应当向审批管理机关提交下列资料："（一）转让申请书；（二）转让人与受让人签订的转让合同；（三）受让人资质条件的证明文件；（四）转让人具备本办法第五条或者第六条规定的转让条件的证明；（五）矿产资源勘查或者开采情况的报告；（六）审批管理机关要求提交的其他有关资料"；"国有矿山企业转让采矿权时，还应当提交有关主管部门同意转让采矿权的批准文件"。转让国家出资勘查所形成的探矿权、采矿权的，必须进行评估，评估工作，具体由国务院地质矿产主管部门会同国务院国有资产管理部门认定的评估机构进行；评估结果由国务院地质矿产主管部门确认。这一规定为国家出资勘查所形成的探矿权、采矿权的转让提供依据，避免国有资产的流失。

（三）采矿登记管理的规定

《矿产资源法》规定，开采矿产资源，必须依法分别申请、经批准取得探矿权、采矿权，并办理登记；从事矿产资源开采的，必须符合规定的资质条件。国家对矿产资源的开发实行统一规划、合理布局、合理开采和综合利用的方针。

《矿产资源法》将矿山企业审批与采矿权审批分作两条规定，对矿山企业设立的资质条件作了原则规定。按照矿产储量规模和矿种的重要性分别由国务院地质矿产主管部门，省、自治区、直辖市人民政府地质矿产主管部门负责采矿许可证的审批和颁发。

《矿产资源法》第15条规定，"设立矿山企业，必须符合国家规定的资质条件，并依照法律和国家有关规定，由审批机关对其矿区范围、矿山设计或者开采方案、生产技术条件、安全措施和环境保护措施等进行审查；审查合格的，方予批准。"第16条规定，"开采下列矿产资源的，由国务院地质矿产主管部门审批，并颁发采矿许可证：（一）国家规划矿区和对国民经济具有重要价值的矿区内的矿产资源；（二）前项规定区域以外可供开采的矿产储量规模在大型以上的矿产资源；（三）国家实行保护性开采的特定矿种；（四）领海及中国管辖的其他海域的矿产资源；（五）国务院规定的其他矿产资源"；"开采石油、天然气、放射性矿产等特定矿种的，可以由国务院授权的有关主管部门审批，并颁发采矿许可证。开采第（一）款、第（二）款规定以外的矿产资源，其可供开采的矿产的储量规模为中型的由省、自治区、直辖市人民政府地质矿产主管部门审批和颁发采矿许可证。开采第（一）款、第（二）款和第三款规定以外的矿产资源的管理办法，由省、自治区、直辖市人民代表大会常务委员会依法制定。依照第（三）款、第（四）款的规定审批和颁发采矿许可证的，由省、自治区、直辖市人民政府地质矿产主管部门汇总向国务院地质矿产主管部门备案。矿产储量规模的大型、中型的划分标准，由国务院矿产储量审批机构规定。"

与认定开采和设立矿山企业资质条件相配套的法规是《矿产资源法实施细则》、《采矿登记管理暂行办法》。

对于采矿权申请人的资质，按《矿产资源法》第3条第4款规定，从事矿产资源的，必须符合规定的资质条件。第15条规定，设立矿山企业，必须符合国家规定的资质条件。在《矿产资源法实施细则》中，对此在第11条、第13条和第14条规定中作了细化，申请开办国有矿山企业、集体所有制矿山企业或者私营矿山企业、个体采矿，明确规定应当具备采矿的特定条件。如开办国有矿山企业，应当具备下列条件：有供矿山建设使用的矿产勘查报告；有矿山建设项目的可行性研究报告（含资源利用方案和矿山环境影响报告）；有确定的矿区范围和开采范围；有矿山设计；有相应的生产技术条件。

《矿产资源法》规定，采矿权申请人申请开采的矿产资源，必须在矿山基本建设项目批准之前，由地质矿产主管部门即采矿登记管理机关对矿山建设项目可行性研究报告中的开采范围和矿产资源综合利用方案进行复核，并在规定时限内作出答复。采矿权申请人，凭矿山企业批准文件向采矿登记管理机关办理采矿登记手续，领取采矿许可证。该法第16条规定，采矿权申请人应依法向法律法规拥有审批权的地质矿产主管部门提出申请，经审查批准后，办理采矿登记，领取采矿许可证，取得采矿权。

申请在国家规划矿区、对国民经济具有重要价值的矿区和国家规定实行保护性开采的特定矿种开采矿产资源，须经国务院有关主管部门批准；申请在港口、机场、国防工程设施、重要工业区、大型水利工程设施、城镇市政设施、铁路和重要公路两侧、重要河流和堤坝两侧，及国家规定的各类保护区等地区的规定范围内采矿，须经国务院授权的有关主管部门同意。

矿山企业矿区范围依法划定后，由划定矿区范围的主管机关通知有关县级人民政府予以公告；矿山企业变更矿区范围，必须报请原审批机关批准，重新核发采矿许可证；关闭矿山必须提出矿山闭坑报告及有关采掘、工程不安全隐患、土地复垦利用、环境保护的资料，并按照国家规定报请审查批准。

《矿产资源法实施细则》规定，采矿权人享有下列权利：按照采矿许可证规定的开采范围和期限从事开采活动；自行销售矿产品，但是国务院规定由指定的单位统一收购的矿产品除外；在矿区范围内建设采矿所需的生产和生活设施；根据生产建设的需要依法取得土地使用权；法律、法规规定的其他权利。与此同时，采矿权人应当履行下列义务：在批准的期限内进行矿山建设或者开采；有效保护、合理开采、综合利用矿产资源；依法缴纳资源税和矿产资源补偿费；遵守国家有关劳动安全、水土保持、土地复垦和环境保护的法律、法规；接受地质矿产主管部门和有关主管部门的监督管理，按照规定填报矿产储量表和矿产资源开发利用情况统计报告。

《矿产资源法》规定，国家保护采矿权不受侵犯，保障矿区的生产秩序不受影响和破坏；地方各级人民政府应当采取措施，维护本行政区域内的国有矿山企业和其他矿山企业矿区范围内的正常秩序；并明确规定"禁止任何单位和个人进入他人依法设立的国有矿山企业和其他矿山企业矿区范围内采矿"；严格限制个人采挖矿产资源的范围，法律规定"矿产储量规模适宜由矿山企业开采的矿产资源、国家规定实行保护性开采的特定矿种和国家规定禁止个人开采的其他矿产资源，个人不得开采"；《矿产资源法》加强对矿业权管理工作的行政监督，法律规定"违法颁发的勘查许可证、采矿许可证，上级人民政府地质矿产主管部门有权予以撤销"。

三、矿产资源开发利用监督管理的规定

《矿产资源法》规定，国务院地质矿产主管部门主管全国矿产资源勘查、开采的监督管理工作。矿产资源监督管理的基本内容包括产权监督和行为监督。矿产资源监督管理的内容是法律赋予的，未经法律确定的矿产资源监督管理内容不具法律效力。《矿产资源法》还规定，凡"违反本法规定，采取破坏性的开采方法开采矿产资源的，处以罚款，可以吊销采矿许可证；造成矿产资源严重破坏的，依照刑法第156条的规定对直接责任人员追究刑事责任。"

与矿产资源开发利用监督管理制度相配套的法规，有1987年4月29日国务院发布的《矿产资源监督管理暂行办法》。矿产资源监督管理，包括矿产资源采选活动的整个过程。

1. 矿产监督管理任务

（1）监督矿业权人履行法定义务，包括依法缴纳监督税和资源补偿费，定期提交工作报告，投入最低工作费用，保证矿山安全和职工健康等；

（2）监督矿业权人在矿业权的权利范围（包括时间和空间范围等）内从事矿业活动；

（3）检查矿业权人是否按批准的勘查计划或采矿计划进行矿业活动；

（4）监督检查矿业权人执行经批准的环境保护计划方案情况；

（5）监督检查矿业权执行经批准的矿地复垦计划和复垦效果；

（6）对不依法缴纳资源补偿费和矿业权使用费、不执行矿业环境保护计划和矿地复垦计划义务的矿业权人，依法扣除违约保证金；

（7）查处非法矿业行为。

2. 矿产监督管理范围

（1）监督的地域范围：凡在中华人民共和国领域和管辖的领海内从事矿产资源开发活动的国有矿山，集体矿山和个体采矿者，他们的矿产资源开发活动都要受到各级矿产行政管理部门的矿产督察员的监督检查。

（2）监督的业务范围：按照《矿产资源监督管理暂行办法》的规定，矿山从基本建设开始，一直到矿山关闭的全过程中，都要加强对资源的开发利用和保护的监督管理。

国家实行矿产资源开发与环境保护监督管理相结合的原则，做到谁开发谁保护，谁污染谁治理。要求执法监督主管部门与开发行业主管部门、企业主管部门的监督管理相结合；各主管部门的监督管理与矿山企业自身的监督管理相结合；专职与兼职监督管理人员相结合。

国务院地质矿产主管部门是全国矿产资源监督管理的主管部门；省、自治

区、直辖市人民政府地质矿产主管厅（局）负责在本行政区范围内对矿产资源开发履行相应的监督职责；国务院有关主管部门和各省、自治区、直辖市人民政府有关主管部门协助同级地质矿产主管部门进行监督管理；矿山企业的地质测量机构，是本企业矿产资源开发利用与保护工作的监督管理机构；矿产督察员是政府部门的派出人员，矿产督察员分国家级和省、自治区、直辖市级两级；国家级矿产督察员负责分管省（自治区、直辖市）的矿产资源开发利用和保护的监督管理工作，重点是国有大中型和中央直属矿山企业，受聘任部门委托可以跨省（自治区、直辖市）巡回督察。地方级矿产督察员负责其他矿山企业和个体采矿的监督管理工作，其工作内容是对矿山企业的"三率"（开采回采率、采矿贫化率、选矿回收率）进行考核。

四、关于煤炭资源的规定

在我国，实行单一的矿产资源国家所有权制度。煤炭资源是矿产资源的重要组成部分，在立法保护的制度安排上理应与所有的矿产资源相同。但由于煤炭资源与国民经济发展和人民生活密切相关，在生产、经营、保护、管理方面存在许多特殊性，所以，国家专门制定了《煤炭法》，规范煤炭的生产、经营、保护和管理。其主要的法律规定有：

1. 煤炭资源勘查、开采规划的规定

煤炭资源勘查、开采规划是对一定时期和范围的矿产资源的勘查、开采所作的总体安排。目的是为了合理布局，提高勘查、开采效率，并使矿产资源的勘查、开采适应国民经济长期发展的需要。

编制矿产资源开采规划，是对矿区的开发建设布局进行统筹安排的规划，是进行煤炭资源开采的前提。

2. 煤炭生产许可证的规定

《煤炭法》第22条规定，煤矿投入生产前，煤矿企业应当依照本法规定向煤炭管理部门申请领取煤炭生产许可证，由煤炭管理部门对其实际生产条件和安全条件进行审查，符合本法规定条件的，发给煤炭生产许可证。未取得煤炭生产许可证的，不得从事煤炭生产。

3. 煤炭行业安全管理的规定

煤炭生产行业是高风险的行业，生产安全至关重要。所以，《煤炭法》第37至第44条，对涉及煤炭安全的各环节做出强制性要求。

4. 煤炭经营的规定

为确保煤炭经营活动规范有序，国家实行煤炭许可经营制度，依法取得煤炭生产许可证的煤矿企业，有权销售本企业生产的煤炭。

第四节　矿产资源的国际公约或条约

　　矿产资源是人类生产生活的重要物质来源，但是国际矿产资源似乎比较少，基本上，矿产资源都纳入各国主权之内。目前，可供人们利用的国际矿产资源主要包括海底区域内的矿产资源和南极矿产资源。由于矿产资源的重要性，各国在此方面的利益冲突比较大，很难形成统一的意见，因此，目前较有影响的有关国际矿产资源的条约就是《南极矿物资源活动管理条约》（简称《矿物条约》）和《联合国海洋法公约》。①

一、《南极矿物资源活动管理条约》

　　根据已收集的数据和资料表明，科学家们已经在南极大陆发现了各种矿点。铁可能是南极潜在的最大矿藏，铜、钼及有关矿物的矿点在南极半岛也很普通。南极还具有丰富的非金属矿物如云母、石墨、磷酸盐和煤等。科学家们还推测：南极大陆还可能存在石油和天然气。由此，我们可以看出，南极大陆的矿产资源是相当丰富的，而且由于地理条件和科学技术的限制，人类还远远没有具体探明这些矿物。因此，加强对南极矿产资源的管理是国际社会关注的一个重要内容。

　　（一）南极矿物资源制度的一般保护原则

　　《矿物公约》包括序言、67 个条款和一个附件，主要包括 7 章内容：总则、机构、普查、勘探、开发、争端解决和最后条款。公约第 2 条规定了矿物资源制度目标和一般原则，规定了一切矿物资源活动受矿物资源制度支配的原则。此外，公约的其他条款也对一般原则作了规定，如第 6 条规定了增进所有缔约国的参与机会并考虑整个国际社会利益的原则，第 15 条规定了尊重对南极进行其他合法利用的原则等。由于此制度在南极条约体系内部形成，因此也包含了该体系内存在的诸原则，如专为和平目的利用南极的原则、保护环境的原则等。

　　（二）南极矿物资源活动的法律规定

　　《矿物公约》认为"矿产资源是一切非生物、非再生的自然资源，包括矿物燃料、金属和非金属矿物"。"南极矿产资源活动"是指普查、勘探或开发，但不包括属于南极条约第 3 条范围的科学研究活动。

　　针对普查，《矿物公约》明确规定：普查不应赋予任何经营者以对南极矿产资源的任何权利；普查的进行在任何时候予以许可，但每一经营者应保证普查一

---

①　戚道孟主编：《自然资源法》，中国方正出版社，2005 年版，第 214 页。

且终止即撤除所有设施和设备，并使现场恢复原状，且担保国应大致确定拟进行普查的一种或多种矿产资源；就普查，包括拟使用的方法、拟进行工作的总规划及预定的普查期做出说明；就普查可能产生的环境和其他影响做出评估；说明为避免有害环境后果和对南极其他利用的不当干扰所拟采取的措施。

针对勘探，公约规定，任何缔约国可向执行秘书提交通知，要求委员会划定一个可供勘探和开发一种或多种特定矿产资源的区域；执行秘书应立即将通知转送所有缔约国并召开咨询委员会和缔约国特别会议，由他们来讨论要划定的区域并对拟划定的区域是否符合公约要求进行审议，并将报告提交总委员会，由其最终决定是否划定所请求的区域。此后，任何缔约国可代表自己为其担保的经营者在规定的时间内向管理委员会提出管理计划和勘探许可申请，由管理委员会审查并授予经营者勘探管理的权利。

针对开发，公约规定，在已批准的管理计划和勘探许可对一经营者有效期间的任何时候，担保国可代表该经营者向管理委员会申请开发许可；管理委员会应在申请提交后尽快召开会议，对申请进行详细审查并决定是否颁发开发许可证。

二、《联合国海洋法公约》

深海海底的矿产资源也逐渐引起人们的重视，尤其是深海海底中的锰结核最引人注意。到 20 世纪 60 年代，一些工业发达国家逐渐认识到锰结核的经济价值，调查研究工作也随之开展起来。进入 70 年代锰结核越来越受到许多国家的重视，并将其列为开发深海海底资源的重点项目。现在世界上有 100 多个公司从事锰结核的勘探和试采活动。深海海底锰结核勘探开发活动的扩大和发展中国家在国际政治舞台上的影响愈益加强促使 1970 年举行的第二十五届联合国大会通过了《关于各国管辖范围以外海床洋底与下层土壤的原则宣言》明确规定了深海海底及其资源是人类的共同继承财产。第三次联合国海洋法会议于 1982 年 4 月 30 日通过的《联合国海洋法公约》，除再一次肯定这一原则外还确立了深海海底的国际制度，制定了勘探和开发深海海底资源的原则、规章和程序，规定了勘探和开发的基本条件。

（一）区域和资源的定义及其法律地位

《联合国海洋法公约》第 11 部分对深海海底区域进行了具体的规定。它规定：区域是指国家管辖范围以外的海床和洋底及其底土，区域内活动是指勘探和开发区域的资源的一切活动。

资源是指区域内在海床及其下原来位置的一切固体、液体或气体矿物资源，其中包括多金属结核，从区域回收的资源称为矿物。

区域及其资源是人类的共同继承财产。

任何国家不应对区域的任何部分或其资源主张或行使主权或主权权利,任何国家或自然人或法人,也不应将区域或其资源的任何部分据为己有。任何这种主权和主权权利的主张或行使,或这种据为己有的行为,均应不予承认。对区域内资源的一切权利属于全人类,由管理局代表全人类行使。这种资源不得让渡。但从区域内回收的矿物,只可按照本部分和管理局的规则、规章和程序予以让渡。任何国家或自然人或法人,除按照本部分外,不应对区域矿物主张、取得或行使权利。否则,对于任何这种权利的主张、取得或行使,应不予承认。

（二）区域活动政策

各国对于区域的一般行为,应按照本部分的规定、《联合国宪章》所载原则,以及其他国际法规则,以利维护和平与安全,促进国际合作和相互了解。区域内活动应按照本部分的明确规定进行,以求有助于世界经济的健全发展和国际贸易的均衡增长,并促进国际合作,以谋所有国家特别是发展中国家的全面发展。

（三）勘探和开发制度

针对海底区域的矿物资源的勘探和开发,公约规定:区域内活动应由管理局代表人类,按照本条以及本部分和有关附件的其他有关规定,和管理局的规则、规章和程序,予以安排、进行和控制。区域内活动应依第 3 款的规定:（a）由企业部进行;（b）由缔约国或国有企业,或在缔约国担保下的具有缔约国国籍或由这类国家或国民有效控制的自然人或法人,或符合本部分和和附件三规定的条件的上述各方的任何组合,与管理局以协作方式进行。区域内活动应按照一项依据附件三所拟订并理事会于法律和技术委员会审议后核准的书面工作计划进行。在第 2 款（b）项所述实体按照管理局的许可进行区域内活动的情形下,这种工作计划按照附件三第 3 条采取合同的形式。这种可按照附件三第 11 条做出联合安排。管理局为确保本部分和与其有关的附件的有关规定,和管理局的规则、规章和程序以及按照第 3 款核准的工作计划得到遵守的目的,应对区域内活动行使必要的控制。缔约国应按照第 139 条采取一切必要措施,协助管理局确保这些规定得到遵守。管理局应有权随时采取本部分所规定的任何措施,以确保本部分条款得到遵守和根据本部分或任何合同所指定给它的控制和管理职务的执行。管理局应有权检查与区域内活动有关而在区域内使用的一切设施。第 3 款所述的合同应规定期限内持续有效的保证。因此,除非按照附件三第 18 和第 19 条的规定,不得修改、暂停或终止合同。

（四）国家义务和损害赔偿责任

公约规定国家有遵守本公约义务和损害赔偿的责任。缔约国应有责任确保区域内活动，不论是由缔约国、国有企业，或具有缔约国国籍的自然人或法人所从事者，一律依照本部分进行。国际组织对于该组织所进行的区域内活动也应有同样责任。在不妨害国际法规则和附件三第 22 条的情形下，缔约国或国际组织应对于其没有履行本部分规定的义务而造成的损害负有责任；共同进行活动的缔约国或国际组织应承担连带赔偿责任。但如缔约国已据第 153 条第 4 款和附件三第 4 条第 4 款采取一切必要和适当措施，以确保其根据第 153 条第 2 款（b）项担保的人切实遵守规定，则该缔约国对于因这种人没有遵守本部分规定而造成的损害，应无赔偿责任。为国际组织成员的缔约国应采取适当措施确保本条对这种组织的实施。

第十八章　森林资源法

第一节　概　　说

一、森林与森林资源的概念

（一）森林的概念

从生态学角度，森林指以树木为主体的绿色植物群落。

森林的功能体现在：

1. 森林具有涵养水源、保持水土、防风固沙、净化空气作用。

2. 森林具有调节气候的作用。

3. 森林是大量的野生动植物的栖息地。

4. 森林为人类提供丰富的林产品。

（二）森林资源的概念

根据《中华人民共和国森林法实施条例》第 2 条的规定，森林资源，包括森林、林木、林地以及依托森林、林木、林地生存的野生动物、植物和微生物。其中：森林，包括乔木林和竹林；林木，包括树木和竹子；林地，包括郁闭度 0.2 以上的乔木林地以及竹林地、灌木林地、疏林地、采伐迹地、火烧迹地、未成林造林地、苗圃地和县级以上人民政府规划的宜林地。

森林资源具有以下特征：

1. 生长的周期性。森林抚育成林需要经历较长的期限。生长周期长，并容易遭自然灾害和人为破坏；另外，森林的长周期性也决定了需要培育大量后备储蓄以保证其可持续发展。

2. 可永续利用性。森林资源是可再生资源，包括自然再生和人工培育再生，只要坚持森林的生长规律性并做到"生产经营规模小于生长规模"便有可能达到永续利用的目的。

3. 利用的多功能性。作为人类可以利用的资源之一，森林具有巨大的经济效益；作为生物圈重要组成部分和人类生存环境的决定性因素之一，其还具有无可争议的生态效益。在改善人类生存环境质量方面，森林具有蓄水保土、调节气候、改善环境等重要作用。

二、我国森林资源的状况

我国曾经是一个森林资源丰富的国家，古代森林覆盖率曾高达 49%，到了清代初年还有 26%。全国乔灌林木树种约有 8000 种，很多树种，如水杉、银杏、珙桐等为我国独有。森林类型之多更为世界少有，既有寒温带的针叶林，也有温带的落叶、常绿阔叶林、针阔叶混交林，还有热带雨林（如西双版纳的热带雨林）。

随着人口的增加和人类活动的加剧，大量的树木被人们砍伐作为"木材"消费利用，大量林地被垦殖为农田。到了 20 世纪的 50 年代后期，由于人们对森林的生态作用的无知和对木材需求增长过快，砍伐森林的势头愈演愈烈。90 年代以来，不少地区大发生态破坏财，大肆盗伐滥伐林木，盗伐林木 100m³ 以上的重大、特大毁林事件时有发生。到 1996 年，我国的森林覆盖率只剩下 13.92%，只有世界平均水平（22%）的 59%。在世界上居第 122 位；人均占用森林面积仅 0.11hm²，约为世界人均占有量的 15.2%，而且我国的森林资源分布极不均匀，西北、华北森林资源奇缺，生态环境最为脆弱的西北五省森林覆盖率仅有3.34%，有的地区森林覆盖率不到 1%，至使一些地区生态环境恶化，水土流失现象严重，江、河、湖、库、淤、洪涝旱灾频繁。1998 年的特大洪灾，造成3000 多人死亡，直接经济损失高 1666 亿元，这与上游天然林惨遭破坏有极大的关系。

第二节　我国森林资源的立法沿革

一、我国森林资源立法的历史进程

森林立法是建国以后最早着手的立法工作之一。1973 年 10 月 10 日农业部颁发《森林采伐更新规程》。1979 年 2 月 17～23 日第五届全国人民代表大会常务委员会第六次会议通过《森林法〈试行〉》。根据国务院的提议，决定 3 月 12日为我国的植树节。

进入 1980 年代中期以后，我国加快了森林资源的立法步伐，并逐步建立起比较完备的森林资源法律体系。1984 年 9 月 20 日第六届全国人民代表大会常务委员会第七次会议通过《森林法》，这是我国第一部自然资源方面的立法；1998年 4 月第九届全国人民代表大会常务委员会第二次会议对《森林法》进行了修订。1986 年 5 月 10 日林业部发布《森林法实施细则》。1987 年 9 月 10 日林业部发布《森林采伐更新管理办法》。1988 年 1 月 16 日国务院发布《森林防火条例》，1989 年 11 月 17 日国务院第 50 次常务会议通过《森林病虫害防治条例》。

1994 年 1 月 2 日林业部颁布施行《森林公园管理办法》，对在森林公园内林木的采伐、林地征占用及破坏野生动植物资源的处罚做了规定。同年 12 月 1 日颁布施行《自然保护区条例》，对在保护区进行砍伐、放牧、标本采集、狩猎、捕捞、采药、开垦、烧荒、开矿、采石、挖沙等活动进行了规定。

2000 年 1 月 29 日国务院根据《森林法》制定并发布施行《森林法实施条例》，对森林经营管理、森林保护、植树造林、森林采伐、法律责任做出规定。

二、我国森林资源的立法现状

目前，我国已针对森林资源建立了一系列法律法规，主要有《森林法》、《关于开展全民义务植树运动的决议》；国务院《关于开展全民义务植树运动的实施办法》、《森林防火条例》、《森林采伐更新管理办法》、《城市绿化条例》、《森林病虫害防治条例》、《制定年森林采伐限额暂行规定》、《森林资源档案管理办法》、《森林法实施条例》等。

第三节　我国森林资源的主要法律规定

一、森林资源权属的法律规定

（一）森林资源权属

林权，又称森林所有权。是指森林法律关系的主体对森林、林木或者林地的占有、使用、收益和处分的权利。我国《森林法》把林权分为国家林权、森林及林木等森林资源的集体所有权以及公民林木所有权。除法律规定属于集体所有的以外，森林资源属于全民所有，即国家所有。《宪法》第 9 条："矿藏、水流、森林、山岭、草原、荒地、滩涂等自然资源，都属于国家所有，即全民所有；由法律规定属于集体所有的森林和山岭、草原、荒地、滩涂除外。"《森林法》第 3 条："森林资源属于国家所有，由法律规定属于集体所有的除外。国家所有的集体所有的森林、林木和林地，个人所有的林木和使用的林地，由县级以上地方人民政府登记造册，发放证书，确认所有权或者使用权。国务院可以授权国务院林业主管部门，对国务院确定的国家所有的重点林区的森林、林木和林地登记造册，发放证书，并通知有关地方人民政府。""森林、林木、林地的所有者和使用者的合法权益，受法律保护，任何单位和个人不得侵犯。"

《森林法》第 27 条："国有企业事业单位、机关、团体、部队营造的林木，由营造单位经营并按照国家规定支配林木收益"；"集体所有制单位营造的林木，归该单位所有"；"农村居民在房前屋后、自留地、自留山种植的林木，归个人所有。城镇居民和职工在自有房屋的庭院内种植的林木，归个人所有"；"集体或者个人承包国家所有和集体所有的宜林荒山荒地造林的，承包后种植的林木归承包的集体或者个人所有，承包合同另有规定的，按照承包合同的规定执行"。这里明确地规定了我国森林资源的权属划分以及归属的分类问题。全民所有制单位营造的林木，由营造单位经营并按照国家规定支配林木收益；集体所有制单位营造的林木，归该单位所有；农村居民在房前屋后、自留地、自留山种植的林木，归个人所有，城镇居民和职工在自有房屋的庭院内种植的林木，归个人所有；集体或者个人承包全民所有和集体所有的宜林荒山荒地造林的，承包后种植的林木归承包的集体或者个人所有。

《中共中央国务院关于加快林业发展的决定》提出：要依法严格保护林权所有者的财产权，维护其合法权益。加快推进森林、林木和林地使用权的合理流转。在明确权属的基础上，国家鼓励森林、林木和林地使用权的合理流转，各种社会主体都可通过承包、租赁、转让、拍卖、协商、划拨等形式参与流转。

（二）森林资源权属转让

权属转让是指在法律允许的范围内，森林资源所有权或使用权的全部或部分转让问题。森林、林木、林地使用权转让的规定随着社会主义市场经济的发展，实践中出现了幼林转让、中幼林合营、林地出租造林以及林地使用权、林木折价入股等多种森林资源流转形式。这对优化生产要素配置、盘活森林资源资产、促进林业发展起了重要作用。为了更好地指导、促进林业的改革和发展，必须从法律上肯定森林资源流转等行为并加以规范。《森林法》第15条规定："下列森林、林木、林地使用权可以依法转让，也可以依法作价入股或者作为合资、合作造林、经营林木的出资、合作条件，不得将林地改为非林地：（一）用材林、经济林、薪炭林；（二）用材林、经济林、薪炭林的林地使用权；（三）用材林、经济林、薪炭林的采伐迹地、火烧迹地的林地使用权；（四）国务院规定的其他森林、林木和其他林地使用权。""依照前款规定转让、作价入股或者作为合资、合作造林、经营林木的出资、合作条件的，已经取得的林木采伐许可证可以同时转让，同时转让双方都必须遵守本法关于森林、林木采伐和更新造林的规定。"除了上述规定的情形外，其他森林、林木和其他林地使用权不得转让。权属转让的限制性条件之一，是不得将林地改作非林地。

（三）林权纠纷的处理

林权纠纷是指双方或多方当事人围绕森林资源所有权归属问题发生的争议。林权纠纷处理的办法主要分为：当事人协商，行政解决和行政诉讼解决。处理林权纠纷，通过确认权属、返还非法占有、排除妨碍、赔偿损失等措施，确保所有权人的合法权益，促进森林资源的有效保护。

二、森林经营管理的法律规定

(一) 森林资源清查和资源建档

1. 森林资源的清查

森林资源的清查是指在一定时期内对某一地区内的各类森林资源分布情况和森林质量等因子进行调查和核查。摸清森林资源家底是进行森林资源建设和管理的基础。《森林法》第14条明确提出："各级林业主管部门负责组织森林资源清查，建立资源档案制度，掌握资源变化情况。"《森林法实施条例》第11条规定："国务院林业主管部门应当定期监测全国森林资源消长和森林生态环境变化的情况。"

2. 森林资源建档

森林资源档案，是指将森林资源清查所得到的资料、成果按一定的方法进行汇集、整理，并给以妥善保存的一项制度。它是森林资源管理的又一项基础工作，也是森林经营管理的一个基本内容。

森林资源档案是对各个时期森林资源变化状况和森林生态环境年度状况的记录资料，是在森林资源调查的基础上建立的。完备的森林资源档案有效地反映森林资源的增减变化情况，也可以反映森林经营的效果。各级林业主管部门应当根据实际需要，设立森林资源档案管理机构或配备专业的森林资源档案管理人员，负责本辖区的森林资源档案管理工作。《森林法》第14条规定："各级林业主管部门负责组织森林资源清查，建立资源档案制度，掌握资源变化情况。"森林资源档案按照有关规定管理和使用。

(二) 林业规划和森林经营方案

1. 林业规划

林业规划是林业建设中的一项基础性工作。它是指在较长时期内林业生产、建设和发展的纲领性计划。林业生产具有生产周期长，劳动期间短，自然力独立起作用，一次建设即可长期发展的特点。林业规划的制定，关系到森林资源的合理开发、永续利用、森林资源综合效益的发挥以及林区经济繁荣等重大问题。因此，《森林法》规定各级人民政府应制定林业长远规划。该法第16条规定："各级人民政府应当制定林业长远规划。国有林业企业事业单位和自然保护区，应当根据林业长远规划，编制森林经营方案，报上级主管部门批准后实行。"林业规划应当包括指导思想、基本原则、战略目标、战略重点和步骤、主要措施等项内容。《森林法实施条例》第13条规定："林业长远规划应当包括下列内容：（一）林业发展目标；（二）林种比例；（三）林地保护利用规划；（四）植树造林规划。"根据国家林业局 2002 年 11 月 3 日《林业发展"十五"规划和行业发展概况》，提出了"十五"发展的具体目标和长远目标。

2. 森林经营方案

森林经营方案是组织森林经营、考核各级各单位及其责任人任期目标的依据，具有严肃的法律性和政策性，具有很强的专业技术性。它是指林业单位或有森林经营任务的单位，根据林业长远规划或在林业长远规划指导下编制的科学经营森林的具体方案。《森林法》第 16 条第 2 款规定："林业主管部门应当指导农村集体经济组织和国有的农场、牧场、工矿企业等单位编制森林经营方案。"编制森林经营方案的目的是：在一定经营范围内能不间断地生产经济建设和人民生活所需要的木材和林副产品，持续地发挥森林的生态效益、经济效益和社会效益，并在提高森林生产力的基础上，扩大森林的利用量。

（三）征收森林植被恢复费

《森林法》第 18 条规定，勘查、开采矿藏和各项建设工程占用或者征用林地的，依法办理建设用地审批手续，用地单位依照国务院有关规定缴纳森林植被恢复费。森林植被恢复费专款专用，由林业主管部门依照有关规定统一安排植树造林，恢复森林植被，植树造林面积不得少于因占用、征用林地而减少的森林植被面积。任何单位和个人不得挪用森林植被恢复费。县级以上人民政府审计机关负责经费使用情况的监督。财政部、国家林业局从保护森林资源，促进我国林业的可持续发展目的出发，根据《森林法》和《森林法实施条例》的有关规定，联合制定了《森林植被恢复费征收使用管理暂行办法》，从 2003 年 1 月 1 日正式实施。根据该办法，森林植被恢复费征收标准按林地的性质不同，最高每平方米收取 10 元，最低每平方米 2 元。城市及城区规划区的林地，可按规定标准的 2 倍收取。各地有关规定与本办法不一致的。一律以该办法为准。该办法规定：凡勘察、开采矿藏和修建道路、水利、电力、通信等各项工程需要占用、征用或者临时占用林地，经县级以上林业主管部门审核同意或批准的，用地单位应当按照有关规定向县级以上林业主管部门预缴森林植被恢复费。

三、植树造林和森林采伐的法律规定

（一）植树造林和绿化的规定

植树造林和绿化是增加森林面积，提高森林覆盖率的主要途径，也是保护森林资源的主要措施之一。因此，《森林法》和《森林法实施条例》对植树造林和森林采伐作出了明确的法律规定。其中包括：目标任务的规定、经营效益的归属、荒山荒坡的承包、合同的执行、封山育林工作的落实；对森林覆盖率、造林规程、绿化工作的部门负责制、造林者的权益保障；森林采伐的原则、森林采伐限额、采伐许可证的申领核发；木材运销经营规程、出口管制等做出规定。具体措施包括开展全民义务植树、规定森林覆盖率目标、规定植树造林责任制、健全绿化组织领导体制。

（二）封山育林的规定

《森林法》第 28 条规定："新造幼林地和其他必须封山育林的地方，由当地政府组织封山育林。"封山育林是指对划定的区域采取封禁措施，通过人工造林和天然落种自然萌生等途径种植树苗，并利用林木天然更新能力使森林恢复的育林方法。具体来说就是充分利用自然力，通过封山禁牧、禁樵、禁伐等，辅以必要的人工抚育，恢复林草植被，实现荒山荒地自然生态系统的自我修复和更新的一项技术措施。封山育林的对象是具备天然更新能力的疏林地、造林不易成活需要改善立地条件的荒山荒地和幼林地等。按照规定，封山育林区和封山育林期由当地人民政府因地制宜地划定。在封山育林区内，禁止或者限制开荒、砍柴和放牧等活动。

（三）森林采伐的规定

森林作为生产资源，生产中时刻都在消耗森林。为了使森林资源的消耗不至于超过其生长能力，就必须控制林木的采伐量。为此，《森林法》做出了明确规定。其中包括：控制森林采伐量，制定年采伐限额；规定森林林木采伐方式；实施木材运输证件制度和出口管制制度。

《森林法》第 32 条规定："采伐林木必须申请采伐许可证，按许可证的规定进行采伐"。林木采伐许可证是采伐林木实行凭证采伐制度，是森林法规定的森林保护管理的重要法律制度之一，是国家保证森林采伐限额和木材生产计划不被突破的重要法律措施。实施采伐许可证制度，要求除了农村居民采伐自留地和房前屋后个人所有的零星林木外，采伐林木必须申请采伐许可证。审核发放采伐许可证的部门，不得超过批准的年采伐限额发放采伐许可证。采伐林木的单位或个人，必须按照采伐许可证的规定采伐，并按采伐许可证规定的面积、株数、树种、期限完成更新造林任务，更新造林的面积和株数必须大于采伐的面积和株数。

（四）珍贵树木及其制品、衍生物的出口管制的规定

《森林法》第 38 条规定：国家禁止、限制出口珍贵树木及其制品、衍生物。禁止、限制出口的珍贵树木及其制品、衍生物的名录和年度限制出口总量，由国务院林业主管部门会同国务院有关部门制定，报国务院批准。凡出口列入目录的

珍贵树木或者其制品、衍生物的，必须经出口人所在地省、自治区、直辖市人民政府林业主管部门审核，报国务院林业主管部门批准，海关凭国务院林业主管部门的批准文件放行。如果进出口的树木或者其制品、衍生物属于中国参加的国际公约限制进出口的濒危物种的，还必须向国家濒危物种进出口管理机构申请办理允许进出口证明书，海关凭允许进出口证明书放行。

四、关于森林资源的其他法律规定

（一）建立林业基金制度

林业基金是国家通过林业主管部门用于发展林业而设立的专项资金。林业基金的来源包括：各级财政拨款用于营林的资金；国家有关部门通过各级林业部门安排的造林投资；各级林业部门按规定征收、提取的育林基金；各级林业部门用林业基金投资、开发、经营的用材林、经济林的纯收益；县林业部门从支付给林农木材收购价款中预留的森林资源更新资金；经营木材采伐、收购的森工企业提取的林业生产的资金；其他经当地人民政府或财政部门批准作为林业基金的收入；单位和个人对发展林业的捐赠款等。《森林法》对此明确规定："征收育林费，专门用于造林育林"；"建立林业基金制度。国家设立森林生态效益补偿基金，用于提供生态效益的防护林和特种用途林的森林资源、林木的营造、抚育、保护和管理。森林生态效益补偿基金必须专款专用，不得挪做他用。具体办法由国务院规定"。该基金主要用于林区采伐迹地的更新；林间空地、荒山、荒地造林和育林、护林；林木的培育、垦复、改造；营造大面积用材林；森林资源的保护和管理；营造速生丰产林等费用的支出。林业基金由中央和地方林业部门按规定权限分级管理，专款专用，年终节余允许跨年度使用。

（二）建立群众护林制度

《森林法》把植树造林，保护森林作为全民的义务。该法第 11 条规定："植树造林、保护森林是公民应尽的义务。各级人民政府应当组织全民义务植树，开展植树造林活动。"对于在植树造林、保护森林、森林管理以及林业科学研究等方面成绩显著的单位或者个人，由各级人民政府给予奖励；而对于国家机关、企事业单位及工作人员、集体经济组织以及公民个人，违反森林法规，使森林资源遭受破坏的，依法承担法律责任。依据情节轻重分别给予行政处分、行政处罚和刑事处罚。森林法要求地方各级人民政府应当组织有关部门建立护林组织，负责护林工作；督促有林的和林区的基层单位，订立护林公约，组织群众护林，划定护林责任区，配备专职或者兼职护林员。护林员可以由县级或者乡级人民政府委任。护林员的主要职责是：巡护森林，制止破坏森林资源的行为。

（三）建立森林防火制度

森林火灾是指由自然或人为原因引起的失去人为控制并对森林造成破坏性作用的森林燃烧现象。它是危害森林资源的主要灾害之一。为了防止森林火灾，我国建立了严格的森林防火制度，并制定了专门的《森林防火条例》。该条例规定"预防为主，积极消灭"的森林防火工作方针。并明确森林防火工作实行各级人民政府行政领导负责制。各级林业主管部门对森林防火工作负有重要责任，林区各单位都要在当地人民政府领导下，实行部门和单位领导负责制。强调预防和扑救森林火灾，保护森林资源，是每个公民应尽的义务。该条例还就森林火灾的预防、扑救、调查、统计，对森林火灾预防和扑救有功人员的奖励以及对违法者的处罚做出明确规定。

（四）森林病虫害防治制度

森林病虫害是指危害森林、林木、林木种苗及木材、竹材的病害和虫害的统称。它是导致森林面积减少、生产能力下降、环境效能降低的重要原因之一。森林病虫害防治制度则是指对森林病虫害进行预防和除治的一整套措施、途径和方法的规定。按照国务院1989年12月18日发布的《森林病虫害防治条例》规定，森林病虫害防治的基本方针是"预防为主，综合治理"，基本原则是"谁经营，谁防治"。主要防治措施是：建立健全森林病虫害防治机构，对森林病虫害进行长期预测预报；对林木种苗实行检疫措施，禁止检疫对象从国外传入或在国内传播；划定疫区和保护区，防止检疫对象扩散；对林内各种有益生物加强保护，并有计划地进行繁殖和培养，发挥生物防治作用；建立健全森林病虫害、监测和预报制度。

（五）建立自然保护区

《森林法》第24条规定，国务院林业主管部门和省、自治区、直辖市人民政府，应当在不同自然地带的典型森林生态地区、珍贵动物和植物生长繁殖的林区、天然热带雨林区和具有特殊保护价值的其他天然林区，划定自然保护区，加强保护管理。自然保护区的管理办法，由国务院林业主管部门制定，报国务院批准施行。

第四节　森林资源的国际公约或条约

一、《关于森林问题的原则声明》

该声明的全称为"关于所有类型的森林管理、保存和可持续开发的无法律约束力的全球协商一致意见权威性声明"，由联合国环境与发展大会于 1992 年 6 月 14 日在里约通过。声明指出：

1. 林业这一主题涉及环境与发展的整个范围内的问题和机会，包括社会经济可持续地发展的权利在内。

2. 这些原则的指导目标是要促进森林的管理、保存和可持续开发，并使它们具有多种多样和互相配合的功能和用途。

3. 关于林业问题及其机会的审议应在环境与发展的整个范围内总体且均衡地加以进行，要考虑到包括传统用途在内森林的多种功能和用途和当这些用途受到约束或限制时可能对经济和社会产生的压力，以及可持续的森林管理可提供的发展潜力。

4. 这些原则反映有关森林问题的头一个全球性协商一致意见。各国在对迅速实施这些原则做出承诺时也决定，不断评价这些原则对推进有关森林问题的国际合作是否允当。

5. 这些原则应适用于所有地理区域和气候带，其中包括南部、北部、亚温带、温带、亚热带和热带的所有类型森林，即天然森林和人工森林。

6. 所有类型森林包含各种既复杂又独特的生态进程，而这些进程是促使它们目前有能力和可能有能力提供资源来满足人类需要以及环境价值的基础，因此，良好的森林管理和保存是拥有这些森林的国家政府所关切的问题，并且对当地社会和整个环境也十分重要。

7. 森林是经济发展和维持所有生物所必不可少的。

8. 确认许多国家的森林管理、保存和可持续开发责任是分配给各联邦、国家、州、省和地方一级的政府，而每个国家根据其宪法和（或）国家立法应在适当的政府级别上实行这些原则。

二、《国际热带木材协定》

《国际热带木材协定》是 1983 年 11 月 18 日在日内瓦签订的，它代表着全球 90％的热带木材以及主要的木材生产者和消费者，为解决热带木材经济所面临的各种问题而为热带木材生产国和消费国之间的合作建立了一个法律框架。

《国际热带木材协定》的宗旨是："为生产和耗用热带木材的各国之间的合作和协商提供一个有效的纲领，促进国际热带木材贸易的扩展和多样化以及热带木材市场结构条件的改善，推广和支持研究和发展工作以求改善森林管理和木材利用，鼓励制定旨在实现持久利用和养护热带森林及其遗传资源，以及旨在保护有关区域生态平衡的各种国家政策。"同时还设立了国际热带木材理事会，在植树造林、恢复森林遭到破坏的地区以及合理管理森林资源方面发挥了重要作用。

三、森林资源的区域性条约

在保护森林资源方面，欧共体走在了前面。1989 年 12 月 15 日第四个《洛美协定》强调了砍伐森林的危害，呼吁缔约国遏止土地和森林资源的恶化，并建议扩大农业森林系统和制定森林管理计划。

1993 年 10 月 29 日，中美洲国家在危地马拉签署了《管理和保护自然森林生态系统及植树造林的区域公约》（未生效）。建议采取治理措施包括对森林资源的持续管理，在遭到破坏的地区植树造林，鼓励有关居民包括土著人民的参与。

2001 年 7 月 16 日至 18 日，亚欧"森林保护与可持续发展"国际研讨会在中国贵阳举行。各方政府官员与学者围绕着"携手共建绿色新世纪"这一主题，围绕着森林保护与可持续发展的有关政策、技术问题开展了广泛的交流和研讨，并通过了《贵阳宣言》。此宣言对亚欧森林保护具有实质的意义，加强了亚欧国家之间森林与可持续发展长期科技合作，促进了生态建设和环境建设。

第十九章　草原资源法

第一节　概　　说

一、草原及草原资源的概念

（一）草原的概念

《草原法》中所称草原，是指天然草原和人工草地。天然草原是指一种土地类型，它是草本和木本饲用植物与其所着生的土地构成的具有多种功能的自然综合体，具体包括草地、草山和草坡。人工草地是指选择适宜的草种，通过人工措施而建植或改良的草地，具体包括改良草地和退耕还草地，不包括城镇草地。[①]

草原的功能包括：

1. 维持生物多样性的生态功能。草地生物之间相生相克、优胜劣汰的相互作用构成了生物多样性的生态平衡。

2. 保护水资源的功能。草地是一个天然的大蓄水库，接纳大量的降水，防止地下水的蒸发，防止水土流失，对整个地区，乃至整个地球的水循环都是有积极意义的。

3. 保护野生动物的功能。草地是野生动物保护和得以发展的栖息地，可以发展狩猎业，其经济效益十分可观。

4. 旅游资源的功能。草原特有的民族特色是宝贵的旅游资源，旅游业的发展潜力极大，在美国，印第安人的聚居区主要是开展旅游业。

5. 生态调节的功能。草地对空气中的二氧化碳、氮、氧的气体平衡起着重要的调节作用，草地释放出大量氧气，吸收大量的二氧化碳，消除人口密集的城市地区产生的二氧化碳，维持了地球气体的平衡。

6. 畜牧业饲草基地的功能。这是在完成了上述功能后最后的功能，在发挥这个功能的同时，不能破坏以上几个功能。因此草地管理者的任务是多样的，而不是隶属在畜牧业之下，实际是为全人类服务的。

（二）草原资源的概念

草原资源是指由草和其附着生长的土地构成的自然综合体。它是一种可更新

---

① 戚道孟主编：《自然资源法》，中国方正出版社，2005年版，第123页。

资源，是发展畜牧业的基础。这种资源不仅可以自我繁殖再生，而且适应性强，更新速度快。只要注意保护，合理利用，就可以供人类永续利用。①

二、我国草原资源的现状

中国是草原资源大国，拥有草地近 4 亿公顷，约占国土面积的 40%，居世界第 2 位。但人均占有草地仅 0.33 公顷，为世界人均草地面积 0.64 公顷的一半。中国草地可利用面积比例较低。优良草地面积小，草地品质偏低；天然草地面积大，人工草地比例过小；天然草地的面积逐步减少，质量不断下降；草地载畜力下降，普遍超载过牧，草原三化（退化、沙化、碱化）不断扩展。目前，中国 90% 的草地不同程度地退化，其中度退化以上草地面积已占半数。全国"三化"草地面积已达 1.35 亿公顷，并且每年还以 200 万公顷的速度增加，草地生态环境形势十分严峻。84.4% 的草地的分布在西部，面积约 3.31 亿公顷。由于不合理的利用，草原生态系统遭到了严重破坏，草地退化面积不断扩大。西北地区沙漠逐渐扩展，荒漠化日益严重，沙尘暴频繁发生。②

第二节　我国草原资源的立法沿革

一、我国草原资源立法的历史进程

我国保护草原的立法与其他方面的资源保护法律相比，发展比较缓慢，所采取的法律措施也不够严密具体，但作为立法实践已经起步。其主要表现在③：

1979 年的《环境保护法（试行）》第 14 条做出了"保护和发展牧草资源。积极规划和进行草原建设，合理放牧，保护和改善草原的再生能力，防止草原退化，严禁滥垦草原，防止草原火灾"的规定。

1985 年全国人民代表大会常务委员会通过了《草原法》。这是我国第一个关于草原保护的专门法律。2002 年 12 月 28 日第九届全国人民代表大会常务委员会第三十一次会议对《草原法》进行了修订。1993 年国务院发布了《草原防火条例》。

2000 年 6 月 14 日国务院发布《关于禁止采集和销售发菜制止滥挖甘草和麻黄草有关问题的通知》，要求认真执行《甘草和麻黄草采集管理办法》，严禁采集发菜，制止滥挖甘草、麻黄草、苁蓉、雪莲、虫草等草原野生植物。农业部也制定了《关于落实国务院禁止采集和销售发菜，制止滥挖甘草和麻黄草精神的通

①　吕忠梅、高利红、余耀军编著：《环境资源法学》，科学出版社，2004 年版，第 235 页。

②　戚道孟主编：《自然资源法》，中国方正出版社，2005 年版，第 123 页。

③　吴兴南、孙月红著：《自然资源法》，中国环境科学出版社，2004 年版，第 257 页。

知》加大对草原野生药用（经济）植物的保护、维护草原生态环境。

2000 年 9 月 25 日国务院颁布《关于进一步做好退耕还林还草试点工作的若干意见》；2002 年 9 月 16 日国务院颁布《关于加强草原保护与建设的若干意见》。2003 年 7 月国家发展改革委员会发布《中国 21 世纪初可持续发展行动纲要》，强调加强草原管理机构建设，强化管理职能，加大执法力度；积极落实草原承包制，明确草原使用的"责、权、利"关系；提高科技含量，改变草原资源利用方式。2004 年 6 月 29 日农业部发布《关于禁止开垦和非法征占用草原的紧急通知》。另外，一些省、自治区开展了配套法规、规章、规范性文件的起草和制定工作。

二、我国草原资源的立法现状

我国草原资源的法律法规主要有《草原法》、《草原防火条例》及国务院《关于禁止采集和销售发菜制止滥挖甘草和麻黄草有关问题的通知》、《关于进一步做好退耕还林还草试点工作的若干意见》、《关于加强草原保护与建设的若干意见》等。此外，一些省、自治区还制定了地方性的草原资源保护法规。

第三节　我国草原资源的主要法律规定

一、草原权属的规定

（一）草原所有权与使用权

草原所有权，是指草原法律关系的主体依法对草原的占有、使用、收益、处分的权利。我国《草原法》规定了国家所有权和集体所有权。《草原法》第 9 条规定，草原属于国家所有，由法律规定属于集体所有的除外。国家所有的草原，由国务院代表国家行使所有权。《草原法》明确要求，任何单位和个人不得侵占、买卖或者以其他形式非法转让草原。

草原使用权，根据《草原法》第 10 条和第 11 条的规定，国家所有的草原，可以依法确定给全民所有制单位、集体经济组织等使用。依法确定给全民所有制单位、集体经济组织等使用的国家所有的草原，由县级以上人民政府登记，核发使用权证，确认草原使用权。取得使用权的同时，也就应当履行相应的法定义务，《草原法》要求，使用草原的单位，应该履行保护、建设和合理利用草原的义务。集体所有草原和依法确定给集体经济组织使用的国家所有的草原，都可以由本集体经济组织的家庭或者联户承包经营，承包方通过与集体经济组织之间签订承包合同，取得对草原的使用权。

《草原法》第 12 条规定："依法登记的草原所有权和使用权受法律保护，任何单位或者个人不得侵犯。"

（二）草原经营管理的规定

草原家庭承包经营责任制是国家在牧区的一项基本政策，是开展草原保护建设工作的基础，是必须长期坚持的根本制度。通过草原家庭承包，将人、畜、草基本生产要素统一于家庭经营之中，能够极大地调动广大牧民保护和建设草原的积极性。为此，《草原法》对草原经营管理做出了明确规定：集体所有的草原或者依法确定给集体经济组织使用的国家所有的草原，可以由本集体经济组织内的家庭或者联户承包经营。

为了进一步稳定党在牧区的政策，完善草原家庭承包制，保证草原承包经营权的稳定，减少草原承包纠纷，保护农牧民的合法权益，《草原法》对承包期内草原调整的行为做出限制，第 13 条规定："在草原承包经营期内，不得对承包经营者使用的草原进行调整；个别确需适当调整的，必须经本集体经济组织成员的村（牧）民会议 2/3 以上成员或者 2/3 以上村（牧）民代表的同意，并报乡（镇）人民政府和县级人民政府草原行政主管部门批准"；"集体所有的草原或者依法确定给集体经济组织使用的国家所有的草原由本集体经济组织以外的单位或者个人承包经营的，必须经本集体经济组织成员的村（牧）民会议 2/3 以上成员或者 2/3 以上村（牧）民代表的同意，并报乡（镇）人民政府批准。"

承包经营草原通过合同形式加以固定。发包方和承包方应当签订书面合同。草原承包合同的内容应当包括双方的权利和义务、承包草原四至界限、面积和等级、承包期和起止日期、承包草原用途和违约责任等。承包期届满，原承包经营者在同等条件下享有优先承包权。承包经营草原的单位和个人，应当履行保护、建设和按照承包合同约定的用途合理利用草原的义务。

为使草原经营承包责任制更符合草原生产经营活动的实际要求，满足发展畜牧业的客观需要，《草原法》规定，草原承包经营权受法律保护，可以按照自愿、有偿的原则依法转让。在双方自愿前提下允许草原经营承包权实行转让，草原承包经营权转让要有利于实现保护和利用草原资源，要求草原承包经营权转让的受让方必须具有从事畜牧业生产的能力，并应当履行保护、建设和按照承包合同约定的用途合理利用草原的义务。从规范转让行为的需要出发，《草原法》规定，草原承包经营权转让应当经发包方同意，承包方与受让方在转让合同中约定的转让期限，不得超过原承包合同剩余的期限。

二、草原规划建设的规定

（一）草原规划的规定

草原保护、建设、利用规划，是保护、建设和合理利用草原的重要依据。

《草原法》设立草原规划、建设专章，第 17 条规定："国家对草原保护、建设、利用实行统一规划制度。国务院草原行政主管部门会同国务院有关部门编制全国草原保护、建设、利用规划，报国务院批准后实施"；"县级以上地方人民政府草原行政主管部门会同同级有关部门依上一级草原保护、建设、利用规划编制本行政区域的草原保护、建设、利用规划，报本级人民政府批准后实施"。规定编制草原保护、建设、利用规划，应当依据国民经济和社会发展规划，并遵循："（一）改善生态环境，维护生物多样性，促进草原的可持续利用；（二）以现有草原为基础，因地制宜，统筹规划，分类指导；（三）保护为主、加强建设、分批改良、合理利用；（四）生态效益、经济效益、社会效益相结合"等原则。草原规划的内容包括："草原保护、建设、利用的目标和措施，草原功能分区和各项建设的总体部署，各项专业规划等"。要求草原保护、建设、利用规划应当与土地利用总体规划相衔接，与环境保护规划、水土保持规划、防沙治沙规划、水资源规划、林业长远规划、城市总体规划、村庄和集镇规划以及其他有关规划相协调。

国务院《关于加强草原保护与建设的若干意见》要求：科学制定规划，严格组织实施。县级以上地方人民政府依据上一级草原保护与建设规划，结合本地实际情况，编制本行政区域内草原生态保护与建设规划。经同级人民政府批准后，严格组织实施。草原生态保护建设规划应当与土地利用总体规划、已垦草原退耕还草规划、防沙治沙规划相衔接，与牧区水利规划、水土保持规划、林业长远发展规划相协调。

（二）草原建设的规定

近年来，国家先后启动了天然草原改良、草种基地、草原围栏、退牧还草工程、育草基金、草原防火以及京津风沙源治理工程草原治理项目等重大草原保护建设项目，随着草原保护建设资金投入的不断增加，草原保护建设工作的成效日益显现。

1. 天然草原改良

天然草原改良，是以恢复和保护天然草原，维护草原生态平衡，改善草原生态环境和草原畜牧业基本生产条件为重点，依靠高新科技，运用生物、工程、管理等综合措施有效遏制天然草原退化，提高和恢复天然草原植被及其生态功能，最终达到恢复和保护草原天然生态环境，保障草原畜牧业持续发展的一系列措施。天然草原植被恢复与保护，通过在不同的地区进行草原围栏、封育、划区轮牧、舍饲圈养、建设人工草场等方式实现草原保护。

2. 草种基地建设

《草原法》第 29 条规定："县级以上人民政府应当按照草原保护、建设、利用规划加强草种基地建设，鼓励选育、引进、推广优良草品种。新草品种必须经全国草品种审定委员会审定，由国务院草原行政主管部门公告后方可推广。从境外引进草种必须依法进行审批。县级以上人民政府草原行政主管部门应当依法加强对草种生产、加工、检疫、检验的监督管理，保证草种质量。"牧草种子基地建设项目是选择一批经全国牧草品种审定委员会审定通过且需求量大、抗寒、耐旱的优良地方品种、育成品种、引进品种等进行扩繁为主，适当建立原种基地。

三、合理利用草原的规定

（一）合理利用草原

合理利用草原资源，就是通过牲畜在天然草原上恰当的生产活动，一方面使牧草有机物质能最有效地转化为畜产品，另一方面又有利于使草原资源的数量和品质得到不断增加和提高，长用不衰。

合理利用草原，是实现草原资源可持续发展的必然前提。针对草原承包经营中生产方式不合理、过牧严重、草原利用失衡等问题，《草原法》规定：草原承包经营者应当合理利用草原，不得超过畜牧业行政主管部门核定的载畜量；牲畜饲养量超过核定载畜量的，草原承包经营者应当采取种植和储备饲草饲料、增加饲草饲料供应量、调剂处理牲畜、优化畜群结构、提高出栏率等措施，保持草畜平衡。牧区的草原承包经营者应当实行划区轮牧，合理配置畜群，均衡利用草原。国家提倡在农区、半农半牧区和有条件的牧区实行牲畜圈养。草原承包经营者应当按照饲养牲畜的种类和数量，调剂、储备饲草饲料，采用青贮和饲草饲料加工新技术，减轻天然草地的放牧压力。各级政府畜牧业行政主管部门对割草场和野生草种基地的割草期、采种期以及留茬高度和采割强度，实行轮割轮采等做出规定。针对非牧业征用、利用草原逐渐增多，畜牧业行政主管部门缺乏必要的管理手段等问题，《草原法》规定："进行勘查、开采矿藏和工程建设，应当不占或者少占草原；确需征用或者使用草原的，必须经省级以上人民政府畜牧业行政主管部门审核同意后，依照有关土地管理的法律、行政法规办理建设用地审批手续"。为了保护草原所有者和使用者的合法权益，使草原承包经营者得到合理的补偿，尽量少占草原，及时恢复草原植被，规定：因建设征用集体所有的草原的，应当依照《土地管理法》的规定给予补偿；因建设使用国家所有的草原的，应当依照国务院有关规定对草原承包经营者给予补偿。因建设征用或者使用草原的，应当交纳草原植被恢复费。草原植被恢复费专款专用。需要临时占用草原的，应当经县级以上地方人民政府畜牧业行政主管部门审核同意。临时占用草原的期限不得超过两年，并不得在临时占用的草原上修建永久性建筑物、构筑物；占用期满，用地单位必须恢复草原植被并及时退还。

（二）建立草畜平衡制度

《草原法》第 33 条规定："草原承包经营者应当合理利用草原，不得超过草原行政主管部门核定的载畜量；草原承包经营者应当采取种植和储备饲草饲料、增加饲草饲料供应量、调剂处理牲畜、优化畜群结构、提高出栏率等措施，保持草畜平衡"；"草原载畜量标注和草畜平衡管理办法由国务院草原行政主管部门规定"。第 34 条："牧区的草原承包经营者应当实行划区轮牧，合理配置畜群，均衡利用草原。"就是说，畜牧业的发展应该根据区域内草原在一定时期提供的饲草饲料量，确定牲畜饲养量，实行草畜平衡。

把建立草畜平衡制度作为草原保护与建设工作的关键环节来抓，依据有关标准，结合当地实际情况，积极开展载畜量的核定工作，强化草畜平衡管理，签订草畜平衡责任书。农业部要尽快制定草原载畜量标准和草畜平衡管理办法，加强对草畜平衡工作的指导和监督检查。省级畜牧业行政主管部门负责本行政区域内草畜平衡的组织落实和技术指导工作。县级畜牧业行政主管部门负责本行政区域内草畜平衡的具体管理工作，定期核定草原载畜量。地方各级人民政府要加强宣传，增强农牧民的生态保护意识，鼓励农牧民积极发展饲草饲料生产，控制草原牲畜放养数量，逐步解决草原超载过牧问题，帮助农牧民加快畜种改良，优化畜群结构，加快出栏，提高生产效益。加强人工草地建设和天然草原改良，不断提高饲草生产供应能力，切实扭转草原超载过牧的局面。实现草畜动态平衡。

在现实草原牧业生产过程中，我国草原建设虽然取得了一定成绩，但远远赶不上畜牧业发展的需要，有的地方草原建设的速度还没有破坏的速度快。因此，按照自然规律，建立草原生态系统的最佳平衡，对于稳定、优质、高产发展畜牧业具有十分重要意义。实行草畜平衡制度就是维护生态平衡的最好办法，也是实现可持续发展的必然选择。

在草原生态系统中，能量在不停地流动，物质在反复地循环，因此草原生物种群得以世代生存和繁衍，维持着生态系统的稳定和平衡。要想使生态系统保持最佳平衡，最基本的一条就是取之子系统者，必须归还于系统。也就是说，人类和草原生态系统应该保持"等量交换"或"收支平衡"的关系，草原生长量必须大于牛羊食用量才能长用不衰（还不包括鼠虫病害的损失），畜牧业才会持续发展。否则，能量和物质长期入不敷出，会使草原生态系统的功能受到损害，甚至导致整个系统的瓦解，过牧草原退化甚至沙化就是最好的例子。因此，必须建立草原生态系统的最佳平衡，通过全面考察，预测草原发展演变趋势，在此基础上确定草原资源开发利用目标和利用程度：通过摸清各草原区域生产潜力，按照草原生态系统的区域性规律分区划片，做出规划，因地制宜地安排畜种，确定载畜量。例如，湿润草原与牛、马的结合，干旱草原与绵羊的结合，荒漠草原与骆驼、山羊的结合，高寒草原与牦牛、藏羊的结合，南方热带疏林草原与黄牛的结合，等等。长期特定的生态条件，也使牲畜形成了一套适应该生态系统的生活习性和本领。例如牛马喜食柔嫩多汁的高禾草，绵羊则喜食比较柔软、干物质较多、植株较矮的禾草和蒿属植物，骆驼、山羊和三北羊专爱采食粗硬、具刺和有特殊味道的、灰分含量较高的灌木和半灌木，牦牛和藏羊则喜食稠密的矮草，等等。只有合理地经营管理和因地制宜地安排畜种，根据草原能力确定载畜量，才能最充分地发挥草原和牲畜的生产潜力，也才能保持草原生态系统的最佳平衡。

四、保护草原的规定

（一）建立基本草原保护制度

《草原法》第42条规定，国家实行基本草原保护制度，基本草原实行严格的保护管理。基本草原主要是指："（一）重要放牧场；（二）割草地；（三）用于畜牧业生产的人工草地、退耕还草地以及改良草地、草种基地；（四）对调节气候、涵养水源、保持水土、防风固沙具有特殊作用的草原；（五）作为国家重点保护野生动植物生存环境的草原；（六）草原科研、教学试验基地；（七）国务院规定应当划为基本草原的其他草原。"基本草原的划定工作，在草原资源调查、区划的基础上进行。基本草原划定后，由当地政府予以公告，并设立保护标志。严格基本草原的征用和占用审批程序。任何单位和个人不得擅自征用、占用基本草地或改变其用途。对擅自改变基本草原用途的行为，要严肃查处。县级以上地方人民政府负责履行保护职责，做好本行政区域内基本草地的划定、保护和监督管理工作。实施基本草地保护制度的办法，由国务院有关部门抓紧制定。

据统计，我国有可用草原40多亿亩，但草原退化现象比较严重。条件较好地区的围栏放牧率为20％。我国草原畜牧业仅占农业产业结构的5％，而发达国家的平均值为60％以上，草原生态的不可持续性造成环境和社会经济发展的不可持续性，势必要求我们改变目前的生产方式和草原利用方式。我国退化草地的恢复、改良以及管理等方面技术不落后于畜牧业发达国家，有条件发展大规模的、高新技术支持的、现代化的畜牧业。但是要从根本上治理草原沙化、退化、保持水土，也应该从生态保护的角度出发，实施总体规划，推进基本草原保护制度，分类型、分地区开展基本草原保护，按草甸草原、典型草原、半荒漠区和荒漠区四类草原的不同特点，采取相应的治理与保护措施，发展农牧结合的现代化畜牧业，全面实施基本草原保护制度。

（二）推行划区轮牧、休牧和禁牧制度

《草原法》第48条规定："国家支持依法实行退耕还草和禁牧、休牧。具体

办法由国务院或者省、自治区、直辖市人民政制定。"第 35 条同时规定:"国家提倡在农区、半农半牧区和有条件的牧区实行牲畜圈养。草原承包经营者应当按照饲养牲畜的种类和数量,调剂、储备饲草饲料,采用青贮和饲草饲料加工等新技术,逐步改变依赖天然草地放牧的生产方式";"在草原禁牧、休牧、轮牧区,国家对实行舍饲圈养的给予粮食和资金补助,具体办法由国务院或者国务院授权的有关部门规定"。禁牧休牧是恢复草原植被的有效措施,划区轮牧是合理利用草原的重要途径。为合理有效利用草原,必须推进牧区草原划区轮牧;为保护牧草正常生长和繁殖。在春季牧草返青期和秋季牧草结实期实行季节性休牧;为恢复草原植被,在生态脆弱区和草原退化严重的地区实行围封禁牧。各农区要加大宣传力度,提供技术指导,加强监督检查,争取广大农牧民对禁牧休牧轮牧制度的理解和支持。要积极引导,有计划、分步骤地组织实施划区轮牧、休牧和禁牧工作。地方各级畜牧业行政主管部门要从实际出发,因地制宜,制定切实可行的划区轮牧、休牧和禁牧方案。对违反禁牧休牧规定的,要依法予以纠正,确保禁牧休牧工作的顺利进行。

目前,我国拥有草原的主要省区正在通过建设小面积基本草场来保护大面积草场,实行草畜平衡制度和划区轮牧、休牧等制度,建设高效人工草地和高产饲料基地,在解决牧民生计问题的同时,使严重退化草地得到初步治理,基本实现草畜平衡。

草原围栏建设、牲畜圈养等是恢复草原植被和改善生态环境的行之有效的措施。在牧区、半农半牧区实行牲畜圈养,改变传统的草原畜牧生产方式是一项艰巨的任务,国家对此应有一定的投入,对实行牲畜圈养的农牧民给予一些相应的补助。

(三)草原防火

《草原法》第 53 条对草原防火工作做出了规定。草原防火建设项目主要是在重点草原防火省(区)建设草原防火物资储备库、草原防火指挥中心和草原防火站。

第二十章 野生动植物资源法

第一节 概 说

一、野生动植物的概念

野生动植物是野生动物和野生植物的总称。野生动物指生存于自然状态下，非人工驯养的各种哺乳动物、鸟类、爬行动物、两栖动物、鱼类、软体动物、昆虫动物及其他动物。野生动物可分为四类：①珍贵的、稀有的、濒于绝灭的野生动物，如大熊猫、虎等；②有益野生动物，指那些有益于农、林、牧业及卫生、保健事业的野生动物，如食肉鸟类、蛙类、益虫、益兽等；③经济价值较高的野生动物，指那些可作为渔业、狩猎业的野生动物；④有害野生动物，如害鼠及各种带菌动物等。我国《野生动物保护法》所称的野生动物，是指珍贵、濒危的陆生、水生野生动物和有益的或者有重要经济、科学研究价值的陆生野生动物。

野生植物是指在自然状态下生长且无法证明为人工栽培的植物，可分为藻类、菌类、地衣、苔藓、蕨类和种子植物。它是自然界能量转化和物质循环的重要环节，是重要的环境要素之一，对人类历史和发展起举足轻重的作用。我国《野生植物保护条例》所称野生植物，是指原生地天然生长的珍贵植物和原生地天然生长并具有重要经济、科学研究、文化价值的濒危、稀有植物；药用野生植物和城市园林、自然保护区、风景名胜区内的野生植物的保护，同时适用上述法规。

二、中国野生动植物资源的现状

生物物种是否丰富、生态系统类型是否齐全、遗传物质的野生亲缘种类多少，将直接影响到人类的生存、繁衍、发展。在全球范围内生物多样性正受到威胁，生物多样性保护刻不容缓。中国是生物多样性最丰富的国家之一，中国有高等植物 30000 种，占世界 10％，居第 3 位。其中木本植物 7000 多种、裸子植物 250 种。中国有脊椎动物 6347 种，占世界 14％，其中陆栖动物 2100 多种、爬行类 300 多种、鸟类 1244 种、鱼类 3862 种、兽类 400 多种，均居世界前列。属于中国特有的高等植物 17300 种，脊椎动物 667 种。

然而，环境污染和生态破坏导致了动植物生境的破坏，物种数量急剧减少，有的物种已经灭绝。据统计，我国高等植物大约有 4600 种处于濒危或受威胁状态，占高等植物的 15％以上，近 50 年来约有 200 种高等植物灭绝，平均每年灭绝 4 种；野生动物中约有 400 种处于濒危或受威胁状态，近年来，非法捕猎、经营、倒卖、食用野生动物的现象屡禁不止。[①]

第二节　我国野生动植物资源的立法沿革

一、我国野生动植物资源立法的历史进程

早在 1950 年我国政府就发布了《关于稀有生物保护办法》。1979 年《环境保护法（试行）》颁布，首次把"保护、发展和合理利用野生动物、野生植物资源"，"对于珍贵和稀有的野生动物、野生植物，严禁捕猎、采伐"列为法律规定。我国签署和批准了 100 多个国家和地区参加的《生物多样性公约》，还制定了《中国生物多样性保护行动计划》。按时间顺序，我国野生动植物保护方面的法律、法规、规范主要有：

1. 关于野生动物的规定，主要有《野生动物保护法》（1988 年）、《陆生野生动物保护实施条例》（1992 年）、《水生野生动物保护实施条例》（1993 年）、《渔业法》（1986 年）、《水产资源保护条例》（1979 年）等。

2. 关于野生植物的规定，主要有《野生植物保护条例》（1996 年）、《野生药材资源保护管理条例》（1987 年）等。

二、我国野生动植物资源的立法现状

我国野生动物资源的法律法规主要有《野生动物保护法》、《国家重点保护野生动物名录》、《林业部关于实行特许猎捕证有关问题的通知》、《国家重点保护野生动物驯养繁殖许可证管理办法》、《陆生野生动物保护实施条例》、《陆生野生动物资源保护管理费收费办法》、《林业部、公安部关于陆生野生动物刑事案件的管辖及其立案标准的规定》、《国务院关于加强野生动物保护严厉打击违法犯罪活动的紧急通知》、《最高人民法院关于审理破坏野生动物资源刑事案件具体应用法律若干的解释》、《国家保护的有益的或者有重要经济、科学研究价值的陆生野生动物名录》等。

我国关于野生植物资源的立法主要有《野生植物保护条例》、《植物新品种保护条例》、《野生药材资源保护管理条例》等，其他相关的法律如《森林法》、《草原法》。

此外，我国还加入或签订了一些相关的国际公约和协定。例如，《濒危野生动植物种国际贸易公约》、《关于特别是作为水禽栖息地的国际重要湿地公约》、

---

① 　戚道孟主编：《自然资源法》，中国方正出版社，2005 年版，第 129 页。

《生物多样性保护公约》以及《政府和日本国政府保护候鸟及其栖息环境的协定》、《政府和澳大利亚政府保护候鸟及其栖息环境的协定》等。各地方根据本地的实际，也制定了野生动物和管理的地方性法规或规章，这些都成为了我国野生动物保护和管理工作的重要依据。

第三节　野生动植物资源的主要法律规定

一、野生动物资源的法律规定

（一）野生动物资源所有权的法律规定

《野生动物保护法》第 3 条规定："野生动物资源属于国家所有"。根据有关法律规定，国家所有的财产即全民所有，它神圣不可侵犯，禁止任何组织或个人侵占、哄抢、私分、截留和破坏。

（二）各级政府关于野生动物保护职责的法律规定

《野生动物保护法》第 6 条规定："各级政府应当加强对野生动物资源的管理，制定保护、发展和合理利用野生动物资源的规划和措施。"野生动物保护法规规定，国家保护野生动物及其生存环境，禁止任何单位和个人非法猎捕或者破坏。各级政府应当加强对野生动物资源的管理，制定保护、发展和合理利用野生动物资源的规划和措施。县级以上地方各级人民政府应当开展保护野生动物的宣传教育，可以确定适当时间为保护野生动物宣传月、爱鸟周等，提高公民保护野生动物的意识。国家保护依法开发利用野生动物资源的单位和个人的合法权益。县级以上人民政府有关主管部门应当鼓励、支持有关科研、教学单位开展野生动物科学研究工作。在野生动物资源保护、科学研究和驯养繁殖方面成绩显著的单位和个人，由政府给予奖励。

（三）野生动物行政主管部门及其职责的法律规定

《野生动物保护法》第 7 条规定："国务院林业、渔业行政主管部门分别主管全国陆生、水生野生动物管理工作。省、自治区直辖市人民政府林业行政主管部门主管本行政区域内的陆生野生动物管理工作。自治州、县和市政府陆生野生动物管理工作的行政主管部门，由省、自治区、直辖市人民政府确定。县以上地方人民政府渔业行政主管部门主管本行政区域内水生野生动物管理工作。"根据这一规定可知，国家林业局、农业部分别主管全国陆生、水生野生动物管理工作，省、自治区、直辖市林业（农林）厅（局）、渔业（水产、海洋与水产）厅（局）分别主管省、自治区、直辖市陆生、水生野生动物管理工作，自治州、县、市渔业（水产、海洋与水产）局主管自治州、县、市水生野生动物管理工作，自治州、县、市林业（农业、农林、畜牧、农牧）局主管自治州、县、市陆生野生动物管理工作。陆生野生动物主要是指依靠陆地（包括水面）生存、繁衍的野生动物，包括各类兽类、鸟类、爬行类、大部分两栖类和部分无脊椎动物。水生野生动物主要是指终生生活在水中的野生动物，包括鱼类、个别两栖类和部分无脊椎动物。此外，因相关法律没有界定陆生、水生野生动物的概念，加上历史、习惯等方面的原因，也有不少陆生野生动物在《国家重点保护野生动物名录》中被划成了水生野生动物，由渔业部门主管，如海豹等。

根据有关法律法规的规定，野生动物行政主管部门的职责主要是：野生动物行政主管部门有权对相关的野生动物保护法律、法规的实施情况进行监督检查；各级野生动物行政主管部门应当监视、监测环境对野生动物的影响；由于环境影响对野生动物造成危害时，野生动物行政主管部门应当会同有关部门进行调查处理；野生动物行政主管部门应当定期组织对野生动物资源的调查，建立野生动物资源档案；县级以上各级人民政府野生动物行政主管部门，应当组织社会各方面力量，采取生物技术措施和工程技术措施，维护和改善野生动物生存环境，保护和发展野生动物资源。

（四）野生动物保护级别划分的法律规定

《野生动物保护法》第9条规定："国家对珍贵、濒危的野生动物实行重点保护。国家重点保护的野生动物分为一级保护野生动物和二级保护野生动物。国家重点保护的野生动物名录及其调整，由国务院野生动物行政主管部门制定，报国务院批准公布。地方重点保护野生动物，是指国家重点保护野生动物以外，由省、自治区、直辖市重点保护的野生动物。地方重点保护的野生动物名录，由省、自治区、直辖市政府制定并公布，报国务院备案。国家保护的有益的或者有重要经济、科学研究价值的陆生野生动物名录及其调整，由国务院野生动物行政主管部门制定并公布。"从上述法律规定可以看出，受国家保护的野生动物主要有两大类：一类是珍贵、濒危的野生动物；另一类是有益的或者有重要经济、科学研究价值的陆生野生动物。这两类野生动物包括了《野生动物保护法》的所有保护对象，具体体现在三个名录当中，即《国家重点保护野生动物名录》、《地方重点保护野生动物名录》和《国家保护的有益的或者有重要经济、科学研究价值的陆生野生动物名录》。此外，按照国际惯例和国际协定以及《野生动物保护法》第40条的规定，凡是以我国政府名义参加的国际条约、签署的双边或多边协定中规定保护的野生动物，也受国家保护，但我国声明保留的除外。

国家重点保护野生动物有两个特点：一是数量稀少，甚至濒危；二是珍贵程度高。属于中国特产稀有或濒于灭绝的野生动物，可被列为国家一级保护野生动物；属于数量较少或者有濒于灭绝危险的野生动物，可被列为国家二级保护野生动物。1989 年 1 月 14 日经国务院批准、此后由原林业部和农业部联合发布的《国家重点保护野生动物名录》，共列入 573 种野生动物，其中国家一级保护的陆生、水生野生动物分别有 97 种、13 种，国家二级保护的陆生、水生野生动物分别有 238 种、35 种。除此之外，原林业部根据《陆生野生动物保护实施条例》第 24 条的规定，已将非原产我国的《濒危野生动植物种国际贸易公约》附录一、附录二所列动物物种分别核准为我国国家一、二级保护野生动物，受到国家重点保护。

地方重点保护野生动物的特点是，虽然它们在全国范围内野生种群并不小，但在个别省区的种群却很小，在这些省区属于珍贵、濒危野生动物。地方重点保护野生动物，由省、自治区、直辖市人民政府确定。地方重点保护野生动物的管理，除应执行《野生动物保护法》外，主要按照省、自治区、直辖市人大常委会制定的有关法规进行管理。另外，根据《陆生野生动物保护实施条例》第 24 条的规定，从国外引进的未被国务院林业行政主管部门核准为国家重点保护野生动物的其他野生动物，经省、自治区、直辖市人民政府林业行政主管部门核准，可以视为地方重点保护野生动物，并依法进行管理。

国家保护的有益的或者有重要经济、科学研究价值的陆生野生动物是指国家和地方重点保护野生动物以外，需要保护的野生动物。其特点是数量相对较多，并且具有一定的经济、科学研究价值，或者在保持良好的生态环境方面有显著作用的野生动物。《国家保护的有益的或者有重要经济、科学研究价值的陆生野生动物名录》，已由国家林业局于 2001 年 8 月 1 日发布实施，共列入了 1600 种以上陆生野生动物。

（五）野生动物致人损害补偿的法律规定

《野生动物保护法》第 14 条规定："因保护国家和地方重点保护野生动物，造成农作物或者其他损失的，由当地政府给予补偿。补偿办法由省、自治区、直辖市政府制定。"

在实践中，我国野生动物致人损害补偿制度的实施并不理想，在补偿的资金保障、责任主体、条件、范围、标准以及补偿纠纷的处理等方面均存在着很多问题。如何完善这项制度，更好地协调野生动物保护与当地群众利益的关系，已经受到越来越多的学者的关注，并提出了许多法律对策：

1. 拓宽资金来源，建立补偿基金。为使补偿的实施更具有可行性，在长远的目标上，应该引入市场机制，调动社会力量，拓宽补偿资金的来源渠道。

国家可以创造条件，探索发行"生态（环境）彩票"，将其部分收益用于支付补偿，也可以鼓励社会保险推广到这一领域。在现实的条件下，应建立野生动物致人损害补偿专项资金，即补偿基金，并将其纳入政府财政预算。此外，还可以组织社会捐助或争取国际援助等。

2. 实行分级分类补偿。为减少国家与地方权利和义务的不对等，促进补偿的实际履行，可实行分级分类补偿。分级补偿是指补偿责任的承担分级进行，即规定损害应由哪一级政府补偿。具体可实行中央、省、县三级补偿制，从而改变只有地方进行补偿的现状。分类补偿是对分级补偿的补充和具体化，指按照致害动物的保护级别来确定以上三级政府应承担的补偿份额。

3. 补偿的承担应按照"谁受益谁补偿"的原则进行，受益多的补偿多，受益少的补偿少。国家重点保护动物致害的，由中央和省级政府共同补偿。因这类动物属于国家重点保护的范围，国家应承担主要的补偿份额。地方重点保护动物在本地区意义重大，应由地方自行划分责任，由省级和县级政府共同补偿。

4. 进一步明确补偿条件。首先，要明确野生动物的概念。《野生动物保护法》所称野生动物与其补偿制度所称野生动物不同。前者包括野外的和人工驯养的，而后者所指的只应是野外的野生动物。为避免和减少误解，对补偿制度适用的野生动物应予以明确定义，即野外野生动物。其次，"保护"的概念还应具体化。无论是主动保护、被动保护还是遭受突然侵害，其共同特点是受害人均无过错；且无第三人过错。因保护野外野生动物或无人为过错而受到该种动物造成的损害的人，均应有权申请补偿。

5. 扩大补偿范围。按照现行补偿制度，非重点保护动物造成的损害不能补偿，但这部分动物有些也是国家保护的对象。因保护这类动物造成的损害得不到补偿，势必挫伤人们保护野生动物的积极性；对于这部分动物而言，便造成了保护机制不完善的问题。因此，对其造成的损害，应视情况予以补偿。

6. 确立司法救济途径。合理的补偿救济制度应包括行政救济程序和司法救济程序。因此，国家应该对行政补偿不适用诉讼的规定予以改变，确立司法救济这一救济的最终途径。如果政府拒绝或部分拒绝相对人的请求，双方不能就补偿数额或方式达成协议，或相对人不服政府的裁决、决定的，相对人应有权向人民法院提起诉讼。这样，相对人既可以向行政机关要求行政补偿，也可以在穷尽行政程序后通过司法程序寻求救济，从而更好地维护自身的合法权益。

（六）野生动物猎捕、狩猎管理的法律规定

猎捕国家重点保护野生动物实行特许猎捕证制度。《野生动物保护法》第16条规定，"禁止猎捕、杀害国家重点保护野生动物。因科学研究、驯养繁殖、展览或者其他特殊情况，需要捕捉、捕捞国家一级保护野生动物的，必须向国务院野生动物行政主管部门申请特许猎捕证；猎捕国家二级保护野生动物的，必须向省、自治区、直辖市人民政府野生动物行政主管部门申请特许猎捕证。"这里的

其他特殊情况是指：为承担国家医药生产任务必须从野外获取的，为宣传、普及野生动物知识或教学的需要必须从野外获取的，因国事活动的需要必须从野外获取的，为调控国家重点保护野生动物种群数量和结构经科学论证必须猎捕的，等等。申请国家一级保护野生动物《特许猎捕证》的程序如下：申请捕捉国家一级保护野生动物的，申请单位或个人向所在地的省级野生动物行政主管部提出申请并填写"国家重点保护野生动物猎捕申请表"，经省级野生动物行政主管部门签署意见，然后报送国务院野生动物行政主管部门审批。经批准后，由省级野生动物行政主管部门按照批件发给《特许猎捕证》。如果申请捕捉的野生动物是在其他省区时，由申请者所在地的省级野生动物行政主管部门向猎捕地区的省级野生动物行政主管部门征询意见并经其签署意见后，才能报国务院野生动物行政主管部门审批。经批准后，由猎捕地区所在地的省级野生动物行政主管部门发给《特许猎捕证》。申请猎捕国家二级保护野生动物《特许猎捕证》的程序如下：申请在本省区捕捉国家二级野生动物的单位或个人向所在地的县级人民政府野生动物行政主管部门提出申请并填写"国家重点保护野生动物猎捕申请表"，经县级野生动物行政主管部门签署意见后报送省级野生动物行政主管部门审批，经批准后直接发给《特许猎捕证》。需要跨省区猎捕的，由申请者向所在地的县级野生动物行政主管部门提出申请并填写"国家重点保护野生动物猎捕申请表"，经所在地的省级野生动物行政主管部门签署意见后，向猎捕地区的省级野生动物行政主管部门申请审批，经批准后由猎捕地区的省级野生动物行政主管部门发给《特许猎捕证》。

猎捕非国家重点保护野生动物实行狩猎证制度。《野生动物保护法》第18条规定，"猎捕非国家重点保护野生动物的，必须取得狩猎证，并且服从猎捕量限额管理。持枪猎捕的，必须取得县、市公安机关核发的持枪证。"根据这一规定，凡是申请猎捕非国家重点保护野生动物的单位或个人，必须依法向所在地的县级野生动物行政主管部门申请狩猎证，并服从猎捕量限额管理。猎捕量限额是指在一定的行政区域内，对非国家重点保护野生动物年度猎捕数量的限制。一般由县级野生动物行政主管部门提出，经省级野生动物行政主管部门批准执行，并报国务院野生动物行政主管部门备案。

此外，关于野生动物猎捕和狩猎的管理还有《野生动物保护法》的第19条和第20条。其中第19条规定，"猎捕者应当按照特许猎捕证、狩猎证规定的种类、数量、地点和期限进行猎捕。"第20条规定，"在自然保护区、禁猎区和禁猎期内，禁止猎捕和其他妨碍野生动物生息繁衍的活动。禁止使用军用武器、毒药、炸药等进行猎捕。"

违反野生动物保护猎捕、狩猎的法律规定的单位和个人应当依法承担法律责任。

《野生动物保护法》第 31 条规定，"非法捕杀国家重点保护野生动物的，依法追究刑事责任"。

《野生动物保护法》第 32 条规定，"违反本法规定，未取得狩猎证或者未按狩猎证规定猎捕野生动物的，由野生动物行政主管部门没收猎获物和违法所得，处以罚款，并可以没收猎捕工具，吊销狩猎证。违反本法规定，未取得持枪证持枪猎捕野生动物的，由公安机关比照治安管理处罚条例的规定处罚。"

《野生动物保护法》第 33 条规定，"违反本法规定，在自然保护区、禁猎区破坏国家或者地方重点保护野生动物主要生息繁衍场所的，由野生动物行政主管部门责令停止破坏行为，限期恢复原状，处以罚款。"

《野生动物保护法》第 37 条规定，"伪造、倒卖、转让特许猎捕证、狩猎证、驯养繁殖许可证或者允许进出口证明书的，由野生动物行政主管部门或者工商行政管理部门吊销证件，没收违法所得，可以并处罚款。"

（七）野生动物驯养繁殖管理的法律规定

驯养繁殖国家重点保护野生动物实行《驯养繁殖许可证》制度。驯养繁殖国家重点保护野生动物的，应当持有《驯养繁殖许可证》以生产经营为主要目的驯养繁殖国家重点保护野生动物的，必须凭《驯养繁殖许可证》向工商行政管理部门申请登记注册。

申请《驯养繁殖许可证》必须具备以下条件：具有适宜驯养繁殖野生动物的固定场所和设施；具备与驯养繁殖的野生动物种类、数量相适应的资金、人员和技术；驯养繁殖野生动物的饲料来源有保证。

申请取得《驯养繁殖许可证》的程序如下：驯养繁殖野生动物的单位和个人，必须向所在地县级野生动物行政主管部门提出申请，并填写《国家重点保护野生动物驯养繁殖许可证申请表》。凡驯养繁殖国家一级保护野生动物的，由省、自治区、直辖市人民政府野生动物行政主管部门报国务院野生动物行政主管部门审批；驯养繁殖国家二级保护野生动物的，其《驯养繁殖许可证》由省、自治区、直辖市野生动物行政主管部门核发。

国务院野生动物行政主管部门和省、自治区、直辖市人民政府野生动物行政主管部门可以根据实际情况和工作需要，委托同级有关部门审批或者核发国家重点保护野生动物《驯养繁殖许可证》。动物园驯养繁殖国家重点保护野生动物的，野生动物行政主管部门可以委托同级建设行政主管部门核发《驯养繁殖许可证》。

驯养繁殖国家重点保护野生动物的单位或个人，可以凭《驯养繁殖许可证》向政府指定的收购单位按照规定出售国家重点保护野生动物或者其产品。未经批准，取得《驯养繁殖许可证》的单位或个人不得出售、利用其驯养繁殖的国家重点保护野生动物或者其产品。具体的批准程序如下：取得《驯养繁殖许可证》的单位或个人，需要出售、利用其驯养繁殖的国家一级保护野生动物或者其产品的，必须经国务院野生动物行政主管部门或其授权的单位批准；需要出售、利用其驯养繁殖的国家二级保护野生动物或者其产品的，必须经省级野生动物行政主管部门或其授权的单位批准。

（八）野生动物经营利用管理的法律规定

《野生动物保护法》第 22 条规定，"禁止出售、收购国家重点保护野生动物或者其产品。因科学研究、驯养繁殖、展览等特殊情况，需要出售、收购、利用国家一级保护野生动物或者其产品的，必须经国务院野生动物行政主管部门或者其授权的单位批准；需要出售、收购、利用国家二级保护野生动物或者其产品的，必须经省、自治区、直辖市政府野生动物行政主管部门或者其授权的单位批准。驯养繁殖国家重点保护野生动物的单位和个人可以凭驯养繁殖许可证向政府指定的收购单位，按照规定出售国家重点保护野生动物或者其产品。工商行政管理部门对进入市场的野生动物或者其产品，应当进行监督管理。"

根据《中华人民共和国陆生野生动物保护实施条例》的相关规定，收购驯养繁殖的国家重点保护野生动物或者其产品的单位，由省、自治区、直辖市人民政府野生动物行政主管部门与有关部门会商后提出，并经同级人民政府或者其授权的单位批准，凭批准文件向工商行政管理部门申请登记注册。经核准登记的单位，不得收购未经批准出售的国家重点保护野生动物或者其产品。

经营利用非国家重点保护野生动物或者其产品的，应当向工商行政管理部门申请登记注册。经核准登记经营利用非国家重野生动物或者其产品的单位和个人，必须在省、自治区、直辖市人民政府林业行政主管部门或者其授权单位核定的年度经营利用限额指标内，从事经营利用活动。

禁止在集贸市场出售、收购国家重点保护野生动物或者其产品。持有狩猎证的单位和个人需要出售依法获得的非国家重点保护野生动物或者其产品的，应当按照狩猎证规定的种类、数量向经核准登记的单位出售，或者在当地人民政府有关部门指定的集贸市场出售。

县级以上各级人民政府野生动物行政主管部门和工商行政管理部门，应当对野生动物或者其产品的经营利用建立监督检查制度。加强对经营利用野生动物或者其产品的监督管理。对进入集贸市场的野生动物或者其产品，由工商行政管理部门进行监督管理，在集贸市场以外经营野生动物或者其产品，由野生动物行政主管部门、工商行政管理部门或者其授权的单位进行监督管理。运输、携带国家重点保护野生动物或者产品出县境的，应当凭特许猎捕证、驯养繁殖许可证，向县级人民政府野生动物行政主管部门提出申请，报省、自治区、直辖市人民政府林业行政主管部门或者其授权的单位。

　　动物园之间因繁殖动物，需要运输国家重点保护野生动物的，可以由省、自治区、直辖市人民政府林业行政主管部门授权同级建设行政部门审批。违反野生动物保护法规，出售、收购、运输、携带国家或者地方重点保护野生动物或者其产品的，由工商行政管理部门或者其授权的野生动物行政主管部门没收实物和违法所得，可以并处相当于实物价值十倍以下的罚款。违反野生动物保护法规，出售、收购国家重点保护野生动物或者其产品，情节严重，构成犯罪的，依照刑法有关规定追究刑事责任。

（九）野生动物进出口管理的法律规定

　　《陆生野生动物保护实施条例》第30条规定，"出口国家重点保护野生动物或者其产品的，以及进出口中国参加的国际公约所限制进出口的野生动物或者其产品的，必须经进出口单位或者个人所在地的省、自治区、直辖市人民政府林业行政主管部门审核，报国务院林业行政主管部门或者国务院批准；属于贸易性进出口活动的，必须由具有有关商品进出口权的单位承担。

　　动物园因交换动物需要进出口前款所称野生动物的，国务院林业行政主管部门批准前或者国务院林业行政主管部门取得国务院批准前，应当经国务院建设行政主管部门审核同意。"

　　《野生动物保护法》第36、37条规定，非法进出口野生动物或者其产品的，由海关依照海关法处罚；情节严重，构成犯罪的，依照刑法关于走私罪的规定追究刑事责任。

　　伪造、倒卖、转让允许进出口证明书的，由野生动物行政主管部门或者工商行政管理部门吊销证件，没收违法所得，可以并处罚款（按照5万元以下的标准执行）。伪造、倒卖允许进出口证明书，情节严重，构成犯罪的，依法追究刑事责任。

（十）外来动物品种管理的法律规定

　　根据《陆生野生动物保护实施条例》第23、第24条规定，从国外或者外省、自治区、直辖市引进野生动物进行驯养繁殖的，应当采取适当措施，防止其逃至野外；需要将其放生于野外的，放生单位应当向所在省、自治区、直辖市人民政府林业行政主管部门提出申请，经省级以上人民政府林业行政主管部门指定的科研机构进行科学论证后，报国务院林业行政主管部门或者其授权的单位批准。擅自将引进的野生动物放生于野外或者因管理不当使其逃至野外的，由野生动物行政主管部门责令限期捕回或者采取其他补救措施。

　　从国外引进的珍贵、濒危野生动物，经国务院林业行政主管部门核准，可以视为国家重点保护野生动物；从国外引进的其他野生动物，经省、自治区、直辖市人民政府林业行政主管部门核准，可以视为地方重点保护野生动物。

二、野生植物资源的法律规定

（一）野生植物管理体制及各级政府和主管部门的职责

《野生植物保护条例》第 8 条规定，"国务院林业行政主管部门主管全国林区内野生植物和林区外珍贵野生树木的监督管理工作。国务院农业行政主管部门主管全国其他野生植物的监督管理工作。国务院建设行政部门负责城市园林、风景名胜区内野生植物的监督管理工作。国务院环境保护部门负责对全国野生植物环境保护工作的协调和监督。国务院其他有关部门依照职责分工负责有关的野生植物保护工作。县级以上地方人民政府负责野生植物管理工作的部门及其职责，由省、自治区、直辖市人民政府根据当地具体情况规定。"

国家对野生植物资源实行加强保护、积极发展、合理利用的方针，保护依法开发利用和经营管理野生植物资源的单位和个人的合法权益，鼓励和支持野生植物科学研究、野生植物的就地保护和迁地保护。在野生植物资源保护、科学研究、培育利用和宣传教育方面成绩显著的单位和个人，由人民政府给予奖励。

县级以上各级人民政府有关主管部门应当开展保护野生植物的宣传教育，普及野生植物知识，提高公民保护野生植物的意识。野生植物主管部应当定期组织国家重点保护野生植物资源调查，建立资源档案。在国家重点保护野生植物物种和地方重点保护野生植物物种的天然集中分布区域，应当依照有关法律、行政法规的规定，建立自然保护区；在其他区域，县级以上地方人民政府野生植物行政主管部门和其他有关部门可以根据实际情况建立国家重点保护野生植物和地方重点保护野生植物的保护点或者设立保护标志。

野生植物行政主管部门及其他有关部门应当监视、监测环境对国家重点保护野生植物生长和地方重点保护野生植物生长的影响，并采取措施，维护和改善国家重点保护野生植物和地方重点保护野生植物的生长条件。由于环境影响对国家重点保护野生植物和地方重点保护野生植物的生长造成危害时，野生植物行政主管部门应当会同其他有关部门调查并依法处理。野生植物行政主管部门和有关单位对生长受到威胁的国家重点保护野生植物和地方重点保护野生植物应当采取拯救措施，保护或者恢复其生长环境，必要时应当建立繁育基地、种质资源库或者采取迁地保护措施。

（二）重点保护野生植物级别的划分与管理的法律规定

《野生植物保护条例》第 10 条规定保护的野生植物分为两大类：一类是国家重点保护野生植物；另一类是地方重点保护野生植物。国家重点保护野生植物又分为国家一级保护野生植物和国家二级保护野生植物。地方重点保护野生植物，是指国家重点保护野生植物以外，由省、自治区、直辖市保护的野生植物。

国家一级珍贵野生植物，是指我国特有的、具有较为重要的科研、经济或文化价值的一些濒危野生植物。所谓濒危植物，是指该植物的生存范围已经很小，面临着灭绝的危险。依照《野生植物保护条例》规定，国家重点保护野生植物名录，由国务院林业行政主管部门、农业行政主管部门（下称国务院野生植物行政主管部门）国务院环境保护、建设等有关部门制定，报国务院批准公布。地方重点保护野生植物名录，由省、自治区、直辖市人民政府制定并公布，报国务院备案。地方重点保护野生植物的管理办法，由省、自治区、直辖市人民政府确定。

国务院 1999 年 8 月 4 日批准《国家重点保护野生植物名录（第一批）》（国家林业局、农业部令第 4 号），1999 年 9 月 9 日国家林业局、农业部发布实施。《国家重点保护野生植物名录（第一批）》是《野生植物保护条例》的配套文件，《名录》列入植物 419 种，13 类（指种以上科或属等分类单位）。其中，一级保护的 51 种、4 类，二级保护的 352 种、9 类，包括蓝藻 1 种，真菌 3 种，蕨类植物 14 种、4 类，裸子植物 40 种、4 类，被子植物 361 种、5 类。另外，桫椤科、蚌壳蕨科、水韭属、水蕨属、苏铁属、黄杉属、红豆杉属、榧属、隐棒花属、兰科、黄连属、牡丹组等 13 类的所有种（约 1300 种），全部列入名录。

我国对一级珍贵植物的保护管理非常严格，严禁任何单位和个人采摘和砍伐一级珍贵植物，包括它们的根、茎、叶、花、果实和种子等。如因科研、采种或其他特殊需要，必须采伐一级珍贵植物时，须经所在地的省级林业主管部门的同意，并报国务院林业主管部门批准。

对于一级珍贵植物，国家严禁出口。如果确因科学研究、国事活动或对外贸易等原因，需要出口国家一级珍贵植物的，必须到国务院林业主管部门办理有关证明，填报出口申请书，然后再到国务院濒危物种进出口办公室办理《允许出口证明书》，方能出口。一级珍贵植物的出口管理，同样也包括了它们的根、茎、叶、花、果实和种子等。

国家二级珍贵植物是指我国稀有的、在科研或经济上有重要价值的一些临危或渐危植物。所谓临危或渐危树种，是指该植物分布的范围正在逐渐缩小，种群数量下降很快，如不采取措施就会面临灭绝的危险。我国第一批公布的纳入二级保护的有 352 种，其中绝大多数是我国珍贵的树种共 95 种，尤其是重要的用材树种，如核桃楸、楠木，就是我国最优秀的家具用材之一；也还有很多是珍贵的药材树种，如杜仲、厚朴等是我国名贵的中药材。

二级珍贵植物是我国重要的种质资源，国家规定要严格控制采伐。如果因采种等需要采伐的，必须经省级林业主管部门或其授权单位的批准，并且要报国务院林业主管部门备案。

二级珍贵植物，国家严格控制出口。如果确实需要出口国家二级珍贵树种的，必须经所在省、自治区、直辖市的林业主管部门同意，并报国务院林业主管部门批准后，再到国务院濒危物种进出口办公室办理《允许出口证明书》，方能出口。二级珍贵树种的出口管理，同样也包括了它们的根、茎、叶、花、果实和种子等。

除了国家公布的一级、二级珍贵树种之外，省级林业主管部门也可以根据本地的实际情况，确定地方珍贵植物的种类，采取特殊的措施给予保护。

总之，国家将植株极少、野生种群极小、分布范围窄且处于濒临绝灭的物种；具有重要经济、科学或文化价值的濒危种或稀有种；重要作物的野生种群和有遗传价值的近缘种；有重要经济价值但因过度开发利用导致野外资源急剧下降、生存受到威胁或严重威胁的物种，纳入了重点保护野生植物行列。

（三）野生植物采集管理的法律规定

《野生植物保护条例》第 9 条规定，"国家保护野生植物及其生长环境。禁止任何单位和个人非法采集野生植物或者破坏其生长环境。"第 16 条规定，"禁止采集国家一级保护野生植物。因科学研究、人工培育、文化交流等特殊需要，采集国家一级保护野生植物的，必须经采集地的省、自治区、直辖市人民政府野生植物行政主管部门签署意见后，向国务院野生植物行政主管部门或者其授权的机构申请采集证。采集国家二级保护野生植物的，必须经采集地的县级人民政府野生植物行政主管部门签署意见后，向省、自治区、直辖市人民政府野生植物行政主管部门或者其授权的机构申请采集证。采集城市园林或者风景名胜区内的国家一级或者二级保护野生植物的，须先征得城市园林或者风景名胜区管理机构同意，分别前两款的规定申请采集证。采集珍贵野生树木或者林区内、草原野生植物的，依照森林法、草原法的规定办理。野生植物行政主管部门发放采集证后，应当抄送环境保护部门备案。采集证的格式由国务院野生植物行政主管部门制定。"第 17 条规定，"采集国家重点保护野生植物的单位和个、必须按照采集证规定的种类、数量、地点、期限和方法进行采集。县级人民政府野生植物行政主管部门对在本行政区域内采集国家重点保护野生植物的活动，应当进行监督检查并及时报告批准采集的野生植物行政主管部门或者其授权的机构。"

未取得采集证或者未按照采集证的规定采集国家重点保护野生植物的，由野生植物行政主管部门没收所采集的野生植物和违法所得，可以并处违法所得 10 倍以下的罚款；有采集证的，并可以吊销采集证。伪造、倒卖、转让采集证的，由野生植物行政主管部门或者工商行政管理部门按照职责分工收缴，没收违法所得，可以并处 5 万元以下的罚款。违反《野生植物保护条例》规定，构成犯罪的，依法追究刑事责任。

（四）野生植物的出售、收购管理的法律规定

《野生植物保护条例》第 18 条规定，出售、收购国家二级保护野生植物的，必须经省、自治区、直辖市人民政府野生植物行政主管部门或者其授权的机构批准。

《野生植物保护条例》第 24 条规定，违反本条例规定，出售、收购国家重点保护野生植物的，由工商行政管理部门或者野生植物行政主管部门按照职责分工没收野生植物和违法所得，可以并处违法所得 10 倍以下的罚款。第 28 条规定，违反本条例规定，构成犯罪的，依法追究刑事责任。

（五）野生植物进出口管理的法律规定

《野生植物保护条例》第 20 条规定，"出口国家重点保护野生植物或者进出口中国参加的国际公约所限制进出口的野生植物的，必须经进出口者所在地的省、自治区、直辖市人民政府野生植物行政主管部门审核，报国务院野生植物行政主管部门批准，并取得国家濒危物种进出口管理机构核发的允许进出口证明书或者标签。海关凭允许进出口证明书或者标签查验放行；国务院野生植物行政主管部门应当将有关野生植物进出口的资料抄送国务院环境保护部门。禁止出口未定名的或者新发现并有重要价值的野生植物。"

《野生植物保护条例》第 25 条规定，"非法进出口野生植物的，由海关依照海关法的规定处罚。"第 26 条规定，"伪造、倒卖、转让采集证、允许进出口证明书或者有关批准文件、标签的，由野生植物行政主管部门或者工商行政管理部门按照职责分工收缴，没收违法所得，可以并处 5 万元以下的罚款。"

（六）涉外管理的法律规定

《野生植物保护条例》第 21 条规定，"外国人不得在中国境内采集或者收购国家重点保护野生植物。外国人在中国境内对国家重点保护野生植物进行野外考察：必须向国家重点保护野生植物所在地的省、自治区、直辖市人民政府野生植物行政主管部门提出申请，经其审核后，报国务院野生植物行政主管部门或者其授权的机构批准；直接向国务院野生植物行政主管部门提出申请的，国务院野生植物行政主管部门在批准前，应当征求有关省、自治区、直辖市人民政府野生植物行政主管部门的意见。"

第 27 条规定，"外国人不得在中国境内采集或者收购国家重点保护野生植物。外国人在中国境内采集、收购国家重点保护野生植物，或者未经批准对国家重点保护野生植物进行野外考察的，由野生植物行政主管部门没收所采集、收购的野生植物和考察资料，可以并处 5 万元以下的罚款。"

第四节　野生动植物资源的国际公约或条约

为保护地球生物资源，保证物种的多样性及丰富性，国际社会签订了许多保护生物资源的全球性条约和区域性条约、文件。

一、《国际保护鸟类公约》

《国际保护鸟类公约》是1950年10月、针对欧洲鸟类的生存遭受到严重威胁，由欧洲一些国家签署的。公约于1963年1月17日正式生效。

公约指出，所有鸟类原则上都应受到保护。公约对鸟类的保护、捕杀和交易做出规定，同时鼓励缔约国发展养护教育，确定保护区。要求各缔约国采取各种适当的措施，防止因废油或其他水污染源、灯塔、电缆、杀虫剂、毒物或任何其他原因毁灭鸟类。

该公约在促使一些国家为养护濒危鸟种采取积极措施等方面发挥了积极作用。

二、《国际植物保护公约》

《国际植物保护公约》于1951年12月6日在罗马通过，1952年4月3日生效。公约的宗旨是维护并增进植物和植物产品病虫害管制的国际合作，防止其跨越国界的引入和传播。

三、《濒危野生动植物物种国际贸易公约》（简称《濒危物种贸易公约》）

《濒危物种贸易公约》于1973年3月在华盛顿通过，1975年7月生效。该公约于1981年4月8日对我国生效。公约的宗旨在于设计一种进出口许可证制度，通过控制国际贸易，防止过度开发，以保护某些濒危物种。

四、《关于特别是水禽生境的国际重要湿地公约》（简称《湿地公约》）

《湿地公约》于1971年2月在兰姆萨尔通过，1975年生效，该公约于1992年7月31日对我国生效，公约的宗旨是"制止目前和未来湿地的逐渐侵占和损害，确认湿地的基本生态作用及其经济、文化、科学和娱乐价值"。

该公约的主要内容是：

1. 要求缔约国至少指定一个国立湿地列入国际重要湿地名单中。

2. 要求缔约国应考虑它们在养护、管理和明智利用移栖野禽原种方面的国际责任。

3. 要求缔约国应设立湿地自然保留区，合作进行交换资料，训练湿地管理人员。

为使上述公约更有效，1982 年 12 月通过了《〈关于特别是水禽生境的国际重要湿地公约〉的修正》。

五、《保护野生动物移栖物种公约》

《保护野生动物移栖物种公约》于 1979 年 6 月在波恩通过，1983 年 11 月生效。公约签订的目的，在于保护那些移栖于国境内外的野生动物物种。公约规定，缔约国应对濒危移栖物种刻不容缓地采取保护措施。

公约建立了科学委员会，将由委员会列出世界移栖物种的清单，但不包括昆虫。

六、《联合国生物多样性公约》

《联合国生物多样性公约》于 1992 年 5 月在内罗毕通过，1993 年 12 月生效，同日对我国生效。公约的宗旨在于保护并合理利用地球上的生物资源。

公约的主要内容有：

1. 确定了生物资源和生物多样性的保护和持续利用的重点领域。

2. 界定了一些有关的基本概念和术语。

3. 确认和重申有关的国际环境法原则。

4. 规定了有关保护和持续利用的基本措施。

5. 规定了关于遗传资源的取得、技术的取得和转让、生物技术惠益的分享的基本原则。

第二十一章　防沙治沙法

第一节　概　说

一、土地沙化的概念

土地沙化，是指天然沙漠扩张和沙质土壤上植被破坏、沙土裸露的过程，其原因包括气候变化和人类活动两个方面。《防沙治沙法》所称的土地沙化，是指人类不合理活动（特别是不合理的开垦、过度的樵采和放牧等）所导致的天然沙漠扩张和沙质土壤上植被及覆盖物被破坏，形成流沙及沙土裸露的过程。

二、我国土地沙化问题

到 2001 年，我国土地沙化面积达 168.9 万平方公里，占国土面积的 17.6％，涉及全国近千个县（旗）。土地沙化扩展速度由 20 世纪 70 年代每年 1560 平方公里增加到每年 2460 平方公里，相当于每年土地面积"消失"一个中等县。其中内蒙古和宁夏两个自治区沙化土地面积分别占全自治区面积 1/3 和 1/4，已成为全国风沙最严重的地区。

土地沙化对我国经济和社会发展造成了严重危害。每年全国因沙化造成的直接经济损失高达 540 亿元。黄河每年淤积的 16 亿吨泥沙，有 12 亿吨来自沙区。土地沙化使人畜失去生存的家园，直接危及 1 亿多人口的生存和发展，全国受沙化影响的人口已达 4 亿之多。一些地方贫困程度加深，甚至出现生态难民，国家生态安全面临威胁。土地沙化成了沙尘暴的主要根源，1993 年一场沙尘暴造成西北四省 12 万头牲畜丢失或死亡，37 万公顷农田受灾。2002 年 3 月下旬北方发生了数十年最强制沙尘暴，甘肃一些地区白天能见度竟为 0。近年来沙尘暴越来越频繁，影响范围越来越广，不但席卷西北、华北，还影响到长江流域的江苏、上海一带，使大气质量急剧下降。沙漠的前沿甚至已经逼近首都北京，我国土地沙化的形势非常严峻。[①]

三、我国土地沙化防治的立法现状

我国防治土地沙化的立法主要有《中华人民共和国防沙治沙法》，这也是全

[①]　张梓太等编：《环境与资源法学》，科学出版社，2003 年版，第 209 页。

世界第一部关于防沙治沙的专门法律。这部法律将为预防土地沙化，治理沙化土地，进行沙区国土整治，维护沙区生态安全，促进我国，特别是华北、西北广大地区经济和社会可持续发展保驾护航。

第二节　我国防沙治沙的主要法律规定

一、防沙治沙工作应遵循的原则规定

《防沙治沙法》规定，防沙治沙工作应当遵循以下原则：

1. 统一规划，因地制宜，分步实施，坚持区域防治与重点防治相结合。

2. 预防为主，防治结合，综合治理。

3. 保护和恢复植被与合理利用自然资源相结合。有很多植物，如发菜、甘草、麻黄草等不但具有较高的经济价值，而且有很好的固沙作用，对防止沙化具有重要意义。近年来一些人在草原上滥采滥挖这些植物资源，严重破坏了生态环境，必须坚决制止这类行为，使这些资源得到保护和恢复。

4. 遵循生态规律，依靠科技进步。要摒弃过去"杀鸡取卵"的掠夺式的粗放的、盲目蛮干开发方式，按照生态规律办事，增加科技含量，提高效益。

5. 改善生态环境与帮助农牧民脱贫致富相结合。从人为因素来看，土地沙化源于贫困。沙化地区经济比较落后，人们往往为了生存而进行掠夺性开发、垦殖，从而破坏了生态环境，因此，要彻底解决沙化的社会根源，就要把治沙和治穷结合起来，帮助该地区人民发展特色经济，普及科技教育，转移剩余劳动力。只有这里的人民摆脱了贫困，这个地区脆弱的生态环境才能避免遭到灭顶之灾。

6. 国家支持与地方自力更生相结合，政府组织与社会各界参与相结合，鼓励单位、个人承包防治。我国还是一个发展中国家，财力有限，尽管国家在致力于解决土地沙化方面给予了大量的投入，但完全依靠国家长期"输血"是行不通的，也不能最终改变生态恶化局面，所以一定要与地方的努力结合起来，提高地方自我"造血"功能，同时要调动各方面参与防沙治沙的积极性，从而缓解国家的财政压力。

7. 治理者收益。保障防沙治沙者的合法权益，做到谁治理、谁受益。

二、防沙规划的规定

统一规划是防沙治沙工作的第一项原则，从事防沙治沙活动，在沙化土地范围从事开发利用活动，都必须遵循规划。

（一）规划的编制权限

1. 全国防沙治沙规划：由国务院林业行政主管部门会同国务院农业、水利、土地、环境保护等有关部门编制，报国务院批准实施。

2. 地方防沙治沙规划：由县级以上人民政府依据上一级人民政府的防沙治沙规划组织编制本行政区域的规划，报上一级人民政府（省级报国务院或其指定的部门）批准后实施。

规划具有法律效力，未经原批准机关批准，任何单位和个人不得修改。防沙治沙规划对遏制土地沙化扩展趋势，逐步减少沙化土地的时限、步骤、措施等做出明确规定，具体实施方案要纳入国民经济和社会发展的五年计划和年度计划。

（二）规划编制的根据

1. 根据自然条件及其所发挥的生态、经济功能，对沙化土地实行分类保护、综合治理和合理利用，这些自然条件包括沙化土地所处的地理位置、土地类型、植被状况、气候、水资源状况和土地沙化程度等。

对规划期内还不宜开发利用的连片沙化土地，规划为"沙化土地封禁保护区"，实行封禁保护。这些土地之所以暂时不宜开发，其原因，一种是不具备治理条件，另一种是出于保护生态的需要，实行"休耕"。

2. 要与土地利用总体规划相衔接。

三、土地沙化预防的规定

（一）加强监测，及时掌握动向

1. 由县级以上人民政府林业或其他有关行政主管部门监测。

2. 报告监测结果。结果向本级人民政府和上一级林业或其他有关行政主管部门报告。

3. 监测过程中发现土地发生沙化或沙化程度加重的应及时报告本级人民政府，政府收到报告后责成有关行政主管部门制止导致土地沙化的行为，并采取有效措施进行治理。

4. 国务院林业行政主管部门组织其他有关行政主管部门对全国沙化情况进行监测、统计和分析，并定期公布监测结果。

（二）对气象进行监测

各级气象部门应当组织对两类气象进行监测、预报：一类是气象干旱；另一类是沙尘暴天气。发现这两类气象征兆时，应当及时报告当地人民政府，人民政府应当采取预防措施，必要时公布灾情预报，并组织有关部门采取应急措施，避免或减轻风沙危害。

（三）营造防风固沙林

1. 沙化土地所在地区县级以上人民政府划出一定比例土地营造防风固沙林网、林带，由林业行政主管部门负责确保完成。

2. 对防风固沙林带、林网严格保护。

（1）除了抚育更新性质的采伐外，不得批准采伐。

（2）进行抚育更新性质采伐前，必须预先在附近形成接替林网、林带，避免留下"真空地带"。

（3）更新困难地区不得砍伐林带、林网。

（四）保护植被

植被对防治土壤风蚀沙化具有举足轻重的作用。我国沙漠学专家通过风洞模拟实验表明，当植被盖度达到 60％以上时，土壤风蚀基本消失。

1. 禁止在沙化土地砍挖固沙植物（包括灌木、药材等）。

2. 制定植被管护制度。签订的土地承包合同包括植被保护责任。

3. 加强草原管理和建设。实行以产草量规定载畜量的制度，保护草原植被，防止草原退化和沙化。

4. 限制开垦耕地。不得批准在沙漠边缘地带和林地、草原开垦耕地；已经开垦并对生态产生不良影响的，有计划地组织退耕还林还草。

5. 切实保护封禁区植被。禁止在沙化土地封禁保护区范围内一切破坏植被的活动。这些地区天气非常干旱，土地极其瘠薄，农业产量十分低下，而人口却不断增加，广种薄收的农业生产成为这里的土地无法承受的压力和沙化迅速扩展的主要原因。减轻该区域的人口压力，禁止在此范围内安置移民，对原有的农牧民应有计划地组织迁出，并妥善安置。在此保护范围内，未经国务院或其指定部门同意，不得修建铁路公路。

（五）管好水资源

沙化土地所在地区都是极其干旱缺水地区，对于非常稀缺的水资源，尤其要倍加珍惜。

1. 防止水资源过度开发。该地区县级以上人民政府水行政主管部门应当加强流域和区域水资源的统一调配和管理。《防沙治沙法》还特别强调，在编制水资源开发利用规划和供水计划时，必须考虑植被用水的需求，要防止因水资源过度开发利用而导致植被破坏和土地沙化。这个规定遵循了生态规律，考虑了生态需求，做到了把合理利用水资源与保护植被很好地结合起来。

2. 节约用水，发展节水型牧业和其他产业。这条规定在处理开发水资源与节约用水的关系上，把节约放在首位。在沙化土地所在地区，任何非节水型产业都是不应允许存在的。

（六）在沙化土地范围内开发建设活动的环境影响评价要求

1. 要就可能对当地及相关地区生态产生的影响进行评价。
2. 报告应当包括有关防沙治沙的内容。

四、沙化土地治理的规定

（一）沙化土地所在地区的各级政府应当做好治理组织工作

治理已经沙化的土地，主要采用人工或飞机播种造林种草、封沙育林育草、合理调配生态用水等措施。治理工作要注意两点：一是要按照防沙治沙规划；二是要因地制宜，不要"一刀切"。

（二）公益性治沙活动

国家鼓励开展公益性治沙活动，这种活动的前提是"自愿"，可采取捐资或其他形式。林业和其他有关行政主管部门对这类活动要提供治理地点和技术指导。这类指导应是"无偿"的。

公益性治沙活动要讲实效保质量。要按照林业等有关行政主管部门的技术要求治理，所种植的林、草可以委托他人或交当地政府有关行政主管部门管护。

（三）沙化土地使用权人和承包经营权人的治沙义务

1. 这些人必须采取治理措施，改善土地质量。地方各级政府及有关行政主管部门、技术推广部门应当为他们的治沙提供技术指导。采取退耕还林还草、植树种草或封育措施治沙的，按照国家规定，享受政府提供的政策优惠。

2. 确实无能力完成治理任务的，可以通过签订协议，委托他人或与他人合作治理。

（四）营利性治沙活动

1. 事行应依法取得该土地使用权。
2. 事先应当向县级以上林业（或其他由政府指定的）行政主管部门提出治

理申请。申请时要附具土地权属证明、治理协议、治理方案、治理所需资金证明等文件。国家保护治理者合法权益。

3. 治理必须按照治理方案进行。

4. 治理任务完成后，要通过原来受理治理申请的单位验收。

（五）其他性质的治沙活动

1. "责任单位"负责治理：对象是沙化土地范围内的铁路、公路、河流、水渠的两侧，城镇、村庄、厂矿和水库的周围。对这些地方的治沙实行"单位治理责任制"，治理责任书由县以上地方政府下达。

2. 沙化土地集中治理：政府可以组织农村集体经济组织及其成员自愿投入资金和劳力进行集中治理。这些投入可折算为治理项目的股份、资本金，或采取其他补偿形式。

五、防沙治沙保障措施的规定

（一）资金保障

1. 国务院和沙化土地所在地区各级政府应当在本级财政预算中按照防沙治沙规划通过的项目预算安排防沙治沙工程资金。

2. 在安排各类项目（如扶贫、农业、水利、道路、矿产、能源、农业综合开发等项目）时，应根据具体情况设立若干防沙治沙子项目。

3. 任何单位不得截留、挪用防沙治沙资金。县级以上的政府审计机关对该资金使用情况依法实施审计监督。

（二）政策优惠

1. 对从事防沙治沙活动的单位、个人，由县级以上人民政府给予资金补助、财政贴息、税费减免等政策优惠。优惠的根据是国家有关规定和防沙治沙的面积、难易程度。在防沙治沙投资阶段免征各种税收；取得一定收益后仍可免征或减征有关税收。

2. 对防沙治沙及其相关的科学研究与技术推广给予资金补助、税费减免等政策优惠。

（三）保障治理者的合法权益

1. 使用已经沙化的国有土地从事治沙活动的，经县级人民政府批准，可以享有不超过 70 年的土地使用权。

2. 使用已经沙化的集体所有土地从事治沙活动的，县级人民政府根据治理者与土地所有人签订的土地承包合同，向治理者颁发土地使用权证书，保护其土地使用权。

3. 治理后的土地如因保护生态特殊需要，被划为自然保护区或沙化土地封禁保护区的，批准机关应给予治理者合理的经济补偿。

第二十二章　渔业资源法

第一节　概　说

一、渔业资源的概念

我国《渔业法》并未对渔业做出明确定义，一般的，渔业是指从事水生动植物养殖或捕捞的生产经营活动。

渔业资源又称水产资源，是指具有开发利用价值的鱼、虾、蟹、贝、藻和海兽类等经济动植物的总体，是渔业生产的自然源泉和基础。按水域分内陆水域渔业资源和海洋渔业资源两大类。其中鱼类资源占主要地位，约有 2 万多种，估计可捕量为 0.7 亿～1.15 亿吨。海洋渔业资源（不包括南极磷虾）蕴藏量估计达 10 亿～20 亿吨。[①]

《野生动物保护法》第 2 条规定："珍贵、濒危的水生野生动物以外的其他水生野生动物的保护，适用渔业法的规定。"

二、中国渔业资源的现状

我国拥有丰富的海洋水域资源和内陆水域资源，海洋湖泊河流孕育了丰富的水生生物资源。我国水生生物达 2 万多种，其中鱼类占世界鱼类物种数量的 20％左右。我国海洋生态系中有鱼类 1694 种，虾类 300 余种，蟹类 600 多种，头足类 100 余种，其中有 200 多种海洋鱼类具有重要捕捞价值。我国内陆水生生物种类也十分繁多，纯淡水鱼类近 800 种，水生植物 437 种。我国所属的水域中水生生物具有特有程度高、孑遗物种与原始物种以及珍稀物种数量大、生态系统类型齐全等特点。水生生物同其他生物一起，构成了我国生物多样性系统，对维系地球的生物多样性发挥了重要作用。

已开发利用的渔业资源中，70％直接供应人们食用，如鲜品、冻品、罐藏以及盐渍、干制等加工品，30％加工成饲料鱼粉、工业鱼油、药用鱼肝油等综合利用产品。

然而，渔业资源和渔业发展面临着巨大的危机，由于水域环境恶化和资源衰退的局面严峻、资源的过度利用和粗放经营对资源已造成严重破坏，近海捕捞强

---

① 戚道孟主编：《自然资源法》，中国方正出版社，2005 年版，第 137～138 页。

度超过自然资源的再生能力，在海洋捕捞的产量中主要经济鱼类呈下降趋势。同时我国近海的海洋环境特别是近海内湾河口地区的渔业水域环境恶化日趋严重，生物资源和养殖生产受到严重的破坏和影响。

渔业水域生态环境恶化和渔业资源严重衰退，使渔业可持续发展的基础遭到严重破坏，这为人类保护渔业资源、实现渔业可再生资源的永续利用敲响了警钟，如何进行资源立法和实施以切实有效保护渔业资源的可再生能力和和谐发展，维持渔业生态环境，是当务之急。

第二节　我国渔业资源的立法沿革

一、我国渔业资源立法的历史进程

中华人民共和国成立以来，我国政府曾制定了一系列有关渔业资源保护管理的行政法规和部门规章。1955 年国务院发布《关于渤海、黄海及东海机轮拖网渔业禁渔区的命令》。1979 年国务院制定《水产资源繁殖保护条例》，同年还发布《关于保护水库安全和水产资源的通令》。此外，国务院有关部门还颁布了《机动渔船底拖禁渔区线的决定》、《渔业资源增值保护费征收办法》、《海洋捕捞渔船管理暂行办法》、《渔政管理工作暂行条例》等。

1986 年，我国制定《渔业法》。《渔业法》的颁布实施结束了我国长期以来在渔业资源管理方面存在的无法可依的状况。1987 年国务院制定《渔业法实施细则》，1988 年农业部等部门联合制定《渔业资源增值保护费征收使用办法》。

1993 年，国务院制定《水生野生动物保护实施条例》。另外，我国还专门针对渔业水质制定《渔业水质标准》（GB11607—89）。2000 年 10 月 31 日第九届全国人民代表大会常务委员会第十八次会议通过修改的《渔业法》，并于2000 年 12 月 1 日正式施行，为我国保护渔业资源的法律保护确定了更加准确有效的依据。

二、我国渔业资源的立法现状

我国目前的渔业资源保护立法主要由有关渔业资源及其生存环境保护与管理法律法规组成，《渔业法》、《渔业法实施细则》、《水产资源繁殖保护条例》、《渔业资源增殖保护费征收使用办法》、《渔业船舶检验条例》等，以及一些相关法律，如《环境保护法》、《野生动物保护法》及有关水污染防治、海洋环境保护等的立法中，也对渔业资源生存环境的保护与管理做出了一些规定。

此外，我国参加的有关国际公约以及各地方政府出台的相关行政规章等也构成渔业立法的组成部分。

第三节　我国渔业资源的主要法律规定

国家对渔业生产实行以"养殖为主，养殖、捕捞、加工并举，因地制宜，各有侧重"的方针。各级人民政府应当把渔业生产纳入国民经济发展计划，采取措施，加强水域的统一规划和综合利用。

实行这个方针，意味着要彻底扭转过去长期以来渔业生产过分依赖自然资源，重捕捞、轻养殖、不注意渔业资源保护的掠夺式做法，走合理利用的正确道路。

一、渔业权的规定

现行法律中并未明确规定渔业权的概念，作为基本理论概念理解，渔业权应指依法在特定水域、滩涂之上设定的从事渔业生产经营活动的权利，即渔业生产者依法占有并使用指定水域、滩涂从事水生动植物资源养殖或捕捞的权利。渔业权制度在现实立法中主要体现为捕捞许可和水面、滩涂养殖使用制度。

渔业权兼具公法和私法的性质。从私法角度，它是一种准物权，它是渔业权人依法行使以养殖、捕捞水产动植物及其附属加工产品为内容的排他性支配权，即渔业权人可以凭借渔业权直接从事渔业作业；但它同时是受较多限制的准物权，由于渔业资源是与一定的水域、滩涂相联系的，因此，渔业资源权属也受水面资源的限制。水面、滩涂所有权一般分为国家所有、集体所有、私人所有。渔业法规定的一般为国有或集体所有的水面、滩涂，所以，相应的在国有或集体所有水面、滩涂上经营渔业的权利也带有明显的公法性质，如渔业权是通过政府的特许行为取得，非经政府特许不得在国有或集体所有水面进行渔业行为。

另外一个相应的概念为入渔权。入渔权是根据契约或其他设定的行为，在属于他人渔业权支配的水面、渔场，进行经营该渔业权全部或一部分渔业的权利。入渔权不同于渔业权，它不是由政府单方面特许才能取得，而是由渔业权人与入渔权人通过契约等双方行为进行设立的，更体现为私法性。

二、渔业养殖权的规定

《渔业法》第 10 条规定：国家鼓励全民所有制单位、集体所有制单位和个人充分利用适于养殖的水域、滩涂，发展养殖业。

（一）实行养殖证制度

对于全民所有的水面或滩涂的养殖权采取养殖许可证制度。《渔业法》第 11 条规定：单位和个人使用国家规划确定用于养殖业的全民所有的水域、滩涂的，使用者应当向县级以上地方人民政府渔业行政主管部门提出申请，由本级人民政府核发养殖证，许可其使用该水域、滩涂从事养殖生产。核发养殖证的具体办法由国务院规定。

该条第二款规定：集体所有的或者全民所有由农业集体经济组织使用的水域、滩涂，可以由个人或者集体承包，从事养殖生产。

县级以上地方人民政府应当采取措施，加强对商品鱼生产基地和城市郊区重要养殖水域的保护。全民所有的水面、滩涂中的鱼、虾、蟹、贝、藻类的自然产卵场、繁殖场、索饵场及重要的洄游通道必须予以保护，不得划作养殖场所。

国家对水域利用进行统一规划，确定可以用于养殖的水域和滩涂。

1. 申请

使用者应当向县级以上地方人民政府渔业行政主管部门提出领取养殖证的申请。这里所说的"使用者"，指使用国家规划确定用于养殖业的全民所有水域、滩涂的单位和个人。对于集体所有的、全民所有由农业集体经济组织使用的水域、滩涂，则可以由个人或集体承包，从事养殖生产。

2. 发证

使用者向渔业行政主管部门提出使用申请后，由本级人民政府核发养殖证，许可其使用该水域、滩涂从事养殖生产。

在核发养殖证时，应当优先安排当地渔业生产者。

3. 使用权争议的处理

当事人因为使用国家规划确定用于养殖业的水域、滩涂从事养殖生产发生争议的，按照有关法律规定的程序处理。在争议解决之前，任何一方不得破坏养殖生产。

4. 养殖水域、滩涂不得荒芜

有些单位和个人虽然领取了使用全民所有水域、滩涂的养殖证，但并没有认真地、切实地从事养殖生产，致使这些水域、滩涂荒芜，造成了资源的浪费。《渔业法》第 40 条针对这类情况做出规定：凡是使水域、滩涂荒芜满一年而又没有正当理由的，由发放养殖证的机关责令限期开发利用；逾期未开发利用的，吊销养殖证，可以并处一万元以下罚款。

5. 禁止无证养殖

在全民所有的水域从事养殖生产的，必须依法取得养殖证，对于未依法取得养殖证擅自在全民所有水域从事养殖生产的，《渔业法》规定，应"责令改正，补办养殖证或者限期拆除养殖设施"。

（二）国家对养殖业采取的鼓励措施

1. 加强养殖水域保护

县级以上地方人民政府应当采取措施，加强对商品鱼生产基地和城市郊区重要养殖水域的保护，特别是要防止水环境的污染。

2. 规范水产苗种的管理

国家鼓励、支持水产优良品种的选育、培育和推广。

推广新品种应采取非常严谨的科学态度。《渔业法》规定：

（1）水产新品种的推广，必须经过全国水产原种和良种审定委员会审定。

（2）水产苗种的生产，由县级以上渔业行政主管部门审批（渔业生产者自育、自用的除外）。

（3）水产苗种的进口和出口，由国务院或省级的渔业行政主管部门审批，并且必须实施检疫，防止病害传入我国和传出境外。引进转基因水产苗种必须进行安全性评价。

3. 加强对养殖生产的技术指导和病害防治工作

水产养殖是一项技术性比较强的工作，而病害是水产养殖的大敌。《渔业法》把加强技术指导，做好病害防治工作确定为县级以上人民政府渔业行政主管部门应当履行的义务。近年来我国一些水产品中时常发生抗生素等药剂超标的现象，影响出口。对于科学防治水产病害的问题，亟须加强指导。

（三）防止水产养殖污染

水产养殖的过程中必然会投放各种饵料、饲料、肥料。但如果使用不当，往往会造成污染危害：一种情况是水产品体内有毒有害物质含量超过规定的标准，最终影响消费者的健康；另一种情况是使水域环境质量恶化，特别是在养殖密度过高的水域，往往发生严重的水体富营养现象，反过来又会影响渔业生产。

《渔业法》对从事养殖的生产者提出两点要求：

1. 不得使用含有毒有害物质的饵料、饲料；

2. 应当保护水域生态环境，做到科学确定养殖密度，合理投饵、施肥、使用药物，不得造成水域环境污染。

此外，《渔业法》还规定，养殖不得妨碍航运、行洪，"未依法取得养殖证或者超越养殖证许可范围在全民所有的水域从事养殖生产，妨碍航运、行洪的，责令限期拆除养殖设备，可以并处一万元以下罚款"。

三、渔业捕捞权的规定

（一）控制捕捞制度

国家根据捕捞量低于渔业资源增长量的原则，确定渔业资源的总可捕捞量，实行捕捞限额制度。国务院渔业行政主管部门负责组织渔业资源的调查和评估，为实行捕捞限额制度提供科学依据。中华人民共和国内海、领海、专属经济区和其他管辖海域的捕捞限额总量由国务院渔业行政主管部门确定，报国务院批准后逐级分解下达；国家确定的重要江河、湖泊的捕捞限额总量由有关省、自治区、直辖市人民政府确定或者协商确定，逐级分解下达。捕捞限额总量的分配应当体现公平、公正的原则，分配办法和分配结果必须向社会公开，并接受监督。国务院渔业行政主管部门和省、自治区、直辖市人民政府渔业行政主管部门应当加强对捕捞限额制度实施情况的监督检查，对超过上级下达的捕捞限额指标的，应当在其次年捕捞限额指标中予以核减。

（二） 实行捕捞许可证制度

《渔业法》第 23 条规定：国家对捕捞业实行捕捞许可证制度。海洋大型拖网、围网作业以及到中华人民共和国与有关国家缔结的协定确定的共同管理的渔区或者公海从事捕捞作业的捕捞许可证，由国务院渔业行政主管部门批准发放。其他作业的捕捞许可证，由县级以上地方人民政府渔业行政主管部门批准发放；但是，批准发放海洋作业的捕捞许可证不得超过国家下达的船网工具控制指标，具体办法由省、自治区、直辖市人民政府规定。捕捞许可证不得买卖、出租和以其他形式转让，不得涂改、伪造、变造。

到他国管辖海域从事捕捞作业的，应当经国务院渔业行政主管部门批准，并遵守中华人民共和国缔结的或者参加的有关条约、协定和有关国家的法律。

（三） 鼓励发展远洋捕捞的原则

长期以来，我国的捕捞业集中在内水和近海作业，使内水、近海的渔业资源大幅度减少，而外海、远洋的捕捞相对比较薄弱，外海、远洋的渔业资源也是丰富的，应当加强开发利用。

《渔业法》规定，国家从财政、信贷、税收等方面采取措施，鼓励、扶持远洋捕捞业的发展。对于内水和近海的捕捞要加以限制，根据渔业资源的可捕捞量，安排捕捞力量。

（四） 实行捕捞限额制度

国家根据"捕捞量低于渔业资源增长量"的原则，确定渔业资源的总可捕捞量。坚持这项原则，可以确保渔业资源能不断得到增殖，而不至于逐年下降。实行捕捞限额制度的主要程序。

1. 调查、评估：由国务院渔业行政主管部门负责组织渔业资源的调查评估，为实行捕捞限额制度提供科学依据。

2. 捕捞限额总量确定：海洋捕捞限额总量由国务院渔业行政主管部门确定。这里的"海洋"，包括我国内海、领海、专属经济区和其他管辖海域。

国家确定的重要江河、湖泊捕捞限额总量由有关省级人民政府确定或者协商确定。

3. 指标分配：捕捞限额总量确定后，逐级分解下达。分配应当体现公平、公正的原则。分配方法和分配结果必须向社会公开，并接受监督。

4. 监督检查：国务院和省级的渔业行政主管部门应当对捕捞限额制度实施情况加强检查。

对超过上级下达的捕捞限额指标的，应当在次年指标中予以核减。

四、渔业资源管理体制的规定

渔业工作由各级渔业行政主管部门负责，实行"统一领导、分级管理"。

1. 国务院渔业行政主管部门：主管全国渔业工作。

2. 省、自治区、直辖市人民政府渔业行政主管部门：负责毗邻海域的海洋渔业监督管理（国务院划定由国务院渔业行政主管部门及其所属的渔政监督管理机构监督管理的海域和特定渔业资源渔场除外）。

3. 县级以上人民政府渔业行政主管部门：负责主管本行政区域内江河、湖泊等水域的渔业监督管理。在重要渔业水域、渔港，可由县级以上渔业行政主管部门设渔政监督管理机构，并设置渔政检查人员。

4. 跨行政区域的渔业水域：由有关县级以上地方人民政府协商制定管理办法，或由上一级渔业行政主管部门及其所属渔政监督管理机构监督管理。

5. 渔业监督管理应确保公平公正。为此《渔业法》规定，渔业行政主管部门、渔政监督管理机构及渔业监督管理工作人员"不得参与和从事渔业生产经营活动"。

五、渔业资源的增殖与保护的规定

渔业资源是可再生资源，应当加强管理，悉心保护和合理利用，使之不断增殖，从而可以长久地、持续地满足社会主义建设和人民生活的需要。《渔业法》高度重视渔业资源的增殖和保护，专设一章做出有关规定。

（一）明确职责

《渔业法》第 28 条规定，"县级以上人民政府渔业行政主管部门应当对其管辖的渔业水域统一规划，采取措施，增殖渔业资源"。这就明确规定了增殖渔业资源是县级以上渔业行政主管部门的职责。

（二）征收渔业资源增殖保护费

为了使增殖和保护渔业资源的工作在资金方面得到保障，《渔业法》规定"县级以上人民政府渔业行政主管部门可以征收渔业资源增殖保护费。1988 年 10

月经国务院批准，由农业部、财政部、国家物价局联合发布了《渔业资源增殖保护费征收使用办法》（以下简称《渔业资源费办法》）。

1. 渔业资源增殖保护费征收对象

《渔业法》规定，"向受益的单位和个人征收渔业资源增殖保护费"，所说的"受益的单位和个人"，包括采捕天然生长和人工增殖水生动植物的单位和个人。

2. 渔业资源增殖保护费的用途

渔业资源增殖保护费专门用于渔业资源增殖和保护，"实行取之于渔，用之于渔的原则"。使用范围包括：

（1）购买增殖放流用的苗种和增育苗种所需的配套设施，修建近海和内陆水域人工鱼礁、鱼巢等增殖设施；

（2）为保护特定的资源品种，借给渔民用于转业或者转产的生产周转金（不得作为生活补助和流动资金）；

（3）为增殖渔业资源提供科学研究补助；

（4）为改善渔业资源增殖保护管理手段和监测渔业资源提供经费补助。

3. 渔业资源增殖保护费征收部门

县级以上人民政府渔业行政主管部门及其授权单位依照批准发放捕捞许可证的权限征收，即捕捞许可证由哪一级部门（及单位）发放，就由该部门（或该单位）征收。

4. 渔业资源增殖保护费征收标准制定原则

（1）少征的原则

从事外海捕捞、有利于渔业资源保护或者国家鼓励开发的作业，其征收标准应低于平均征收标准，也可以在一定时期内免征。

（2）多征的原则

从事应当淘汰、不利于渔业资源保护或者国家限制发展的作业，或者持临时许可证进行采捕作业的，其征收标准应高于平均征收标准（但最高不得超过平均标准金额的3倍）。

（3）加倍征的原则

非科研活动需要对依法经批准采捕珍稀水生动植物的，依照专项采捕经济价值较高的渔业资源品种适用的征收标准（为发放捕捞许可证的渔船前3年采捕该品种总产值3%～5%），加倍征收渔业资源费（但最高不超过上述标准的3倍）。

这里通过征收标准的高低来引导人们重视对渔业资源的保护，尽可能地减少、避免渔业资源，特别是珍稀渔业资源的破坏。

5. 渔业资源费的列支

《渔业资源费办法》中规定，该项费用列入当年生产成本。

6. 渔业资源费的管理

渔业资源费按预算外资金管理。渔业行政主管部门征收的渔业资源费应当交同级财政部门在银行开设专户储存，依照规定用途专款专用，不得挪用。

（三）建立水产种质资源保护区

为了保护水产种质资源及其生存环境，《渔业法》第 29 条规定，国家建立"水产种质资源保护区"。

1. 设立保护区的范围

包括两类水产种质资源的主要生长繁育区域：一类是具有较高经济价值的；另一类是具有较高遗传育种价值的。

2. 保护区内禁止捕捞的规定

未经国务院渔业行政主管部门批准，任何单位和个人不得在水产种质资源保护区内从事捕捞活动。对于未经批准在保护区内从事捕捞活动的，责令立即停止捕捞，没收渔获物和渔具，还可以并处一万元以下的罚款。

（四）禁止破坏性捕捞作业

为了确保渔业资源不受破坏，应该严格禁止掠夺性、破坏性的捕捞。《渔业法》规定，由省级以上渔业行政主管部门规定"重点保护的渔业资源品种及其可捕捞标准，禁渔区和禁渔期，禁止使用或限制使用的渔具和捕捞方法，最小网目尺寸"等保护渔业资源的措施。

1. 禁止采用破坏渔业资源的方法进行捕捞

这类方法包括炸鱼、毒鱼、电鱼以及用渔船推进器、吸蛤泵采捕贝类等。

2. 禁止使用具有破坏性的渔具

《渔业法》规定，禁止制造、销售、使用禁用的渔具。1990 年 9 月农业部发布的《长江中下游渔业资源管理规定》中规定禁止使用拦河缯（网）、密眼张网（如布网、网络子）迷魂阵等渔具，沿江闸口禁止用套网捕捞。1991 年 4 月农业部发布的《渤海渔业资源繁殖保护规定》中规定，禁止使用底拖网、浮拖网、变水层拖网、旋网、鱼笼等 13 种严重损害渔业资源的渔具。

为了保护幼鱼不受伤害，《渔业法》还规定，禁止使用小于最小网目尺寸的网具进行捕捞。捕捞的渔获物中幼苗不得超过规定的比例。

3. 规定禁渔区、禁渔期

为了使渔业资源得到恢复和增殖，《渔业法》采用了规定禁渔区、禁渔期的办法。对繁殖季节中的产卵场所严加保护，给渔业资源休养生息和繁衍后代创造条件。

（1）禁止在禁渔区、禁渔期捕捞；

（2）禁止在禁渔区、禁渔期内销售非法捕捞的渔获物。对于违法销售的，县级以上渔业行政主管部门应当及时进行调查处理。

4. 规定重点保护的渔业资源品种及其可捕捞标准

对珍贵的具有重要价值的渔业资源限制捕捞量，并确定最低可捕标准。例如《渤海区渔业资源繁殖保护规定》就列出了 23 种重点保护对象，并以"达到性成熟为原则"，确定了这些品种的最低可捕标准。如对虾（雌），体长 15 厘米；小黄鱼，体长 18 厘米。

5. 保护水生动物苗种

苗种是水生动物繁衍增殖的最基本条件，必须严格保护。《渔业法》规定：

（1）禁止捕捞有重要经济价值的水生动物苗种（例如《渔业法实施细则》中所列举的鳗鲡、鲥鱼、中华绒螯蟹、鲷、石斑鱼等）。

（2）因养殖或者其他特殊需要，捕捞有重要经济价值的苗种或禁捕的怀卵亲体的，必须经省级以上的渔业行政主管部门批准，在指定的区域和时间内，按照限额捕捞。

（3）在水生动物苗种重点产区引水用水时，应采取措施，保护种苗。

6. 惩治破坏性捕捞的违法行为

《渔业法》对上述破坏性捕捞的违法行为规定了应承担的法律责任：

（1）没收渔获物和违法所得，处 5 万元以下的罚款。

（2）情节严重的，没收渔具，吊销捕捞许可证。

（3）情节特别严重的，可以没收渔船。

（4）构成犯罪的，依法追究刑事责任。《刑法》第 340 条规定，"违反保护水产资源法规，在禁渔区、禁渔期或者使用禁用的工具、方法捕捞水产品，情节严重的，处 3 年以下有期徒刑、拘役、管制或者罚金"。

（五）保护和改善渔业水域生态环境

良好的水域生态环境是渔业资源得以保护和增殖的一项基本条件。《渔业法》规定，"各级人民政府应当采取措施"，保护和改善渔业水域生态环境。渔业水域包括鱼、虾、蟹、贝类的产卵场、索饵场、越冬场、洄游通道和鱼、虾、蟹、贝、藻类及其他水生植物的养殖场所。主要措施有：

1. 确保洄游通道畅通

不少种类的鱼、虾、蟹的繁殖必须到特定的水域环境中进行。因此，"在鱼、虾、蟹洄游通道建闸、筑坝，对渔业资源有严重影响的，建设单位应当建造过鱼设施或者采取其他补救措施。例如三峡水利枢纽工程、葛洲坝水利枢纽工程等都按照这项规定要求，建造了过鱼通道，确保鱼类洄游不受影响。

2. 确保最低水位线

既用于渔业，又兼有调蓄、灌溉等功能的水体，在水资源分配上要统筹兼顾，确保渔业生产的起码要求。"有关主管部门应当确定渔业生产的最低水位线"。

3. 确保渔业使用面积

长期以来，不少地区为了增加耕地，大力开展围湖造田，围垦滩涂，使渔业生产使用的水域、滩涂逐年缩小，渔业生态环境恶化，渔业生产深受影响。针对这种状况，《渔业法》规定：

（1）禁止围湖造田；

（2）沿海滩涂未经县级以上人民政府批准，不得围垦；

（3）重要的苗种基地和养殖场所不得围垦。

4. 防止施工破坏渔业资源

进行水下爆破、勘探、施工作业，对渔业资源可能会产生不利影响。如果影响严重的，"作业单位应事先同有关县级以上人民政府渔业行政主管部门协调，采取措施，防止或者减少对渔业资源的损害"。

对于作业造成渔业资源损失的，"由有关县级以上人民政府责令赔偿"。

5. 防止污染

渔业水域生态环境的监督管理和渔业污染事故的调查处理，依照《海洋环境保护法》和《水污染防治法》的有关规定执行。

（六）重点保护珍贵、濒危水生野生动物

对白鳍豚等国家重点保护的珍贵、濒危水生野生动物实行重点保护，禁止捕杀、伤害，防止其灭绝。因为科学研究、驯养繁殖、展览或者其他特殊情况需要捕捞的，依照《野生动物保护法》的规定执行。

主要参考文献

〔美〕爱蒂丝·布朗·魏伊丝著：《公平地对待未来人类——国际法、共同遗产与世代间衡平》．汪劲等译．
　　法律出版社．2000年版．

〔日〕岸根卓朗著：《环境论——人类最终的选择》．何鉴译．南京大学出版社．1999年版．

蔡守秋主编：《环境资源法学教程》．武汉大学出版社．2000年版．

曹明德著：《环境侵权法》．法律出版社．2000年版．

陈泉生，张梓太著：《宪法与行政法的生态化》．法律出版社．2001版．

陈泉生著：《环境法原理》．法律出版社．1997年版．

〔日〕饭岛伸子著：《环境社会学》．包智明译．社会科学文献出版社．1999年版．

高家伟著：《欧洲环境法》．工商出版社．2000年版．

韩德培主编：《环境保护法教程》．法律出版社．1998年版．

金瑞林主编：《环境法学》．北京大学出版社．1994年版．

〔美〕蕾切尔．卡逊著：《寂静的春天》．吕瑞兰等译．吉林人民出版社．1997年版．

吕忠梅著：《环境法》．法律出版社．1997年版．

马骧聪主编：《国际环境法导论》．社会科学文献出版社．1994年版．

欧阳鑫，窦玉珍著：《国际海洋环境保护法》．海洋出版社．1994年版．

钱易，唐孝炎主编：《环境保护与可持续发展》．高等教育出版社．2000年版．

全国人大环境保护委员会办公室编：《国际环境与资源保护条约汇编》．中国环境科学出版社．1993年版．

全国人大环境与资源保护委员会法案室编：《环境资源法律法规汇编》．中国法制出版社．1997年版．

世界环境与发展委员会著：《我们共同的未来》．王之佳等译．吉林人民出版社．1997年版．

万以诚，万岍选遍：《新文明的路标——人类绿色运动史上的经典文献》．吉林人民出版社．2000年版．

汪劲编著：《日本环境法概论》．武汉大学出版社．1994年版．

王灿发著：《环境法学教程》．中国政法大学出版社．1997年版．

王明远著：《环境侵权救济法律制度》．中国法制出版社．2001年版．

王曦著：《美国环境法概论》．武汉大学出版社．1992年版．

夏友富著：《国际环保法规与中国对外开放》．中国青年出版社．1996年版．

〔法〕亚历山大·基斯著：《国际环境法》．张若思编译．法律出版社．2000年版．

叶俊荣著：《环境政策与法律》．台湾月旦出版公司．1993年版．

〔日〕原田尚彦著：《环境法》．于敏译．法律出版社．1999年版．

张梓太主编：《环境保护法》．中央广播电视大学出版社．1999年版．

张梓太著：《环境法律责任研究》．商务印书馆．2004年版．

张梓太著：《环境法论》．学苑出版社．1999年版．